U0139372

畫史叢書

(一)

文史哲出版社印行

國立中央圖書館出版品預行編目資料

畫史叢書 / 于安欄編輯. -- 初版. -- 臺北市
: 文史哲, 民63
冊 ; 公分
含索引
ISBN 957-547-757-X(一套 : 精裝)

1. 繪畫 - 中國 - 歷史

944.908 83000448

畫史叢書（全四冊）

編輯者：于安瀾
出版者：文史哲出版社
登記證字號：行政院新聞局局版臺業字五三三七號
發行人：彭正雄
發行所：文史哲出版社
印刷者：文史哲出版社
臺北市羅斯福路一段七十二巷四號
郵撥〇五一二八八一二彭正雄帳戶
電話：三五一一〇二八
實價新台幣一八〇〇元
中華民國六十三年三月初版
中華民國八十三年一月初版二刷

ISBN 957-547-757-X

畫史叢書 第一册

歷代名畫記 十卷 唐張彥遠撰

圖畫見聞誌 六卷 宋郭若虛撰

畫繼 十卷 宋鄧椿撰

宣和畫譜 二十卷 宋

畫史叢書 第二册

畫史叢書 第三册

畫史叢書 第四冊

畫史叢書

出版說明

歷代畫史著作，是研究我國藝術的重要參考資料。爲了滿足廣大讀者和美術研究者的需要，本社特編輯了這部叢書。

本叢書共選輯了自唐迄清之較爲著名的畫史二十二種，以斷代、地方、別史、筆記四類分別編纂，記載了自遠古至清末畫家（有的只是傳說中的能畫者）約有四千三百餘名。讀了這部叢書，可以概括地了解我國歷代畫家的狀況。各書所記畫家生平事跡，間有相互傳鈔而在內容上有所重複的，但這幷不影響各書的獨立性。二十二種著作中，有的不僅純記畫家傳略，亦包括相當豐富的畫論篇什。所以，從其中理論和作者對畫家及流派的褒貶，可以幫助我們探索當時藝術觀點和文藝批評，這對美術史的研究有着重要的參考價值。在版本方面，編者也選擇了較早、較精審的本子，文字上還作了必要的校勘，改正了諱字，古體、異體字一律改爲通行體。同時，爲了閱讀和查檢便利，全書均加標點，幷另編索引。

前言

繪畫起於寫實，先民所以摹寫漁獵牧植之所獲，用以記錄成績，傳授經驗於後日。就甲骨金文所刻漁牧畢羅禾黍等字，皆古代原始之圖畫。故昔人有書畫同源之說。至於每個圖畫，因定其概念，可以移動使用，更由衍形進而爲衍聲，則文字漸與圖畫分途以發展。圖畫用綫條色彩具體表現事物之形態，一目了然，較文字爲直觀。惟必借紙絹牆壁或石刻而始能經久，又不如文字之簡易。此亦性質之特殊，有所拘限也。

據古書之所記載三代繪畫，皆屬寫實。如韓非子所引客有爲齊君畫者，問之畫孰難？曰：「狗馬最難。」「孰易？」曰：「鬼魅最易。」「狗馬人所知也，旦暮於前，不可類之，故難。鬼魅無形，無形者不可覩，故易。」其說明寫實與想像之區別，亦卽當時繪畫之趨向。至東漢「劉褒畫雲漢圖，人見之覺熱；又畫北風圖，人見之覺涼」。則此時繪畫已進至佈置景物，配合色調，頗具感染之力矣。南北朝時宗炳畫所遊名山於壁間，以作臥遊，又擴大至摹寫自然。及至唐明皇令吳道子與李思訓同畫嘉陵江山水於大同殿壁，王維自畫其山莊輞川圖，欣賞山水之美者，日益衆矣。但當時人物故事，仍居首要。如吳道子之畫佛經故事與地獄變相，以警世惑衆，使人皆安居樂業，以作良民，則仍帝王以神道設教之故技也。

唐代文化燦爛，繪畫之發展亦廣。天才之作家迭出，專門之絕藝並興。如閻立本之寫秦府十八學士圖，貞觀中淩煙閣功臣圖。又嘗於春苑池上寫波中異鳥。是傳眞專家而兼速寫之妙。他如薛稷之鶴，邊鸞之孔雀，韓幹之馬，戴嵩之牛以及滕王李元嬰之蛺蝶。專工一物，得其神情。藝臻精絕，恍如飛動。更由韓幹答明皇之語：「陛下內廐萬馬，皆臣之師。」足見作家深入實地，潛心默會，盡其變化，功力有不可及者。張璪提出「外師造化，中得心源」。更說外界之景物與內心之體會，如何剪裁構圖，靈活運用，盡在其中，啓後人無限之法門。

至宋代徽宗趙佶，雅好此藝，大力提倡。創立畫院，開科取士。設官分職，躬親指導。提高畫家政治之地位，鞏固畫家專業之思想，畫學遂得高度之發展。作家如雲，蔚爲全盛。及其弊也，專尙形似，過守格法，而忽視性靈意趣，因而不羈之士，往往起而矯正，打破格法之束縛。由是寫意派亦逐漸而興起。歷元明清三朝六百餘年，作家益衆，流派紛繁。一派之中，定多作手。一物之微，皆有名家。各藝既登於高峯，衆流亦匯爲滄海矣。

國畫具此悠久之歷史，擁此豐厚，吾人今日應如何接受，如何整理，如何吸取其精華以作創造之借鏡，則類聚昔人之著作，以供學者之研討，自屬目前之需要。因之編輯畫史二十二種，付諸印行。其中選擇版本，徵引資料，以及校勘文字，疏漏錯誤，知所難免，尚期國內專家有以匡正之也。

于安瀾

校輯凡例

一、版本方面

校勘古籍，首重版本。較早刻本，去古未遠，面目眞實，又經名家收藏，校讎精審，訛誤自少。然亦有不盡然者，每見宋元古本，亦間有錯字脫文，而晚出近刻反得改正者。名家祕笈，有時亦瑕瑜互見，從晚近影印各書中，可以槪見。本叢書選本盡量選擇較早精審之本，但仍參用他書互校。如毛氏汲古閣本，向稱精刻，然有時亦出極普通之錯誤，恐係印行旣多，不盡爲子晉親校之故。張氏照曠閣雖屬晚出，而對汲古閣本之錯誤却有所校正。爲糾正過信古本之失，故採取兩三種不同之版本，互相參照，力求正確。至於各本不同而未能遽定是非者，皆列於校勘記中。

二、文字方面

歷代古籍，對當代帝王名字，避諱極嚴。或用音近之字代替，或寫時故缺筆劃，字形殘破。如宋代爲避太祖趙匡胤之「胤」，竟將名畫家刀光胤之名删去「胤」字，改作刀光；清代爲避康熙之名玄燁，亦將畫史最偉大之作家吳道玄改作吳道元，更爲避乾隆之名弘曆，改明代萬曆年號爲萬歷。諸如此類，不勝枚舉。本叢書一律加以改正。

又古籍中每多古體、異體字。歷代相承，率仍其舊。亦有文人作家，撰述中時雜通假或本字，以炫淵博。如歷代名畫記中之「無」皆作「亡」，「由」皆作「繇」，「肯」皆作「肎」，「旁」皆作「㫄」；益州名畫錄中之「現」皆作「見」。於文義無改，徒增閱讀時之障礙。本叢書一律改用通行體。惟用作人名者，如張僧繇之「繇」，仍存其舊。

三、編排格式方面

在封建時代，文人撰述，凡寫至當代王朝名、帝王年號以及欽賜御題等字樣，例須另行起首，或空一兩格，以表尊敬。本叢書一律改爲接排。

重印古籍，每拘於原來形式照舊不變。本叢書爲使條目清醒，便於檢尋，根據各書特點稍變舊式，於每一人名下，采用空格不加標點，次行酌低二格等方式，亦有限於原書撰述體例，不便於更改者，仍用原書格式。

各書目錄，有採用一行一名或兩名之形式，本叢書酌排數名，稍變舊式。此外於向無目錄之書，如圖繪寶鑑、讀畫錄等，爲補目錄冠前。

四、有關資料方面

凡各書有關書評等資料，均依時代先後輯印書後，原書題跋仍予保留；作家事略，次於書評之後，亦有事略缺如，若張彥遠、郭若虛者，則收錄考證資料。此等資料之收集，可供研究者之參攷。

五、句讀標點方面

古代書籍，均未點分句讀，爲使閱讀方便，本叢書全部試加句讀標點。惟目錄及正文內夾排文字中之人名、書名或地名均未加符號。

六、本叢書於坊間通行之本，如墨林今話，中華書局排印本流傳甚廣；又如近人汪氏嶺南畫徵錄，李氏八旗畫錄之類，印行未久，訪尋較易，均不入編。

七、本叢書依作家姓氏筆畫爲序，特另編人名索引，以便讀者尋檢。

畫史叢書總目

以上地方類

南宋院畫錄 八卷　清　厲　鶚撰　錢唐丁氏竹書堂本

國朝院畫錄 二卷　清　胡　敬撰　北京來薰閣藏原刻本

玉臺畫史 六卷　清　湯漱玉撰　錢唐汪氏振綺堂本

畫禪 一卷　明　釋蓮儒撰　寶顏堂祕笈本

竹派 一卷　明　釋蓮儒撰　百川學海本

墨梅人名錄 一卷　清　童翼駒撰　得月簃叢書本

以上別史類

讀畫錄 四卷　清　周亮工撰　海山仙館叢書本

畫友錄 一卷　清　黃　鉞撰　美術叢書本

履園畫學 一卷　清　錢　泳撰　美術叢書本

谿山臥游錄 四卷　清　盛大士撰　美術叢書本

以上筆記類

共二十二種一百十三卷

歷代名畫記

十卷

唐 張彥遠撰

歷代名畫記目錄

歷代名畫記目錄終

歷代名畫記卷第一

唐 河東 張彥遠愛賓撰
明 東吳 毛 晉子晉訂

敍畫之源流

夫畫者：成教化，助人倫，窮神變，測幽微，與六籍同功，四時並運，發於天然，非由述作。古先聖王受命應籙，則有龜字效靈，龍圖呈寶，自巢、燧以來，皆有此瑞，迹映乎瑤牒，事傳乎金册。庖犧氏發於滎河中，典籍圖畫萌矣。軒轅氏得於溫、洛中，史皇、倉頡狀焉。奎有芒角，下主辭章；頡有四目，仰觀垂象。因儷鳥龜之跡，遂定書字之形。造化不能藏其祕，故天雨粟；靈怪不能遁其形，故鬼夜哭。是時也，書、畫同體而未分，象制肇創而猶略，無以傳其意，故有書；無以見其形，故有畫。天地聖人之意也。按字學之部，其體有六：一古文，二奇字，三篆書，四佐書，五繆篆，六鳥書。在幡信上書端，象鳥頭者，則畫之流也。（漢末大司空甄豐，校字體有六書：古文，即孔子壁中書；奇字，即古文之異者；篆書，即小篆也；佐書，秦隸書也；繆篆，所以摹印璽也；鳥書，即幡信上作蟲鳥形狀也。）顏光祿云：「圖載之意有三：一曰圖理，卦象是也；二曰圖識，字學是也；三曰圖形，繪畫是也。」又周官教國子以六書，其三曰象形，則畫之意也。是故知書、畫異名而同體也。（周禮保氏）

掌六書——指事、諧聲、象形、會意、轉注、假借，皆倉頡之遺法也。

及乎有虞作繪，繪畫明焉。既就彰施，仍深比象，於是禮樂大闡，教化由興，故能揖讓而天下治，煥乎而詞章備。廣雅云：「畫，類也。」爾雅云：「畫，形也。」說文云：「畫，畛也。象田畛畔所以畫也。」釋名云：「畫，挂也。以彩色挂物象也。」故鼎鐘刻，則識魑魅而知神姦；旂章明，則昭軌度而備國制。清廟肅而罇彝陳，廣輪度而疆理辨。以忠以孝，盡在於雲臺；有烈有勳，皆登於麟閣。見善足以戒惡，見惡足以思賢。留乎形容，式昭盛德之事，具其成敗，以傳既往之蹤。記傳所以敍其事，不能載其容，賦頌有以詠其美，不能備其象，圖畫之制，所以兼之也。故陸士衡云：「丹青之興，比雅頌之述作，美大業之馨香。宣物莫大於言，存形莫善於畫。」此之謂也，善哉。曹植有言曰：「觀畫者，見三皇、五帝，莫不仰戴；見三季異主，莫不悲惋；見簒臣賊嗣，莫不切齒；見高節妙士，莫不忘食；見忠臣死難，莫不抗節；見放臣逐子，莫不歎息；見淫夫妒婦，莫不側目；見令妃順后，莫不嘉貴。是知存乎鑒戒者圖畫也。」昔夏之衰也，桀爲暴亂，太史終抱畫以奔商。殷之亡也，紂爲淫虐，內史摯載圖而歸周。燕丹請獻，秦皇不疑，蕭何先收，沛公乃王。圖畫者，有國之鴻寶，理亂之紀綱。是以漢明宮殿，贊茲粉繪之功；蜀郡學堂，義存勸戒之道。馬后女子，尚願戴君於唐堯；石勒羯胡，猶觀自古之忠孝。豈同博奕用心，自是名教樂事。余嘗恨王充之不知言，云人觀圖畫上所畫古人也，視畫古人如視死人，見其面而不若觀其言行。古賢之道，竹帛之所載燦然矣，豈徒牆壁之畫哉！余以此等之論，與夫大笑其道，詬病其儒，以食與耳，對牛鼓簧，又何異哉！

敍畫之興廢

圖畫之妙，爰自秦、漢，可得而記。降於魏、晉，代不乏賢。及乎南北，哲匠間出，曹、衞、顧、陸擅重價於前，董、展、孫、楊垂妙迹於後；張、鄭兩家，高步於隋室，大安兄弟，首冠於皇朝，此蓋尤所烜赫也。世俗知尙者，其餘英妙，今亦殫論。漢武創置祕閣，以聚圖書；漢明雅好丹青，別開畫室，又創立鴻都學以集奇藝，天下之藝雲集。及董卓之亂，山陽西遷，圖畫縑帛，軍人皆取爲帷囊，所收而西七十餘乘，遇雨道艱，半皆遺棄。魏晉之代，固多藏蓄，胡寇入洛，一時焚燒。宋、齊、梁、陳之君，雅有好尙，晉遭劉曜，多所毀散。重以桓玄，性貪好奇，天下法書名畫，必使歸己，及玄篡逆，晉府眞迹，玄盡得之。何法盛晉中興書云：「劉牢之遣子敬宣詣玄請降，玄大喜，陳書畫共觀之。」玄敗，宋高祖先使臧喜入宮載焉。南齊高帝科其尤精者，錄古來名手，不以遠近爲次，但以優劣爲差，自陸探微至范惟賢四十二人爲四十二等，二十七秩，三百四十八卷。聽政之餘，旦夕披玩。梁武帝尤加寶異，仍更搜葺；元帝雅有才藝，自善丹青，古之珍奇，充牣內府。侯景之亂，太子綱數夢秦皇更欲焚天下書，既而內府圖畫數百函，果爲景所焚也。及景之平，所有畫皆載入江陵，爲西魏將于謹所陷。元帝將降，乃聚名畫法書及典籍二十四萬卷，遣後閣舍人高善寶焚之，帝欲投火俱焚，宮嬪牽衣得免。吳越寶劍，並將斫柱令折，乃歎曰：「蕭世誠遂至於此，儒雅之道，今夜窮矣！」于謹等於煨燼之中，收其書畫四千餘軸，歸於長安。故顏之推觀我生賦云：「人民百萬而囚虜，書史千兩而煙颺，史籍已來，未之有也，溥天之下，斯文盡喪。」陳天嘉中，陳主肆意搜求，所得不少；及隋平陳，命元帥記室參軍裴矩、高熲收之，得八百餘卷。隋帝於東京觀文殿後起二臺：東曰妙楷臺，藏自古法書；西曰寶蹟臺，收自古名畫。煬帝東幸揚州，盡將隨駕，中道船覆，大半淪棄。煬帝崩，並歸宇文化及；化及至聊城，爲竇建德所取。留東都者，爲王世充所取，聖唐武德五年，尅平僭逆，擒二僞主，兩都祕藏之迹，維揚扈從之珍，歸我國家焉。乃命司農少卿宋遵貴載之以船，泝河西上，將致京師，行經砥柱，忽遭漂沒，所存十無一二。國初內庫只有三百卷，并隋朝以前相承，御府所寶。太宗皇帝特所耽玩，更於人間購求。天后朝，張易之奏召天下畫工，修內庫圖畫，因使工人各推所長，銳意模寫，仍舊裝背，一毫不差，其眞者多歸易之。易之誅後，爲薛少保稷所得，薛歿後，爲岐王範所得。（玄宗弟，謚惠文太子。）王初不陳奏，後懼，乃焚之。時薛少保與岐王範、石泉公、王方慶家所蓄圖畫，皆歸於天府，祿山之亂，耗散頗多。肅宗不甚保持，頒之貴戚，貴戚不好鬻於不肖之手，物有所歸，聚於好事之家。及德宗艱難之後，又經散失，甚可痛也！自古兵火亟焚，江波屢鬬，年代寖遠，失墜彌多。儻時君之不尙，則闕其搜訪，非至人之賞玩，則未辨妍蚩。所以駿骨不來，死鼠爲璞，嗟乎！今之人，衆藝鮮至，此道尤衰，未曾誤點爲蠅，惟見無成類狗。彥遠家代好尙，高祖河東公、曾祖魏國公相繼鳩集名迹。先是魏國公與司徒汧公（李勉）並佐霍國公關內三軍幕府（王思禮），霍公平定兩京，魏公之策也。魏公與汧公因其同僚，遂成久要，並列藩閫，齊居台衡，雅會襟靈，琴書相得。汧公博古多藝，窮精蓄奇，魏晉名蹤，盈於篋笥。許詢、逸少經年共賞山泉；謝傅、戴逵終日惟論琴畫。（汧公任南海日，於羅浮山得片石，汧公子兵部員外郎約，又於潤州海門山得雙峯石，幷爲好事所寶，悉見傳授。又汧公手斲雅琴，尤佳者曰響泉，曰韻磬。汧公在滑州，魏公在西川，金玉之音，山川無間，盡緘珞匣，以表嘉貺。西川幕客司空曙賦曰：「白雪高吟際，靑霄遠望中，誰言路遐曠，宮徵暗相通。」時汧公幷寄重寶，琴解及琴薦咸在焉。）大父高平公與愛弟主客員外郎（彥遠叔祖，名諗。）及汧公愛子纘，（祠部郎中）纘弟約，（兵部員外郎字存博。）更敍通舊，遂契忘言。遠同莊惠之交，近得荀陳之會。大門請纘爲判官，約與主客，皆高謝榮宦，琴尊自樂，終日陶然，士流企望莫及也。由是萬卷之書，盡歸王粲，一廚之畫，惟寄桓玄。李兵部又於江南得蕭子雲壁書飛白「蕭」字，匣之以歸洛陽，授余叔祖，致之修善里，搆一亭，號曰蕭齋。（王涯相倚權勢，負之而趨。太和末，爲亂兵所壞，其「蕭」字本末，具余所撰法書要錄中。）元和十三年，高平公鎮太原，不能承奉中貴，爲監軍使內官魏弘簡所忌，無以指其瑕，且驟言於憲宗曰：「張氏富有書畫。」遂降宸翰，索其所珍。惶駭不敢緘藏，科簡登時進獻。乃以鍾、張、衛、索眞迹各一卷，二王眞迹各五卷，魏、晉、宋、齊、梁、陳、隋雜迹各一卷，顧、陸、張、鄭、田、楊、董、展及國朝名手畫合三十卷。表上曰：「伏以前代帝王，多求遺逸，朝觀夕覽，收鑒於斯。陛下睿聖欽明，凝情好古，聽政之暇，將以怡神。前件書畫，歷代共寶，是稱珍絕，其陸探微蕭史圖，妙冠一時，名居上品，所希睿鑒，別賜省覽。」又別進玄宗馬射眞圖。（永寧府司馬陳閎畫。）表曰：「玄宗天縱神武，藝冠前王，凡所游畋，必存繪事。豈止雲夢殪兕，楚人美旌蓋之雄，潯陽射蛟，漢史稱舳艫之盛。前件圖，臣瞻奉先靈，素所寶惜，陛下旁求珍迹，以備石渠。祖宗之美，敢不獻呈。（掌書記監察御史李德裕制詞。）手詔答曰：「卿慶傳台鉉，業嗣弓裘，雄詞冠於一時，奧學窮乎千古，圖書兼蓄，精博兩全。別進玄宗馬射眞圖，恭獲披捧，瞻拜感咽，聖靈如臨，其鍾張等書，顧陸等畫，

六

古今共寶，有國所珍。朕以視朝之餘，得以寓目，因知丹青之妙，有合造化之功，欲觀象以省躬，豈好奇而玩物。況煩章奏，嘉歎良深。」其書畫並收入內庫，世不復見。其餘者，長慶初，大父爲內貴魏弘簡門人宰相元稹所擠，出鎮幽州，遇朱克融之亂，皆失墜矣。非戎虜所愛，及事定，頗有好事購得之，彥遠時未齔歲，恨不見家內所寶。其進奉之外，失墜之餘，存者纔二三軸而已。雖有豪勢，莫能求旃，嗟爾後來，尤須靳固。宜抱漆書而興歎，莫將棐机以藩身。聊因暇日，編爲此記，且撮諸評品，用明乎所業，亦探於史傳，以廣其所知。後漢孫暢之有述畫記，梁武帝、陳姚最、謝赫、隋沙門彥悰、唐御史大夫李嗣眞、秘書正字劉整、著作郎顧況，並兼有畫評。中書舍人裴孝源有畫錄，竇蒙有畫拾遺錄，率皆淺薄漏略，不越數紙。僧悰之評，最爲謬誤，傳寫又復脫錯，殊不足看也。如宋朝謝希逸，陳朝顧野王之流，當時能畫，評品不載，詳之近古，遺脫至多。蓋是世上未見其蹤，又述作之人，不廣求耳。嗚呼！自古忠孝義烈，湮沒不稱者，曷勝記哉，況書畫耶！聖唐至今二百三十年奇，藝者駢羅，耳目相接，開元天寶，其人最多。何必六法俱全，六法解在下篇 但取一技可采。謂或人物、或屋宇、或山水、或鞍馬、或鬼神、或花鳥，各有所长。自史皇至今大唐會昌元年，凡三百七十餘人，編次無差，銓量頗定。此外旁求錯綜，心目所鑒。言之無隱，將來者有能撰述，其或繼之。

時大中元年，歲在丁卯。

敍自古畫人名 自軒轅至唐會昌凡三百七十人

卷四 軒轅時一人。

史皇

周一人

封膜

齊一人

敬君

秦一人

烈裔

前漢六人

毛延壽　陳敞　劉白　龔寬　陽望

樊育

後漢六人

趙岐　劉褒　蔡邕　張衡　劉旦

楊魯

魏四人

曹髦　楊修　桓範　徐邈

吳二人

曹不興　吳王趙夫人

蜀二人

諸葛亮 亮子瞻

卷五 晉二十三人

明帝　荀勗　張墨　衞協　王廙

王羲之 子獻之　康昕　顧愷之　史道碩　謝稚

夏侯瞻　嵇康　溫嶠　謝巖　曹龍

丁遠　楊惠　江思遠　王濛　戴逵 逵子勃，勃弟顒。

卷六 宋二十八人

陸探微 探微子綏，綏弟弘肅。　顧寶光　宗炳　王微　謝莊

袁倩 倩子質　史敬文　史藝　劉斌　尹長生
顧駿之　康允之　顧景秀　吳暕　張則
劉胤祖 弟紹祖，子璞。　蔡斌　濮萬年 弟道興　史粲　朱僧辯
褚靈石　范惟賢

卷七 南齊二十八人

宗測　劉係宗　姚曇度 子釋惠覺　蘧道愍 甥沙門僧珍　章繼伯
范懷珍　鍾宗之　王奴　王殿　戴蜀
陳公恩　陶景眞　張季和　沈標　謝赫
沈粲　丁光　周曇研　謝惠連　謝約
虞堅　丁寬　劉瑱　毛惠遠 弟惠秀，子稜。

梁二十人

元帝 子方等　蕭大連　蕭賁　陸杲　陶弘景
張僧繇 子善果，善果弟儒童。　袁昂　焦寶願　嵇寶鈞　聶松
解倩　陸整　江僧寶　僧威公　僧吉底俱

僧摩羅菩提　僧迦佛佗

卷八陳一人

顧野王

後魏九人

蔣少遊　郭善明　侯文和　柳儉　閔文和

郭道興　楊乞德　王由　祖班

北齊十人

高孝珩　蕭放　楊子華　田僧亮　劉殺鬼

曹仲達　殷英童　高尙士　徐德祖　曹仲璞

後周一人

馮提伽

隋二十一人

閻毗　何稠　劉龍龍弟袞　展子虔　鄭法士弟法輪，子德文。

孫尙子　董伯仁　楊契丹　劉烏　陳善見

江志　李雅　王仲舒　閻思光　解悰

程瓚　尉遲跋質那　僧曇摩拙义

卷九 唐二百六人

漢王元昌弟韓王元嘉、滕王元嬰。　閻立德弟立本　張孝師　范長壽

何長壽　尉遲乙僧　劉孝師　靳智翼　王定

梁寬　吳智敏　康薩陀　王知愼　王韶應

檀智敏　楊須跋　趙武端　范龍樹　周烏孫

楊德紹　陳義　殷敎　殷季友　許琨

僧法明　錢國養　左文通　王陁子　牛昭

吳道玄　張愛兒　楊惠之　員明　程進

韓伯通　竇弘果　毛婆羅　孫仁貴　金忠義

翟琰　李生　張藏　楊庭光　盧稜伽

姚景仙　武靜藏　董萼　陳靜心弟靜眼　程雅

楊坦坦子爽　楊仙喬　解倩　馮紹正　姜皎

李思訓（弟思誨，思誨子林甫，林甫弟昭道，林甫姪湊。）　薛稷　郎餘令　曹元廓
劉行臣　暢[illegible]（子明瓘）　楊寧　楊昇　張萱
尹琳　李仲昌　李嗣眞　韋無忝（弟無縱）　朱抱一
竺元標　蔡金剛　毛嵩　姚彥山　程遜
董好子　楊樹兒　耿純　任貞亮　陸庭曜
暢整　李相國　陳懿　劉智敏　史晟
何君墨　京元成　崔霞　冷元琇　馬光業
李鑾子　馬樹鷹　祝丘　潘細衣　周子敬
段去惑　僧智瑰　殷令名　殷聞禮（弟仲容）　談皎
僧金剛三藏　張遵禮　王紹宗　宋令文　司馬承禎
盧鴻　釋脩然　鄭虔　鄭逾　李果奴（果奴孫士昉）
曹霸　韓幹　孔榮　陳閎　孟仲暉
杜景祥　王允之　（卷十）王維　張諲　劉方平
王熊　王象　田琦　竇師綸　江都王緒

李逖　李平鈞　崔陽元　李炅　張維亘

李滔　張通　耿昌言（弟昌期）　周古言　嚴杲

楊德本　貝俊　李韶　魏晉孫　蒯廉

白旻　韓嶷　宇文肅　高江　車道政

滕王湛然　齊皎（皎弟映）　朱審　王宰　畢宏

楊炎　史瓚　裴諝　韋鑒（弟鑾，子鶠。）　張璪

陳曇　顧況　鄭審　沈寧　劉商

劉整　劉之奇　邊鸞　于錫　强穎

梁廣　陳庶　陳恪（恪子積善）　戴重席　周昉

趙博文（博兄宣）　王朏　鄭寓　韓滉　戴嵩（嵩弟嶧）

李漸（仲子和）　蕭祐　周太素　麴庭　蕭悅

張志和　侯莫陳廈　僧道芬　鄭町　梁洽

項容　吳恬　王默

昔謝赫云：「畫有六法：一曰氣韻生動，二曰骨法用筆，三曰應物象形，四曰隨類賦彩，五曰經營位置，六曰傳模移寫。」自古畫人，罕能兼之。彥遠試論之曰：「古之畫，或能移其形似，而尙其骨氣，以形似之外求其畫，此難可與俗人道也；今之畫，縱得形似而氣韻不生，以氣韻求其畫，則形似在其間矣。上古之畫，迹簡意澹而雅正，顧、陸之流是也；中古之畫，細密精緻而臻麗，展、鄭之流是也；近代之畫，煥爛而求備，今人之畫，錯亂而無旨，衆工之迹是也。夫象物必在於形似，形似須全其骨氣；骨氣形似，皆本於立意，而歸乎用筆。故工畫者多善書，然則古之嬪，擘纖而胸束；古之馬，喙尖而腹細；古之臺閣竦峙，古之服飾容曳。故古畫非獨變態有奇意也，抑亦物象殊也。至於臺閣樹石，車輿器物，無生動之可擬，無氣韻之可侔，直要位置向背而已。」顧愷之曰：「畫人最難，次山水，次狗馬，其臺閣一定器耳，差易爲也。」斯言得之。至於鬼神人物，有生動之可狀，須神韻而後全。若氣韻不周，空陳形似，筆力未遒，空善賦彩，謂非妙也。故韓子曰：「狗馬難，鬼神易，狗馬乃凡俗所見，鬼神乃譎怪之狀。」斯言得之。至於經營位置，則畫之總要，自顧、陸以降，畫迹鮮存，難悉詳之。唯觀吳道玄之迹，可謂六法俱全，萬象必盡，神人假手，窮極造化也。所以氣韻雄壯，幾不容於縑素；筆迹磊落，遂恣意於牆壁，其細畫又甚稠密，此神異也。至於傳模移寫，乃畫家末事，然今之畫人，粗善寫貌，得其形似，則無其氣韻，具其彩色，則失其筆法，豈曰畫也。嗚呼！今之人斯，藝不至也，宋朝顧駿之常結構高樓，以爲畫所，每登樓去梯，家人罕見。若時景融朗，然後含毫，天地陰慘，則不操筆。今之畫人，筆墨混於塵埃，丹青和其泥滓，徒汙絹素，豈曰繪畫。自古善畫者，莫匪衣冠貴胄，逸士高人，振妙一時，傳芳千祀，非閭閻鄙賤之所能爲也。

論畫山水樹石

魏、晉以降，名迹在人間者，皆見之矣。其畫山水，則群峯之勢，若鈿飾犀櫛，或水不容泛，或人大於山，率皆附以樹石，映帶其地，列植之狀，則若伸臂布指。詳古人之意，專在顯其所長，而不守於俗變也。國初二閻，擅美匠學，楊、展精意宮觀，漸變所附，尙猶狀石則務於雕透，如冰澌斧刃，繪樹則刷脉鏤葉，多栖梧菀柳。功倍愈拙，不勝其色。吳道玄者，天付勁毫，幼抱神奥，往往於佛寺畫壁，縱以怪石崩灘，若可捫酌。又於蜀道寫貌山水，由是山水之變，始於吳，成於二李。李將軍、李中書 樹石之狀，妙於韋鶠，窮於張通。張璪也 通能用紫毫禿鋒，以掌摸色，中遺巧飾，外若混成。又若王右丞之重深，楊僕射之奇贍，朱審之濃秀，王宰之巧密，劉商之取象，其餘作者非一，皆不過之。近代有侯莫陳廈、沙門道芬，精緻稠沓，皆一時之秀也。吳興郡南堂有兩壁樹石，余觀之而歎曰：此畫位置若道芬，迹類宗偃，是何人哉？吏對曰：有徐表仁者，初爲僧，號宗偃，師道芬則入室，今寓於郡側，年未衰而筆力奮疾。召而來，徵他筆皆不類，遂指其單複曲折之勢，耳剽心晤，成若宿構。使其凝意，且啓幽襟，迨乎構成，亦竊奇狀。向之兩壁，蓋得意深奇之作。觀其潨蓄嵐赩，遮藏洞泉，蛟根束鱗，危幹凌碧，重質委地，青飈滿堂。吳興茶山，水石奔異，境與性會，乃召於山中寫明月峽。因敍其所見，庶爲知言。知之者解頤，不知者拊掌。

歷代名畫記卷第一終

歷代名畫記卷第二

敍師資傳授南北時代

自古論畫者，以顧生之迹，天然絕倫，評者不敢一二。余見顧生評論魏晉畫人，深自推挹衞協（衞協、顧愷之，並見第五卷），卽知衞不下於顧矣。只如狸骨之方，右軍歎重，龍頭之畫，謝赫推高。名賢許可，豈肯容易，後之淺俗，安能察之。詳觀謝赫評量，最爲允愜，姚李品藻，有所未安（姚最、李嗣眞也）。李駁謝云：「衞不合在顧之上。」全是不知根本，良可於悒。只如晉室過江，王廙書畫爲第一；書爲右軍之法，畫爲明帝之師（晉平南將軍王廙字世將）。今言書畫，一向吠聲，但推逸少明帝而不重平南。如此之類至多，聊且舉其一二，若不知師資傳授，則未可議乎畫，今粗陳大略云。至如晉明帝師於王廙，衞協師於曹不興，顧愷之、張墨、荀勗師於衞協，（衞、張同时，并有畫聖之名。）史道碩、王微師於荀勗，衞協，戴逵師於范宣，（荀、衞之後，范宣第一。）逵子勃、勃弟顒，師於父。（巳上晉）陸探微師於顧愷之，探微子綏、弘、肅並師於父，顧寶光、袁倩，師於陸，倩子質師於父，顧駿之師於張墨，張則師於吳暕，吳暕師於江僧寶，劉胤祖師於晉明帝，胤祖弟紹祖、子璞並師於胤祖。（巳上宋）姚曇度子釋惠覺師於父，蘧道敏師於章繼伯，（蘧後勝於章也）道敏甥僧珍師於道敏，沈標師於謝赫，周曇妍師於曹仲達，毛惠遠師於顧惠遠，弟惠秀、子稜並師於惠遠。(皆不及惠遠，已上南齊。)，袁昂師於謝、張、鄭，(袁尤得綺羅之妙也) 張僧繇子善果、儒童並師於父，解倩師於聶松、蘧道敏，(道敏不及解倩) 焦寶願師於張、謝，江僧寶師於袁、陸及戴。(江長於畫人，已上梁。) 田僧亮師於董、展，(田、楊與董、展聲價相侔，田、楊、鄭三人同時也。) 曹仲達師於袁。(袁勝曹，已上北齊。) 鄭法士師於張(張之，高足)，法士弟法輪、子德文，並師於法士，(不及法士也。) 孫尚子師於顧、陸、張、鄭，(尚子鞍馬樹石，幾勝於法士。) 陳善見師於楊、鄭，(善見寫搨楊、鄭之迹不辨。) 李雅師於張僧繇，王仲舒師於孫尚子。(已上隋。) 二閻師於鄭、張、楊、展，(兼師於父毗。毗在隋朝。) 范長壽、何長壽並師於張(何劣於范)，尉遲乙僧師於父(尉遲跋質那在隋朝)，陳廷師於乙僧(乙僧外國，陳廷次之)，靳智翼師於曹(曹創佛事、畫佛有曹家樣、張家樣及吳家樣。)，吳智敏師於梁寬，(寬勝智敏) 王智愼師於閻，(極類閻之迹而少劣) 檀智敏師於董，吳道玄師於張僧繇，(又師於張孝師，又授筆法於張長史旭。) 盧稜伽、楊庭光、李生、張藏並師於吳，(各有所長，稜伽、庭光爲上足。) 劉行臣師於王韶應，韓幹、陳閎師於曹霸，王紹宗師於殷仲容。(已上國朝畫人。近代皆不載也。) 各有師資，遞相倣効，或自開戶牖，或未及門牆，或靑出於藍，或冰寒於水。似類之間，精粗有別，只如田僧亮、楊子華、楊契丹、鄭法士、董伯仁、展子虔、孫尚子、閻立德、閻立本，並祖述顧、陸、僧繇，田則郊野柴荊爲勝，楊則鞍馬人物爲勝，契丹則朝廷簪組爲勝，法士則游宴豪華爲勝，董則臺閣爲勝，展則車馬爲勝，孫則美人魑魅爲勝，閻則六法備該，萬象不失。所言勝者，以觸類皆能，而就中尤所偏勝者，俗所共推。展善屋木，且不知董展同時齊名，展之屋木，不及於董。李嗣眞云：「三休輪奐，董氏造其微，六轡沃若，展生居其駿。而董有展之車馬，展無董之臺閣，此論爲當。若論衣服車輿，土風人物，年代各異，南北有殊，觀畫之宜，在乎詳審。只如吳道玄畫仲由，便戴木劍，閻令公畫昭君，已着幃帽，殊不知木劍創於晉代，幃帽興於國朝。舉此凡例，亦畫之一病也。且如幅巾傳於漢、魏，羃䍦起自齊、隋，幞頭始於周朝。（折上巾軍旅所服，即今幞頭也，用全幅皁向後幞髮，俗謂之幞頭，自武帝建德中，裁爲四脚也。）巾子創於武德，胡服靴衫，豈可輒施於古象，衣冠組綬，不宜長用於今人，芒屩非塞北所宜，牛車非嶺南所有。詳辯古今之物，商較土風之宜，指事繪形，可驗時代，其或生長南朝，不見北朝人物，習熟塞北，不識江南山川，游處江東，不知京洛之盛，此則非繪畫之病也。故李嗣眞評董展云：「地處平原，闕江南之勝，迹參戎馬，乏簪裾之儀，此是其所未習，非其所不至。」如此之論，便爲知言。譬如鄭玄未辯楂梨，蔡謨不識螃蟹，魏帝終削典論，（初以其無火浣布著典論言之，刊於太學，後有外國獻火浣布，遂削棄典論也。）隱居有昧藥名，（陶隱居本草，多未曉北地藥名也。）吾之不知，蓋闕如也。雖有不知，豈可言其不博？精通者所宜詳辯南北之妙迹，古今之名蹤，然後可以議乎畫。

論顧陸張吳用筆

或問余以顧、陸、張、吳用筆如何？對曰：「顧愷之之迹緊勁聯綿，循環超忽，調格逸易，風趨電疾，意存筆先，畫盡意在，所以全神氣也。昔張芝學崔瑗、杜度草書之法，因而變之，以成今草書之體勢，一筆而成，氣脈通連，隔行不斷，唯王子敬明其深旨，故行首之字，往往繼其前行，世上謂之一筆書。其後陸探微亦作一筆畫，連綿不斷。故知書畫用筆同法，陸探微精利潤媚，新奇妙絕，名高宋代，時無等倫。張僧繇點曳斫拂，依衞夫人筆陣圖，一點一畫，別是一巧，鈎戟利劍森森然，又知書畫用筆同矣。國朝吳道玄，古今獨步，前不見顧、陸，後無來者，授筆法於張旭，此又知書畫用筆同矣。張既號『書顚』，吳宜爲『畫聖』，神假天造，英靈不窮。衆皆密於盼際，我則離披其點畫；衆皆謹於象似，我則脫落其凡俗。彎弧挺刃，植柱構梁，不假界筆直尺，虬鬚雲鬢，數尺飛動，毛根出肉，力健有餘。當有口訣，人莫得知。數仞之畫，或自臂起，或從足先，巨壯詭怪，膚脈連結，過於僧繇矣。」或問余曰：「吳生何以不用界筆直尺而能彎弧挺刃，植柱構梁？」對曰：「守其神，專其一，合造化之功，假吳生之筆。向所謂意存筆先，畫盡意在也。凡事之臻妙者，皆如是乎，豈止畫也！與乎庖丁發硎，郢匠運斤，效顰者徒勞捧心，代斲者必傷其手。意旨亂矣，外物役焉，豈能左手劃圓，右手劃方乎？夫用界筆直尺，界筆是死畫也，守其神，專其一，是眞畫也。死畫滿壁，曷如圬墁，眞畫一劃，見其生氣，夫運思揮毫，自以爲畫，則愈失於畫矣。運思揮毫，意不在於畫，故得於畫矣。不滯於手，不凝於心，不知然而然，雖彎弧挺刃，植柱構梁，則界筆直尺，豈得入於其間矣。」又問余曰：「夫運思精深者，筆迹周密，其有筆不周者，謂之如何？」余對曰：「顧、陸之神，不可見其盼際，所謂筆跡周密也。張、吳之妙，筆纔一二，像已應焉，離披點畫，時見缺落，此雖筆不周而意周也。若知畫有疏密二體，方可議乎畫。」或者頷之而去。

論畫體工用搨寫

夫陰陽陶蒸，萬象錯布，玄化無言，神工獨運。草木敷榮，不待丹碌之采；雲雪飄颺，不待鉛粉而白。山不待空青而翠，鳳不待五色而綷。是故運墨而五色具，謂之得意。意在五色，則物象乖矣。夫畫物特忌形貌，采章歷歷具足，甚謹甚細，而外露巧密，所以不患不了，而患於了，既知其了，亦何必了，此非不了也，若不識其了，是眞不了也。夫失於自然而後神，失於神而後妙，失於妙而後精，精之爲病也，而成謹細，自然者爲上品之上，神者爲上品之中，妙者爲上品之下，精者爲中品之上，謹而細者爲中品之中。余今立此五等，以包六法，六法已具第一卷。以貫衆妙，其間詮量，可有數百等，孰能周盡？非夫神邁識高，情超心惠者，豈可議乎知畫？夫「工欲善其事，必先利其器」。齊紈吳練，冰素霧綃，精潤密緻，機杼之妙也；武陵水井之丹，磨嵯之沙，越嶲之空青，蔚之曾青，武昌之扁青（上品石綠），蜀郡之鉛華（黃丹也，出本草。），始興之解錫（胡粉），研鍊、澄汰、深淺、輕重、精麄；林邑、崑崙之黃（雌黃也，忌胡粉同用。），南海之蟻鉚（紫鉚也，造粉燕脂吳綠，謂之赤膠也。），雲中之鹿膠，吳中之鰾膠，東阿之牛膠（采章之用也），漆姑汁鍊煎，並爲重采，鬱而用之。（古畫皆用漆姑汁，若鍊煎，謂之鬱色，於綠色上重用之。）古畫不用頭綠大青，（畫家呼麄綠爲頭綠，麄青爲大青。）取其精華，接而用之。百年傳致之膠，千載不剝，絕仞食竹之毫，一劃如劍。有好手畫人，自言能畫雲氣。余謂曰：古人畫雲，未爲臻妙，若能沾溼綃素，點綴輕粉，縱口吹之，謂之吹雲。此得天理，雖曰妙解，不見筆蹤，故不謂之畫。如山水家有潑墨，亦不謂之畫，不堪倣效。江南地潤無塵，人多精藝，三吳之跡，八絕之名，逸少右軍，長康散騎，書畫之能，其來尚矣。淮南子云：宋人善畫，吳人善治（治賦色也），不亦然乎？好事家宜置宣紙百幅，用法蠟之，以備摹寫。（顧愷之有摹搨妙法。）古時好搨畫，十得七八，不失神采筆蹤。亦有御府搨本，謂之官搨，國朝內庫翰林，集賢祕閣，搨寫不輟。承平之時，此道甚行，艱難之後，斯事漸廢。故有非常好本搨得之者，所宜寶之，既可希其眞蹤，又得留爲證驗。遍觀衆畫，唯顧生畫古賢，得其妙理，對之令人終日不倦，凝神遐想，妙悟自然，物我兩忘，離形去智，身固可使如槁木，心固可使如死灰，不亦臻於妙理哉！所謂畫之道也。顧生首創維摩詰像（見第四卷），有清羸示病之容，隱几忘言之狀，陸與張皆効之，終不及矣。（張墨、陸探微、張僧繇，並畫維摩詰居士，終不及顧之所創者也。）

論名價品第

或曰：昔張懷瓘作書估，論其等級甚詳，君曷不詮定自古名畫，爲畫估焉？張子曰：書畫道殊，不可渾詰。書卽約字以言價，畫則無涯以定名，況漢、魏、三國，名蹤巳絕於代，今人貴耳賤目，罕能詳鑒，若傳授不昧，其物猶存，則爲有國有家之重寶。晉之顧，宋之陸，梁之張，首尾完全，爲希代之珍，皆不可論價。如其偶獲方寸，便可椷持。比之書價，則顧、陸可同鍾、張，僧繇可同逸少。書則逡巡可成，畫非歲月可就，所以書多於畫，自古而然。今分爲三古，以定貴賤。以漢、魏、三國爲上古，則趙岐、劉褒、蔡邕、張衡（已上四，後漢人）、曹髦、楊修、桓範、徐邈（已上四，魏人）、曹不興（吳）、諸葛亮（蜀）之流是也。以晉、宋爲中古，則明帝、荀勗、衞協、王廙、顧愷之、謝稚、嵇康、戴逵（已上八，晉人）、陸探微、顧寶光、袁倩、顧景秀之流是也（已上四，宋人）。以齊、梁、北齊、後魏、陳、後周爲下古，則姚曇度、謝赫、劉瑱、毛惠遠（已上四，齊人）、元帝、袁昂、張僧繇、江僧寶（已上四，梁人）、楊子華、田僧亮、劉殺鬼、曹仲達（已上四人北齊）、蔣少游、楊乞德（已上二人後魏）、顧野王（陳）、馮提伽（後周）之流是也。隋及國初爲近代之價，則董伯仁、展子虔、孫尙子、鄭法士、楊契丹、陳善見（已上六人隋）、張孝師、范長壽、尉遲乙僧、王知愼、閻立德、閻立本（已上六人唐朝）之流是也。上古質略，徒有其名，畫之蹤跡，不可具見；中古妍質相參，世之所重，如顧、陸之跡，人間切要；下古評量科簡，稍易辯解，迹涉今時之人所悅。其間有中古可齊上古，顧、陸是也；下古可齊中古，僧繇、子華是也，近代之價，可齊下古，董、展、楊、鄭是也；國朝畫可齊中古，則尉遲乙僧、吳道玄、閻立本是也。若詮量次第，有數百等，今且舉俗之所知而言。凡人間藏蓄，必當有顧、陸、張、吳著名卷軸，方可言有圖畫，若言有書籍，豈可無九經三史？顧、陸、張、吳爲正經，楊、鄭、董、展爲三史，其諸雜迹爲百家。（吳雖近，可爲正經。）必也手揣卷軸，口定貴賤，不惜泉貨，要藏篋笥，則董伯仁、展子虔、鄭法士、楊子華、孫尙子、閻立本、吳道玄，屛風一片，値金二萬，次者售一萬五千。（自隋已前，多畫屛風，未知有畫幛，故以屛風爲准也。）其楊契丹、田僧亮、鄭法輪、乙僧、閻立德，一扇値金一萬，且舉俗間諳悉者。推此而言，可見流品，夫中品藝人，有合作之時，可齊上品藝人；上品藝人，當未遒之日，偶落中品。唯下品雖有合作，不得厠於上品，在通博之人，臨時鑒其妍醜。只如張顚以善草得名，楷隸未必爲人所寶，余曾見小楷樂毅，虞、褚之流。韋鶠以畫馬得名，人物未必爲人所貴。余見畫人物，顧、陸可儔。夫大畫與細畫，用筆有殊，臻其妙者，乃有數體，只如王右軍書，乃自有數體，及諸行草，各由臨時構思淺深耳。畫之臻妙，亦猶於書，此須廣見博論，不可匆匆一概而取。昔裴孝源都不知畫，妄定品第，大不足觀。但好之則貴於金玉，不好則賤於瓦礫，要之在人，豈可言價。

論鑒識收藏購求閱玩

夫識書人多識畫，自古蓄聚寶玩之家，固亦多矣。已具第一卷中。則有收藏而未能鑒識，鑒識而不善閱玩者，閱玩而不能裝褫，裝褫而殊無詮次者，此皆好事者之病也。貞觀、開元之代，自古盛時，天子神聖而多才，士人精博而好藝，購求至寶，歸之如雲。故內府圖書，謂之大備。國初左僕射蕭瑀及許善心、楊素、褚安福家並進圖畫，兼隋代所有，乃成林藪。貞觀六年，虞世南、褚遂良等奉勅簡閱，開元十年十二月，太子中允張悱充知搜訪書畫使。天寶中，徐浩充採訪圖畫使，前後不可具載名代也。或有進獻，以獲官爵；或有搜訪，以獲錫賚。開元中有商胡穆聿，別識圖書，遂直集賢，告訐搜求。至德中，白身受金吾長史，改名詳。時有潘淑善，以獻書畫，拜官。遼東人王昌，括州人葉豐，長安人田穎，洛阳人杜福、劉翌，河內人齊光，皆別識販賣。此輩雖憐業好事，而迹類藩身。又有侍御史集賢直學士史維則，充使博訪圖書，懸以爵賞，所獲不少。建中四年，徐浩侍郎，自云昏耄，奏男璹前試國子司業，兼太原縣令竇蒙、蒙弟簡較戶部員外郎汴宋節度參謀臮，並皆別識，勅並用之。貞元初，有賣書畫人孫方顒，與余家買得眞迹不少，今有男盈在長安，頃年又有趙晏，皆爲別識也。又有從來蓄聚之家，自號圖書之府。開元中，郯王府司馬竇瓚，潁川人也，右補闕席異，安定人也，監察御史潘履慎，滎陽人也，金部郎中蔡希寂，濟陽人也，給事中竇紹，歙州婺源縣令滕昇，吳郡人也，陸曜，東都人，福先寺僧胐，同官尉高至，渤海人也，國子主簿晁溫，太原人也，鄠縣尉崔曼倩，永王府長史陳閎，潁川人也，監察御史薛邕，太原人，郭暉並是別識收藏之人。近則張郎中從申，侍郎惟素，從申子也，蘄桂州祐，李方古，歸侍郎登，道士盧元卿，韓侍郎愈，裴侍郎璘，段相鄒平公，中書令晉公裴度，李太尉德裕。

蓄聚既多，必有佳者，姸蚩渾雜，亦在詮量。是故非其人，雖近代亦朽蠹，得其地，則遠古亦完全。其有晉、宋名跡，煥然如新，已歷數百年，紙素彩色未甚敗，何故開元、天寶間，蹤跡或已耗散？良由寶之不得其地也。夫金出於山，珠產於泉，取之不已，爲天下用。圖畫歲月既久，耗散將盡，名人藝士，不復更生，可不惜哉！夫人不善寶玩者，動見勞辱，卷舒失所者，操揉便損，不解裝褫者，隨手棄捐，遂使眞迹漸少，不亦痛哉！非好事者，不可妄傳書畫。近火燭不可觀書畫，向風日、正飡飲、唾涕、不洗手，並不可觀書畫。昔桓玄愛重圖書，每示賓客，客有非好事者，正飡寒具，（按寒具即今之環餠，以酥油煮之，遂汚物也。）以手捉書畫，大點汚玄，惋惜移時。自後每出法書，輒令洗手。人家要置一平安床褥，拂拭舒展觀之，大卷軸宜造一架，觀則懸之。凡書畫時時舒展，即免蠹溼。余自弱年，鳩集遺失，鑒玩裝理，晝夜精勤，每獲一卷遇一幅，必孜孜葺綴，竟日寶玩。可致者，必貨弊衣，減糲食。妻子僮僕，切切蚩笑。或曰：終日爲無益之事，竟何補哉！既而歎曰：若復不爲無益之事，則安能悅有涯之生？是以愛好愈篤，近於成癖，每清晨閒景，竹窗松軒，以千乘爲輕，以一瓢爲倦，身外之累，且無長物，唯書與畫，猶未忘情。既頹然以忘言，又怡然以觀閱。常恨不得竊觀御府之名迹，以資書畫之廣博。又好事家，難以假借，況少眞本。書則不得筆法，不能結字，已墜家聲，爲終身之痛；畫又迹不逮意，但以自娛，與夫熬熬汲汲，名利交戰於胸中，不亦猶賢乎？昔陶隱居啓梁武帝曰：「愚固博涉，患未能精，苦恨無書，願作主書令史，晚愛楷隸，又羨典掌之人。人生數紀之內，識解不能周流天壤，區區惟恣五慾，實可愧恥，每以得作才鬼，猶勝頑仙。」此陶隱居之志也，由是書畫皆爲淸妙。況余凡鄙，於二道能無癖好哉！今彥遠又別撰集法書要錄等，共爲二十卷，好事者得余二書，則書畫之事畢矣。

歷代名畫記卷第二終

歷代名畫記卷第三

敍自古跋尾押署

前代御府，自晉、宋至周、隋，收聚圖畫，皆未行印記。但備列當時鑒識藝人押署。

宋
張則　袁倩　陸綏

齊
劉瑱　毛惠遠

梁
沈熾文　唐懷允　徐僧權　孫子眞　庾於陵
法象　徐湯　孫達　姚懷珍　范胤祖
江僧寶　滿騫　陳延祖　顧操

陳
杜僧譚　黃高

北齊

丁道矜

隋　江總　姚察　朱異　何妥

大業年月日。奉勅裝。

開皇年月日。內史薛道衡署名跋尾。

亦有開皇年月日。參軍事學士諸葛穎，諮議參軍開府學士柳顧言，釋智果。

唐朝武德初秦王府跋尾。主簿上開府薛收，文學褚亮，亦有褚亮下更署虞世南姓名。

貞觀中褚河南等監掌裝背，並有當時鑒識人押署跋尾，官爵姓名，貞觀十一年月日。兵曹史樊行整裝合若干紙，宣義郎行參軍李德穎，數功曹參軍金川縣開國男平儼，典司馬行相州都督府司馬蘇勗監，銀青光祿大夫行黃門侍郎扶風縣開國男韋挺監。

十二年月日。題署同十一年。

十三年月日。將仕郎直弘文館臣王行直裝，起居郎臣褚遂良監，司空許州都督趙國公臣無忌，開府儀同三司尚書左僕射太子少師梁國公臣玄齡，特進尚書左僕射申國公臣士廉，特進鄭國公臣徵，吏部尚書左僕射臣君集（犯法後亦有揩却處），中書令駙馬都尉安德郡開國公臣楊師道，左衛大將軍武陽縣開國公臣李大亮，光祿大夫民部尚書莒國公臣唐儉，光祿大夫禮部尚書河間郡王臣孝恭，刑部尚書彭城縣開國公臣劉德威，兼太常卿扶風縣開國男臣韋挺，少府監安邑縣開國男臣馮長命，銀青光祿大夫行尚書左丞濟陽縣開國男臣唐皎（亦有不署馮長命、唐皎二人官爵姓名者）。

十四年月日。將仕郎直弘文館臣張龍樹裝，某官士廉，某官徵，某官楊師道，起居郎臣褚遂良。亦有臣蔡撝裝，其玄齡、士廉、魏徵、師道、君集，官爵姓名並同。師道後有左屯衛大將軍上柱國通川縣開國男臣姜行本。

十五年十六年月日。文林郎臣張龍樹裝，行起居郎臣褚遂良，楊師道、魏徵、房玄齡官爵並同上。房玄齡後無巳下人姓名。

十七年十八年月日。守黃門侍郎褚遂良監。無他人官爵姓名，是開元中割却。

十九年月日。褚遂良監。無他人官爵姓名，是開元中割却。

開元中，玄宗購求天下圖書，亦命當時鑒識人押署跋尾，劉懷信等亦或割去前代名氏，以己等名氏代之。開元五年月日。陪戎副尉王思忠裝，亦有張龍樹裝、王行眞裝。文林郎直秘書省臣王知逸監，宣義郎行左司禦率府錄事參軍臣劉懷信監（十年賜名匪矜），宣義郎行左驍衛率府倉曹參軍臣陸元悌監（後至十一年爲給事中賜名堅），直集賢承議郎行左金吾衛長史臣魏哲監，左散騎常侍崇文館學士上柱國舒國公臣褚無量，開府儀同三司上柱國梁國公臣姚崇，秘書監侍讀昭文館學士上柱國常山縣開國公臣馬懷素，銀青光祿大夫行中書侍郎同中書門下平章事監修國史上柱國許國公臣蘇頲，銀青光祿大夫守吏部尚書兼侍中監修國史上柱國廣平郡開國公臣宋璟。

十年月日。王思忠裝，同上。使承議郎守殿中丞知中書尚作事安昌縣開國男臣馮紹正，使朝議大夫簡較少府監臣陳義。

十五年月日。王府大農李仙舟裝背，內使尹奉祥監。是集賢書院書畫。

建中十年月日。臣賀遂奇、劉逸江等簡較，副使掖庭令茹蘭芳，副使內寺伯臣宋遊瓌。

已上跋尾押署，書畫多同此例，今略舉大例言之，餘不具載。

敍自古公私印記

太宗皇帝自書貞觀二小字，作二小印。貞觀

玄宗皇帝自書開元二小字，成一印。開元

又有集賢印、祕閣印、翰林印。各以判司所收掌圖書定印。

翰林之印

又有弘文之印，恐是東觀舊印印書者，其印至小。

弘文之印

更有元和之印，恐是官印，多印搨本書畫。

元和之印

諸好事家印有東晉僕射周顗印，古小雌字。

周顗

又有梁朝徐僧權印。

徐

唐朝魏王泰印。

龜益

太平公主駙馬武延秀玉印，胡書四字，梵音云三藐毋馱。

三藐毋馱

故潤州刺史贈左散騎常侍徐嶠之印。

東海

嶠之子吏部侍郎會稽郡公徐浩，浩子璹印。

會稽

議郎竇蒙印，

竇蒙審定

蒙弟范陽功曹竇衆印。

竇衆

延王友竇永二小字印。

飛軌

出出出出

金部郎中劉繹印。

彭城侯書畫記

起居舍人李造印。

陶安

鄂州司馬張懷瓘，弟盛王府司馬懷瓌印。

張氏永保

劍州司馬劉知章印。 劉氏書印

光祿大夫中書令上柱國趙國公鍾紹京印。 書印

彥遠高祖中書令河東公印。 河東張氏

曾祖相國魏國公印。 鳥石侯瑞

祖相國高平公二字小印。 鵠 瑞

又有鵠瑞二字，同爲一印。 鵠瑞

故相國司徒汧國公李勉印。 李氏印

汧國公之子兵部員外郎李約印。 約

又故相趙國公李吉甫印。 贊皇

故御史大夫黎榦印。 黎氏

故桂州觀察使蕭祐印。 蕭

故相國晉國公韓滉印。 滉

故相國鄴侯李泌印。 鄴侯圖書刻章

故犯法人宰相王涯印。 永存珍秘

僕射馬總印。[馬氏圖書]

宣州長史周昉印。[周昉]

劍州刺史王朏印。[王朏]

張敦簡印。[齊臣][常山之印]

已上諸印記，千百年可爲龜鏡。

別有[軍侯司馬][安國亭侯][益][萬古][任氏言事][猗歟劉鄭][歸至淮水][軍司司馬]

已上並未尋討去處，皆是識鑒寶玩之家印記，並可爲驗證。

[齋公書印][溫氏之印][模揖印信]又有褚氏書印，非褚河南之印也。[褚氏書印][文經][遠書][永福印信]

此外更有諸家印署，皆非鑒識，但偶獲圖畫，便卽印之，不足爲證驗，故不具錄。若不識圖畫，不煩空驗印記。雖然，自古及近代，御府購求之家，藏蓄傳授閱翫，其人至多，是以要明跋尾印記，乃是書畫之本業耳。

論裝背褾軸

自晉代已前，裝背不佳；宋時范曄，始能裝背，宋武帝時徐爰、明帝時虞龢、巢尚之、徐希秀、孫奉伯編次圖書，裝背爲妙。梁武帝命朱异、徐僧權、唐懷克、姚懷珍、沈熾文等，又加裝護。國朝太宗皇帝，使典儀王行眞等裝褫，起居郎褚遂良、較書郎王知敬等監領，凡圖書本是首尾完全著名之物，不在輒議割截改移之限，若要錯綜次第，或三紙五紙，三扇五扇，又上中下等相揉雜，本無詮次者，必宜與好處爲首，下者次之，中者最後。何以然？凡人觀畫，必銳於開卷，懈怠將半，次遇中品，不覺留連，以至卷終。此虞龢論裝書畫之例，於理甚暢。凡煑糊必去筋，稀緩得所，攪之不停，自然調熟。余往往入少細研薰陸香末，出自拙意，永去蠹而牢固，古人未之思也。汧國公家背書畫，入少蠟，要在密潤，此法得宜。趙國公李吉甫家云，背書要黃硬，余家有數帖黃硬，書都不堪。候陰陽之氣以調適，秋爲上時，春爲中時，夏爲下時，暑溼之時不可用。勿以熟紙，背必皺起，宜用白滑漫薄大幅生紙，紙縫先避人面及要節處，若縫縫相當，則强急，卷舒有損，要令參差其縫，則氣力均平。太硬則强急，太薄則失力。絹素彩色，不可擣理，紙上白畫，可以砧石妥帖之。宜造一太平案，漆板朱界，制其曲直。古畫必有積年塵埃，須用皂莢清水數宿漬之，平案扞去其塵垢，畫復鮮明，色亦不落。補綴擡策，油絹襯之，直其邊際，密其隙縫，端其經緯，就其形制，拾其遺脫，厚薄均調，潤潔平穩，然後乃以鏤沉檀爲軸首，或裹鼉束金爲飾。白檀身爲上，香潔去蟲，小軸白玉爲上，水精爲次，琥珀爲下；大軸杉木漆頭，輕圓最妙。前代多用雜寶爲飾，易爲剝壞。故貞觀開元中，內府圖書，一例用白檀身，紫檀首，紫羅褾織成帶，以爲官畫之褾。或者云：「書畫以褾軸買害，不宜盡飾。」余曰：裝之珍華，褭以藻繡，緘滕蘊藉，方爲宜稱。其古之異錦，具李章武所集錦譜。必若大盜至焉，亦何計寶惜。梁朝大聚圖書，自古爲盛，湘東之敗，烟焰漲天，此其運也！況乎私室寶持，子孫不肖，大則胠篋以遺勢家，小則舉軸以易朝饌，此又時也，亦何嗟乎！

記兩京外州寺觀畫壁

會昌中多毀折，今亦具載，亦有好事收得畫壁在人家者。

兩京寺觀等畫壁

太清宮。殿內絹上寫玄元眞是吳。

薦福寺。天后飛白書額。

淨土院門外兩邊，吳畫神鬼，南邊神頭上龍爲妙，西廊菩提院，吳畫維摩詰本行變。

律院北廊，張璪、畢宏畫。

西南院佛殿內東壁及廊下行僧，並吳畫，未了。

興善寺殿內壁畫至妙，失人名。按裴錄云，此寺有劉焉畫，恐是。

西南舍利塔內曹畫，西面尹琳畫。

東廊從南第三院小殿柱間，吳畫神，工人裝，損。
三藏院閣畫至妙，失人名。
慈恩寺塔內面東西間，尹琳畫，西面菩薩騎獅子，東面騎象。
塔下南門，尉遲畫，西壁千鉢文殊，尉遲畫。
南北兩間及兩門，吳畫幷自題。
塔北殿前窗間，吳畫；菩薩殿內，楊庭光畫經變，色損。
大殿東軒廊北壁，吳畫，未了，舊傳是吳，細看不是；大殿東廊從北第一院，鄭虔、畢宏、王維等白畫。
入院北壁，二神甚妙，失人名。
兩廊壁間，閻令畫；中間及西廊，李果奴畫行僧。
塔之東南中門外偏，張孝師畫地獄變，已剝落。
院內東廊從北第一房間南壁，韋鑾畫松樹。
大佛殿內東壁，好畫，失人名。
中三門裏兩面，尹琳畫神。

龍興觀大門內，吳畫神，已摧剝。

殿內東壁，吳畫明眞經變。

北面從西第二門，董諤白畫。

唐安寺塔下，尹琳、李眞畫。

北堂內西壁，朱審畫山水。

光宅寺東菩提院內北壁東西偏，尉遲畫降魔等變，殿內吳生、楊廷光畫；又尹琳畫西方變。

玄眞觀殿內玄元及侍眞座上，陳靜心畫樂天及神；殿內外，程雅、陳靜心畫。

資聖寺殷仲容題額，檀章畫中三門東窗間。

南北面，吳畫高僧。

大三門東南壁，姚景仙畫經變。

寺西門直西院外神及院內經變，楊廷光畫。

北圓塔下李眞、尹琳絹畫菩薩。

寶刹寺佛殿南，楊契丹畫涅槃等變相，與裴錄同，據裴畫錄亦有鄭畫，今不見也。西廊陳靜眼畫地獄變，又有楊廷光畫。

興唐寺三門樓下，吳畫神。

東般若院，楊廷光畫山水等。

西院，韓幹畫一行大師眞，徐浩書讚；又有吳生、周昉絹畫，中三門內東西偏兩壁，尉遲畫。

殿軒廊東面南壁，吳畫。

淨土院，董諤、尹琳、楊坦、楊喬畫。

院內次北廊向東塔院內西壁，吳畫金剛變，工人成色，損。

次南廊，吳畫金剛經變及郗后等，并自題。

小殿內，吳畫神、菩薩、帝釋，西壁西方變，亦吳畫。

東南角，吳弟子李生畫金光明經變。

講堂內，楊廷光畫。

菩提寺佛殿內東西壁，吳畫神鬼。西壁工人布色，損；佛殿壁帶間，亦有楊廷光白畫。

殿內東西北壁，並吳畫，其東壁有菩薩轉目視人，法師文溆亡何令工人布色，損矣！

東壁，董諤畫本行經變。

佛殿上構欄，耿昌言畫水族。

佛殿內東壁，楊廷光畫。據西京記合有鄭晝，今亡。

萬安觀公主影堂東北小院南行屋門外北壁，李昭道畫山水。

淨域寺。據裴畫錄，此寺有孫尚子畫，今不見。

三階院東壁，張孝師畫地獄變；杜懷亮書牓子。

院門內外神鬼，王韶應畫，王什書牓子。王什、杜懷亮書，人罕知，有書迹甚高，似鍾書。

景公寺東廊南間，東門南壁，畫行僧，轉目視人。

中門之東，吳畫地獄并題。

西門內西壁，吳畫帝釋并題，次南廊吳畫。

三門內東西畫至妙，失人名。

青龍寺中三門外東西，王韶應畫。

安國寺東車門直北東壁，北院門外，畫神兩壁及梁武帝郗后等，並吳畫并題。

經院小堂內外，並吳畫。

西廊南頭院，西面堂內南北壁，幷中三門外東西壁梵王、帝釋，並楊廷光畫。
三門東西兩壁釋天等，吳畫，工人成色，損。
東廊大法師院塔內，尉遲畫及吳畫。
大佛殿東西二神，吳畫，工人成色，損。
殿內維摩變，吳畫。
東北涅槃變，楊廷光畫。
西壁西方變，吳畫，工人成色，損。
殿內正南佛，吳畫，輕成色。
開元觀西廊院，天尊殿前龍虎君明眞經變及西壁，並楊廷光畫。門西窗上下，楊仙喬畫。
雲花寺小佛殿，有趙武端畫淨土變。
西廊北院門上北面，王知愼畫。
寶應寺多韓幹白畫，亦有輕成色者。
佛殿東西二菩薩，亦幹畫，工人成色，損。
西南院小堂北壁，張璪畫山水。

院南門外，韓幹畫側坐毗沙門天王。

北下方西塔院下，邊鸞畫牡丹。

咸宜觀三門兩壁及東西廊，並吳畫。

殿上窗間眞人，吳畫。

殿前東西二神，解倩畫。

殿外東頭東西二神，西頭東西壁，吳生幷楊廷光畫；窗間寫眞及明皇帝上佛公主等圖，陳閎畫。

永壽寺三門裏，吳畫神。

千福寺（在安定坊，會昌中毀寺後，却置不改舊額。）寺額上官昭容書。（毀寺後有僧收得，再置却懸之。）中三門外東行南，太宗皇帝撰聖教序，（弘福寺沙門懷仁集王右軍書。）西行楚金和尚法華感應碑，（顔魯公書，徐浩題額。）碑陰。（沙門飛錫撰，吳通微書。）

東塔院（額高力士書。）涅槃鬼神，（楊惠之書。）門屋下內外面，楊廷光白畫鬼神，幷門屋下兩面四五間。

西塔院玄宗皇帝題額。

北廊堂內南嶽智顗思大禪師法華七祖及弟子影。（弟子壽王主簿韓幹敬貌遺法，弟子沙門飛錫撰頌幷書。）繞塔板上傳法二十四弟子，（盧稜伽、韓幹畫裏面，吳生畫時菩薩現，吳生貌。）塔北普賢菩薩鬼神，似是尹琳畫。（相傳云是楊廷光畫，畫時錦端舍利從空而落。）塔院門兩面內外及東西向裏各四間，吳畫鬼神帝釋，極妙。塔院西廊 沙門懷素草書 天師眞，韓幹畫，此東塔玄宗感夢置之。

楚金眞，吳畫彌勒下生變。韓幹正畫，細小稠鬧。

院門北邊碑，顏魯公書，岑勛撰。南邊碑，張芬書。向裏面壁上碑，吳通微書，僧道秀撰。造塔人，木匠李伏横，石作張愛兒。石井欄篆書，李陽冰，石作張愛兒。

東閣肅宗置，面東碑韓擇木八分書，王據撰 天台智者大師碑，張芬書 佛殿東院西行南院。殿內有李綸畫普賢菩薩，田琳畫文殊師利菩薩。

崇福寺 武后題額 西庫，牛昭、王陁子畫山水。

東山亭，劉整畫山水。

西庫門外西壁神，吳畫自題。

化度寺，殷仲容題額。楊廷光、楊仙喬畫本行經變，盧稜伽畫地獄變，今殘兩頭少許耳。

溫國寺淨土院，尹琳畫。三門內，吳畫鬼神。南北窗門畫神，失人名。

定水寺 王羲之題額，從荆州將來。 殿內東壁北二神，西壁三帝釋，並張僧繇畫，從上元縣移來。 餘七神及下小神，並解倩畫。

殿內東壁，孫尙子畫維摩詰，其後屏風，臨古迹帖亦妙。

中間亦孫尙子畫。東間不是孫，亦妙。失人名。

內東西壁及前面門上，並似展畫，甚妙。前面有三圓光，皆突生壁窗間。菩薩亦妙。

奉恩寺中三門外西院北，尉遲畫本國王及諸親族；次塔下小畫，亦尉遲畫。此寺本是乙僧宅。

龍興寺佛殿，鄭法輪畫。

懿德寺三門樓下兩壁神，中三門東西華嚴變，並妙。三門西廊，陳靜眼畫山水。

大殿內畫極妙，失人名。

勝光寺西北院小殿，南面東西偏門上，王定畫行僧及門間菩薩圓光。

三門外神及帝釋，楊仙喬畫。

三門北南廊，尹琳畫。

塔東南院，周昉畫水月觀自在菩薩，掩障菩薩，圓光及竹，並是劉整成色。

西明寺（玄宗朝南薰殿學士劉子皋書額。）入西門南壁，楊廷光畫神，兩鋪成色，損。

東廊東面第一間傳法者圖讚，褚遂良書；第三間利防等，第四間曇柯迦羅，並歐陽通書。

寺東崇福寺壁礙，陳積善畫山水。

三階院蔡金剛，范長壽畫。

淨法寺殿後，張孝師畫地獄變。

東壁范長壽畫，與裴孝源錄同西壁亦妙，失人名。

空觀寺本周時村佛堂。遶壁當時名手畫，佛堂在寺東廊南院。佛殿南面東西門上，袁子昂畫。又有三絕，是佛殿門扇、孔雀及二龍。

崇聖寺西殿內，董伯仁畫。

東殿，展子虔畫，展畫與裴錄同。西北，鄭德文畫。

淨景寺。殷仲容題額。

濟度寺。殷仲容題額。

玄都觀殿內，范長壽畫。

海覺寺歐陽詢題額。三門內，王韶應畫，小殿前面，董畫像。

雙林塔西面，展畫；後面，云是鄭畫，尤妙。

西南院門北壁，畫神失名，甚妙，或云鄭法士。

壽果寺殿內，畫甚妙，失人名。

紀國寺西禪院小堂，鄭法輪畫，甚碎。

褒義寺殿後東西畫，似是王定。

佛殿西壁涅槃變，盧稜迦畫，自題。

西禪院殿內，杜景祥、王元之畫。

大雲寺東浮圖北有塔，俗呼爲七寶塔，隋文帝造。馮提伽畫瘦馬幷帳幕人物，已剝落。

又東壁北壁，鄭法輪畫；西壁，田僧亮畫；外邊四面，楊契丹畫本行經。據裴錄，此寺亦有展畫，其田、楊、鄭並同。

塔東叉手下，畫辟邪雙目，隨人轉盻。

三階院窗下，曠野雜獸，似是張孝師。

西南淨土院邊殿僧，至妙，失人名。

永泰寺殿及西廊，李雅畫聖僧。

東廊懸門，楊契丹畫。

東精舍，鄭法士畫滅度變相。

摠持寺門外東西，吳畫，成色，損。

佛殿內西面，孫尙子畫。

三藏院小佛殿四壁，尹琳、李昌畫。

堂內，李重昌畫恩大師影。

莊嚴寺兩寺並設令名題額。南門外壁白畨神，尹琳畫。

中門外東西，盧稜迦畫，兩壁甚大。

祕書省薛稷畫鶴，賀知章題詩，在東祕書廳；郎餘令畫鳳，在書閣柱上；都不成畫，不堪觀。先亦有小山水在書閣上，今已無。御史臺殿中廳，吳畫山水，據其畫跡，不是吳。又蕭桂州祐畫山水，將作監劉整畫山水，太常寺太卿後廳，梁洽畫山水。

禪定寺。裴孝源畫錄云，有陳善見畫。

西禪寺。裴孝源云，有孫尚子畫。

開業寺。裴錄云，有曹仲達、李雅、楊契丹、鄭法士畫。

淸禪寺。裴錄云，有鄭法士畫。

延興寺。裴錄云，有鄭法士、李雅畫。

已上上都

東都寺觀畫壁

福先寺三階院，吳畫地獄變，有病龍最妙。

寺三門兩頭亦似吳畫。係本寺三階院。

天宮寺三門，吳畫除災患變。板上二菩薩，張僧繇畫。從江南將來。

長壽寺門裏東西兩壁鬼神，吳畫。

佛殿兩軒行僧，亦吳畫。

菜園精舍內，王韶應畫。

敬愛寺 據裴孝源畫錄云，有孫尚子畫。彥遠按：敬愛寺是中宗皇帝爲高宗武后置，孫尚子是隋朝畫手，裴君所記爲謬矣。 佛殿內菩薩樹下彌勒菩薩塑像。麟德二年自內出。王玄策取到西域所圖菩薩像爲樣。巧兒張壽宋朝塑，王玄策指揮，李安貼金。 東間彌勒像，張智藏塑，即張壽之弟也。陳永承成。 西間彌勒像，竇弘果塑，已上三處像光及化生等，並是劉爽刻。 殿中門西神，竇弘果塑。 殿中門東神，趙雲質塑，今謂之聖神也。 此一殿功德並妙。 選巧工各騁奇思，莊嚴華麗，天下共推。 西禪院殿內佛事并山，並竇弘果塑。 東禪院般若臺內佛事，中門兩神，大門內外四金剛，并獅子崑崙各二，并迎送金剛神王，及四大獅子，兩食堂、講堂、兩聖僧，已上並是竇弘果塑。 大殿內東西面壁畫，劉行臣描。 維摩詰盧舍那，並劉行臣描，趙龕成自餘並聖曆已後劉茂德、皇甫節共成。 法華太子變，劉茂德成，即行臣子。 西壁西方佛會，趙武端描。 十六觀及閻羅王變，劉阿祖描。 西禪院北壁華嚴變，張法受描。 北壁門西一間佛會及山水、何長壽描。 人物等；張法受描趙龕成。 東西兩壁西方彌勒變，并禪院門外道西行道僧；並神龍後王韶應描董忠成。 禪院內西廊壁畫，開元十年吳道子描。 日藏月藏經變，及業報差別變；吳道子描。翟琰成。罪福報應，是雜手成，所以色損也。 東禪院殿內十輪變，武靜藏描。 東壁西方變，蘇思忠描，陳慶子成。 殿間菩薩及內廊下壁，武靜藏描，陳慶子成。 講堂內大寶帳，開元三年史小淨起樣，隨隱起等是張阿乾，生銅作并蠟樣是李正、王發亮、郭發子。天后大香爐，高五尺五寸，闊四尺，重二千斤。又大金銅香爐，毛婆羅樣後更加木座及須彌山浮趺等，高一丈二尺，張阿乾蠟樣。金銅幡十三口，長一丈二尺，張李八寫并成。畫絹幡十三口。金銅脚長一丈二尺，張李八寫并成，又四口亦長一丈二尺，雜手成。

大院紗廊壁行僧中門內已西，並趙武端描，惟唐三藏是劉行臣描亦成。中門內已東五僧，師奴描。第六僧已東，至東行南頭第二門已南，並劉行臣描。已北，並趙武端描，或云劉行臣描。中門西邊紗廊外面，並聖曆已後劉茂德描，陳庶子成。中門內立神，大門內坐神，並劉行臣描。中門東立神，及神之東西兩鬼。聖曆後有神英法師，令何長壽掃却，欲重描。神英京兆黨何生，洛下衆僧黨劉行臣。時人以何生雖善山水，至於畫神不如劉。劉爲關東獨步，與西京長壽齊名，洛下之意，抑何進劉，不許神英之請，還遣行臣之子茂德續其父畫，今中門東神及兩鬼腰已上新接者，亦不逮其父矣。其日藏月藏經變有病龍，又妙於福先寺者。殿內則天眞、山亭院十輪經變，華嚴經，並武靜藏畫。龍王面上蜥蜴及懷中所抱鷄，尤妙。山亭院北及門樓內兩廂，震亶、支提二神，並劉行臣畫。今暗。第二門東神亦行臣畫，今暗。彥遠遊西京寺觀不得遍，惟敬愛寺得細探討，故爲詳備。

龍興寺西禪院殿東頭，展畫八國王分舍利。

大雲寺門東兩壁鬼神，佛殿上菩薩六軀，淨土經變，閣上婆叟仙，並尉遲畫。黃犬及鷹最妙。

弘聖寺，陳靜眼、張志畫。

昭成寺西廊障日西域記圖，楊廷光畫。

三門下護法二神，張遵禮畫。

香爐兩頭淨土變、藥師變，程遜畫。

聖慈寺西北禪院，程遜畫。本行經變，維摩詰幷諸功德，楊廷光畫。

弘道觀東封圖是吳畫，兩京記乃云非名手畫，誤也。城北老君廟吳畫，杜甫詩云：「五聖聯龍袞，千官列雁行；畫手看前輩，吳生獨擅場。」

光嚴寺。裴孝源云，有董伯仁畫。天女寺。裴云，有展畫，今不見。

已上東都

會昌五年，武宗毀天下寺塔，兩京各留三兩所，故名畫在寺壁者，唯存一二。當時有好事或揭取，陷於屋壁。已前所記者，存之蓋寡。先是宰相李德裕鎮浙西，創立甘露寺，唯甘露不毀，取管內諸寺畫壁，置於寺內，大約有：

顧愷之畫維摩詰，在大殿外西壁；

戴安道文殊，在大殿外西壁；

陸探微菩薩，在殿後面；

謝靈運菩薩六壁，在天王堂外壁；

張僧繇神，在禪院三聖堂外壁；

張僧繇菩薩十壁，在大殿兩頭；

張僧繇菩薩并神，在文殊堂外壁；

展子虔菩薩兩壁，在大殿外；

韓幹行道僧四壁，在文殊堂內；

陸曜行道僧四壁，在文殊堂內前面；

唐湊十善十惡，在三門外兩頭；

吳道玄僧二軀，在釋迦道場外壁；

吳道玄鬼神，在僧迦和尙南外壁；

王陁子須彌山海水，在僧伽和尙外壁。顧畫維摩詰，初置甘露寺中，後爲盧尙書簡辭所取，寶於家以匣之。大中七年，今上因訪宰臣，此畫，遂詔壽州刺史盧簡辭求以進，賜之金帛，以畫示百寮後，收入內。

述古之祕畫珍圖

古之祕畫珍圖固多，散逸人間，不得見之，今粗舉領袖，則有：

龍魚河圖　六甲隱形圖

五帝鉤命決圖　孝經祕圖

孝經左契圖　孝經雌雄圖

遁甲開山圖 王粲　甘泉宮圖 漢武

漢麟閣圖二 武帝一 宣帝一　鴻都門圖 孔聖七十子

西王母益地圖 舜　南都賦圖 戴安道

雲漢圖 劉褒　黃帝明堂圖 漢武

五嶽眞形圖 漢武　韓詩圖 十四

論語圖 二　蚩尤王子兵法營陣圖

魯班攻戰器械圖　黃帝攻法圖

伍胥水戰圖　吳孫子兵法雲氣圖

五星八卦二十八宿圖　十二星宮圖 三

日月交會九道圖　分野璇璣圖 八

望氣圖 一　河圖 十三又八卷

詩緯圖 一　春秋圖 一

孝經讖圖 十二　浸譚泥圖 七

八卦八風十二時二十八宿音律圖 十一

周公成壞吉凶圖 一　妖怪圖 四

相宅圜地圖 一　黃帝樊薛許氏相圖 一

陰陽宅相圖 一　馬像圖 八

三王相鷹圖 一　療馬百病圖 四

老子黃庭經圖 一　大蒐神芝圖 十二

黃帝昇龍圖 一　山海經圖 六又鈔圖一

太史公漢書圖 八又漢記圖三太史公畫二十八人　大荒經圖 二十六

河圖括地象圖 十一　天地郊社圖

諸鹵簿圖 不備錄篇目至多　古聖賢帝王圖 二又六

古瑞應圖 二　魏帝所撰雜畫圖 一

魏順應圖 四十　大駕鹵簿圖 三

明帝太學圖 三　列仙傳圖 一

搜神記圖 四荀　百國人圖 一

地形圖一 張衡　地形方丈圖一 裴秀

孫子八陣圖一　太一三宮用兵成圖二

渾天宣夜圖各一　日月交會圖一〇 鄭玄註

章賢十二時雲雨氣圖一　十二屬神圖一

神農本草例圖一　周禮圖十四

周室王城明堂宗廟圖　江圖三，劉氏，又一張氏。

吳孫子牝牡八變陣圖二　黃石公五星圖玄圖一

占日雲氣圖 京兆夏氏、魏氏並有。　二十八宿分野圖一

風角五音圖　三禮圖十卷，阮諶等撰。又十二卷，隋文帝開皇二十年勅有司撰；左武侯執旗侍官夏侯朗畫。

爾雅圖 上下兩卷，陳尙書令江灌字德源，至武德中爲隋州司馬，并著爾雅贊二卷，音六卷。

忠孝圖 二十卷，唐故凉州都督李襲譽，貞觀三年撰，奏上嘉之，并傳贊。

漢明帝畫宮圖 五十卷，第一起庖犧，五十雜畫贊。漢明帝雅好畫圖，別立畫官，詔博洽之士，班固、賈逵輩取諸經史事，命尙方畫工圖畫，謂之畫贊。至陳思王曹植爲贊傳。

益州學堂圖 十，畫古聖帝賢臣七十子，後代又增漢晉帝王名臣，蜀之賢相收守。似東晉時人所撰。

魯廟孔子弟子圖 五，是魯國廟堂東西廂畫圖。　傳國璽圖 一，姚察撰并記。

洛陽圖 一名楊官圖狀，楊佺期撰。　區宇圖 一百二十八卷，每卷首有圖，虞茂氏撰。

職貢圖 一，外國酋渠，諸蕃土俗本末，仍各圖其來貢者之狀，金樓子言之，梁元帝畫。

中天竺國圖 有行記十卷，圖三卷，明慶三年王玄策撰。　祥瑞圖 十卷，起天有黃道，失撰者。

符瑞圖 十卷，行日月，楊廷光并集孫氏熊氏圖。　白澤圖 一卷，三百二十事，出抱朴子，黃帝巡東海而遇之。

古今藝術圖 五十卷，既畫其形，又說其事，隋煬帝撰。　靈秀本草圖 六，起赤箭，終蜻蜓源，平仲撰。

本草圖 二十五，其形狀蘇敬撰，明慶中事。　易狀圖 一

靈命本圖 二　辯靈命圖 二

右略舉其大綱，凡九十有七，尚未盡載。

歷代名畫記卷第三終

歷代名畫記卷第四

軒轅時

史皇，黃帝之臣也。始善圖畫，創制垂法，體象天地，功侔造化，首冠羣工，不亦宜哉。見世本，與倉頡同時。

周

封膜，周時人，善畫，見穆天子傳。郭璞云，姓封名膜。

齊

敬君者，善畫。齊王起九重臺，召敬君畫之，敬君久不得歸，思其妻，乃畫妻對之。齊王知其妻美，與錢百萬，納其妻。劉向說苑具載。

秦

烈裔，騫涓國人。秦皇二年，本國獻之，口含丹墨，噴壁成龍獸，以指歷地，如繩界之，轉手方圓，皆如規矩，度方寸內，五嶽四瀆，列土備焉。善畫鸞鳳，軒軒然惟恐飛去。見王子年拾遺錄。

漢

毛延壽 杜陵人　陳敞 安陵人　劉白 新豐人

龔寬 洛陽人　陽望 下杜人　樊育 長安人

已上六人，並永光建昭中畫手。時元帝後宮既多，使圖其狀，每披圖召見，諸宮人競賂畫工錢帛，獨王嬙貌麗，意不茍求，工人遂爲醜狀。及匈奴求漢美女，上按圖召昭君行，帝見昭君貌第一，甚悔之，而籍已定，乃窮其事，畫工皆棄市，籍其家貲，皆巨萬。毛延壽畫人，老少美惡，皆得其眞，陳敞、劉白、龔寬並工牛馬，但人物不及延壽；陽望、樊育亦善畫，尤善布色。見葛洪西京雜記。

後漢

趙岐字邠卿，京兆長陵人。多才藝，善畫，自爲壽藏於郢城，畫季扎、子產、晏嬰、叔向四人居賓位，自居主位，各爲讚頌。獻帝建安六年，官至太常卿。見范曄東漢書。

劉褒，漢桓帝時人，曾畫雲漢圖，人見之覺熱；又畫北風圖，人見之覺涼。官至蜀郡太守。見孫暢之述畫記，及張華博物志云。

蔡邕字伯喈，裴孝源所定品第云，伯喈在下品。陳留圉人。工書畫，善鼓琴，建寧中爲郎中，校書東觀，刊正六經文字，書於太學石壁，天下模學。又創八分書體，爲左中郎將。封高陽鄉侯，年六十一，靈帝詔邕畫赤泉侯五代將相於省，喜、震、叔節、賜、彪。兼命爲讚及書。邕書畫與讚，皆擅名於代，時稱三美。見東觀漢記，幷孫暢之述畫。有講學圖，小列女圖傳於代。

張衡，字平子，南陽西鄂人。高才過人，性巧，明天象，善畫，累拜侍中，出爲河間王相。年六十二，昔建州浦城縣山有獸名駭神，豕身人首，狀貌醜惡，百鬼惡之，好出水邊石上。平子往寫之，獸入潭中不出。或云：「此獸畏人畫，故不出也，可去紙筆。」獸果出，平子拱手不動，潛以足指畫獸，今號爲巴獸潭。見郭氏異物志，彥遠按：三齊記云，昔秦始皇見海神，使左右巧者以足畫之。又按：應劭風俗通云，公輸班見水上蠡形，以足畫之。巧者非止於手運思，脚亦應乎心也。

劉旦、楊魯並光和中畫手，待詔尙方，畫於洪都學。二人並見謝承後漢書。

魏

少帝曹髦，字士彥中品，東海定王霖之子。幼好學，善書畫，初封高貴鄉公，後卽帝位，甘露三年卒，年二十魏志有傳。曹髦之迹，獨高魏代，謝赫等雖著畫品，皆闕而不載。彥遠今著此書，不必備見其蹤跡，但自古善畫者卽載之。有祖二疏圖、盜跖圖、黃河流勢、新豐放雞犬圖傳於代。又有於陵子黔婁夫妻圖。

楊修，字德祖中品下，華陰人也。有俊才，爲丞相主簿，與陳思王友善。武帝以知有餘，又袁氏之甥也，且密於植，遂惡之。魏志有傳，西京圖、嚴君平像、吳季扎像，並晉明帝題字傳於代。

桓範，字元則，沛國龍亢人。少以才學稱，時號智囊，善丹青，在漢爲羽林左監，入魏拜大司農。（魏志有傳。）

徐邈，字景山，燕國薊人。性嗜酒，善畫，爲侍中司空都鄉侯。年七十六，謚曰穆（魏志有傳）。顏光祿云「魏元陽之射，徐侍中之畫」是也。魏明帝遊洛水，見白獺愛之，不可得。邈曰，獺嗜鯖魚，乃不避死。遂畫板作鯖魚懸岸，羣獺競來，一時執得。帝嘉歎曰：卿畫何其神也！答曰：臣未嘗執筆，人所作者，自可庶幾。（見續齊諧記。）

吳

曹不興（中品上），吳興人也。孫權使畫屛風，誤落筆點素，因就成蠅狀，權疑其眞，以手彈之。時稱吳有八絕。（張敦吳錄云，八絕者，孤城鄭嫗善相、劉敦善星象、吳範善候風氣、趙達善算、嚴武善棋、宋壽善占夢、皐象善書、曹不興善畫，是八絕也。）吳赤烏中，不興之青溪，見赤龍出水上，寫獻孫皓，皓送祕府。至宋朝陸探微見畫歎其妙，因取不興龍置水上，應時蓄水成霧，累日霶霈。謝赫云：不興之迹，代不復見，祕閣內一龍頭而已。觀其風骨，擅名不虛，在第一品陸之下，衞之上。李嗣眞云：不興以一蠅輒擅重價，列於上品，恐爲未當。況拂蠅之事，一說是楊修，謝赫黜衞進曹，是涉貴耳之論。彥遠按：楊修與魏太祖畫扇，悞點成蠅，遂有二事。孫暢之述畫記亦云。而李大夫之論，不亦迂闊，況不與畫名冠絕當時，非止於拂蠅得名，但今代無其迹，若以品第在衞之上，則未敢知。一人白畫，雜紙畫龍虎圖、紙畫青谿龍、赤盤龍、南海監牧十種馬、夷子蠻并獸、龍頭四。並傳於前代。

吳王趙夫人，丞相趙達之妹。善書畫，巧妙無雙，能於指間以綵絲織爲龍鳳之錦，宮中號爲機絕。孫權嘗歎魏蜀未平，思得善畫者圖山川地形，夫人乃進所寫江湖九州山岳之勢。夫人又於方帛之上，繡作五岳列國地形，時人號爲針絕。又以膠續絲髮作輕幔，號爲絲絕。見王子年拾遺錄。

蜀

諸葛亮，字孔明。彥遠按：常璩華陽國志云，亮以南夷之俗難化，乃畫夷圖以賜夷，夷甚重之。

亮子瞻，字思遠。善書畫，爲侍中僕射軍師將軍。見蜀志。

歷代名畫記卷第四終

歷代名畫記卷第五

晉

明帝司馬紹，字道幾（下品上），元帝長子。幼異，有對日之奇。及長，善書畫，有識鑒，最善畫佛像。蔡謨集云，帝畫佛於樂賢堂，經歷寇亂，而堂獨存，顯宗效著作爲頌。大寧中，年二十七，謚曰明帝，廟號肅祖（見晉書）。謝云：雖略於形色，頗得神氣，筆迹超越。（彥遠曾見晉帝毛詩圖，舊目云，羊欣題字，驗其迹，乃子敬也。豳詩七月圖、毛詩圖二、列女二、史記列女圖二、雜鳥獸五、游清池圖、息徒蘭圃圖、雜異鳥圖、洛神賦圖、游獵圖、雜禽獸圖、東王公西王母圖、洛中貴戚圖、穆王宴瑤池圖、漢武回中圖、瀛州神圖、人物風土圖傳於代。又畫列女禹會塗山、殷湯代桀圖。）

荀勗，字公曾（中品下），潁川人。多才藝，善書畫，在魏爲大將軍掾。入晉爲侍中、中書監、濟北侯、光祿大夫，尙書令。太康十年，贈司徒，謚曰成。鍾會嘗詐作勗書，就勗母取寶劍，會於時方造宅，勗潛畫會祖父形於壁，會兄弟入門，見之感慟，乃廢宅。勗書亦會之比也。（見魏志及劉義慶世說，有大列女圖、小列女圖。）謝云：荀與張墨同品，在第一品，衞協下，顧駿之上。

張墨（下品），謝赫云：與荀勗並風範氣韻，極妙參神，但取精靈，遺其骨法，若拘以體物，則未覩精奧，若取其意外，則方厭膏腴，可與知音說，難與俗人道。（屏風一、維摩詰像、雜白畫一、擣練圖傳於代。）

衞協（上品下），抱朴子云：衞協、張墨，並爲畫聖。孫暢之述畫云：上林苑圖，協之迹最妙。又七佛圖，人物不敢點眼睛。顧愷之論畫云：七佛與大列女，皆協之迹，偉而有情勢。

毛詩北風圖亦協手，巧密於情思。此畫短卷，八分題。元和初，宗人張惟素將來，余大父荅以名馬，并絹二百疋。惟素後却索，將貨與韓侍郎愈之子昶，借與故相國鄒平段公家，以模本歸於昶。彥遠會昌元年，見段家本後，又於襄州從事見韓家本。謝赫云：古畫皆略，至協始精，六法頗爲兼善，雖不備該形似，而妙有氣韻，凌跨羣雄，曠代絕筆，在第一品曹不興下，張墨、荀勗上。李嗣眞云：衞之迹雖有神氣，觀其骨節，無累多矣。顧生天才傑出，何區區荀、衞敢居其上。彥遠以衞協品第在顧生之上，初恐未安，及覽顧生集，有論畫一篇，歎服衞畫北風列女圖自以爲不及，則不妨顧在衞之下。荀又居顧之上，則未敢知。詩北風圖、史記伍子胥圖、醉客圖、神仙畫、張儀像、鹿圖、詩黍稷圖、史記列女圖白畫、上林苑圖、卞莊子刺虎圖、吳王舟師圖並傳於代，又有小列女、楞嚴七佛。

王廙字世將上品上。瑯琊臨沂人。善屬詞，工書畫，過江後爲晉代書畫第一。音律衆妙畢綜。元帝時爲左衞將軍，封武康侯，時鎭軍謝尚於武昌昌樂寺造東塔，戴若思造西塔，並請廙畫。王敦用廙爲平南將軍、荊州刺史護南蠻挍尉，贈侍中，年四十七。見晉書及何法盛晉中興書。廙畫爲晉明帝師，書爲右軍法。時右軍亦學畫於廙。廙畫孔子十弟子，贊云：余兄子羲之，幼而岐嶷，必將隆余堂構，今始年十六，學藝之外，書畫過目便能，就余請書畫法，余畫孔子十弟子圖以勵之。嗟爾羲之，可不勗哉！畫乃吾自畫，書乃吾自書，吾餘事雖不足法，而書畫固可法，欲汝學書，則知積學可以致遠，學畫，可以知師弟子行己之道，又各爲汝贊之。見廣本集，有異獸圖、列女仁智圖、獅子擊象圖、吳楚放牧圖、魚龍戲水絹圖、村社齊屏風、犀兕圖並傳於代。

王羲之，字逸少中品下，廙從子也。風格爽舉，不顧常流。書既爲古今之冠冕，丹青亦妙。官至右軍將軍，會稽內史。升平五年卒，年五十九，贈金紫光祿大夫。見晉書雜獸圖、臨鏡自寫眞圖、扇上畫小人物，傳於前代。

羲之子獻之，字子敬中品下，少有盛名，風流高邁，草隸繼父之美，丹青亦工。桓溫嘗請畫扇，誤落筆，因就成烏駮犉牛，極妙絕，又書犉牛賦於扇上，此扇義熙中猶在。官至中書令，太元十一年卒，年四十三，贈侍中，特進光祿大夫太宰，謚曰憲。見孫暢之述畫記。彥遠按：俗稱逸少爲大令，子敬爲小令，非也。子敬爲中書令，年四十三，族弟珉代居之，珉年三十八，子敬大令也，季琰乃小令也。逸少官不至中書令，不可呼爲大令也。

康昕，字君明下品，外國胡人，或云義興人。書類子敬，亦比羊欣，曾潛易子敬題方山亭壁，子敬初不疑之，畫又爲妙絕，官至臨沂令。孫暢之云，勝楊惠。五獸圖傳於代。

顧愷之，字長康，小字虎頭上品上，晉陵無錫人。多才藝，尤工丹青，傳寫形勢，莫不妙絕。劉義慶世說云，謝安謂長康曰：「卿畫自生人以來未有也。」又云，卿畫倉頡古來未有也。曾以一廚畫暫寄桓玄，皆其妙迹所珍祕者，封題之。玄開其後取之，誑言不開，愷之不疑是竊去，直云：「畫妙通神，變化飛去，猶人之登仙也。」故人稱愷之三絕：畫絕、才絕、癡絕。又常悅一隣女，乃畫女於壁，當心釘之，女患心痛，告於長康，拔去釘乃愈。此一節事亦見劉義慶與幽明錄，而小不同云，思江陵美女，畫像簪之於壁玩之，亦出搜神記也。嘗欲寫殷仲堪眞，仲堪素有目疾，固辭。長康曰：明府當緣隱眼也，若明點瞳子，飛白拂上，使如輕雲蔽月。畫人嘗數年不點目睛，人問其故，荅曰：四體姸蚩，本無關於妙處，傳神寫照，正在阿堵之中。又畫裴楷眞，頰上加三毛，云：楷俊朗有識具，此正是其識具，觀者詳之，定覺神明殊勝。重嵇康四言詩，畫爲圖。常云：手揮五絃易，目送歸鴻難。又畫謝幼輿於一巖裏。人問所以？顧云：一丘一壑，自謂過之，此子宜置巖壑中。又常畫中興帝相列像，妙極一時，著魏晉名臣畫贊，評量甚多。又有論畫一篇，皆模寫要法。義熙初爲散騎常侍，見晉史中興書，檀道鸞續晉陽秋，劉義慶世說及顧集。建康實錄云：謝赫論江左畫人，吳曹不興、晉顧長康、宋陸探微皆爲上品，餘皆中下品。連五十尺絹畫一像，心敏手運，須臾立成，頭面手足，胸臆肩背，無遺失尺度，此其難也，曹不興能之。長康又曾於瓦棺寺北小殿畫維摩詰，畫訖，光彩耀目數日。京師寺記云：興寧中瓦棺寺初置，僧衆設會，請朝賢鳴刹注疏，其時士大夫莫有過十萬者。既至長康，直打刹注百萬。長康素貧，衆以爲大言。後寺衆請勾疏，長康曰，宜備一壁，遂閉戶往來一月餘，日所畫維摩詰一軀，工畢，將欲點眸子，乃謂寺僧曰：第一日觀者請施十萬，第二日可五萬，第三日可任例責施。及開戶，光照一寺，施者塡咽，俄而得百萬錢。劉義慶世說云：桓大司馬每請長康與羊欣論書畫，竟夕忘疲。孫暢之述畫記云：畫冠冕而無面貌，勝於戴逵。謝赫云：深體精微，筆無妄下，但迹不迨意，聲過其實，在第三品，姚曇度下，毛惠遠上。李嗣眞云：顧生天才傑出，獨立無偶，何區區荀、衞，而可濫居篇首，不興又處顧上，謝評甚不當也。顧生思侔造化，得妙物於神會，足使陸生失步，荀侯絕倒，以顧之才流，豈合甄於品彙，列於下品，尤所未安，今顧、陸請同居上品。（彥遠以本評繪畫豈問才流，李大夫之言失矣。）姚最云：顧公之美，獨擅往策，荀、衞、曹、張，方之蔑然，如負日月，似得神明，慨抱玉之徒勤，悲曲高而絕唱。分庭抗禮，未見其人。謝云：聲過其實，可爲於邑。張懷瓘云：顧公運思精微，襟靈莫測，雖寄迹翰墨，其神氣飄然在煙霄之上，不可以圖畫間求。象人之美，張得其肉，陸得其骨，顧得其神。神妙無方，以顧爲最，喩之書，則顧、陸比之鍾、張，僧繇比之逸少，俱爲古今之獨絕，豈可以品第拘，謝氏黜顧，未爲定鑒！（梁書外域傳，獅子國晉義熙初獻一玉像，高四尺二寸，玉色特異，制作非人工力，歷晉宋朝在瓦棺寺，寺內有戴安道手制佛五軀，及長康所畫維摩詰，時稱三絕。齊東昏侯取玉像爲寵妃釵釧，俄爾而東昏侯暴卒。顧畫有異獸古人圖、桓溫像、桓玄像、蘇門先生像、中朝名士圖、謝安像、阿谷處女（扇畫）、招隱、鵝鵠圖、荀圖、王安期像、列女仙（白麻紙）、三獅子、晉帝相列像、阮修像、阮咸像、十一頭獅子（白麻紙）、司馬宣王像（一素一紙）、劉牢之像、虎射雜鷙鳥圖、廬山會圖、水府圖、司馬宣王并魏二太子像、鳧雁水鳥圖、列仙畫、水雁圖、三天女圖、行三龍圖、絹六幅圖山水、古賢榮啓期夫子、沅湘并水鳥屛風、桂陽王美人圖、蕩舟圖、七賢陳思王詩並傳於後代。）

顧愷之論畫曰：凡畫，人最難，次山水，次狗馬，臺榭一定器耳，難成而易好，不待遷想妙得也。此以巧歷，不能差其品也。小列女，面如恨，刻削爲容儀，不盡生氣，又插置大夫，支體不以自然，然服章與衆物既甚奇，作女子尤麗，衣髻俯仰中，一點一畫，皆相與成其豔姿，且尊卑貴賤之形，覺然易了，難可遠過之也。周本記，重疊彌綸有骨法，然人形不如小列女也。伏羲神農，雖不似今世人，有奇骨而兼美好，神屬冥芒，居然有得一之想。漢本記，季王首也。有天骨而少細美，至於龍顏一像，超豁高雄，覽之若面也。孫武，大茍首也，骨趣甚奇，二婕以憐美之體，有驚劇之則，若以臨見妙裁，尋其置陳布勢，是達畫之變也。醉客，作人形骨成而制衣服慢之，亦以助醉神耳，多有骨俱，然藺生變趣佳作者矣。穰苴，類孫武而不如。壯士，有奔騰大勢，恨不盡激揚之態。列士，有骨俱，然藺生恨急烈不似英賢之慨，以求古人、未之見也。於秦王之對荊卿，及復大閑，凡此類，雖美而不盡善也。三馬，雋骨天奇，其騰罩如躡虛空，於馬勢盡善也。東王公，如小吳神靈，居然爲神靈之器，不似世中生人也。七佛及殷夏與大列女，二皆衛協手傳，而有情勢。北風詩，亦衛手，巧密於精思名作，然未離南中。南中像興，即形布施之象，轉不可同年而語矣。美麗之形，尺寸之制，陰陽之數，纖妙之迹，世所並貴。神儀在心而手稱其目者，玄賞則不待喻。不然，眞絕夫人心之達，不可或以衆論。執偏見以擬通者，亦必貴觀於明識，夫學詳此，思过半矣。清遊池、不見金鎬作山形勢者，見龍虎雜獸，雖不極體以爲舉勢，變動多方。七賢、唯嵇生一像，欲佳，其餘雖不妙合，以比前諸竹林之畫，莫能及者。嵇輕車詩，作嘯人似人嘯，然容悴不似中散，處置意事既佳，又林木雍容調暢，亦有天趣。陳太丘二方、太丘夷素似古賢，二方爲爾耳。嵇興，如其人。臨深履薄。兢戰之形，異佳有裁，自七賢以來，並戴手也。又愷之魏晉勝流畫讚曰：凡將摹者，皆當先尋此要，而後次以即事。凡吾所造諸畫，素幅皆廣二尺三寸，其素絲邪者不可用，久而還正則儀容失。以素摹素，當正掩二素，任其自正而下鎮，使莫動其正。筆在前運而眼向前視者，則新畫近我矣；可常使眼臨筆止，隔紙素一重，則所摹之本遠我耳。則一摹蹉積，蹉彌小矣。可令新迹掩本迹，而防其近內，防內若輕物，宜利其筆，重宜陳其迹，各以全其想。譬如畫山，迹利則想動，傷其所以凝。用筆或好婉，則於折楞不雋，或多曲取，則於婉者增折，不兼之累，難以言悉輪扁而已矣。寫自頸已上，寧遲而不雋，不使遠而有失。

其於諸像，則像各異迹，皆令新迹彌舊本。若長短、剛軟、深淺、廣狹與點睛之節，上下、大小、醲薄，有一毫小失，則神氣與之俱變矣。竹木土，可令墨彩色輕而松竹葉醲也。凡膠清及彩色不可進素之上下也。若良畫黃滿素者，寧當開際耳，猶於幅之兩邊，各不至三分。人有長短，今既定遠近以矚其對，則不可改易闊促，錯置高下也。凡生人無有手揖眼視而前無所對者，以形寫神而空其實對，荃生之用乖，傳神之趣失矣。空其實對則大失，對而不正則小失，不可不察也。一像之明昧，不若悟對之通神也。又畫雲臺山記曰：山有面，則背向有影。可令慶雲西而吐於東方。清天中，凡天及水色，盡用空青，竟素上下以映日。西去山別詳其遠近，發迹東基，轉上未半，作紫石如堅雲者五六枚。夾岡乘其間而上，使勢蜿蟺如龍，因抱峯直頓而上。下作積岡，使望之蓬蓬然凝而上。次復一峯，是石，東鄰向者峙峭峯，西連西向之丹崖，下據絕磵。畫丹崖臨澗上，當使赫巘隆崇，畫險絕之勢。天師坐其上，合所坐石及廕。宜磵中桃傍生石間。畫天師，瘦形而神氣遠，據磵指桃，廻面謂弟子。弟子中，有二人臨下，到身大怖，流汗失色。作王良，穆然坐，答問，而超昇神爽精詣，俯眄桃樹。又別作王、趙，趨一人，隱西壁傾巖，餘見衣裾；一人全見室中，使輕妙冷然。凡畫人，坐時可七分，衣服彩色殊鮮，微此正，蓋山高而人遠耳。中段東面，丹砂絕㠋及廕，當使嵃㠊高驪，孤松植其上。對天師所壁以成磵，磵可甚相近，相近者，欲令雙壁之內，悽愴澄清，神明之居，必有與立焉。可於次峯頭作一紫石亭立，以象左闕之夾高驪絕㠋，西通雲臺以表路，路左闕峯，似巖爲根，根下空絕，并諸石重勢，巖相承，以合臨東磵。其西石泉又見，乃因絕際作通岡，伏流潛降，小復東出，下磵爲石瀨，淪沒於淵。所以一西一東而下者，欲使自然爲圖。雲臺西北二面，可一圖岡繞之。上爲雙碣石，象左右闕。石上作狐遊生鳳，當婆娑體儀，羽秀而詳。軒尾翼以眺絕磵。後一段，赤岓當使釋弁如裂電，對雲臺西鳳所臨壁以成磵，磵下有清流，其側壁外面，作一白虎，匍石飲水。後爲降勢而絕。凡三段山，畫之雖長，當使畫甚促，不爾不稱。鳥獸中，時有用之者，可定其儀而用之。下爲磵，物景皆倒作，清氣帶山下，三分倨一以上，使耿然成二重。已上並長康所著，因載于篇，自古相傳脫錯，未得妙本勘校。

史道碩上品下，孫暢之云：道碩兄弟四人，並善畫，道碩工人馬及鵝。謝云：碩與王微並師荀、衞，王得其意，史傳其似。古賢圖、金谷圖、鵝圖、牛圖、七賢圖、七命圖、蜀都賦圖、三馬圖、八駿圖、服乘箴圖、酒德頌圖、琴賦圖、嵇中散詩圖、田家十月圖、馬圖、王陵戈船圖、梵僧圖、燕人送荆軻圖，並傳於代。

謝稚下品，陳郡陽夏人。初爲晉司徒主簿，入宋爲寧朔將軍，西陽太守。宋鄧琬傳，有稚子列女康侯像、列女母儀圖、列女貞節圖、列女賢明圖、列女仁智圖、列女傳一、游仙翡翠篇、列女辯通圖、三馬伯樂圖、鷄鶋圖、孝子圖、十弟子圖、三牛圖、濠梁圖、輕車迅邁圖、列女畫、秋興圖、孝經圖、列女圖、大列女圖、康侯圖、晉宣王及魏名臣像、雜畫一、楚令尹泣岐蛇圖、孟母圖、遊仙圖、秦王遊海圖、洛陽門翻車併水圖、汾陰醮鼎圖、狩河陽圖，並傳於代。

夏侯瞻（下品），謝云：氣韻不足，精密有餘，擅名當代，事非虛美，在第三品毛惠遠下，戴逵上。（郢匠圖、高士圖、僊山圖、楚人祠鬼神圖傳於代。）

嵇康，字叔夜，譙國銍人。能屬詞，善鼓琴，工書畫，美風儀，在魏拜中散大夫，入晉不仕，自以高潔難期，所與神交者，唯王戎、山濤等，爲竹林七賢而已。性巧絕，與向秀共鍛於柳樹下，鍾會貴公子也，往訪之，康不禮焉，會搆禍康於文帝，時年四十。（見晉書。）（獅子擊象圖、巢由圖傳於代。）

溫嶠，字太眞，太原祁人。秀朗有才鑒，善畫。明帝時官至平南將軍，江州刺史，年四十二，贈侍中大將軍，追封始安公，謚曰武。（見孫暢之畫記，晉史。）

謝巖、曹龍、丁遠、楊惠、江思遠，已上五人，並見孫暢之畫記。思遠陳留圉人，有孝行高節，征西將軍庾亮，請爲儒林參軍，其他辟召皆不就，年四十九。（有傳）

王濛，字仲祖，晉陽人。放誕不羈，書比庾翼，丹青甚妙，頗希高達，常往驢肆家畫轜車。自云：我嗜酒，好肉，善畫，但人有飲食美酒精絹，我何不往也。特善淸言，爲時所重，卒時年三十九，官至司徒左長史。晉書有傳，事見中興書。

戴逵，字安道，譙郡銍人。幼有巧慧，聰悟博學，善鼓琴，工書畫。爲童兒時，以白瓦屑雞卵汁和溲作小碑子，爲鄭玄碑，時稱詞美書精，器度巧絕。其畫古人山水極妙。十餘歲時，於瓦棺寺中畫，王長史見之云：「此兒非獨能畫，終享大名，吾恨不得見其盛時。」逵嘗就范宣學，范見逵畫，以爲無用之事，不宜虛勞心思。逵乃與宣畫南都賦，范觀畢嗟歎，甚以爲有益，乃亦學畫。逵既巧思，又善鑄佛像及雕刻。曾造無量壽木像，高丈六，并菩薩，逵以古制朴拙，至於開敬，不足動心，乃潛坐帷中，密聽衆論，所聽褒貶，輒加詳研，積思三年，刻像乃成。迎至山陰靈寶寺，郄超觀而禮之，撮香誓曰，云云。既而手中香勃然煙上，極目雲際。前後徵拜，終不起，太元二十一年也。見晉書及宋書及逵別傳，徐廣晉記、會稽記、郭子、劉義慶世說、宋朝臨川王冥驗記。此像今在越州嘉祥寺，今亦有逵手鑄銅佛，并二菩薩在故洛陽城白馬寺，隋文帝自荆南興皇寺取來。謝云：情韻綿密，風趣巧拔，善圖賢聖，百工所範，荀、衞之後，實稱領袖。劉義慶云：戴公從東出，謝太傅往見之，謝本輕戴，見之但論琴書而已，戴無吝色，而說琴畫愈妙，謝知其量。又戴安道中年畫行像甚精妙，庾道秀看之，語戴云：神猶太俗，蓋卿世情未盡耳。戴云：惟務光當免卿此語耳。務光者，夏時人也。耳長七寸，好鼓琴，服蒲薤根。湯將伐桀，謀於光。光曰，非吾事也。湯曰，伊尹何如？光曰，強力忍訽，不知其他。湯克桀，以天下讓於光。光曰，吾聞亡道之世，不踐其土，況讓我乎。負石自沉於廬水。見列仙傳。戴逵畫有阿谷處女圖、孫綽高士像、胡人弄猿畫、濠梁圖、董威輦詩圖、孔子弟子圖、金人銘、三馬伯樂圖、三牛圖、尙子平白畫、嵇阮像、嵇阮十九首詩圖、五天羅漢圖、名馬圖、漁父圖、獅子圖、吳中溪山邑居圖、杜征南人物圖，並傳前代。

逵子勃，下品有父風。孫暢之云：山水勝顧。晉義熙初以散騎郎徵不至。見宋書。有曹長孺像、三馬圖、九州名山圖、秦皇東游圖、朝陽谷神圖、風雲水月圖，已上並傳於前代。

勃弟顒，字仲若，巧思亦逵之流，一門隱遁，高風振於晉宋。傳父之琴書丹青，凡所徵辟，並不起。宋太子鑄丈六金像於瓦棺寺，像成而恨面瘦，工人不能理，乃迎顒問之。曰：非面瘦，乃臂胛肥。既鋁音慮減臂胛，像乃相稱，時人服其精思。年六十四。見宋書隱逸傳及王智深宋記。

彥遠曰：漢明帝夢金人長大，頂有光明，以問羣臣。或曰：西方有神，名曰佛，長丈六，黃金色。帝乃使蔡愔取天竺國優瑱王畫釋迦倚像，命工人圖於南宮淸凉臺及顯節陵上。以形制古朴，未足瞻敬。阿育王像至今亦有存者可見矣。後晉明帝、衞協皆善畫像，未盡其妙。及戴氏父子，皆善丹青，又崇釋氏，範金賦采，動有楷模。至如安道，潛思於帳內，仲若懸知其臂胛，何天機神巧也！其後北齊曹仲達，梁朝張僧繇，唐朝吳道玄、周昉，各有損益，聖賢肹蠁，有足動人，瓔珞天衣，創意各異。至今刻畫之家，列其模範，曰曹、曰張、曰吳、曰周，斯萬古不易矣。

歷代名畫記卷第五終

歷代名畫記卷第六

宋

陸探微上品上，吳人也。宋明帝時，常在侍從，丹青之妙，最推工者。宋書有名 謝赫評云：畫有六法，自古作者，鮮能備之，唯陸探微及衞協備之矣。窮理盡性，事絕言象，包前孕後，古今獨立，非激揚可至，銓量之極乎，上品之上，無地寄言，故居標第一第一品第一人。李嗣眞云：「無地寄言，故居標第一。」此言過當，但顧長康之迹，可使陸君失步，荀勗絕倒，然則稱萬代蓍龜衡鏡者，顧、陸同居上品第一。張懷瓘云：顧、陸及張僧繇，評者各重其一，皆爲當矣，陸公參靈酌妙，動與神會，筆迹勁利，如錐刀焉，秀骨淸像，似覺生動，令人懍懍若對神明，雖妙極象中，而思不融乎墨外。夫象人風骨，張亞於顧、陸也。張得其肉，陸得其骨，顧得其神。神妙無方，以顧爲最。比之書，則顧、陸，鍾、張也；僧繇，逸少也。俱爲古今獨絕，豈可以品第拘。彥遠以此論爲當。有宋孝武像、宋明帝像、孝武功臣、竹林像、豫章王像、嚴龍像、宋元徽像、羊玄保像、宋景和像、蟬雀圖、建安山陽王像、巴陵王像、江陵王像、江夏王像、建平王像、江智淵王悅像、王粹像、王嗣像、阮田夫像、勳臣像、孫高麗像、一人像、勳賢像、沈慶之像、顧慶之像、柳元景像、王道隆像、王翼之像、沈曇慶醉像、范惠景母子像、高麗赫白馬像、阿難維摩圖、鸂鶒圖、王璧像、朱異像、蕭超之徐僧寶像、十一人圖、五白馬圖、劉亮騧馬圖、獮猴圖、齊高帝像、孔子像、十弟子像、宋元徽像、鍾期圖、榮啓期孔顏圖、竟陵王像、殷洪像、任侯伯像、釋僧虔像、徐爰李獻王凱像、孫夐著高麗衣圖、劉碩錢靈度像、徐爰周飾之像、謝超宗像、宋桂陽王寵姬像、劉牢之板像、王獻之板像、天安寺惠明板像、擣衣圖、施修林搖錫像、江智淵劉季之像、太宰像、靈基寺瑾統像、蔡姬蕩舟圖、詩新臺圖、鬬鴨圖、蘇史圖、叙夢賦、服乘圖，並傳於代者也。

子綏中品，謝云：體運遒擧，風力頓挫，一點一拂，動筆新奇，簡於繪事，傳世蓋寡。在第二品顧駿之下，袁倩上。朝臣像、王晏蕭寅像、周盤龍、麻紙畫立釋迦像，傳於世。

綏弟弘肅中品上，姚最云：早藉庭訓，雖所得不多，亦有家法，在張僧繇、毛稜上。

顧寶光中品上，吳郡人。善書畫，大明中爲尙書水部郎。見宋書陸探微傳云司徒左曹掾。謝云：全法陸家，事事宗稟，方之綏倩，則優在第四品，蘧道愍下，王維、史道碩上。射雉圖、豫章王像、泰始名臣圖、宋竟陵王像、璠公像、鷄鶡圖、張興像、泰始勳臣像、王翼之像、勳賢像、豬洲衣架圖、天竺僧、麻紙畫洛中車馬鬬鷄圖、越中風俗圖，並傳於世。

宗炳，字少文中品中，南陽涅陽人。善書畫，江夏王義恭嘗薦炳於宰相，前後辟召竟不就。善琴書，好山水，西陟荊巫，南登衡岳，因結宇衡山。懷尙平之志，以疾還江陵。歎曰：「噫！老病俱至，名山恐難遍遊，唯當澄懷觀道，臥以遊之。」凡所遊歷，皆圖於壁，坐臥向之，其高情如此。年六十九。嘗自爲畫山水序曰：聖人含道映物，賢者澄懷味像。至於山水，質有而趣靈。是以軒轅、堯、孔廣成、大隗、許由、孤竹之流，必有崆峒、具茨、藐姑、箕、首、大蒙之遊焉，又稱仁智之樂焉。夫聖人以神法道，而賢者通山水，以形媚道，而仁者樂，不亦幾乎！余眷戀廬衡，契闊荊巫，不知老之將至，愧不能凝氣怡身，傷跕石門之流，於是畫象布色，構茲雲嶺。夫理絕於中古之上者，可意求於千載之下，旨微於言象之外者，可心取於書策之內，況乎身所盤桓，目所綢繆，以形寫形，以色貌色也。且夫崑崙山之大，瞳子之小，迫目以寸，則其形莫覩，迥以數里，則可圍於寸眸。誠由去之稍闊，則其見彌小，今張綃素以遠映，則崑閬之形，可圍於方寸之內，竪劃三寸，當千仞之高，橫墨數尺，體百里之迥。是以觀畫圖者，徒患類之不巧，不以制小而累其似，此自然之勢，如是則嵩華之秀，玄牝之靈，皆可得之於一圖矣。夫以應目會心，爲理者類之成巧，則目亦同應，心亦俱會，應會感神，神超理得，雖復虛求幽巖，何以加焉。又神本無端，栖形感類，理入影迹，誠能妙寫，亦誠盡矣。於是閒居理氣，拂觴鳴琴，披圖幽對，坐究四荒，不違天勵之叢，獨應無人之野，峯岫嶢嶷，雲林森眇，聖賢映於絕代，萬趣融其神思，余復何爲哉，暢神而已，神之所暢，孰有先焉。見沈約宋書隱逸傳及炳別傳。謝赫云：炳於六法，無所遺善，然含毫命素，必有損益，迹非准的，意可師效，在第六品劉紹祖下，毛惠遠上。彥遠曰：既云「必有損益」，又云「非准的」；既云「六法無所遺善」，又云「可師效」，謝赫之評，固不足采也。且宗公高士也，飄然物外，情不可以俗畫傳其意旨。嵇中散(白畫)、孔子弟子像、獅子擊象圖、潁川先賢圖、永嘉邑屋圖、周禮圖、惠持師像，並傳於代也，凡七本。

王微，字景玄下品，瑯琊臨沂人。善書畫，嘗居一屋，讀書玩古，不出十餘年。與友人何偃書曰：吾性知畫，蓋鳴鵠識夜之機，盤紆糾紛，咸紀心目，故山水之好，一往迹求，皆得彷彿。竟不就辟。世祖以貞栖絕俗，贈祕書監。微作敍畫一篇，其略曰：辱顏光祿書，以圖畫非止藝行，成當與易象同體，而工篆隸者，自以書巧爲高，欲其並辯藻繪，覈其攸同。夫言繪畫者，竟求容勢而已。且古人之作畫也，非以案城域，辯方州，標鎭阜，劃浸流。本乎形者融，靈而動者變，心止靈無見，故所託不動，目有所極，故所見不周。於是乎以一管之筆，擬太虛之體，以判軀之狀，畫寸眸之明。曲以爲嵩高，趣以爲方丈，以叐之畫，齊乎太華，枉之點表夫隆準眉額頰輔，若晏笈兮，孤巖鬱秀，若吐雲兮，橫變縱化，故動生焉，前矩後方出焉。然後宮觀舟車，器以類聚；犬馬禽魚，物以狀分，此畫之致也。望秋雲，神飛揚；臨春風，思浩蕩。雖有金石之樂，珪璋之琛，豈能彷彿之哉！披圖按牒，効異山海，綠林揚風，白水激澗。嗚呼！豈獨運諸指掌，亦以明神降之，此畫之情也。（宋書有傳及王智深宋紀序，在別傳。）謝赫云：微與史道碩並師荀、衞，王得其意，史傳其似，在顧寶光下。彥遠論曰：圖畫者，所以鑒戒賢愚，怡悅情性。若非窮玄妙於意表，安能合神變乎天機。宗炳、王微，皆擬迹巢、由，放情林壑，與琴酒而俱適，縱烟霞而獨往。各有畫序，意遠迹高，不知畫者，難可與論。因箸於篇，以俟知者。

謝莊，字希逸，陳郡陽夏人。幼有才學，初爲始興王濬後軍參軍，性多巧思，善畫，制木方丈，圖天下山川土地，各有分理。離之則州郡殊，合之則宇內爲一。作畫琴帖序，自序其畫云。泰始二年卒，官至光祿大夫、散騎常侍兼中書令，年四十六，贈右光祿大夫，謚憲子。（見宋書、又莊集。）

袁倩（中品上），謝云：北面陸氏，最爲高足，象人之妙，亞美前修，但守師法，不出新意，其於婦人，特爲古拙。在第二品陸綏下，姚曇度上。（徐令、麻紙豫章王像、張暢等像、王抗棋圖、會獄圖、正聲伎圖、御隨軒圖、朝臣十二人圖、吳楚夜踏歌圖、豫章王宴賓圖、天女白畫、東晉高僧白畫、二龍圖、貌三人像、不題名字，並冠武弁，有太淸年月，並行於世。又維摩詰變一卷，百有餘事，運思高妙，六法備呈，置位無差，若神靈感會精光，指顧得瞻仰威容，前使顧陸知慚，後得張閻歛歛，又有蒼梧圖，傳於前代也。）

倩子質。姚最云：風力爽俊，不墜家聲，始踰志學之年，便嬰顚癎之疾，曾見莊周木雁圖、卞和抱璞圖，筆勢勁健，繼父之美，若方之體物，則伯仁龍馬之詞，比之書翰，則長胤狸骨之方。雖語迹異途，而妙理同歸一致。

史敬文。（中品上。黃帝昇仙圖、梁冀人馬畫、張平子西京賦圖，並傳於代。）

史藝。（下品。屈原漁父圖、王羲之像、孫綽像，並傳於代。）

劉斌。（下品。詩黍離圖傳於代。）

尹長生。（下品。或作尹屈生。酪簡像、山陰公主像、南朝貴戚圖、車馬圖，並傳於世。）

顧駿之。中品。嚴公等像，並傳於代。

康允之。中品。

顧景秀中品上。宋武帝時畫手也。在陸探微之先，居武帝左右，武帝嘗賜何戢蟬雀扇，是景秀畫。後戢爲吳興太守，齊高帝求好畫扇，戢持獻之。陸探微、顧寶光見之，皆歎其巧絕。宋文帝像、宋謝琨兄弟四人像、晉中興帝相像、王獻之竹圖、劉牢之小兒圖、鵝鵰圖、王僧綽像、蟬雀麻紙圖、鸚鵡畫扇、樹相雜竹懷香畫、孫公命特圖、名臣圖、刺虎圖、小兒戲鵝圖（或云是畫昭明太子）、王謝諸賢圖、陸機詩圖，並傳於代。謝云：神韻氣力，不足前修，筆精謹細，則逾往烈。始變古體，創爲今範，賦彩制形，皆有新意。扇畫蟬雀，自景秀始也，宋大明中，莫敢與競，在第二品陸綏上。彥遠按，大明中有顧寶光，景秀豈得獨擅也。

吳暕下品。謝云：體法雅媚，制置才巧，擅美當年，有聲京洛，在第二品江僧寶下。

張則下品。謝云：意態宏逸，動筆新奇，在吳暕下。

劉胤祖下品。官至尚書吏部郎。謝云：蟬雀特盡微妙，筆迹超越，爽俊不凡，在第三品晉明帝下。

胤祖弟紹祖下品。官至晉太康太守。謝云：善於傳寫，不閑構思，鳩斂卷帙，近將兼兩。宜有草創，綜於衆本，筆跡調快，勁滑有餘。然傷於師工，乏其士體，其於模寫，特爲精密。

胤祖子璞。姚最云：體運精研，亞於胤祖，在梁元帝下。

蔡斌。下品下。遊仙圖、蘇武像，並傳於代。

濮萬年。下品。蘇門先生圖、名臣像，傳於代。

萬年弟道興。下品。列女辯通圖，傳於代。

史粲。中品上。馬勢白讚、八駿圖，傳於代。

朱僧辯。下品。

褚靈石。下品。

范惟賢。諸家並不載品第，唯南齊高帝集名畫曰十二人，自陸至范惟賢，亦未見其迹。

歷代名畫記卷第六終

歷代名畫記卷第七

南齊

宗測，字敬微，炳之孫也。炳已具第六卷代居江陵，不應辟召。驃騎將軍豫章王嶷請爲參軍。測荅曰：「得何謬傷海鳥，橫斤山木。」性善書畫，傳其祖業，志欲遊名山，乃寫祖炳所畫尙子平圖於壁，隱廬山。居炳舊宅。畫阮籍遇孫登於行障上，坐臥對之。又畫永業寺佛影臺，皆稱臻絕。見南齊記。

劉係宗，丹陽人。少便書畫，在宋爲景陵王子景粹侍書，入齊爲東宮侍書，官至驃騎將軍，宣城太守。南齊書具載。

姚曇度上中品。謝云：畫有逸才，巧變鋒出，魑魅鬼神，皆爲妙絕。雅鄭兼善，英奇俊拔，天挺生知，出人意表，雖然，洪纖修短，往往有失。在第三品袁倩下，顧生上。

曇度子，不知名，出家，法號惠覺下品。姚最云：丹靑之用，繼父之美，定其優劣，嵇聶之流。有殷洪像、白馬寺寶臺樣行於代。

蘧道愍下品。謝云：與章繼伯並善寺壁，兼能畫扇，人馬數分，毫釐不失，別體之妙，可謂入神，蘧始師章，冰寒於水。

道愍外甥沙門僧珍，師道愍之畫（中品上）。姚最云：嵇、聶之流，與惠覺同品。（有姜嫄等像、豫章王像、康居人馬傳於代。）

章繼伯（下品）。謝云：與蘧同品。（藉田圖，絹長三丈傳於代。）

范懷珍。（中品。或作懷燊，或作懷堅。渥洼馬圖、孝子屏風行於代。）

鍾宗之。（下品。王攸之等像、王柳等像、王獻之像，行於代。）

王奴。（下品。嘯賦圖，行於代。）

王殿。（下品。曹長孺眞、列女傳、母儀圖、三馬圖、敗春圖，傳於代。）

戴蜀。（中品下。孝子圖、息鴆圖，傳於代。）

陳公恩。（下品。列女貞節圖、列女仁智圖、朱買臣圖，傳於代。）

陶景眞。（中品下。孔雀鸚鵡圖、虎豹圖，傳於代。）

張季和。（下品。游清池圖，傳於代。）

沈標（下品）。姚最云：無所偏善，觸類涉習，留意鉛華，亦有可觀。

謝赫（中品下）。姚最云：點刷精研，意存形似，寫貌人物，不俟對看，所須一覽，便歸操筆，目想毫髮，皆無遺失。麗服靚粧，隨時變改，直眉曲鬢，與時競新，別體細微，多從赫始。遂使委巷逐末，皆類効顰。至於氣韻精靈，未窮生動之致；筆路纖弱，不副雅壯之懷。然中興已來，象人爲最。在沈標下，毛惠秀上。安期先生圖傳於代。

沈粲下品。姚最云：筆迹調媚，專工綺羅，屏障所圖，頗有情趣。在張僧繇上。彥遠云「專工綺羅」，亡無所他善，不合在僧繇上。

丁光。謝云：雖擅名蟬雀，筆跡輕羸，非不精謹，乏其生氣。彥遠云：若以蟬雀微藝，狀又輕羸，則猥劇畫流，固有慚色。

周曇研。沙門彥悰云：師塞北勤，授曹仲達，比曹不足，方塞有餘。塞北勤未詳。

謝惠連中品中，陳郡陽夏人。幼有詞學，族兄靈運歎服之。官至司徒府參軍，以疎放久不從宦。年二十，書畫並妙。南齊書具載。

謝約下品。孫暢之云：綜弟也，爲衞尉參軍，范曄爲傳，善山水。大山圖、幷聲妓樂器圖，傳於代。

虞堅。下品。

丁寬。下品。

劉瑱，字士溫下品，彭城人。少聰慧，多才藝，工書畫，飲酒至數斗。畫嬪嬙，當代第一，官至吏部郎。見南齊書。謝云：用意綿密，畫體簡細，筆力困弱，制置單省，婦人最佳，但纖削過差，翻爲失眞，然玩之詳熟，甚有姿態。擣衣圖、劉長史圖、少年行樂圖、朝臣圖、吳中行舟圖，並傳於代。

毛惠遠中品上，滎陽陽武人。善畫馬，時劉瑱善畫婦人，並當代第一，官至少府卿，市靑碧一千二百斤，供御畫用，錢六十五萬，有言惠遠納利者，世祖勑尚書評價，貴二十八萬，殺之，後家徒壁立，上悔痛之。見蕭子顯齊書謝云：畫體周贍，無適不諧，出意無窮，縱橫絡繹，位置經略，尤難比儔，筆力遒媚，超邁絕倫，其於倏忽揮霍，必也極妙，至於定質，塊然翻未盡善，鬼神及馬，泥滯於時。彥遠按：南齊史稱惠遠畫馬第一，謝乃云，泥滯於時，曾見酒客圖，是宮卷，後有題記，筆迹之外，頗有風格，意匠師於顧。酒客圖、刀戟圖、中朝名士圖、刀戟戲圖、七賢藤紙圖、諸白馬圖、騎馬變勢圖、葉公好龍圖，並傳於代。

惠遠弟惠秀下品下，永明中待詔祕閣。世祖將北伐，命惠秀畫漢武北伐圖，中書郎王融監掌其事，融好功名，秀又善圖畫，成帝極珍貴，置瑯琊臺上，每披玩焉。見南齊書姚最云：繪事詳悉，太自矜持，翻成羸鈍，遒勁不及於惠遠，精細有過於稜矣。倂除圖、剡中溪谷村墟圖、胡僧圖、釋迦十弟子圖、二疎圖，傳於代。

惠遠子稜。姚最云：便速有餘，眞巧不足，善於布置，比之叔父，則牀下安牀。

梁

元帝蕭繹，字世誠中品，武帝第七子，初生便眇一目。聰慧俊朗，博涉技藝，天生善書畫。初封湘東王，後乃即位，年四十七。追號元帝，廟號世祖。嘗畫聖僧，武帝親爲贊之。任荊州刺史日，畫蕃客入朝圖，帝極稱善。梁書具載。又畫職貢圖幷序，善畫外國來獻之事。序具本集姚最云：湘東天挺生知，學窮性表，心師造化，象人特盡神妙。心敏手運，不加點理，聽訟之暇，衆藝之餘，時遇揮毫，造化驚絕。足使荀、衞閣筆，袁、陸韜翰。游春苑白麻紙圖、鹿圖、師利像、鵜鶘陂澤圖、芙蓉蘸鼎圖，並有題印傳於後。

元帝長子方等，字實相，尤能寫眞。坐上賓客，隨意點染，即成數人，問童兒皆識之。後因戰歿，年二十二，贈侍中中軍將軍揚州刺史，謚忠莊太子。見梁書及三國典略，龍馬出渥洼圖。

蕭大連，字仁靖，簡文帝第五子。少俊爽風流，有巧思，洞達音律，工丹青，初封臨海縣公，官至東揚州刺史輕車將軍。大寶元年，封南郡王，年二十五。見梁書。

蕭賁，字文奐下品，蘭陵人。多詞學，工書畫，嘗於扇上畫山水，咫尺內萬里可知。仕梁爲河東太守。見梁書。姚最云：雅性精密，後來難比，含毫命素，動必依眞。學不爲人，自娛而已，人間罕見其迹。

陸杲，字明霞中品上，吳郡人也。好詞學，信佛理，工書畫，與舅張融齊名。初仕齊，後入梁，官至特進揚州大中正。見梁書。謝云：體致不凡，跨邁流俗，時有合作，往往出人。點畫之間，動雜灰琯，傳於代者蓋寡。

陶弘景，字通明，丹陽秣陵人。幼有異操，年十歲得葛洪神仙傳，便有長生之志。喜琴棊，工草隸，徵爲諸王侍讀。永明十年辭祿，遂止於句曲山，自號華陽隱居。好著述，明衆藝，善書畫，大同二年卒，年八十五。贈中散大夫，謚曰貞白先生。（見梁書處士傳。）武帝嘗欲徵用，隱居畫二牛，一以金籠頭牽之，一則逶迤就水草，梁武知其意，不以官爵逼之。朝廷有事，多詢之，號山中宰相。

張僧繇（上品中），吳中人也。天監中爲武陵王國侍郎，直祕閣，知畫事，歷右軍將軍、吳興太守。武帝崇飾佛寺，多命僧繇畫之。時諸王在外，武帝思之，遣僧繇乘傳寫貌，對之如面也。江陵天皇寺，明帝置，內有柏堂，僧繇畫盧舍那佛像，及仲尼十哲，帝怪問，釋門內如何畫孔聖，僧繇曰：「後當賴此耳。」及後周滅佛法，焚天下寺塔，獨以此殿有宣尼像，乃不令毀拆。又金陵安樂寺四白龍，不點眼睛，每云：「點睛卽飛去。」人以爲妄誕，固請點之，須臾雷電破壁，兩龍乘雲騰去上天，二龍未點眼者現在。初吳曹不興圖靑溪龍，僧繇見而鄙之，乃廣其像於武帝龍泉亭，其畫草留在祕閣，時未之重。至太淸中，震龍泉亭，遂失其壁，方知神妙。又畫天竺二胡僧，因侯景亂，散坼爲二，後一僧爲唐右常侍陸堅所寶。堅疾篤，夢一胡僧告云：「我有同侶，離坼多時，今在洛陽李家，若求合之，當以法力助君。」陸以錢帛果於其處購得，疾乃愈。劉長卿爲記述其事。張畫所有靈感，不可具記。（彥遠家有僧繇定光如來像，元和中進入內，曾見維摩詰幷二菩薩，妙極者也。）姚最云：善圖寺壁，超越羣公，價等曇度，朝衣野服，古今不失，奇形異貌，殊方夷夏，皆參其妙。唯公及私，手不釋筆，俾晝作夜，未嘗倦怠，數紀之內，亡須臾之間。然聖賢曬矚，猶乏神氣，豈可求備於一人，雖云晚出，殆亞前哲，在沈粲下。彥遠以此評最謬。李嗣眞云：顧、陸已往，鬱爲冠冕，盛稱後葉，獨有僧繇。今之學者，望其塵躅，如周、孔焉，何寺塔之云乎。且顧、陸人物衣冠，信稱絕作，未覩其餘。至於張公，骨氣奇偉，師模宏遠，豈唯六法精備，實亦萬類皆妙，千變萬化，詭狀殊形。經諸目，運諸掌，得之心，應之手。意者天降聖人，爲後生則，何以制作之妙，擬於陰陽者乎。請與顧、陸同居上品。張懷瓘云：姚最稱雖云後生，殆亞前品，未爲知音之言。且張公思若湧泉，取資天造，筆纔一二，而像已應焉。周材取之，今古獨立，象人之妙，張得其肉，陸得其骨，顧得其神。清谿宮水怪圖、吳主格虎圖、維摩詰像、橫泉鬭龍圖、昆明二龍圖、行道天王圖、漢代射蛟圖、雜人馬兵刀圖、朱異像、羊鴉仁躍馬圖、摩衲仙人圖、梁北郊圖、梁武帝像、梁宮人射雉圖、定光佛像、醉僧圖、田舍舞圖、詠梅圖，並傳於代者也。

僧繇子善果。中品。或作張果。李嗣眞云：既漸過庭之訓，猶是名家之駒，摽置點拂，殊多佳致，時有合作，亂眞於父。若長轡遠途，迹不迨意，一篇之中，自有玉石。在田、楊之下，鄭法輪之上。悉達太子納妃圖、靈嘉寺塔樣，傳於代。

善果弟儒童。中品上。釋迦會圖、寶積經變，傳於代。

袁昂，字千里中品上。陳郡陽夏人。仕齊爲祕監黄門侍郎。幼以孝稱，頗善畫，入梁，官至中書監，年八十贈侍中特進，謚曰穆正。見梁書。僧悰云：稟則鄭公，無所失墜，綺羅一絶，超彼常倫。

焦寶願下品。姚最云：早游張謝，靳固不傳，傍求造請，事均盜道，衣制樹色，皆自新意，點黛施朱，輕重不失。在毛稜上，嵇寶鈞下。

嵇寶鈞下品。姚最云：雖無師範，而意兼眞俗，賦彩鮮麗，觀之悦情。彦遠以畫性所貴天然，何必師範。

聶松下品。梁帝云：與嵇同品，言其優劣，僧繇之亞。在解倩上。支道林像，傳於代。

解倩中品下。姚最云：全法蘧章，筆力不及，通變巧捷，寺壁最長。丁貴人彈曲項琵琶圖、五天人像、九子魔圖，傳於代。

陸整。中品上。御像傳於代。

江僧寶中品下。謝赫云：斟酌袁、陸，親漸朱藍，用筆骨鯁，甚有師法。象人外無所長，在第三品戴逵下，吳暕上。臨軒圖、御像職貢圖、小兒戲鵝圖，並有陳朝年號，傳於代。

光宅寺僧威公中品。姚最云：下筆爲京洛所知。

僧吉底俱，外國人中品。

僧摩羅菩提，亦外國人中品。

僧迦佛陀中品。禪師。天竺人。學行精慤，靈感極多。初在魏，魏帝重之。至隋，隋帝於嵩山起少林寺。至今房門上有畫神，卽是迦佛陀之迹。見續高僧傳，有㳈菻國人物圖、器物樣、外國獸圖、鬼神畫，並傳於代。姚最云：已上三僧，旣華夷殊體，無以知其優劣。彥遠按：梁書外國傳云：干陁利國王瞿曇脩跋陁羅者，亦工畫，其國在南海洲上。天監元年四月八日，瞿曇夢一僧相告云：「中國今有聖主，十年內佛法大興，汝可朝貢。不然，則汝國不安。」夢中與僧同到中國，見梁天子，覺而異之，記得梁主形貌，命筆寫之。遂遣使幷本國畫工請寫高祖眞，上許之，使還本國，陀羅以高祖眞類已畫者，盛之寶函，日加禮敬，以外國能畫，故附此記云。

[illegible]

三筒，顧華夷殊鶻，無以知其優劣。[illegible]

由是少林寺，至今房門上有畫神，自是通神所之迹。[illegible]

天竺人。學行精密，僅憑追之。初在魏，魏帝重之。[illegible]

歷代名畫記卷第七終

歷代名畫記卷第八

陳

顧野王，字希馮，吳郡人。七歲通五經，善屬詞，能書畫，長爲鴻儒。天象地理，無不畢習，在梁爲中領軍，時宣城王爲揚州。野王善畫，王褒善書，俱爲賓友，時號二絕。入陳，官至黃門侍郎，年六十三，贈右衞將軍。見陳書。

後魏

蔣少遊，樂安博昌人。敏慧機巧，工書畫，善畫人物及雕刻。雖有才學，常在劊劂繩墨之間，園湖城殿之側，識者歎息，少遊坦然以爲己任，不告疲勞。官至將作大匠、太常少卿、前將軍、都水，兼此四官。贈龍驤將軍青州刺史，謚曰質。見後魏書。時有郭善明、侯文和、柳儉、閔文和、郭道興，並以巧思稱。彥遠以德成而上，藝成而下，鄙無德而有藝也。君子依仁游藝，周公多才多藝，貴得藝兼也。苟無德而有藝，雖執斯役之勞，又何興歎乎。

楊乞德，封新鄉侯，歸心釋門，施身入寺。善畫佛像，價陵曇度。

王由，字茂道，善書畫。摹畫佛像，爲時所服，官至東萊太守。見後魏書。

祖班者，東魏人。善畫。見三國典略。

高孝珩，世宗第二子，封廣寧郡王、尙書令、大司徒，司州牧。博涉多才藝，嘗於廳事壁上畫蒼鷹，覩者疑其眞，鳩雀不敢近。又畫朝士圖，當時絕妙。爲周師所虜，授開封縣侯。孝珩亦善音律，周武宴齊君臣，自彈琵琶，命孝珩吹笛。見北齊書。

蕭放，字希逸，梁武帝猶子也。爲本朝著作郎，入齊，待詔詞林館。善丹靑，因於宮中監諸畫工，帝令采古來麗美詩及賢哲充畫圖，帝甚善之。與楊休之同撰御覽，加鎭東大將軍、散騎常侍。見北齊書。

楊子華中品上，世祖時任直閤將軍員外散騎常侍。嘗畫馬於壁，夜聽蹄齧長鳴，如索水草；圖龍於素，舒卷輒雲氣縈集。世祖重之，使居禁中。天下號爲畫聖，非有詔不得與外人畫。時有王子沖善棋通神，號爲二絕。見北齊史。閻立本云：自像人已來，曲盡其妙，簡易標美，多不可減，少不可踰，其唯子華乎。僧悰云：在孫下田上。李云：在上品張下鄭上。斛律金像、北齊貴戚游苑圖、宮苑人物屏風、鄴中百戲獅猛圖，並傳於代。

田僧亮下品，官至三公中郎將，入周，爲常侍，當時之名，高於董、展。僧悰云：挺特生知，不由師授，田家一種，古今獨絕，在楊子華下。竇蒙云，非獨田家衆藝皆妙，楊、孫之次，董、展其流。彥遠以僧亮畫意類於展，而不如展之精密也。李云：田、楊聲實與董、展相侔，備通形似，田氏野服柴車，名爲絕筆，與楊契丹同在上品，董、展之下。

劉殺鬼（下品），與楊子華同時，世祖俱重之。畫鬬雀於壁間，帝見之爲生，拂之方覺。常在禁中，錫賚鉅萬，任梁州刺史。（見北齊書詞苑傳。）

曹仲達，本曹國人也。北齊最稱工，能畫梵像，官至朝散大夫。（國朝宣律師撰三寶感通記，具載仲達畫佛之妙，頗有靈感。）僧悰云：曹師於袁，冰寒於水。外國佛像，無競於時。（盧世道、斛律明月、慕容紹宗等像、弋獵圖、齊武臨軒對武騎、名馬圖，傳於代。）

殷英童，善畫兼楷隸。

高尚士（中品）、徐德祖（下品）、曹仲璞，已上三人，並是當時名手。

後周

馮提伽，北平人也。官至散騎常侍兼禮部侍郎。志尚清遠，後避周末之亂，傭畫於并汾之間。竇蒙云：寺壁皆有合作，風格精密，動若神契。彥遠按：提伽之迹，未甚精密，山川草樹，宛然塞北。車馬爲得意，人物非所長。

隋

閻毗，榆林盛樂人。工篆隸，善丹青，當時號爲臻絕。周武帝時，拜儀同三司。隋帝愛其才藝，令侍東宮。數以雕麗之物，取悅於皇太子，拜東騎將軍。煬帝令毗修輦輅，多所損益。與宇文愷參詳故實，並推巧思，官至朝散大夫，將作少監。（見隋書，時有何稠，字桂林，劉龍、弟袞，並有巧思，絕世過人。）

展子虔（中品下），歷北齊、周、隋，在隋爲朝散大夫，帳內都督。僧悰云：觸物留情，備皆妙絕，尤善臺閣人馬，山川咫尺千里。李云：董、展同品，董有展之車馬，展無董之臺閣。（法華變、白麻紙長安車馬人物圖、弋獵圖、雜宮苑、南郊白畫、王世充像、北齊後主幸晉陽圖、朱買臣覆水圖，並傳於代。）

鄭法士（中品上），在周爲大都督左員外侍郎建中將軍，封長社縣子。入隋授中散大夫。僧悰云：取法張公，備該萬物，後來冠冕，獲擅名家。在孫尚子上。李云：伏道張門，謂之高足，鄰幾覩奧，具體而微，氣韻標舉，風格遒俊。麗組長纓，得威儀之樽節，柔姿綽態，盡幽閑之雅容。至乃百年時景，南鄰北里之娛，十月車徒，流水浮雲之勢。則金、張意氣，玉石豪華，飛觀層樓，間以喬林嘉樹，碧潭素瀨，糅以雜英芳草，必曖曖然有春臺之思，此其絕倫也。江左自僧繇已降，鄭君是稱獨步。在上品楊子華下，孫尚子上。（按鄭法輪、鄭德文、袁昂、陳善見、劉烏、閻立本，皆師鄭公，各有形似，識者方辨之。禽廬明月像、阿育王像、陳玄英像、貴戚屏風、洛中人物車馬、隋文帝入佛堂像、北齊畋遊像、楊素賀若弼像幷遊春苑圖，並傳於代。）彥遠以李大夫所評鄭在楊下，此非允當，鄭合在楊上。

法士弟法輪（中品上）。李云：屬意溫雅，用筆調潤，精密有餘，高奇未足，輿馬之際，難與比肩。此其兄爲劣。及其關臺苑，恣登臨，羅綺如春，芳菲似雪，亦爲絕塵也。僧悰云：法輪精密有餘，不近師匠，全範士體。先圖寺壁，本效張公，爲步不成，諒非高雅。前賢品第，以此失之。

法士子德文（中品中），李云：筆迹纖懦，英靈銷歇，與法輪、劉烏同。

孫尚子（上品中），睦州建德縣尉。僧悰云：師模顧、陸，骨氣有餘，鬼神特所偏善，婦人亦有風態。在法士下，子華上。竇蒙云：鞍馬樹石，法士不如，與顧、陸異迹，豈獨鬼神而已。李云：孫、鄭共師於張，鄭則人物樓臺，當雄霸伯；孫則魑魅魍魎，參靈酌妙。善爲戰筆之體，甚有氣力，衣服手足，木葉川流，莫不戰動，唯鬚髮獨爾調利，他人效之，終莫能得，此其異態也。在上品鄭下，董、展上。（美人圖、屋宇神傳於代。）

董伯仁（中品上），汝南人也。多才藝，鄉里號爲智海。官至光祿大夫殿中將軍。僧悰云：綜步多端，尤精位置，屛障一種，亡愧前賢。在陳善見下。竇蒙云：樓臺人物，曠絕今古，雜畫巧贍，高視孫田。乃變化萬殊，何止屛風一種。李云：董與展皆天生縱任，無所祖述，動筆形似，畫外有情，足使先輩名流，動容變色。但地處平原，闕江山之助，跡參戎馬，少簪裾之儀。此是所未習，非其所不至。若較其優劣，則欣戚笑言，皆窮生動之意，馳騁弋獵，各有奔飛之狀。必也三休輪奐，董氏造其微，六轡沃若，展生居其駿。董有展之車馬，展無董之臺閣。汝南今多畫迹，是其絕思。石泉公、王方慶觀之而歎曰：向使展、董二人與江東諸子易地而處，張侯已降，咸應病之。鑒者以爲知言。初董與展同召入隋室，一自河北，一自江南，初則見輕，後乃頗采其意。古來詞人，亦有此累。周明帝畋游圖、雜畫臺閣樣、彌勒變、弘農田家圖、隋文帝上廄名馬圖，傳於代。

楊契丹上品中，官至上儀同。僧悰云：六法備該，甚有骨氣，山東體制，允屬伊人。在閻立本下。竇云，契丹之迹，非不雄富，比之董展，則乏精微。李云：田、楊聲侔董、展，昔田、楊與鄭法士同於京師光明寺畫小塔，鄭圖東壁北壁，田圖西壁南壁，楊畫外邊四面，是稱三絕。楊以簟蔽畫處，鄭竊觀之，謂楊曰，卿畫終不可學，何勞障蔽。楊特託以婚姻，有對門之好。又求楊畫本，楊引鄭至朝堂，指宮闕衣冠車馬曰：此是吾畫本也，由是鄭深歎服。光明寺後爲大雲寺，今長安懷遠里也。又寶刹寺一壁，佛涅槃變維摩等，亦爲妙作，與田同品。隋朝正會圖、幸洛陽圖、豆盧寧像、貴戚游宴圖、雜佛變，傳於代。

劉烏下品。僧悰云：師於鄭，屏障有功，其於綿密，獨越倫輩。李云：學於鄭，不少風格但未遒耳。

陳善見下品。僧悰云：准的於鄭，遒媚溫潤，則不及之。裴孝源云：二閻、袁、陸、張之外，學者陳善見、王知愼之流，萬得其一，固未及於風格，尙汲汲於形似。今之所蓄，皆善見寫搨，都非楊、鄭之眞矣。

江志中品。僧悰云：筆力勁健，風韻頓挫，模山擬石，妙得其眞。

李雅下品，爲滕王庫直或云秦王。僧悰云：神氣抑揚，獨越倫伍；聖僧形制，是所尤工。竇云：佛像鬼神，法士以下，僧繇之亞，契丹、善見未可比之。

王仲舒下品。僧悰云：北面孫公，風骨不逮；精熟潤媚，推於名輩。

閻思光下品，解悰下品，程瓚下品，已上三人並隋朝名手。

尉遲跋質那，西國人。善畫外國及佛像，當時擅名，今謂之大尉遲。六番圖、外國寶樹圖，又有婆羅門圖，傳於代。

天竺僧曇摩拙义，亦善畫，隋文帝時自本國來，遍禮中夏阿育王塔。至成都雒縣大石寺，空中見十二神形，便一一貌之，乃刻木爲十二神形於寺塔下，至今在焉。具三寶感通記。

歷代名畫記卷第八終

歷代名畫記卷第九

唐朝上

唐高祖神堯皇帝、太宗皇帝、中宗皇帝、玄宗皇帝並神武聖哲，藝無不周，書畫備能，非臣下所敢陳述。

漢王元昌，高祖神堯皇帝第七子，太宗皇帝之弟，少博學能書畫。武德三年封魯王，十年封漢王，爲梁州都督，坐太子承乾事廢。畫漢賢王圖鞍馬鷹鶻傳於代。李嗣眞云：天人之姿，博綜伎藝，頗得風韻，自然超舉，碣館深祟，遺迹罕見，在上品二閻之上。裴孝源云：六法俱全，萬類不失。

漢王弟韓王元嘉，亦善書畫，天后授之太尉。善畫龍馬虎豹。

滕王元嬰，亦善畫。

閻立德，上品下。閻讓字立德，以字行於代。父毗，在隋以丹青知名，已在第八卷中具載。與弟立本，俱傳家業。武德中爲尚衣奉御，造袞冕大裘等六服，腰輿傘扇，咸得妙制。貞觀初爲將作大匠，造翠微玉華宮，稱旨，官至工部尙書，封大安縣公。顯慶元年贈吏部尙書，幷州都督，謚曰康。文成公主降番圖、玉華宮圖、鬬雞圖，並傳於代。

立德弟立本上品下，顯慶初代立德爲工部尙書，總章元年拜右相，封博陵縣公。有應務之才，兼能書畫，朝廷號為丹青神化。初為太宗秦王庫直，武德九年，命寫秦府十八學士，褚亮為贊。

秦府十八學士寫眞圖序曰：武德四年，太宗皇帝為太尉尚書令雍州牧，左右衛大將軍，新命為天策上將軍，位在三公。上乃銳意經籍，怡神藝學，開學館以待四方之士。乃降教曰：昔楚國尊賢存道，先於申穆梁園，接士比德，至於鄒枚。咸以著範前修，垂光後烈。顧惟菲薄，多謝古人，高山仰止，能無景慕，於是芳蘭始被，深冠蓋之游，丹桂初叢，廣旄俊之士。既而場苗盡裹，空留皎皎之姿，喬木徒遷，終愧嚶嚶之友。所冀通人正訓，匡其闕如。側席無倦於齊庭，開筵有慚於燕館。屬大行臺司勳郎中杜如晦，記室考功郎中房玄齡及于志寧，軍諮祭酒蘇世長，天策府記室薛收，文學褚亮、姚察，太學博士陸德明、孔穎達，主簿李玄道，天策倉曹李守素，秦王記室虞世南，參軍蔡允恭、顏相時，著作郎記室許敬宗、薛元敬，太學助教蓋文達，典籤蘇勗等，或背淮而致千里，或適趙以欣三見。咸能垂裾邸第，委質藩維，或弘禮度而成典則，暢詞學而路風雅。優游幕府，是用嘉焉。宜可以守本官兼文學館學士。及薛收卒，徵東虞州錄事參軍劉孝孫入館，尋遣庫直閻立本圖形貌，具題名字爵里，仍教文學褚亮為之像贊，勒成一卷，號十八學士。並給珍膳，分為三番，更直宿于閣。每軍國務靜，參謁歸休，即引見，論討墳典，商略前載，考其得失，或夜分而寢。又降以溫顏，禮數甚厚，由是天下歸心。奇傑之士，咸思自效。于時預入館者，時所傾慕，謂之登瀛州云。

貞觀十七年，又詔畫凌煙閣功臣二十四人圖，上自為讚。

貞觀十七年詔曰：自古皇王，褒崇勳德，既勒名於鍾鼎，又圖形於丹青。是以甘露良佐，麟閣著其美；建武功臣，雲臺紀其迹。司徒趙國公無忌，故司空揚州都督河間元王孝恭，故司空萊國公如晦，故司空相州都督鄭國文貞公徵，司徒梁國公玄齡，開府儀同三司尚書左僕射申國公士廉，開府儀同三司鄂國公敬德，特進衛國公靖，特進宋國公瑀，故輔國大將軍揚州都督褒國忠壯公志玄，輔國大將軍夔國公弘基，故尚書左僕射忠國公通，故陝東道大行臺尚書右僕射鄖節公開山，故荊州都督譙襄公紹，故荊州都督邳襄公順德，洛州都督鄖國公張亮，光祿大夫吏部尚書陳國公侯君集，故左驍衛大將軍郯襄公張公謹，左領軍大將軍盧國公程知節，故禮部尚書永興文懿公虞世南，故戶部尚書渝襄公劉政會，光祿大夫戶部尚書莒國公唐儉，光祿大夫兵部尚書英國公李勣，故徐州都督胡壯公秦叔寶等。或材唯棟梁，謀猷經遠，綢繆帷幄，經綸霸圖；或學綜經籍，德範光茂，隱犯同致，忠讜日聞；或竭力義旗，委質藩邸，一心表節，百戰標奇；或授命廟堂，闢土方面，重氛再朗，王略遐宣。契闊中後，劬勞師旅。贊景業於草昧，翼鴻化於隆平，茂績嘉庸，冠冕列辟，昌言直道，模範縉紳。固以瞻伊呂而連衡，邁方召而長騖者矣。宜酌故實，弘茲盛典。可並圖畫於凌烟閣，庶念功臣之懷，無謝於前載；旌賢之義，永貽於後昆。

時天下初定，異國來朝，詔立本畫外國圖。又鄠杜間有蒼虎為患，天皇引驍雄千騎取之，虢王元鳳，太宗之弟也，彎弓三十鈞，一矢斃之。召立本寫貌，以旌雄勇。國史云：太宗與侍臣泛遊春苑，池中有奇鳥，隨波容與，上愛玩不已。召侍從之臣歌詠之，急召立本寫貌。閣內傳呼畫師閻立本，立本時已為主爵郎中，奔走流汗，俯伏池側，手揮丹素，目瞻坐賓，不勝愧赧。退戒其子曰：「吾少好讀書屬詞，今獨以丹青見知，躬廝役之務，辱莫大焉！爾宜深戒，勿習此藝。」然性之所好，終不能舍。及爲右相，與左相姜恪對掌樞務，恪曾立邊功，立本唯善丹青。時人謂千字文語曰：「左相宣威沙漠，右相馳譽丹青。」言並非宰相器。咸亨元年，復爲中書令，四年薨，謚曰文貞。僧悰云：閻張鄭，奇態不窮，像生變故，天下取則。竇蒙云：直自師心，意存功外，與夫張鄭，了不相干。裴云：閻師張，青出於藍。人物衣冠，車馬臺閣，並得見妙。歷觀古今法則，巧思唯二閻、楊、陸，迥出常表。張家父子，稍居其次。彥遠云，二閻、楊、陸，雖則豔美，張家父子，品第居最。裴云張在閻下，此論未當。李嗣眞云：博陵、大安，難兄難弟，自江左陸、謝云亡，北朝子華長逝，象人之妙，號爲中興。至若萬國來庭，奉塗山之玉帛；百蠻朝貢，接應門之位序；折旋矩度，端簪奉笏之儀；魁詭譎怪，鼻飲頭飛之俗；盡該毫末，備得人情，二閻同在上品。田舍屛風十二扇，位置經略，冠絕古今。元和十三年，彥遠大父相國鎭太原，詔取之西域圖，王知愼亦搨之。永徽朝臣圖、昭陵列像圖傳於代。彥遠論曰：前史稱魏明帝起凌雲閣，敕韋誕題榜。工人誤先釘榜，以籠盛誕鉤上，去地二十五丈。及下，鬢髮盡白，纔餘氣息。遂戒子孫，絕此楷法。謝安嘗論其事，子敬正色荅曰：仲將，魏之大臣，豈有此事，若如所說，知魏德之不長。彥遠嘗以子敬爲有識之言。閻令雖藝兼繪事，時已位列星郎。況太宗皇帝洽近侍，有拔貂之恩，接下臣無撞郎之急，豈得直呼畫師，不通宮籍，至於馳名丹青，才多輔佐，以閻之才識，亦謂厚誣。淺薄之俗，輕藝嫉能，一至於此，良可於悒也！

張孝師下品，爲驃騎尉。尤善畫地獄，氣候幽默。孝師曾死復蘇，具見冥中事，故備得之。吳道玄見其畫，因號爲地獄變。竇云：迹簡而粗，物情皆備，除謝、顧、陸、張、楊、田、董、展外，雖可比儔也。

范長壽下品，師法於張僧繇，官至司徒校尉。風俗圖、醉道士圖傳於代。僧悰云：博瞻繁多，有所雅尙，至於位置，不煩經略。竇云：擊打捉筆，落紙如飛，雖乏窈窕，終是好手。

何長壽與范同師法，但微劣於范。范何並有醉道士圖傳於代，人云是僧繇所作，非也。劉竦傳記云：張僧繇爲醉僧圖，僧歛錢與立本添冠子，改爲道士，殊不近理矣。

尉遲乙僧，于闐國人。父跋質那具第八卷。乙僧國初授宿衞官，襲封郡公，善畫外國及佛像。時人以跋質那爲大尉遲，乙僧爲小尉遲。畫外國及菩薩，小則用筆緊勁，如屈鐵盤絲，大則灑落有氣概。僧悰云：外國鬼神，奇形異貌，中華罕繼。竇云：澄思用筆，雖與中華道殊，然氣正迹高可與顧、陸爲友。

劉孝師。僧悰云：點畫不多，皆爲樞要，鳥雀奇變，甚爲酷似。彥遠云：不止鳥雀，曾見畫他物皆好。

靳智翼。僧悰云：祖述仲達，改張琴瑟，變夷爲夏，肇自斯人。在范長壽上。

王定，官至中散大夫尙方令。貞觀初得名，筆迹甚快。本草訓戒圖傳於代。僧悰云：骨氣不足，遒媚有餘，菩薩聖僧，往往驚絕。在張孝師上。彥遠按：定畫骨氣不甚長，既無骨氣，何故驚絕？

梁寬、吳智敏。僧悰云：智敏師於寬，神襟更爲俊逸。

康薩陀中品或云善陀，爲振威校尉。僧悰云：無所服膺，虛心自悟，初花晚葉，變態多端，異獸奇禽，千形萬狀。在尉遲下。竇云：曾見畫人馬，措意非高，悰公之評過當也。

王知愼中品下，終少府監。工書畫，與兄知敬齊名。僧悰云：師於閻，寫貌及之，筆力爽利，風采不凡。在張孝師下。

王韶應或作韶隱，畫鬼神，深有氣韻。竇云：善山水人馬。

檀智敏中品，爲振武校尉。竇云：師於董伯仁。僧悰云：楝宇樓臺，陰陽向背，歷觀前古，獨見斯人。游春戲藝圖傳於世。

楊須跋中品，趙武端下品，范龍樹下品，周烏孫下品，楊德紹下品，已上五人，國初擅名。

陳義，國初丞相叔達之玄孫。尤工寫貌，玄宗少與之善，特承恩遇，爲武德、南薰、中尙等使，銀青光祿大夫少府監。

殷敎、殷季友、許琨、同州僧法明，已上四人，並開元中善寫貌，常在內庭，畫人物海內知名，時錢國養未出。唐朝七聖圖、高祖及諸王圖、太宗自定鑾上圖、開元十八學士圖，並殷敎韋無忝爲之，傳於代。法明，開元十一年勑令寫貌麗正殿諸學士，欲畫像書贊於含象亭，以車駕東幸遂停。初詔殷敎、季友、无忝等分貌之，粉本既成，遲回未上絹。張燕公以畫人手雜，圖不甚精，乃奏追法明，令獨貌諸學士。法明尤工寫貌，圖成進之，上稱善，藏其本於畫院。後數年，上更索此圖所由，惶懼，賴康子元先寫得一本以進，上令却送畫院，子元復自收之。子元卒，其子貨之，莫知所在，今傳搨本。張說、徐堅、賀知章、趙多曦、康子元、侯行果、韋述敬、會眞、趙玄默、東方顥、李子釗、呂向、毋煚、陸去泰、咸廣業、余欽、孫季良都十七人，其官爵具韋述集賢記下卷。

錢國養，開元中善寫貌，海內推服。竇云：衣裳凡鄙，未離賤工，格律自高，足爲出衆。

彥遠云：既言凡鄙賤工，安得格律出衆，竇君兩句之評，自相矛盾。

左文通，善寫貌。

王陁子，善山水。幽致峯巒極佳。世人言山水者，稱陁子頭，道子脚。竇云：山水獨運，別是一家，絕迹幽居，古今無比。時有牛昭，亦善山水。

吳道玄，陽翟人。好酒使氣，每欲揮毫，必須酣飮。學書於張長史旭、賀監知章，學書不成，因工畫。曾事逍遙公韋嗣立爲小吏，因寫蜀道山水，始創山水之體，自爲一家。其書迹似薛少保，亦甚便利。初任兗州瑕丘縣尉。初名道子，玄宗召入禁中，改名道玄，因授內教博士，非有詔不得畫。張懷瓘云：吳生之畫，下筆有神，是張僧繇後身也。可謂知言。官至寧王友。開元中，將軍裴旻善舞劍，道玄觀旻舞劍，見出沒神怪，既畢，揮毫益進。時又有公孫大娘亦善舞劍器，張旭見之，因爲草書。杜甫歌行述其事。是知書畫之藝，皆須意氣而成，亦非懦夫所能作也。時有張愛兒，學吳畫不成，便爲捏塑，玄宗御筆改名仙喬，雜畫蟲豸亦妙。時又有楊惠之，亦善塑像；員明、程進，雕刻石作；隨韓伯通善塑像。天后時尚方丞竇弘果、毛婆羅，苑東監孫仁貴，德宗朝將軍金忠義，皆巧絕過人。此輩並學畫迹，皆精妙，格不甚高。吳畫明皇受籙圖、十指鍾馗傳於代。彥遠云：親叔祖主客員外郎諗，有吳畫說一篇。在本集。

翟琰者，吳生弟子也。吳生每畫，落筆便去，多使琰與張藏布色，濃澹無不得其所。

李生，失名，亦吳弟子。善畫地獄佛像，有類於吳而稍劣。

張藏，亦吳弟子也。裁度粗快，思若湧泉，寺壁十間，不旬而畢，然六法不及師之門牆。亦好細畫。

楊庭光，與吳同時。佛像經變，雜畫山水極妙，頗有似吳生處，但下筆稍細耳。

盧稜伽，吳弟子也。畫迹似吳，但才力有限。頗能細畫，咫尺間山水寥廓，物像精備，經變佛事，是其所長。吳生嘗於京師畫總持寺三門，大獲泉貨。稜伽乃竊畫莊嚴寺三門，銳意開張，頗臻其妙。一日吳生忽見之，驚歎曰：此子筆力，常時不及我，今乃類我，是子也，精爽盡於此矣。居一月，稜伽果卒。釋教靈源傳於代。時有姚景仙，能畫寺壁。

武靜藏，善畫鬼神，有氣韻。東都敬愛寺東山亭院、地獄變畫甚妙。

董𡩋，字重照，開元中多在尙方。善雜畫車牛最推其妙。盤車圖余亦曾模之。

陳靜心，善寺壁；弟靜眼，善地獄山水。

程雅，善雜畫。

楊坦、楊仙喬，並長安人，好圖佛寺鬼神。坦子爽，亦善之。

解倩，善鬼神。

馮紹正，開元中任少府監，八年爲戶部侍郎。尤善鷹鶻雞雉，盡其形態，觜眼脚爪毛彩俱妙。曾於禁中畫五龍堂，亦稱其善，有降雲蓄雨之感。

姜皎，上邽人。善鷹鳥，玄宗在藩時，爲尙衣奉御，有先識之明。玄宗卽位，累官至太常卿，封楚國公。開元五年，以事廢，復拜銀靑光祿大夫祕書監。十年復流欽州。

李思訓，宗室也，卽林甫之伯父。早以藝稱於當時，一家五人，並善丹靑，思訓弟思誨，思誨子林甫，林甫弟昭道，林甫姪湊。世咸重之，書畫稱一時之妙。官至左武衞大將軍，封彭城公，開元六年贈秦州都督。其畫山水樹石，筆格遒勁，湍瀨潺湲，雲霞縹緲，時覩神仙之事，窅然巖嶺之幽。時人謂之大李將軍其人也。

思訓弟思誨，卽林甫之父也。善丹青，任朝散大夫，揚州參軍，贈禮部尙書。李林甫亦善丹青。高詹事與林甫詩曰：「興中唯白雲，身外卽丹青。」余曾見其畫迹甚佳，山水小類李中舍也。

思訓子昭道，林甫從弟也。變父之勢，妙又過之，官至太子中舍，創海圖之妙。世上言山水者，稱大李將軍、小李將軍。昭道雖不至將軍，俗因其父呼之。

李湊，林甫之姪也。初爲廣陵倉曹，天寶中貶明州象山縣尉，年二十八。尤工綺羅人物，爲時驚絕。本師閻令，但筆迹疎散，言其媚態，則盡美矣。

薛稷，字嗣通，河東汾陰人。道衡之曾孫，元超之從子。詞學名家，軒冕繼代。景龍末爲諫議大夫，昭文館學士，多才藻，工書畫。薛稷外祖魏文貞公，富有書畫，多虞褚手寫表疏。稷銳意模學，窮年忘倦，睿宗在藩，特見引遇，拜黃門中書侍郎禮工二尙書。先天元年，官至銀青光祿大夫太子少保，封晉國公。竇懷貞累之，年六十九。尤善花鳥人物雜畫，畫鶴知名，屏風六扇鶴樣，自稷始也。

郎餘令，有才名，工山水古賢，爲著作佐郎。撰自古帝王圖，按據史傳，想像風采，時稱精妙。

曹元廓，天后朝爲朝散大夫，左尙方令。師於閻，工騎獵人馬山水，善於布置。天后鑄九鼎於東都，備九州山川物產，詔命元廓畫樣，鍾紹京書。時稱絕妙。後周、北齊、梁、陳、隋，武德、貞觀、永徽等朝臣圖，高祖、太宗諸子圖，秦府學士圖，凌烟圖，皆傳於代，徐嶠之題。

劉行臣，善畫鬼神，精采洒落，類王韶應。東都敬愛寺山亭院西壁，有鬼神抱野雞，實爲妙手。

暢詡，善山水，似李將軍。詡子明瑾，妙過於父。

楊寧、楊昇望賢宮圖、安祿山眞、張萱，已上三人，並善畫人物。寧以開元十一年爲史館畫直，萱好畫婦女嬰兒。有妓女圖、乳母將嬰兒圖、按羯鼓圖、鞦韆圖、虢國夫人出遊圖，傳於代。

尹琳，善佛事、神鬼、寺壁。高宗時得名，筆跡快利。今京師慈恩寺塔下南面，師利、普賢極妙。李仲昌、李嗣眞並琳弟子，並善佛道鬼神。

韋无忝，官至左武衛將軍，善鞍馬，鸖象鷹圖，雜獸皆妙。

韋无縱，乃无忝弟，善寫貌。

朱抱一，開元二十二年直集賢，善寫貌。寫張果先生眞，爲好事所傳。

竺元標、蔡金剛、毛嵩、姚彥山、程遜，善寺壁禽獸。董好子，善人物。楊樹兒、耿純、任貞亮，開元中直集賢時，有畫直邵齊欽、書手吉曠，皆解畫。陸庭曜，善人物鬼神，有氣韻。暢整、李相國、陳懿、劉智敏、史晟、何君墨、京元成、崔霞、冷元琇、馬光業、李緣、馬樹膺、祝丘、潘細衣、周子敬、段去惑、僧智瑰，善山水鬼神，氣韻灑落。

已上皆唐朝以來名手畫工，有同蘭菊，叢芳競秀，蹤跡布在人間，姓名不可遺棄。

殷令名，陳郡人。父不害，累代工書畫。

殷聞禮，字大端，書畫妙過於父。武德初爲中書舍人趙王友，兼侍讀弘文館學士。

聞禮弟仲容，天后任太僕祕書丞、工部郎中、申州刺史，善書畫，工寫貌及花鳥，妙得其眞。或用墨色，如兼五采。

談皎，善畫人物，有態度，衣裳潤媚，但格律不高。大髻寬衣，亦當時所尙，與李湊小相類。武惠妃舞圖、佳麗寒食圖、佳麗伎樂圖，並傳於代。

僧金剛三藏，獅子國人。善西域佛像，運筆持重，非常畫可擬，東京廣福寺木塔下素像，皆三藏起樣。

張遵禮，善畫鬭將。鞍馬戈矛器械，用筆塹差，小畫尤佳。

王紹宗，瑯琊人。父修禮，畫跡與殷仲容相類。亦善書，官至祕書少監。

宋令文，亦書畫皆善。

司馬承禎，字子微，自梁陶隱居至先生，四世傳授仙法。開元中自天台徵至，天子師之。十五年至王屋山，勅造陽臺觀居之。嘗畫於屋壁，又工篆隸詞采，衆藝皆類於隱居焉。制雅琴鎭銘，美石爲之，詞刻精絕。開元中彥遠高王父河東公獲受教於先生。玄宗皇帝制碑，具述其妙。二十三年屍解，白雲從堂戶出，雙鶴繞壇而上，年八十一，謚貞一先生。

盧鴻，一名浩然，高士也。工八分書，善畫山水樹石，隱於嵩山。開元初徵拜諫議大夫，不受。

釋翛然，俗姓裴氏，楚州刺史思訓之子。爲人恢誕强學，不成一名，好朋從詩酒。善丹青，工山水，曉解絲竹，卒年三十九。開元中嘗夜醉臥街犯禁，乃爲詩曰：「遮莫鼕鼕鼓，須傾滿滿盃，金吾如借問，報道玉山頹。」官不罪之。或云道士。

鄭虔，高士也。蘇許公爲宰相，申以忘年之契，薦爲著作郎。開元二十五年爲廣文館學士，飢窮轗軻，好琴酒篇詠。工山水，進獻詩篇及書畫。玄宗御筆題曰：「鄭虔三絕。」與杜甫、李白爲詩酒友。祿山授以僞水部員外郎，國家收復，貶台州司戶。

鄭逾，善山水。天寶中得名於梁宋間。逾卽鄭遷之弟，遷有書名。

李果奴，筆迹調潤，天寶中寫貌人物及僧佛爲妙。元和中有李士昉，卽果奴之孫，筆迹及其祖，寫貌極妙，在翰林集賢。

曹霸，魏曹髦之後。髦畫稱於後代。霸在開元中已得名。天寶末，每詔寫御馬及功臣，官至左武衞將軍。

韓幹，大梁人。王右丞維見其畫，遂推奬之。官至太府寺丞，善寫貌人物。（龍朔功臣圖、姚崇及安祿山圖、玄宗試馬圖、寧王調馬打毬圖，並傳於代。）尤工鞍馬，初師曹霸，後自獨擅。杜甫曹霸畫馬歌曰：「弟子韓幹早入室，亦能畫馬窮殊相，幹惟畫肉不畫骨，忍使驊騮氣凋喪。」彥遠以杜甫豈知畫者，徒以幹馬肥大，遂有畫肉之誚。古人畫馬有八駿圖，或云史道碩之迹，或云史秉之迹。皆螭頸龍體，矢激電馳，非馬之狀也。晉、宋間顧、陸之輩，已稱改步；周、齊間董、展之流，亦云變態。雖權奇滅沒，乃屈產、蜀駒，尚翹舉之姿，乏安徐之體，至於毛色，多騧騮騅駮，無他奇異。玄宗好大馬，御廐至四十萬，遂有沛艾大馬，命王毛仲爲監牧，使燕公張說作駉牧頌。天下一統，西域大宛，歲有來獻。詔於北地置羣牧，筋骨行步，久而方全，調習之能，逸異並至。骨力追風，毛彩照地，不可名狀，號「木槽馬」。聖人舒身安神，如據牀榻，是知異於古馬也。時主好藝，韓君間生，遂命悉圖其駿。則有玉花驄、照夜白等。時岐、薛、寧、申王廄中皆有善馬，幹並圖之，遂爲古今獨步。祿山之亂，沛艾馬種遂絕，韓君端居無事，忽有人詣門，稱鬼使請馬一匹。韓君畫馬焚之，他日見鬼使乘馬來謝，其感神如此。弟子孔棨爲上足。

陳閎爲永王府長史。善畫寫貌，工鞍馬，與韓同時，家蓄圖畫絕多。寫安祿山圖、玄宗馬射圖、上黨十九瑞圖。

孟仲暉，善寫貌，筆迹類陳閎，又似閻令。時有杜景祥、王允之並畫迹與仲暉相近也。

歷代名畫記卷第九終

歷代名畫記卷第十

唐朝下

王維，字摩詰，太原人。年十九進士擢第，與弟縉並以詞學知名，官至尙書右丞。有高致，信佛理，藍田南置別業，以水木琴書自娛。工畫山水，體涉今古。人家所蓄，多是右丞指揮工人布色，原野簇成遠樹，過於朴拙，復務細巧，翻更失眞。淸源寺壁上畫輞川，筆力雄壯。常自制詩曰：「當世謬詞客，前身應畫師，不能捨餘習，偶被時人知。」誠哉是言也。余曾見破墨山水，筆迹勁爽。

張諲，官至刑部員外郎，明易象，善草隸，工丹青。與王維、李頎等爲詩酒丹青之友。尤善畫山水。王維答詩曰：「屛風誤點惑孫郎，團扇草書輕內史。」李頎詩曰：「小王破體閑文策，落日梨花照空壁；書堪記室妬風流，畫與將軍作勍敵。」（畫一作書。）

劉方平，工山水樹石。汧國公李勉甚重之。

王熊，官至澶州都督，嘗與張燕公唱和詩句，善湘中山水，似李將軍。（意緒不卑，但筆迹輕細。）

王象有畫鹵簿圖傳於代。或云是熊兄弟。

田琦，雁門人。武德功臣兵部尙書德平之子，善寫貌人物，官至汝南太守。尤善八分小篆，寫洪崖子橘木圖傳於代。

竇師綸，字希言，納言陳國公抗之子。初爲太宗秦王府諮議，相國錄事參軍，封陵陽公。性巧絕，草創之際，乘輿皆闕，勑兼益州大行臺撿挍修造，凡創瑞錦宮綾，章彩奇麗，蜀人至今謂之陵陽公樣。官至太府卿，銀、坊、邛三州刺史。高祖太宗時，內庫瑞錦，對雉、鬪羊、翔鳳游麟之狀，創自師綸，至今傳之。

江都王緒，霍王元軌之子，太宗皇帝猶子也。多才藝，善書畫，鞍馬擅名。垂拱中，官至金州刺史。

時有李逖者，工畫蠅蝶蜂蟬之類。

李平鈞，宗室也。淮安王神通之曾孫，爲江陵府法曹參軍，汴州陳留令。平鈞工山水小篆，平鈞之叔李權，工八分；叔樞，工小篆。

崔陽元、李炅、張惟亘、李滔、張通、耿昌言、弟昌期，已上七人，並工山水雜畫，通尤精贍。

周古言，中宗時善寫貌及婦女。有宮禁寒食圖、秋思圖，傳於代。

時有嚴杲、楊德本，並吳人，善雜畫。

貝俊、（一作貝俊）李韶、魏晉孫、蒯廉，已上四人，並工花鳥，俊尤工鷹鶻，蒯廉最爲妙。

白旻，官至同州澄城令，工花鳥鷹鶻，觜爪纖利，甚得其趣。旻善歌，常醉酣歌闋，便畫自娛。

韓嶷，工婦女雜畫，善布色。

時有宇文肅，善小畫，金玉鐫刻之樣，禽獸花葉之能。

高江、車道政，二人並善寫貌。道政兼善佛事，迹簡而筆健。

嗣滕王湛然，貞元四年爲殿中監兼禮部尙書、迴鶻使，善畫花鳥蜂蝶，官至檢挍兵部尙書太子詹事，年八十四。

齊皎，高陽人。父玘，撿挍兵部郎中。皎善外蕃人馬，工山水，學小楷古篆，善射，曉音律。建中四年官至澤州刺史，年五十五。彥遠大父高平公有重名，皎每以書畫及篇章求知焉。至今予家篋笥中猶有齊君少年時書畫。觀其意趣雖高，筆力未勁，後見其功用至者，則雄壯矣。（一本云名皎。）

皎弟映，性雅正好學，善山水，貞元元年爲中書舍人，二年拜中書侍郎平章事，河間縣男，三年貶官夔州，七年爲桂府觀察使，轉江西觀察使，十一年贈禮部尙書，謚曰忠，年四十八。初映於東都舉進士，應宏詞，彥遠曾祖魏國公爲河南尹兼留守，愛其藝，每加獎焉。奏爲河南府參軍，及魏公罷相爲左僕射，映已拜相矣。魏公再入中樞，映已貶官夔州。一本名映。

朱審，吳興人。工畫山水，深沉瓌壯，險黑磊落，湍瀨激人，平遠極目。建中年頗知名。

王宰，蜀中人。多畫蜀山，玲瓏窳窆，巉差巧峭。

畢宏，大曆二年爲給事中，畫松石於左省廳壁，好事者皆詩之。改京兆少尹，爲左庶子，樹石擅名於代，樹木改步變古，自宏始也。

楊炎南，名炎，華陰人。孝著三代，門樹六闕，風骨俊秀，神情爽邁。善山水，高奇雅贍。大曆四年爲中書門下侍郎，建中元年遷左僕射，流貶，年五十五。余觀楊公山水圖，想見其爲人魁岸洒落也。

史瓆，官至省郎，善畫鞍馬人物。

裴諝，字士明，河東人。以明經進，畫山水，極有思。貞元中爲吏部侍郎兼御史大夫，四年爲太子賓客左散騎常侍，五年爲兵部侍郎河南尹，貞元元年年七十五，贈兵部尙書。

韋鑒，工龍馬，妙得精氣。

鑾弟鑾，工山水松石，雖有其名，未免古拙。

鑾子鷃，工山水，高僧奇士，老松異石，筆力勁健，風格高舉，善小馬牛羊山原，俗人空知鷃善馬，不知松石更佳也。咫尺千尋，駢柯攢影，烟霞翳薄，風雨颼飅，輪囷盡偃蓋之形，宛轉極盤龍之狀。天竺胡僧圖、渡水僧圖、小馬放牧圖，並傳於代。

張璪，字文通，吳郡人。初相國劉晏知之，相國王縉奏撿校祠部員外郎鹽鐵判官。坐事貶衡州司馬，移忠州司馬。尤工樹石山水，自撰繪境一篇，言畫之要訣，詞多不載。初畢庶子宏擅名於代，一見驚歎之，異其唯用禿毫，或以手摸絹素，因問璪所受。璪曰：「外師造化，中得心源。」畢宏於是閣筆。彥遠每聆長者說，璪以宗黨，常在予家，故予家多璪畫。曾令畫八幅山水幛，在長安平原里，破墨未了，值朱泚亂，京城騷擾，璪亦登時逃去。家人見畫在幀，蒼忙掣落，此幛最見張用思處。又有士人家有張松石幛，士人云無，兵部李員外約，好畫成癖，知而購之，其家弱妻已練爲衣裏矣。唯得兩幅，雙柏一石在焉，嗟惋久之，作繪練紀，述張畫意極盡。此不具載。具李約員外集。

陳曇，字玄成，國初丞相叔達之後。明經出身，河南尹嚴武薦爲參軍，昭義軍節度使李抱眞辟爲從事。貞元十四年，官至衡州刺史，邕管經略使兼御史中丞。工山水，有情趣，但峯巒少奇，往往繁碎。

顧況，字逋翁，吳興人。不修撿操，頗好詩詠，善畫山水。初爲韓晉公江南判官，入爲著作佐郎，久次不遷，乃嘲誚宰相，爲憲司所劾。貞元五年貶饒州司戶，居茅山以壽終。有畫評一篇，未爲精當也。

鄭審，事具彥遠所撰彩牋詩集。

沈寧，亦善樹石山水，有格律，師張璪而少劣。

劉商，官至撿校禮部郎中，汴州觀察判官。少年有篇詠高情，工畫山水樹石，初師於張璪，後自造眞爲意。自張貶竄後，嘗惆悵，賦詩曰：「苔石蒼蒼臨澗水，溪風裊裊動松枝；世間惟有張通會，流向衡陽那得知。」或云，商後得道。

劉整，任祕書省正字，善山水，有氣象。時有劉之奇，亦能山水。

邊鸞，善畫花鳥，精妙之極，至於山花園蔬，無不徧寫，爲右衞長史，花鳥冠於代，而有筆迹。

于錫，善畫花鳥及鷄。

强穎，善水鳥。

梁廣，工花鳥，善賦彩，筆迹不及邊鸞。

陳庶，揚州人。師邊鸞花鳥，尤善布色。

陳恪，工山水，師張、鄭，有氣韻，人物鞍馬蟲禽並精。子積善，山水妙過於父。一云陳格。

戴重席，工子女，極精細。

周昉，字景玄，官至宣州長史。初効張萱畫，後則小異，頗極風姿，全法衣冠，不近閭里。衣裳勁簡，彩色柔麗；菩薩端嚴，妙創水月之體。蜂蝶圖、按箏圖、楊眞人、陸眞人圖、五星圖，傳於代。

趙博文，尙書左丞涓之子也。畫子母犬兔，善寫貌，應進士不第。兄博宣，亦解畫。

太原王朏，終劍南刺史。師昉畫子女菩薩，但不及昉之精密。余大父高平公首末提奬之。

鄭寓，善果之後也。學昉畫天王菩薩，有思。

韓滉，字太冲，官至金紫光祿大夫，浙東西兩道節度使，左僕射同平章事，封晉國公。

貞元三年，年六十五。贈太傅，謚忠肅。工隸書章草，雜畫頗得形似，牛羊最佳。田家川原亦有意。

戴嵩，韓晉公之鎭浙右，署爲巡官，師晉公之畫，不善他物，唯善水牛而已。

嵩弟嶧，亦善水牛。

李漸，官至忻州刺史，善蕃人蕃馬、騎射、射雕。放牧川原之妙，筆迹氣調，古今無儔。子仲和，能繼其藝，而筆力不及其父。今相國令狐公奕代爲相，家富圖畫，卽忻州外孫。家有小畫人馬幛，是尤得意者。憲宗曾取置禁中，後却賜還，嘗以示余。

蕭祐，畫山水，甚有意思，爲桂州觀察使。

周太素，終尙書郎，善畫花鳥佛像。

麴庭，善山水，格不甚高，但細巧耳。

蕭悅，協律郎，工竹一色，有雅趣。

張志和，字子同，會稽人。性高邁，不拘撿，自稱烟波釣徒。著玄眞子十卷，書迹狂逸，自爲漁歌便畫之，甚有逸思。肅宗朝，官至左金吾衞錄事參軍。本名龜齡，詔改之。顏魯公與之善，陸羽等嘗爲食客。

侯莫陳廈，字重搆，工山水，用意極精。

會稽僧道芬、鄭町處士、滎陽人。梁洽處士、天台項容處士、靑州吳恬處士，一名玢，字建康。已上並畫山水。道芬格高，鄭町淡雅，梁洽美秀，項容頑澀，吳恬險巧。恬有畫山水錄，記平生所畫在絹素者，凡百餘面，傳之好事。自云：初夢寐，有神人指授畫法。恬好爲頑石，氣象深險，能爲雲，而氣象蓊格。

王默，師項容，風顚酒狂，畫松石山水。雖乏高奇，流俗亦好。醉後以頭髻取墨，抵於絹畫。王默早年授筆法於台州鄭廣文虔。貞元末，於潤州歿，舉柩若空，時人皆云化去。平生大有奇事，顧著作知新亭監時，默請爲海中都巡，問其意，云：「要見海中山水耳。」爲職半年，解去。爾後落筆有奇趣，顧生乃其弟子耳。彥遠從兄監察御史厚，與余具道此事，然余不甚覺默畫有奇。

馬氏經籍志云：名畫獵精六卷，唐張彥遠纂。記史皇以降至唐畫工名姓及論畫法，並裝背褫軸之式，鑒別閱玩之方，今此書罕傳，即彥遠自叙，亦止云歷代名畫記，而不及其名，意大略相似耳；既讀茲集，叙述畫之興廢，自董卓帷囊而外，侯景煨燼之餘，其載入江陵者，又投後閣舍人之一炬，能無雲烟過眼之歎耶！然三百七十餘人，垂不朽於天壤間，即謂張氏千函萬軸至今存可也。海虞毛晉識。

歷代名畫記卷第十終

書評

〔郡齋讀書志〕名畫獵精六卷，唐張彥遠纂。記歷代畫工名姓，自史皇以降至唐朝，及論畫法，並裝背褫軸之式，鑒別閱玩之方。

〔直齋書錄解題〕歷代名畫記十卷，唐張彥遠撰。彥遠家世藏法書名畫，收藏鑒識，自謂有一日之長。既作法書要錄，又爲此記，且曰：「有好事者傳余二書，書畫之事畢矣。」

〔四庫全書總目提要〕歷代名畫記十卷，唐張彥遠撰。自序謂：「家世藏法書名畫，收藏鑒識，自謂有一日之長。」案唐書稱彥遠之祖宏靖家聚書畫侔祕府，李綽尙書故實，亦多記張氏書畫名蹟，足證自序之不誣，故是書述所見聞，極爲賅備。前三卷皆畫論：一敍畫之源流，二敍畫之興廢，三四敍古畫人姓名，五論畫六法，六論畫山水樹石，七論傳授南北時代，八論顧陸張吳用筆，九論畫體工用搨寫，十論名價品第，十一論鑒識收藏閱玩，十二敍自古跋尾押署，十三敍自古公私印記，十四論裝背褾軸，十五記兩京外州寺觀畫壁，十六論古今之祕畫珍圖。自第四卷以下，皆畫家小傳。然卽第一卷內所錄之三百七十人，既俱列其傳於後，則第一卷內所出姓名一篇，殊爲繁複，疑其書初爲三卷，但錄畫人姓名，後裒輯其事蹟評論續之於後，而未删其前之姓名一篇，故重出也。

書中徵引繁富，佚文舊事，往往而存，如顧愷之論畫一篇，魏晉勝流名畫讚一篇，畫雲臺山記一篇，皆他書之所不載。又古書畫中褚氏書印，乃別一褚氏，非遂良之迹，可以釋石刻靈飛經前有褚氏一印之疑，亦他書之所未詳；卽其論杜甫詩「斡惟畫肉不畫骨」句，亦從來註杜詩者所未引；則非但鑒別之精，其資考證者亦不少矣。晁公武讀書志別載彥遠名畫獵精六卷，記歷代畫工名姓，自始皇以降至唐朝，及論畫法並裝褙裱軸之式，鑒別閱玩之方，毛晉刻是書，跋謂彥遠自序止云歷代名畫記，不及此書，意其大略相似。考郭若虛圖畫見聞志敍諸家文字，列有是書，註曰無名氏撰，其次序在張懷瓘畫斷之後，李嗣眞後畫品錄之前，則必非張彥遠之作，晁氏誤也。

〔余紹宋書畫書錄解題〕是編爲畫史之祖，亦爲畫史最良之書，後來作者雖多，或爲類書體裁，（如畫史彙傳等）或則限於時地，（如下專史一類之書）卽有通於歷代之作，亦多有所承襲，未見有自出手眼，獨具卓裁如是書者，眞傑作也。書凡十卷，今劃其大體爲兩部分：卷一至卷三爲一部分，蓋通紀畫學，及不能分述於傳記之事；卷四至卷十爲一部分，則畫人傳也。作畫史而不專爲傳記，識見高人一等矣。其第一部分所敍述諸篇，與正史書志體例略同，後來作者如畫史會要諸書，於小傳前別輯畫法一編，蓋仿斯例，然俱勦襲陳言，別無心得，以視此書之條理秩然，史法謹嚴者，實有霄壤之別。茲試略疏其說：第一篇敍畫之源流；第二篇敍畫之興廢，不但綜述繪畫之歷史事實，且爲其自序，深得史遷自序之遺；第三篇敍歷代能畫人名，（四庫提要此篇分兩篇，未知所據何本？）實爲小傳目錄，猶前人敍目之例，故入於本書，四庫譏其繁複，疑其未及刪削者，誤也；第四篇論畫六法；第五篇論畫山水樹石，爲總紀畫法之文，（按第四篇論畫六法，蓋專主畫人物而言。）言簡意賅，絕無支蔓；第六篇前半敍師資傳授，不以此項分敍於各家小傳，而總敍於此，俾南北兩朝數代之畫學統系，一覽瞭然，最合史法，後半敍南北時代風尚異宜，畫法與論畫亦應隨之而異，尤爲不刊之論；第七篇論顧陸張吳用筆，發揮書畫用筆同法之恉，特借此四人爲例，非專記此四人之用筆也；第八篇論畫工用搨寫而兼及於畫具，亦畫史所宜詳者；第九篇論名價品第；第十篇論鑒識收藏、購求閱玩；第十一篇敍自古跋尾押署；第十二篇敍古今公私印記；第十三篇論裝背褾軸，皆分敍續畫所當知之事，亦爲畫史所必宜詳錄者；第十四篇記兩京外州寺觀畫壁，爲畫史上極重要之事實，采訪極難，彙錄匪易，故歷來記述，除貞觀公私畫史略有敍述外，無及之者，今萃於此篇，賴是足窺唐以前畫壁之梗概，其堪寶貴，更不待言矣；第十五篇述古之祕畫珍圖，凡九十有七，蓋因其多無畫人姓名，而其畫又爲歷代所珍祕，不能不記，今日吾人能知古人圖繪品目，及其所重，獨賴此篇之存耳。第二部分畫人小傳，敍述亦有史法，姑舉數端言之：各傳中所敍行實，非關繪畫者不載，甚得體要，一也；以時代爲次，仍用類族爲傳之法，不失史氏世家遺意，二也；隋以前諸傳，俱注所出，而多以己意撰述，既足徵信，仍不失爲一家言，三也；徵引他家品評，而時出斷制，非同輯錄，四也；用正史之例，畫家論著，詳載傳中，如顧長康、宗炳、王微諸傳，遺文墜簡，賴之以存，五也；蔣少游、韓幹諸傳，用夾敍夾議之法，使行文不板滯，六也；間作論贊，亦史法所不廢者，如戴顒、王微、閻立本諸傳所論，皆有精思，七也。凡此皆後來作畫史者所弗逮。顧如此傑作，而後人絕鮮稱道之者，蓋因其不以史法自鳴，而讀者遂以爲不過著錄名畫之書，漫不加察，所謂不善讀書之過，茲故爲表而出之。至後起之書，惟郭若虛圖畫見聞志差堪媲美，其他概不足道，固由作者急於成書，實亦未明著作體裁之故。余恆謂畫史之有是書，猶之正史之有史記，圖畫見聞志繼之，略有遜色，亦猶班氏繼司馬氏之書，有所弗逮也。四庫於是書僅謂其鑒別之精，足資考證，蓋亦未深知者，故有此隔靴搔癢之論。又四庫於王毓賢繪事備考提要中有詆此書之語，謂其記封膜善畫，穆天子傳郭璞注明云，「膜畫人名，」乃誤以畫爲畫，遂稱封膜爲畫家之祖，並妄造璞註以實之，其說蓋本於朱謀垔之畫史會要。今案是書列傳以史皇冠首，並無以封膜爲畫祖之文，其誤作姓封名膜，固爲疵累，然又安知唐本不異於今本耶。

〔四庫全書總目提要〕法書要錄十卷，唐張彥遠撰。書首有彥遠自序，但署河東郡望，郭若虛圖畫見聞志、晁公武讀書志亦但稱其字曰愛賓，而仕履時代，皆不及詳。今以新唐書世系表、藝文志、列傳與彥遠自序參考，知彥遠乃明皇時宰相嘉貞之玄孫。序稱高祖河東公，卽嘉貞；其稱曾祖魏國公者，爲同平章事延賞；（案延賞封魏國公，本傳失載，僅見於此序中。）稱大父高平公者，爲同平章事宏靖；稱先公尙書者，爲桂管觀察使文規；唐書皆有傳。此書之末，附載畫譜本傳，不知何人所作？乃稱彥遠大父名稔；考歷代名畫記，中有彥遠叔祖名諗之文，非其大父，亦非稔字，顯然舛謬。至本傳稱彥遠博學有文辭，乾符中至大理寺卿，藝文志亦同，而世系表作祠部員外郎，則未詳孰是也。

〔法書要錄卷十後張彥遠傳〕張彥遠，河東人。能文，工字，學隸書，喜作八分。其家既出累世縉紳之後，且復好事，故藏積圖書，如鍾、張、衞、索、王，羲獻而下，每至成軸。其大父稔已有書名，初得鍾繇筆意，壯歲遂倣獻之，暮年，人許有羲之風度；蓋凡三變而後成，此其遺風餘澤，沾馥後人者，特非一日。彥遠既老，其家乃富有典型，而落筆不愧作者，觀其爲論，以爲「書非小道，本以助人倫，窮物理，神化不能以藏其祕，靈怪不能以遁其形」，則知盤礴胸次者，固已呑雲夢者八九矣，其流於筆端，自應過人，矧夫歷代奇觀，一一到眼，而心傳手受處，復有家學耶。嘗作法書要錄十卷，具載古人論書論，且以傳列之，又以九等品第書學人物，自漢至唐，上下千百載間，其大筆名流，幾不逃轂中矣。更撰歷代名畫記爲十卷，自序其右云：「得此二書，則書畫之事畢矣。」觀其編次之善，果非虛論。又嘗以八分錄前人詩什數章，至其倣古出奇，亦非凡子可到。出畫譜本傳

郭若虛圖畫見聞志云彥遠字愛賓。

歷代名畫記校勘記

毛氏汲古閣刻津逮秘書本用張氏照曠閣刻學津討原本互校

卷一

敍畫之源流——小注「周禮保章氏掌六書」張本無章字，據刪。

敍自古畫人姓名——唐「劉孝思」。卷內「思」作「師」，查沙門彥悰後畫錄作劉褒，孝思或係其字，俟考。又「靳智翼」。卷內「翼」作「異」，查後畫錄亦作「翼」，據改。又「曹霸」與「李果奴」倒置。與卷內次第不符，張本同，依卷內改正。又「貝俊」。毛張兩本「貝」同作「具」，而卷內作貝，下注「一作具俊」。此改貝，與卷內一致。又「韓嶷」。下有「陳庭」一名，而卷無此人，依卷內刪。又「戴重席」。下有「劉之章」一名，卷內亦無此人，張本同，刪。又敍自古畫人名目錄，未標明卷數，此特於四卷以下，均注明卷數，以便檢查。

又「唐二百六人」，按目錄第九卷，唐朝上一百二十八人，第十卷唐朝下七十九人，合計二百七人，卷內標目「二百六人」誤。

論畫六法——「所以氣韻雄狀」。「壯」，毛本誤作「狀」，從張本改正。

卷三

記兩京外州寺觀畫壁——慈恩寺「西面菩薩騎獅子」。毛本省作「師子」，此從張本作獅。懿德寺「三門西廊陳靜眼畫山水」。兩本「陳」皆誤作「東」，改正。

東都寺觀畫壁——龍興寺「展畫八國王分舍利」。張本「王」作「三」，按八國似無三分之理，俟考。

卷五

顧愷之——北風詩注及書雲臺山記，脫誤甚多，殊難句讀，不便强斷，以俟善本。

顧景秀——內小注「樹相雜竹」句，疑有脫訛，張本同，俟參善本。

朱僧辯——目錄作「朱」。李嗣眞續畫品錄亦作「朱」，毛本卷內「朱」誤作「宋」，張本同，改「朱」。

卷七

姚曇度——「洪纖修短」。「修」，兩本皆誤作「循」，乃形體之誤，改正。

蘧道愍——「冰寒於水」。毛本「冰」誤作「水」，從張本改正。

卷九

閻立德——內引僧悰四句，與後畫錄異，此依後畫錄改正。

薛稷——「先天元年」。毛本元作二，從張本作元，因先天無二年，僅元年也。

卷十

邊鸞——「無不徧寫」。毛本徧誤作偏，依張本改正。

圖畫見聞誌

六卷

宋 郭若虛撰

圖畫見聞志 六卷 宋郭若虛

圖畫見聞誌序

余大父司徒公，雖貴仕而喜廉退恬養，自公之暇，唯以詩書琴畫爲適，時與丁晉公、馬正惠蓄書畫均，故畫府稱富焉。先君少列，躬蹈懿節，鑒別精明，珍藏罔墜，欲養不逮，臨言感咽。後因諸族人間取分玩，緘縢罕嚴，日居月諸，漸成淪棄。賤子雖甚不肖，然於二世之好，敢不欽藏。嗟乎！逮至弱年，流散無幾。近歲方購尋遺失，或於親戚間以他玩交酬，凡得十餘卷，皆傳世之寶。每宴坐虛庭，高懸素壁，終日幽對，愉愉然不知天地之大，萬物之繁，况乎驚寵辱於勢利之場，料新故於奔馳之域者哉！復遇朋遊觀止，亦出名蹤柬論，得以資深，銓較舊文，由之廣博，雖不與戴謝並生，愚竊慕焉。又好與當世名士甄明體法，講練精微，益所見聞，當從實錄。昔唐張彥遠（字愛賓）嘗著歷代名畫記，其間自黃帝時史皇而下，總括畫人姓名，絕筆於永昌元年。厥後撰集者，率多相亂，事既重疊，文亦繁衍。今考諸傳記，參較得失，續自永昌元年，後歷五季，通至本朝熙寧七年，名人藝士，編而次之，其有畫迹尚晦於時，聲聞未喧於衆者，更俟將來。亦嘗覽諸家畫記，多陳品第，今之作者，各有所長，或少也嫩，而老也壯，或始也勤，而終也怠。今則不復定品，唯筆其可紀之能，可談之事，暨諸家畫說，略而未至者，繼以傳記。

中逃畫故事，并本朝事迹，採摭編次，釐爲六卷，目之曰圖畫見聞誌，後之博雅君子，或加點竄，將可取於萬一。郭若虛序。

圖畫見聞誌總目

圖畫見聞誌卷第一

宋　郭若虛撰

敍論

敍諸家文字　敍國朝求訪　敍自古規鑒　敍圖畫名意
敍製作楷模　論衣冠異制　論氣韻非師　論用筆得失
論曹吳體法　論吳生設色　論婦人形相　論收藏聖像
論三家山水　論黃徐體異　論畫龍體法　論古今優劣

敍諸家文字

自古及近代，紀評畫筆文字非一，難悉具載。聊以其所見聞篇目次之，凡三十家：

名畫集（南齊高帝撰）　古畫品錄（謝赫撰）　裴馬譜（毛惠遠撰）　昭公錄（梁武帝撰）
僧繇錄（亡名氏）　畫說文（亡名氏）　述畫記（後魏孫暢之撰）　續畫品錄（陳姚最撰）
後畫品錄（唐沙門彥悰撰）　畫斷（張懷瓘撰）　名畫獵精錄（亡名氏）　後畫品錄（李嗣眞撰）
雜色駿騎錄（韓幹撰）　繪境（張璪撰）　畫評（顧況撰）　續畫評（劉整撰）
公私畫錄（裴孝源撰）　畫拾遺錄（竇蒙撰）　畫山水錄（吳恬撰　一名玢）　唐朝名畫錄（朱景玄撰）

歷代名畫記 張彥遠撰　畫山水訣 荊浩撰一名洪谷子　梁朝畫目 亡名氏　廣畫新集 蜀沙門仁顯撰
益州畫錄 辛顯撰　江南畫錄 亡名氏　江南畫錄拾遺 徐鉉撰　廣梁朝畫目 皇朝胡嶠撰
總畫集 黄休復撰　本朝畫評 劉道醇纂符嘉應撰

敍國朝求訪

畫之源流，諸家備載。爰自唐季兵難，五朝亂離，圖畫之好，乍存乍失。逮我宋上符天命，下順人心，肇建皇基，肅淸六合。沃野謳歌之際，復見堯風，坐客間宴之餘，秉窮繪事。太宗皇帝，欽明濬哲，富藝多才。時方諸僞歸眞，四荒重譯，萬機豐暇，屢購珍奇。太平興國間，詔天下郡縣，搜訪前哲墨蹟圖畫。先是荊湖轉運使得漢張芝草書、唐韓幹馬二本以獻之。韶州得張九齡畫像，幷文集九卷表進。後之繼者，難可勝紀。又敕待詔高文進、黄居寀，搜訪民間圖畫。端拱元年，以崇文院之中堂置祕閣，命吏部侍郎李至兼祕書監，點檢供御圖書。選三館正本書萬卷實之祕監，以進御退餘，藏於閣內。又從中降圖畫幷前賢墨跡數千軸以藏之。淳化中閣成，上飛白書額，親幸召近臣縱觀圖籍，賜宴，又以供奉僧元靄所寫御容二軸藏於閣。又有天章、龍圖、寶文三閣。後苑有圖書庫，皆藏貯圖書之府。祕閣每歲因暑伏曝曬，近侍暨館閣諸公，張筵縱觀。圖典之盛，無替天祿、石渠、妙楷、寶蹟矣。

敍自古規鑒

易稱：聖人有以見天下之蹟，而擬諸其形容，象其物宜，是故謂之象。又曰：象也者，像此者也。嘗考前賢畫論，首稱像人，不獨神氣、骨法、衣紋、向背爲難。蓋古人必以聖賢形像，往昔事實，含毫命素，製爲圖畫者，要在指鑒賢愚，發明治亂。故魯殿紀興廢之事，麟閣會勳業之臣。迹曠代之幽潛，託無窮之炳煥。昔漢孝武帝欲以鉤弋趙婕妤少子爲嗣，命大臣輔之，惟霍光任重大，可屬社稷，乃使黄門畫者，畫周公負成王朝諸侯以賜光。孝武帝遊於後庭，欲以班婕妤同輦載，婕妤辭曰：「觀古圖畫，聖賢之君，皆有名臣在側，三代末主，乃有嬖倖。今欲同輦，得無近似之乎？」上善其言而止。太后聞之，喜曰：「古有樊姬，今有班婕妤。」又嘗設宴飲之會，趙李諸侍中皆引滿舉白，談笑大噱。時乘輿幄坐，張畫屏風，畫紂醉踞妲己作長夜之樂。上因顧指畫問班伯曰：「紂爲無道，至於是乎？」伯曰：「書云，乃用婦人之言，何有踞肆於朝。所謂衆惡歸之，不如是之甚者也。」上曰：「苟不若此，此圖何戒？」伯曰：「沈湎於酒，微子所以告去也。式號式謼，大雅所以流連也。謂書淫亂之戒，其原在於酒。」上喟然歎曰：「久不見班生，今日復聞讜言。」後漢光武明德馬皇后美於色，厚於德，帝用嘉之。嘗從觀畫虞舜，見娥皇女英，帝指之戲后曰：「恨不得如此爲妃。」又前見陶唐之像，后指堯曰：「嗟乎！羣臣百僚，恨不得爲君如是。」帝顧而笑。唐德宗詔曰：「貞元己巳歲秋九月，我行西宮，瞻閎閣崇構，見老臣遺像，顒然肅然，和敬在色，想雲龍之葉應，感致業之艱難，覩往思今，取類非遠。」文宗大和二年，自撰集尙書中君臣事迹，命畫工圖於太液亭，朝夕觀覽焉。漢文翁學堂在益州大城內，昔經頹廢，後漢蜀郡太守高眹復繕立，乃圖畫古人聖賢之像，及禮器瑞物於壁。唐韋機爲檀州刺史，以邊人僻陋，不知文儒之貴，修學館，畫孔子七十二弟子，漢晉名儒像，自爲贊，敦勸生徒，由茲大化。夫如是，豈非文未盡經緯，而書不能形容，然後繼之於畫也，所謂與六籍同功，四時並運亦宜哉。

敍圖畫名意

古之祕畫珍圖，名隨意立，典範則有春秋、毛詩、論語、孝經、爾雅等圖。（上古之畫多遺其姓）其次後漢蔡邕有講學圖，梁張僧繇有孔子問禮圖，隋鄭法士有明堂朝會圖，唐閻立德有封禪圖，尹繼昭有雪宮圖。觀德則有帝舜娥皇女英圖，（亡名氏）隋展子虔有禹治水圖，晉戴逵有列女仁智圖，宋陸探微有勳賢圖。忠鯁則隋楊契丹有辛毗引裾圖，唐閻立本有陳元達鎖諫圖，吳道子有朱雲折檻圖。高節則晉顧愷之有祖二疎圖，王廙有木鴈圖，宋史藝有屈原漁父圖，南齊蘧僧珍有巢由洗耳圖。壯氣則魏曹髦有卞莊刺虎圖，宋宗炳有獅子擊象圖，梁張僧繇有漢武射鮫圖。寫景則晉明帝有輕舟迅邁圖，衞協有穆天子宴瑤池圖，史道碩有金谷園圖，顧愷之有雪霽望五老峯圖。靡麗則晉戴逵有南朝貴戚圖，宋袁倩有丁貴人彈曲項琵琶圖，唐周昉有楊妃架雪衣女亂雙陸局圖。風俗則南齊毛惠遠有剡中溪谷村墟圖，陶景眞有永嘉屋邑圖，隋楊契丹有長安車馬人物圖，唐韓滉有堯民鼓腹圖。以上

圖畫雖不能盡見其迹，前人載之甚詳，但愛其佳名，聊取一二，類而錄之。

敍製作楷模

大率圖畫風力氣韻，固在當人，其如種種之要，不可不察也。畫人物者，必分貴賤氣貌，朝代衣冠。釋門則有善功方便之顏，道像必具修眞度世之範，帝王當崇上聖天日之表，外夷應得慕華欽順之情，儒賢卽見忠信禮義之風，武士固多勇悍英烈之貌，隱逸俄識肥遁高世之節，貴戚蓋尙紛華侈靡之容，帝釋須明威福嚴重之儀，鬼神乃作醜魗尺者切馳趡于鬼切之狀，士女宜富秀色婑烏果切媠奴坐切之態，田家自有醇甿朴野之眞。恭鷩愉慘，又在其問矣。畫衣紋林木，用筆全類於書。畫衣紋有重大而調暢者，有縝細而勁健者，勾綽縱

掣，理無妄下，以狀高側深斜卷摺飄舉之勢。畫林木有樛枝挺幹，屈節皴皮，紐裂多端，分敷萬狀。作怒龍驚虺之勢，聳凌雲翳日之姿，宜須崖岸豐隆，方稱蟠根老壯也。畫山石者，多作礬頭，亦爲凌面，落筆便見堅重之性，皴淡即生窊凸之形。每留素以成雲，或借地以爲雪，其破墨之功，尤爲難也。畫畜獸者，全要停分向背，筋力精神，肉分肥圓，毛骨隱起，仍分諸物所稟動之性。（四足唯兎掌底有毛，謂之建毛。）畫龍者，折出三停，（自首至膊，膊至腰，腰至尾也。）分成九似。（角似鹿，頭似駝，眼似鬼，項似蛇，腹似蜃，鱗似魚，爪似鷹，掌似虎，耳似牛也。）窮游泳蜿蜒之妙，得回蟠升降之宜，仍要騣鬣肘毛，筆畫壯快，直自肉中生出爲佳也。（凡畫龍開口者易爲巧，合口者難爲功。畫家稱開口貓兒合口龍，言其兩難也。）畫水者，有一擺之波，三摺之浪。布之字之勢，分虎爪之形，湯湯若動，使觀者浩然有江湖之思爲妙也。畫屋木者，折算無虧，筆畫勻壯，深遠透空，一去百斜。如隋唐五代已前，及國初郭忠恕王士元之流，畫樓閣多見四角，其斗栱逐鋪，作爲之向背分明，不失繩墨。今之畫者，多用直尺，一就界畫，分成斗栱，筆迹繁雜，無壯麗閒雅之意。畫花果草木，自有四時景候，陰陽向背，筍條老嫩，苞萼後先，逮諸園蔬野草，咸有出土體性。畫翎毛者，必須知識諸禽形體名件。自觜喙口臉眼緣（去聲），叢林腦毛，披蓑毛。翅有梢（去聲）翅，有蛤翅。翅邦（上聲）上有大節小節，大小窩翎，次及六梢。又有料（平聲）風掠草、（綱縫翅羽之間）散尾、壓磾尾、肚毛、腿袴、尾錐。脚有探爪（三節）、食爪（二節）、撩爪（四節）、托爪（一節）、宣黃八甲。鷙鳥眼上謂之看棚（一名看簷），背毛之間，謂之合溜。山鵲雞類，各有歲時蒼嫩、皮毛眼爪之異。家鵝鴨卽有子肚，野飛水禽，自然輕梢（去聲）。如此之類，或鳴集而羽翮緊戢，或寒棲而毛葉鬆泡（去聲）。已上具有名體處所，必須融會，闕一不可。設或未識漢殿吳殿，梁柱斗栱，义手替木，熟柱駝峯，方莖額道，抱間昂頭，羅花羅幔，暗制綽幕，猢孫頭，琥珀枋，龜頭虎座，飛簷撲水，膊風化廢，垂魚惹草，當鉤曲脊之類，憑何以畫屋木也？畫者尙罕能精究，況觀者乎！

論衣冠異制

自古衣冠之制，荐有變更，指事繪形，必分時代。袞冕法服，三禮備存，物狀實繁，難可得而載也。漢魏已前，始戴幅巾。晉宋之世，方用冪䍦。後周以三尺皁絹，向後幞髮，名折上巾，通謂之幞頭。武帝時裁成四脚。隋朝唯貴臣服黃綾紋袍、烏紗帽、九環帶、六合靴（起於後魏）。次用桐木黑漆爲巾子，裹於幞頭之內，前繫二脚，後垂二脚，貴賤服之，而烏紗帽漸廢。唐太宗嘗服翼善冠，貴臣服進德冠。至則天朝，以絲葛爲幞頭巾子，以賜百官。開元間始易以羅，又別賜供奉官及內臣圓頭宮樸巾子。至唐末方用漆紗裹之，乃今幞頭也。三代之際，皆衣襴衫。秦始皇時，以紫緋綠袍爲三等品服，庶人以白。國語曰：「袍者朝也。古公卿上服也。」至周武帝時，下加襴。唐高宗朝給五品以上隨身魚。又勅品官，紫服金玉帶，深淺緋服並金帶，深淺綠服並銀帶，深淺青服並鍮石帶。庶人服黃銅鐵帶。一品以下，文官帶手巾、筭袋、刀子、礪石，武官亦聽。睿宗朝制，武官五品已上帶七事鞊鞢，（佩刀、刀子、磨石、契苾、眞噦、厭針筒、火石袋也。）開元初復罷之。晉處士馮翼衣布大袖，周緣以皁，下加襴，前繫二長帶。隋唐朝野服之，謂之馮翼之衣，今呼爲直掇。（禮記儒行篇，魯哀公問於孔子曰：「夫子之服，其儒服與？」孔子對曰：「丘少居魯，衣逢掖之衣，長居宋，冠章甫之冠。」注云：逢大也，大掖大袂襌衣也。逢掖與馮翼音相近。）又梁志有袴褶以從戎事。三代已前，人皆跣足，三代以後，始服木屐。伊尹以草爲之，名曰履。秦世參用絲革，靴本胡服，趙靈王好之，制有司衣袍者宜穿皁靴。唐代宗朝，令宮人侍左右者穿紅錦勒靴。凡在經營，所宜詳辨。至如閻立本圖昭君妃（音配）虜，戴帷帽以據鞍，王知愼畫梁武南郊，有衣冠而跨馬，殊不知帷帽創從隋代，軒車廢自唐朝，雖弗害爲名蹤，亦丹青之病耳。（帷帽如今之席帽，周回垂網也。）

論氣韻非師

謝赫云：「一曰氣韻生動，二曰骨法用筆，三曰應物像形，四曰隨類賦彩，五曰經營位置，六曰傳模移寫，六法精論，萬古不移。然而骨法用筆以下五者可學，如其氣韻，必在生知，固不可以巧密得，復不可以歲月到，默契神會，不知然而然也。」嘗試論之，竊觀自古奇迹，多是軒冕才賢，巖穴上士，依仁游藝，探賾鉤深，高雅之情，一寄於畫。人品既已高矣，氣韻不得不高。氣韻既已高矣，生動不得不至。所謂神之又神，而能精焉。凡畫必周氣韻，方號世珍。不爾，雖竭巧思，止同衆工之事，雖曰畫而非畫。故楊氏不能授其師，輪扁不能傳其子，繫乎得自天機，出於靈府也。且如世之相押字之術，謂之心印。本自心源，想成形迹，迹與心合，是之謂印。矧乎書畫發之於情思，契之於綃楮，則非印而何？押字且存諸貴賤禍福，書畫豈逃乎氣韻高卑？夫畫猶書也。楊子曰：「言心聲也，書心畫也，聲畫形，君子小人見矣。」

論用筆得失

凡畫，氣韻本乎游心，神彩生於用筆，用筆之難，斷可識矣。故愛賓稱唯王獻之能爲一筆書，陸探微能爲一筆畫。無適一篇之文，一物之像，而能一筆可就也。乃是自始及終，筆有朝揖，連綿相屬，氣脈不斷，所以意存筆先，筆周意內，畫盡意在，像應神全。夫內自足，然後神閑意定，神閑意定，則思不竭而筆不困也。昔宋元君將畫圖，衆史皆至，受揖而立，舐筆和墨，在外者半。有一史後至者，儃儃然不趨，受揖不立，因之舍。公使人視之，則解衣盤礴，臝。君曰：「可矣，是眞畫者也。」又畫有三病，皆繫用筆。所謂三者，一曰版，二曰刻，三曰結。版者腕弱筆癡，全虧取與，物狀平褊，不能圓渾也。刻者運筆中疑，心手相戾，勾畫之際，妄生圭角也。結者欲行不行，當散不散，似物凝礙，不能流暢也。未窮三病，徒舉一隅，畫者鮮克留心，觀者當煩拭眥。大抵氣韻高，筆畫壯，則愈玩愈妍。其或格凡毫懦，初觀縱似可采，久之還復意怠矣。

論曹吳體法

曹吳二體，學者所宗。按唐張彥遠歷代名畫記稱：北齊曹仲達者，本曹國人，最推工畫梵像，是爲曹。謂唐吳道子曰吳，吳之筆，其勢圜轉，而衣服飄舉，曹之筆，其體稠疊，而衣服緊窄。故後輩稱之曰「吳帶當風，曹衣出水」。又按蜀僧仁顯廣畫新集，言曹曰：「昔竺乾有康僧會者，初入吳，設像行道。時曹不興見西國佛畫儀範寫之，故天下盛傳曹也。」又言「吳者，起於宋之吳暕之作，故號吳也」。且南齊謝赫云：「不興之迹，代不復見，唯祕閣一龍頭而已。觀其風骨，擅名不虛。」吳暕之說，聲微迹曖，世不復傳。謝赫云：「擅美當年，有聲京洛，在第三品江僧寶下也。」至如仲達見北齊之朝，距唐不遠，道子顯開元之後，繪像仍存。證近代之師承，合當時之體範，況唐室已上，未立曹吳，豈顯釋寡要之談，亂愛賓不刊之論，推時驗迹，無愧斯言也。雕塑鑄像，亦本曹吳。

論吳生設色

吳道子畫，今古一人而已。愛賓稱前不見顧陸，後無來者，不其然哉！嘗觀所畫牆壁卷軸，落筆雄勁，而傅彩簡淡，或有牆壁間設色重處，多是後人裝飾。至今畫家有輕拂丹青者，謂之吳裝。雕塑之像，亦有吳裝。

論婦人形相

歷觀古名士，畫金童玉女及神僊星官，中有婦人形相者，貌雖端嚴，神必清古，自有威重儼然之色，使人見則肅恭，有歸仰之心。今之畫者，但貴其姱麗之容，是取悅於衆目，不達畫之理趣也。觀者察之。

論收藏聖像

論者或曰，不宜收藏佛道聖像，恐其褻慢葷穢，難可時時展玩。愚謂不然。凡士君子相與觀閱書畫爲適，則必處閒靜，但鑒賞精能，瞻崇遺像，悪有褻慢之心哉？且古人所製佛道功德，則必專心勵志，曲盡其妙。或以希福田利益，是其尤爲着意者。況自吳曹不興，晉顧愷之、戴逵，宋陸探微，梁張僧繇，北齊曹仲達，隋鄭法士、楊契丹，唐閻立德、立本、吳道子、周昉、盧楞伽之流，及近代侯翼、朱繇、張圖、武宗元、王瓘、高益、高文進、王靄、孫夢卿、王道眞、李用及李象坤，蜀高道興、孫位、孫知微、范瓊、勾龍爽、石恪、金水、石城、張玄、蒲師訓，江南曹仲元、陶守立、王齊翰、顧德謙之倫，無不以佛道爲功。豈非釋梵莊嚴，眞仙顯化，有以見雄才之浩博，盡學志之精深者乎？是知云不宜收藏者，未爲要說也。

論三家山水

畫山水唯營丘李成，長安關仝，華原范寬，智妙入神，才高出類，三家鼎峙，百代標程。前古雖有傳世可見者，如王維、李思訓、荆浩之倫，豈能方駕？近代雖有專意力學者，如翟院深、劉永、紀眞之輩，難繼後塵。翟學李，劉學關，紀學范。夫氣象蕭疎，烟林清曠，毫鋒穎脫，墨法精微者，營丘之製也。石體堅凝，雜木豐茂，臺閣古雅，人物幽閒者，關氏之風也。峯巒渾厚，勢狀雄强，搶上聲筆俱均，人屋皆質者，范氏之作也。烟林平遠之妙，始自營丘。畫松葉謂之攢針筆，不染淡，自有榮茂之色。關畫木葉，間用墨揾，時出枯梢，筆蹤勁利，學者難到。范畫林木，或側或欹。形如偃蓋，別是一種風規，但未見畫松柏耳。畫屋既質，以墨籠染，後輩目爲鐵屋。復有王士元、王端、燕貴、許道寧、高克明、郭熙、李宗成、丘訥之流，或有一體，或具體而微，或預造堂室，或各開戶牖，皆可稱尙。然藏畫者方之三家，猶諸子之於正經矣。關仝雖師荆浩，蓋青出於藍也。

論黃徐體異

諺云「黃家富貴」，「徐熙野逸」。不唯各言其志，蓋亦耳目所習，得之於心，而應之於手也。何以明其然？黃筌與其子居寀，始並事蜀爲待詔，筌後累遷如京副使，既歸朝，筌領眞命爲宮贊。（或曰：筌到闕未久物故，今之遺迹，多是在蜀中日作，故往往有廣政年號，宮贊之命，亦恐傳之誤也。）居寀復以待詔錄之，皆給事禁中，多寫禁籞所有珍禽瑞鳥，奇花怪石。今傳世桃花鷹鶻，純白雉兔，金盆鵓鴿，孔雀龜鶴之類是也。又翎毛骨氣尚豐滿，而天水分色。徐熙江南處士，志節高邁，放達不羈，多狀江湖所有汀花野竹，水鳥淵魚。今傳世鳧雁鷺鷥，蒲藻蝦魚，叢豔折枝，園蔬藥苗之類是也。又翎毛形骨貴輕秀，而天水通色。（言多狀者，緣人之稱，聊分兩家作用，亦在臨時命意，大抵江南之藝，骨氣多不及蜀人，而蕭灑過之也。）二者猶春蘭秋菊，各擅重名，下筆成珍，揮毫可範。復有居寀兄居寶，徐熙之孫曰崇嗣、崇矩，蜀有刁處士、（名光，下一字犯太祖廟諱。）劉贊、滕昌祐、夏侯延祐、李懷袞，江南有唐希雅，希雅之孫曰中祚、曰宿，及解處中輩，都下有李符、李吉之儔，及後來名手間出，跂望徐生與二黃，猶山水之有正經也。（黃筌之師刁處士，猶關仝之師荆浩。）

論畫龍體法

畫龍唯五代四明僧傳古大師其名最著。觀其體則筆墨遒爽，善爲蜿蜒之狀。（皇建院法堂屏風，是其眞迹。）至任從一待詔之作，稍加怪怒。（建隆觀翊教院玉皇殿後，是其眞迹也。）今崔白所圖，又得其要。（建隆觀翊教院玉皇殿中，羅睺邊有一龍頭，北都大安寺羅漢壁有龍一條。恨不見不興祕閣之頭，軌範同否，又不知葉公當日所遇，厥狀何如。自昔豢龍氏殁，龍不復擾，所謂上飛於天，晦隔層雲，下歸於泉，深入無底，人不可得而見也。今之圖寫固難，惟以形似，但觀其揮毫落筆，筋力精神，理契吳畫鬼神也。前論三停九似，亦以人多不識眞龍，先匠所遺傳授之法。

論古今優劣

或問近代至藝與古人何如？答曰：近方古多不及，而過亦有之。若論佛道人物、士女牛馬，則近不及古。若論山水林石、花竹禽魚，則古不及近。何以明之？且顧陸張吳，中及二閻，皆純重雅正，性出天然。晉顧愷之、宋陸探微、梁張僧繇、唐閻立德、閻立本、暨吳道子也。吳生之作，爲萬世法，號曰畫聖，不亦宜哉！已上皆極佛道人物。張周韓戴，氣韻骨法，皆出意表。唐張萱、周昉，皆工士女，韓幹工馬，戴嵩工牛，或問曰，何以但舉韓幹，而不及曹霸，止引戴嵩，而弗稱韓滉？答曰：韓師曹將軍，戴法韓晉公，但舉其弟子，可知其師也。至如韋鑒暨猶子鶠，皆善畫馬，但取其尤著者明之，雖即偏舉也。後之學者，終莫能到，故曰近不及古。至如李與關范之迹，徐暨二黃之蹤，前不藉師資，後無復繼踵，借使二李三王之輩復起，邊鸞陳庶之倫再生，亦將何以措手於其間哉？故曰古不及近。二李則李思訓將軍，并其子昭道中舍，三王則王維右丞暨王熊、王宰，悉工山水，邊鸞、陳庶工花鳥，並唐人也。

是以推今考古，事絕理窮，觀者必辨金鍮，無焚玉石！

圖畫見聞誌卷第一終

圖畫見聞誌卷第二

紀藝上 唐會昌元年後盡五代凡一百一十八人。

唐末二十七人

左全 趙公祐 趙溫其 趙德齊 范瓊

陳皓 彭堅 常粲 常重胤 呂嶢

竹虔 孫遇 張詢 張南本 麻居禮

張素卿 陳若愚 胡瓌子虔 荊浩 刁光胤

尹繼昭 李洪度 辛澄 張騰 張贊

王浹

五代九十一人

于兢 趙喦 劉彥齊 袁嶬 羅塞翁

東丹王 胡擢 胡翼 王殷 李羣

燕筠 杜霄 李玄應弟審 厲歸眞 李靄之

韋道豐 朱簡章 王喬士 鄭唐卿 闞仝

支仲元　梅行思　郭乾暉　鍾隱　郭權
史瓊　程凝　王道古　李坡　唐垓
王道求　宋卓　富玫　左禮　張南
王偉　黃延浩、張質　韓求　李祝
張圖　朱繇　李昇　杜措　杜子瓌
杜弘義　房從眞　宋藝　高道興　阮知晦
杜齯龜　黃筌　高從遇　阮惟德　杜敬安
黃居寶　趙元德　趙忠義　蒲師訓　蒲延昌
張玫　徐德昌　周行通　張玄　孔嵩
邱文播（弟文曉）　趙才　滕昌祐　姜道隱　楊元眞
董從晦　張景思　跋異　王仁壽　衞賢
朱悰　曹仲玄　陶守立　竹夢松　丁謙
何遇　陸晃　施璘　貫休　楚安
傳古（弟子岳闍黎）　智蘊　德符

唐末二十七人

左全，蜀郡人。迹本儒家，世傳圖畫，妙工佛道人物。寶曆中聲馳宇內，成都長安，畫壁甚廣，多傚吳生之迹，頗得其要。有佛道功德、五帝、三官等像傳於世。

趙公祐，成都人。工畫佛道鬼神，世稱高絕。太和間已著畫名，李德裕鎮蜀，以賓禮遇之。改蒞浙西，辟從蓮幕，成都大慈、聖興兩寺，皆有畫壁。

趙溫其，公祐之子，綽有父風。成都寺觀，多見其迹。

趙德齊，溫其之子，襲二世之精藝，奇蹤逸筆，時輩咸推服之。光化中詔許王建於成都置生祠，命德齊畫西平王儀仗、車輅、旌纛、法物，及朝眞殿上畫后妃嬪御，皆極精致。昭宗喜之，遷翰林待詔。辛顯評溫其與德齊皆次公祐之品。

范瓊、陳皓、彭堅，三人同時同藝，名振三川。大中初復興佛宇後，三人分畫成都大慈、聖壽、聖興、淨衆、中興等五寺牆壁二百餘間，各盡所蘊。淳化後兩遭兵火，頗有毀廢矣。辛顯云：范爲神品，陳彭爲妙品。仁顯云：范陳爲妙品上，彭爲妙品。嘗見文潞公家墳寺積慶院有移置壁畫婆叟仙一軀，乃范瓊所作，辛顯評爲神品當矣。

常粲，成都人。工畫佛道人物，善爲上古衣冠。咸通中路巖鎮蜀，頗加禮遇。有孔子問禮、山陽七賢等圖，並立釋迦、女媧、伏羲、神農、燧人等像傳於世。

常重胤，粲之子，妙工寫貌。僖宗朝爲翰林供奉，嘗寫僖宗御容及名臣眞像，得其神彩。亦嘗於寶曆寺畫請塔天王，至妙。

呂嶢、竹虔，並長安人。工畫佛道人物。僖宗朝爲翰林待詔，廣明中扈從入蜀，長安成都，皆有畫壁。

孫遇，自稱會稽山人，志行孤潔，情韻疎放。廣明中避地入蜀，遂居成都。善畫人物龍水、松石墨竹，兼長天王鬼神，筆力狂怪，不以傅彩爲功。長安蜀川，皆有畫壁，實奇迹也。初名位，後改名遇，亦有圖軸傳於世。仁顯評逸品。

張詢，南海人，避地居蜀。善畫吳山楚岫，枯松怪石。中和間嘗於昭覺寺大悲堂後畫三壁山川，一壁早景，一壁午景，一壁晚景，謂之三時山人，所稱異也。亦有山水卷軸傳於世。

張南本，不知何許人。工畫佛道鬼神，兼精畫火。嘗於成都金華寺大殿畫八明王，時有一僧遊禮至寺，整衣升殿，驟覩炎炎之勢，驚怛幾仆。時孫遇畫水，南本畫火，水火之形，本無定質，惟於二子冠絕古今。又嘗畫寶曆寺水陸功德，曲盡其妙。後來爲人模寫，竊換眞迹，鬻與荊湖商賈。今所存者，多是僞本。別有勘書、詩會、高麗王行香等圖傳於世。

麻居禮，蜀人。師張南本。光化天復間聲迹甚高。資簡邛蜀，甚有其筆。嘗畫龍興觀、

道士張素卿，簡州人。少孤貧落魄，長依本郡三淸觀項挂。善畫道門尊像，天帝星官，形製奇古，實天授之性也。嘗於靑城山丈人觀畫五嶽、四瀆、十二溪女等，兼有老子過流沙並朝眞圖、八仙、九曜、十二眞人等像傳於世。

道士陳若愚，左蜀人。師張素卿，得其筆法。成都精思觀有靑龍、白虎、朱雀、玄武四君像。

胡瓌，范陽人。工畫蕃馬，雖繁富細巧，而用筆清勁。至於穹廬什器，射獵生死物，靡不精奇。凡畫駝馬騣尾，人衣毛毳，以狼毫縛筆疏渲之，取其纖健也。有陰山七騎、下程盜馬、射鵰等圖傳於世。子虔，有父風。

荆浩，河內人。博雅好古，善畫山水，自撰山水訣一卷，爲友人表進，祕在省閣。常自稱洪谷子。語人曰：「吳道子畫山水有筆而無墨，項容有墨而無筆，吾當采二子之所長，成一家之體。」故關仝北面事之。有四時山水、三峯、桃源、天台等圖傳於世。

刁光胤，長安人。天復中避地入蜀，工畫龍水竹石花鳥猫兔。黃筌、孔嵩，皆門弟子。

嘗於大慈寺承天院內窗邊小壁四堵上畫四時花鳥，體製精絕。後黃居寀重裝飾之，亦有圖軸傳於世。

尹繼昭，不知何許人。工畫人物臺閣，世推絕格。有移新豐、阿房宮、吳宮等圖傳於世。

李洪度，成都人。工畫佛道人物，名振當時，成都大慈寺、三學院等處有畫壁。

辛澄，不知何許人。成都大慈寺泗州堂有僧伽像，及普賢閣下有五如來像。

張騰，不知何許人。工畫佛道雜畫，描作布色，頗窮其妙。成都興聖寺有畫壁。

張贇，河陽人。工畫佛道人物，洛中有寺壁。

王浹，不知何許人。工畫人物，錢忠懿家有導引圖。

五代九十一人

梁相國于兢，善畫牡丹。幼年從學，因覩學舍前檻中牡丹盛開，乃命筆倣之，不浹旬奪眞矣。後遂酷思無倦，動必增奇，貴達之後，非奪親旨命，不復含毫。有人贈詩曰：「看時人步澁，展處蝶爭來。」有寫生全本折枝傳於世。

梁駙馬都尉趙嵒，善畫人馬，挺然高格，非衆人所及。有漢書西域傳、骨貴馬、小兒戲舞、鍾馗彈棋、診脈等圖傳於世。

梁左千牛衞將軍劉彥齊，善畫竹，頗臻清致。有風折竹、孟宗泣竹、湘妃等圖傳於世。人物多假胡翼之手。

後唐侍衞親軍袁義，河南登封人。善畫魚，謹密形似外，得噞喁游泳之態。有軸卷傳於世。

羅塞翁，錢尙父時爲吳從事，錢塘令隱之子。善畫羊，世罕有其迹，唯餘杭陸家曾收一卷，精妙卓絕，後歸孫元規家矣。

東丹王契丹，天皇王之弟，號人皇王，名突欲，後唐長興二年投歸中國。明宗賜姓李名贊華，善畫本國人物鞍馬，多寫貴人酋長，胡服鞍勒，率皆珍華，而馬尙豐肥，筆乏壯氣。

胡擢，不知何許人。善狀花鳥，氣韻甚高，博學能詩，飄然有物外之志。常謂其弟曰：「吾思苦於三峽聞猿。」擢有三峽聞猿賦，人多膾炙。又常吟曰：「甕中每醖逍遙藥，筆下閒偷造化功。」其高情逸興如此。有鸂鶒圖、全株石榴、四時翎毛折枝等圖傳於世。

胡翼，字鵬雲，工畫佛道人物，至於車馬樓臺，無施而不妙。趙嵒都尉頗禮遇之，常延致門館。有秦樓、吳宮、盤車、洗馬、回紋、豐稔等圖傳於世。時多求借自古名筆，手自傳模裝成卷軸，後題云安定鵬雲記。

王殷，工畫佛道士女，尤精外國人物，與胡翼並爲趙嵒都尉所禮，他人無及也。有職貢、遊春、士女等圖，並粉本佛像傳於世。

李羣，工畫人物，爲時所稱。有玄中法師像、孟說舉鼎、赤松子八戒、醉客等圖傳於世。

燕筠，工畫天王，獨蹟周昉之妙。有卷軸傳於世。

杜霄，工畫士女，富於姿態，妙得周昉之旨。有鞦韆、撲蝶、吳王避暑等圖傳於世。

李玄應及弟審，並工畫蕃馬，專學胡瓌。有放馬白本、胡樂飲、會茀林等圖傳於世。

道士厲歸眞，異人也，莫知其鄉里。善畫牛虎，兼工鷙禽雀竹，綽有奇思。惟着一布裘，入酒肆如家。每有人問其所以，輒大張口茹其拳而不言。梁祖召問云：「君有何道理？」歸眞對曰：「衣單愛酒，以酒禦寒，用畫償酒，此外無能。」梁祖然之。嘗遊南昌信果觀，有三官殿夾紵塑像，乃唐明皇時所作，體製妙絕，常患雀鴿糞穢其上。歸眞乃畫一鷂於壁間，自是雀鴿無復棲止。有渡水、牧牛、牛、虎、鷂子、柘竹、野禽等圖傳於世。

李靄之，華陰人。工畫山水寒林，有江鄉之思。鄴帥羅中令厚禮之，爲建一亭，爲援毫之所，名金波亭，時號金波李處士也。有賣藥、修琴、歸山圖、野人荷酒、寒林並山水卷軸傳於世。

韋道豐，江夏人。善畫寒林，逸思奇僻，不拘小節，當代珍之，請揖不暇，然經歲月，方成一圖，成則驚人，故世罕有眞迹。

朱簡章，工畫人物屋木，有禹治水、神仙傳、胡笳十八拍、鳳樓十八怨、烟波漁父等圖傳於世。

王喬士，工畫佛道人物，尤愛畫地藏菩薩十王像，凡有百餘本傳於世。

鄭唐卿，工畫人物，兼長寫貌。有梁祖名臣像並故事人物傳於世。

關仝，一名穜，又王文康家圖上題云童。長安人。工畫山水，學從荆浩，有出藍之美，馳名當代，無敢分庭。叙論卷中具述有趙陽山居、溪山晩霽、四時山水、桃源早行等圖傳於世。

支仲元，鳳翔人。工畫人物，有老子誡徐甲、蕭翼賺蘭亭、商山四皓等圖傳於世。

梅行思，或云再思，江夏人。工畫鬬雞，名聞天下，最著者是陳康肅家籠雞一軸，號爲神絕，兼工人物。有十才子、河嶽精靈集、舉人過關、謝女詠梅、寇豹騎牛等圖傳於世。

郭乾暉，將軍，北海人。工畫鷙鳥雜禽，疎篁槁木，格律老勁，巧變鋒出，曠古未見其比。有秋郊鷹雉並逐禽鷂子、架上鷂子等圖傳於世。

鍾隱，天台上人。工畫鷙禽竹木，師郭乾暉，深得其旨。乾暉始祕其筆法，隱變姓名，趨汾陽之門，服勤累月，乾暉不知其隱也。隱一日緣興於壁上畫鷂子一隻，人有報乾暉者，乾暉亟就視之，且驚曰：「子得非鍾隱乎？」隱再拜具道所以。乾暉喜曰：「孺子可教也。」乃善遇之，丈席以講畫道，隱遂馳名海內焉。兼工畫山水人物，有鷹隼雜禽、周處斬蛟、山水等圖傳於世。

郭權，江南人。師鍾隱，亦有圖軸傳於世。

史瓊，善畫雉兔竹石，有雪景雉兔、竹下引雛、野雉等圖傳於世。

程凝，善畫鶴竹，兼長遠水，有六鶴圖並折竹孤鶴、湖灘遠水等圖傳於世。

王道古，善畫雀竹，有四時雀竹並引雛、鬬雀等圖傳於世。

李坡，南昌人。唯善畫竹，氣韻飄舉，不事小巧。有折竹、風竹、冒雪、疎篁等圖傳於世。

唐垓，善畫野禽生菜，水族諸物，世稱精妙。有柘棘野禽十種、生菜、魚蝦、海物等圖傳於世。

王道求，工畫佛道鬼神人物畜獸。始依周昉遺範，後類盧楞伽之迹，多畫鬼神，及外國人物，龍蛇畏獸，當時名手歎服。大相國寺有畫壁，今多不存矣。有十六羅漢、挾鬼鍾馗、茀林弟子等圖傳於世。

宋卓，工畫佛道，志學吳筆，不事傅彩。有白畫菩薩、粉本坐神等像傳於世。

富玫，工畫佛道，有彌勒內院圖、白衣觀音、文殊地藏、慈恩法師等像傳於世。

左禮、張南，並工畫佛道，二人筆意不相遠，有二十四化圖、十六羅漢、三官十眞人等像傳於世。

王偉，工畫佛道，相國寺大殿等處，舊有畫壁甚多，今存者無幾。

黃延浩，工畫人物，有明皇吹玉笛、五王同幄、春園宴會、乞巧等圖傳於世。

張質，工畫田家風物，有村田鼓笛、村社醉散、踏歌等圖傳於世。

韓求、李祝，並工佛道，學吳生，陝郊龍興寺有畫壁。

張圖，河內洛陽人。嘗事梁祖，掌行軍糧籍，故人呼爲張將軍，善潑墨山水，兼長大像。洛中廣愛寺有畫壁。又嘗見寇忠愍家有釋迦像一鋪，鋒鋩豪縱，勢類草書，實奇怪也。

朱繇，長安人。工畫佛道，酷類吳生。洛中廣愛寺有文殊普賢像，長壽寺並河中府金眞觀皆有畫壁。

李昇，成都人。工畫蜀川山水，始得唐張璪山水一軸，凝玩數日，云：未盡善也。後遂心師造化，意出前賢。成都聖壽寺有畫壁，多寫名山勝境。仁顯云：嘗於少監黃筌第見昇山水圖，乃知名實相稱也。有武陵溪、青城、峨嵋、二十四化等圖傳於世。蜀中多呼昇爲小李將軍，小李將軍乃是思訓之子，思訓乃林甫之伯，官至左武衛大將軍，子昭道爲太子中舍，父子俱善畫，因父故人呼昭道爲小李將軍也。

杜措，成都人。亦工畫山水，多作老木懸崖，回阿遠岫，殊多雅思。有秋日并州路詩意圖並山水卷軸傳於世，亦工佛像。

杜子瓌，華陽人。工畫佛道，尤精傅彩，調鉛殺粉，別得其方。嘗於成都龍華東禪院畫毗盧像，坐赤圓光中，碧蓮華上，其圓光如初出日輪，破淡無迹，人所不到也。

杜弘義，蜀郡晉平人。工畫佛道高僧，成都寶曆寺有文殊普賢並水陸功德。

房從眞，成都人。工畫人物蕃馬，事王蜀先主爲翰林待詔。嘗於蜀宮板障上畫諸葛武侯引兵渡瀘水，人馬執戴，生動如神。蜀主每行至彼，駐而不進，怡然歎曰：「壯哉甲馬！」兼善撥筆鬼神，亦多寺壁。有寧王射獵、陳登斫鱠、常建冒雪入京等圖傳於世。

宋藝，蜀郡人，工寫貌，事王蜀爲翰林待詔，嘗寫唐朝列聖及道士葉法善、一行禪師、沙門海會、內臣高力士等眞於大慈寺。

高道興，成都人。事王蜀爲內圖畫庫使。工佛道雜畫，用筆神速，觸類皆精。蜀之寺觀，尤多牆壁。時人諺云：「高君墜筆亦成畫。」

阮知晦，蜀郡人。工畫貴戚子女，兼長寫貌，事王蜀爲翰林待詔。寫王先主眞爲首出。

杜齯龜，其先本秦人，避地居蜀。博學强識，工畫羅漢，兼長寫貌。始師常粲，後自成一體。事王蜀爲翰林待詔，成都大慈寺有畫壁。

黃筌，字要叔，成都人。十七歲事王蜀後主爲待詔，至孟蜀加檢校少府監，賜金紫，後累遷如京副使。善畫花竹翎毛，兼工佛道人物，山川龍水，全該六法，遠過三師。花鳥師刁處士，山水師李昇，人物龍水師孫遇也。孟蜀後主廣政甲辰歲，淮南馳聘，副以六鶴，蜀主遂命筌寫六鶴於便坐之殿，因名六鶴殿。蜀人自此方識眞鶴，六鶴集在故事拾遺卷中。由是蜀之豪貴請爲圖軸者接迹。時人諺云：「黃筌畫鶴，薛稷減價。」又畫四時花鳥於八卦殿，鷹見畫雉，連連掣臂，遂命翰林學士歐陽炯作記。又寫白兔於縑素，蜀主常懸坐側。有四時山水、花竹雜禽、鷺鳥狐兔、人物龍水、佛道天王、山居詩意、瀟湘八景等圖傳於世。

高從遇，道興之子，襲成父藝。事孟蜀爲翰林待詔，嘗於蜀宮大安樓下，畫天王隊仗甚奇，後遭兵火廢絕矣。

阮惟德，知晦之子，紹精父業。事孟蜀爲翰林待詔，尤善狀宮闈禁苑，皇妃帝戚，富貴之事。有宮中賞春、公子夜宴、按舞、熨帛等圖傳於世。

杜敬安，齯龜之子，繼父之美，事孟蜀爲翰林待詔，尤能傳彩，成都大慈寺，與其父同畫列壁。

黃居寶，字辭玉，筌之次男也。少聰警多能，與其父同事蜀爲待詔，後累遷水部員外郎。亦工畫花鳥松石，兼善八分，年未四十而卒。

趙元德，長安人。天復中入蜀，雜工佛道鬼神，山水屋木。偶唐季喪亂之際，得隋唐名手畫樣百餘本，故所學精博。有漢高祖過豐沛、盤車、講學、豐稔圖傳於世。

趙忠義，元德之子，事孟蜀爲翰林待詔，雖從父訓，宛若生知。蜀後主嘗令畫關將軍起玉泉寺圖，作地架一座，垂棤疊栱，向背無失，蜀主命匠氏較之，無一差者，其精妙如此。嘗與高道興、黃筌輩，同畫成都寺壁甚多。

蒲師訓，蜀人。事孟蜀爲翰林待詔，師房從眞，嘗攜畫詣從眞，從眞高蹈拊膺曰：「子之所得，非吾所授也。」畫蜀中祠廟鬼神兵仗冠冕幢葆，皆盡其美。

蒲延昌，師訓之子，與其父同時爲孟蜀待詔。工畫佛道鬼神外，尤精獅子，行筆勁利，用色不繁。

張玫，成都人。事孟蜀爲翰林祗候，工畫人物士女，兼長寫貌。有長門、醉客、按樂、擣衣等圖及漢唐名臣像傳於世。

徐德昌，成都人。事孟蜀爲翰林祗候，工畫人物士女，墨彩輕媚，爲時所稱。

周行通，成都人。工畫鬼神人馬，鷹犬嬰孩，得其精要，有李陵送蘇武、支遁、三雋奪馬等圖傳於世。

張玄，簡州金水石城山人。善圖僧相，畫羅漢，名播天下，稱金水張家羅漢也。

孔嵩，蜀人。善畫龍，兼工蟬雀，與黃筌並師刁處士，成都廣福院壁有所畫龍，及有蟬雀等圖傳於世。

邱文播，暨弟文曉，廣漢人。並工佛道人物，兼善山水，其品降高趙輩。成都並其鄉里頗有畫迹，文播後改名潛。

趙才，蜀人。工畫鬼神人物，亦長甲騎，蜀川多有遺迹。

滕昌祐，其先吳人，避地居蜀。工畫花鳥蟬蝶，折枝生菜，筆迹輕利，傳彩鮮澤，尤於畫鵝得名。有四時花鳥、魚、龜、猴、兔及梅花鵝、茴香下睡鵝，又有羣鵝泛蓮沼等圖傳於世。（兼善書大字，蜀中寺觀牌額多昌祐書。）

姜道隱，漢州什邡人。齓歲好畫，有時終日不歸，父母尋之，多在佛廟神祠中畫壁下。及長不事產業，惟畫是好，布衣芒屩，隨身筆墨而已。嘗於淨衆寺方丈畫山水松石，宋王庭隱贈之束縑，道隱置於僧堂，拂衣而去。

楊元眞，不知何許人。工畫佛道，善爲曹筆，尤精布色。始居蜀，後召入鄴中，不同蜀川，頗有畫迹。

董從晦，成都人。世本儒家，心游繪事，佛道人物，舉意皆精，成都福感寺有畫壁。

張景思，蜀人。工畫佛道，蜀中有畫壁。

跋異，汧陽人，工畫佛道鬼神，洛中福先寺有畫壁，其品次張圖也。

王仁壽，汝南宛人。工畫佛道鬼神，兼長鞍馬，始師王殿，後學精吳法。晉末爲契丹所掠，太祖受禪，放還。相國寺文殊院有淨土彌勒下生二壁。淨土院有八菩薩像，及有征遼、獵渭等圖傳於世。

衞賢，京兆人。事江南李後主爲內供奉，工畫人物臺閣，初師尹繼昭，後伏膺吳體。張文懿家有春江釣叟圖，上有李後主書漁父詞二首：其一曰：「閬苑有意千重雪，桃李無言一隊春，一壺酒，一竿鱗，快活如儂有幾人。」其二曰：「一棹春風一葉舟，一綸繭縷一輕鉤，花滿渚，酒盈甌，萬頃波中得自由。」有望賢宮、滕王閣、盤車、水磨等圖傳於世。

朱悰，不知何許人。與衞賢並師尹繼昭，而衞爲高足。

曹仲玄，建康豐城人。事江南李後主爲翰林待詔，工畫佛道鬼神，始學吳不得意，遂改迹細密，自成一格，尤於傅彩妙越等夷，江左梵宇靈祠，多有其迹。

陶守立，池陽人，江南李後主保大間應舉下第，退居齊山，以詩筆丹青自娛。工畫佛道鬼神，山川人物，至於車馬臺閣，筆無偏善。嘗於九華草堂壁畫山程早行圖，及建康清涼寺有海水、李後主，金山水閣有十六羅漢像，皆振妙於時也。

竹夢松，建康溧陽人，事江南李後主爲東川別駕，工畫人物子女，宮殿臺閣，巧絕冠代。

丁謙，晉陵義興人，工畫竹，兼善寫蔬果，寇忠愍家有寫生葱一軸，上有李後主題丁謙二字，非凡格也。（此畫今歸王晉卿都尉家。）

何遇，江南人。善畫林石屋木，學慕衞賢，深得其趣。

陸晃，嘉禾人。善畫田家人物，意思疎野，落筆成像，不預構思，故所傳卷軸，或爲絕品，或爲末品也。

施璘，京兆藍田人。工畫竹，有生意。

禪月大師貫休婺州蘭溪人，道行文章外，尤工小筆。嘗覩所畫水墨羅漢，云是休公入定觀羅漢眞容後寫之，故悉是梵相，形骨古怪。其眞本在豫章西山雲堂院供養，於今郡將迎請祈雨，無不應驗。休公有詩集行于世，兼善書，謂之姜體，以其俗姓姜也。

僧楚安，蜀人。善畫山水，點綴甚細，每畫一扇，上安姑蘇臺或滕王閣，千山萬水，盡在目前。今蜀中扇面印版，是其遺範。仁顯云，筆蹤細碎，全虧六法，非大手高格也。

僧傳古大師，四明人。善畫龍水，得名於世。敘論卷中已述。皇建院有所畫屏風現存。弟子岳闍黎受學於師，其品次之。

僧智蘊，河南人。工畫佛像人物，學深曹體。洛中天宮寺講堂有毗盧像，廣愛寺有定光佛，福先寺有三災變相數壁。周祖時進舞鍾馗圖，賜紫衣。

僧德符，善畫松柏，氣韻蕭灑，曾於相國寺灌頂院廳壁畫一松一柏，觀者如市，賢士大夫留題凡百餘篇，其爲時推重如此。已上各有圖軸傳於世。

圖畫見聞誌卷第二終

圖畫見聞誌卷第三

仁宗皇帝，天資穎悟，聖藝神奇，遇興援毫，超逾庶品。伏聞齊國獻穆大長公主喪明之始，上親畫龍樹菩薩，命待詔傳模，鏤板印施。聖心仁孝，又非愚臣所能稱頌。若虛舊有家藏御畫御馬一疋，其毛赭白，玉銜勒，上有宸翰題云：慶曆四年七月十四日御畫，兼有押字印寶。後因伯父內藏借觀，不日赴杭鈐之任，既久假而不歸，居無何，伯父終於任所，此寶遂歸伯母表兄張湍少列，今不復可見，爲終身之痛。（衆曾見張文懿家有小猿一軸，仍聞禁中有天王菩薩像。）太上游心，難可與臣下並列，故尊之卷首。

紀藝中（聖朝建隆元年後，至熙寧七年，總一百五十八人。）

王公士大夫依仁游藝，臻乎極至者，一十三人。

燕恭肅王　嘉王　李後主　燕肅　武宗元
劉永年　郭忠恕　王士元　宋道　宋迪
文同　郭元方　董源

燕恭肅王，位尊磐石，名重戚藩，天縱多能，精於像物。嘗觀所畫鶴竹，雪毛丹頂，傳警露之姿，翠葉霜筠，盡含烟之態。亦嘗自杇十六羅漢，令蜀人尹質揩染，稜稜風骨，類非常格所能及。聞朱邸甚有遺迹，世罕得見。

皇弟嘉王，維城茂美，副茅土之强宗，醴席餘休，命毫煤而取適。嘗觀所畫墨竹圖，位置巧變，理應天真，作用縱横，功齊造化。復愛狀鰕魚蒲藻，筍籜蘆花，雖居紫禁之嚴，頗得滄州之趣，筆意超絶，殆非學而知之者矣。王尤精篆籀，有盡六幅纔止書一字者，筆力神俊，可謂奪絶也。

江南後主李煜，才識清贍，書畫兼精，嘗觀所畫林石飛鳥，遠過常流，高出意外。金陵王相家有雜禽花木，李忠武家有竹枝圖，皆稀世之珍玩也。其書名金錯刀。

燕肅，字穆之，其先燕薊人，後徙家曹南。位龍圖閣直學士，以尚書禮部侍郎致仕，文學治行外，尤善畫山水寒林，澄懷味象，應會感神，蹈摩詰之遐蹤，追咸熙之懿範。太常寺有所畫屏風，玉堂刑部景寧坊居第，暨許洛佛寺中，皆有畫壁。公以壽終於康定元年，贈太尉，公畫與所藏古筆僅百卷，皆取入禁中，故人間所傳圖軸幾希矣。公凡涖州郡，作刻漏法最精，又嘗被旨造指南車，皆出奇思。

武宗元，字總之，河南白波人。官至虞曹外郎，善畫佛道人物，筆術精高，曹吳具備。嘗於洛都上清宮畫三十六天帝，其間赤明陽和天帝，潛寫太宗御容，以趙氏火德王天下故也。眞宗祀汾陰，還經洛都，幸上清，歷覽繪壁，忽覩聖容，驚曰：此眞先帝也。遽命設几案，焚香再拜，且歎其畫筆之神，佇立久之。上清宮卽唐玄元皇帝廟，舊有吳道子畫五聖圖，杜甫詩稱「五聖聯龍袞，千官列雁行」是也。後因廣增庭廡，畫壁遂廢。宗元復運神蹤，高紹前哲。張文懿有詩云，曾此焚香動至尊。宗元又嘗於廣愛寺見吳生畫文殊普賢大像，因杜絕人事旬餘，刻意臨倣，蹙成二小幀，其骨法停分，神觀氣格，與夫天衣纓絡，乘跨部從，較之大像，不差毫釐。自非靈心妙悟，感而遂通者，孰能與於此哉。許昌龍興寺北廊有帝釋梵王，及經藏院有旃檀瑞像，嵩嶽廟有出隊壁，皆所奇絕也。初名宗道，後改名宗元，以壽終於皇祐二年。有佛像天王並九子母等圖傳於世。

深州防禦使劉永年，字君錫，章獻明肅皇后之姪也，才敏有神力，兼於畫筆，錯綜萬類，非常格可擬。

郭忠恕，字恕先，洛陽人，少能屬文，七歲舉童子。初周祖召爲博士，後因爭忿於朝堂，貶崖州司戶，秩滿去官，不復仕，縱放岐雍陝洛之間。善畫屋木林石，格非師授。有設紈素求爲圖畫者，必怒而去，乘興卽自爲之。郭從義鎭岐下，每延止山亭，張素設粉墨於傍，經數月，忽乘醉就圖之，一角作遠山數峯而已，郭氏亦珍惜之。岐有富人主官酒酤，其子喜畫，日給醇酎，設几案絹素及好紙數軸，屢以情言，忠恕俄取紙一軸，凡數十番，首圖一丱角小童持線車，紙窮處作風鳶，中引一線長數丈，富家子不以爲奇，遂謝絕焉。太宗素知其名，召赴闕下，授以國子監主簿。忠恕益縱酒，肆言時政得失，頗有怨讟，上惡之，配流登州，死於齊之臨邑道中，尸解焉。有屋木卷軸傳於世。忠恕才精字學，宋元獻嘗手校其佩觿三篇以寶玩之。

推官王士元，仁壽之子也。靈襟蕭爽，畫法精高，人物師周昉，山水學關仝，屋木類郭忠恕，皆造其微。嘗見張文懿家有雜木寒林，高丈餘，風韻遒舉，格致稀奇，兼有伊尹負鼎，鳳樓十八怨，四時山水等圖傳於世。

宋道字公達；宋迪字復古，洛陽人，二難皆以進士擢第，今並處名曹，悉善畫山水寒林，情致閒雅，體像雍容，今時以爲祕重矣。然則友愛之談，所宜推揖。

文同，字與可，梓潼永泰人，今爲司封員外郎，祕閣校理，善畫墨竹，富蕭灑之姿，逼檀欒之秀，疑風可動，不筍而成者也。復愛於素屏高壁，狀枯槎老枿，風格簡重，識者珍愛。自賦一字至十字詩云：「竹，竹。森寒，潔綠。湘江邊，渭水曲。帷幔翠錦，戈矛蒼玉。虛心異衆草，勁節逾凡木。化龍杖入僊陂，呼鳳律鳴神谷。月娥巾帔淨冉冉，風女笙竽清肅肅。林間飲酒碎影搖金，石上圍棋淸陰覆局。屈大夫逐去徒悅椒蘭，陶先生歸來但尋松菊。若檀欒之操則無敵於君，圖蕭灑之姿亦莫賢於僕。」

郭元方，字子正，京師人。官至內殿承制，善畫草虫，備究飛蠉，潛分造化，宜矜妙藝，藹播佳名。然而著意者不及疏略，蓋或點綴過當，翻爲失眞也。頗有圖軸傳於世。

董源，字叔達，鍾陵人，事南唐爲後苑副使，善畫山水，水墨類王維，着色如李思訓，兼工畫牛虎，肉肌豐混，毛毳輕浮，具足精神，脫略凡格。有滄湖山水、着色山水、春澤牧牛、牛、虎等圖傳於世。

高尙其事，以畫自娛者二人。

李成　宋　澥

李成，字咸熙，其先唐宗室，避地營丘，因家焉。祖父皆以儒學吏事聞於時，至成志尙沖寂，高謝榮進，博涉經史外，尤善畫山水寒林，神化精靈，絕人遠甚。敍論卷中已述。開寶中，都下王公貴戚，屢馳書延請，成多不答，學不爲人，自娛而已。後游淮陽，以疾終於乾德五年。子覺，尤以經術知名，職踐館閣，請恩幽闕，贈光祿丞。事見宋白所撰墓碣。

有煙嵐曉景、風雨四時山水、松柏寒林等圖傳於世。

宋澥，字則未聞，長安人。故樞密湜之弟，司封道之從祖也。姿度高潔，不樂從仕，圖畫之外，無所嬰心。善畫山水林石，凝神遐想，與物冥通，遇興登樓，有時操筆，故人間不多見其迹。有烟嵐曉景、奔灘怪石等圖傳於世。

業於繪事，馳名當代者，一百四十六人。人物、山水、花鳥、雜畫，分爲四門。

人物門 五十三人，僧道并獨工傳寫者附。

王靄　高益　王瓘　孫夢卿　趙光輔

趙雲子　孫知微　勾龍爽　李文才　石恪

袁仁厚　趙長元　王齊翰　周文矩　顧德謙

郝處　厲昭慶　顧洪祝　李雄　侯翼

高文進　王道眞　李用及　李象坤　高懷節

張昉　高元亨　楊朏子圭　王兼濟　孫懷悅

陳用智　孟顯　陳士元　王拙　王居正

葉進成　葉仁遇　郝澄　童仁益　毛文昌

南簡　龍章子淵　武洞清　鍾文秀　田景

李元濟　王易　陳坦　令宗　李八師

劉道士

王靄，京師人。工畫佛道人物，長於寫貌。五代間以畫聞，晉末與王仁壽皆爲契丹所掠，太祖受禪放還，授圖畫院祗候，遂使江表，潛寫宋齊丘、韓熙載、林仁肇眞，稱旨。改翰林待詔。今定力院太祖御容、梁祖眞像，皆靄筆也。（太祖御容，潛龍日寫，後改裝中央服矣。）又畫開寶寺文殊閣下天王，及景德寺九曜院彌勒下生像，最爲奇出。

高益，涿郡人。工畫佛道鬼神，蕃漢人馬，太祖朝潛歸京師，始貨藥以自給，每售藥必畫鬼神，或犬馬於紙上，藉藥與之，由是稍稍知名。時太宗在潛邸，外戚孫氏喜畫，（孫氏有酒樓，一日遇四老人飲酒有異，疑其神仙，因謂之四皓樓，亦謂孫氏爲孫四皓也。）因厚遇益，請爲圖畫。未幾太宗龍飛，孫氏以益所畫搜山圖進上，遂授翰林待詔。後被旨畫大相國寺行廊阿育王等變相，暨熾盛光九曜等，有位置小本藏於內府。後寺廊兩經廢置，皆飭後輩名手，依樣臨倣。又畫崇夏寺大殿善神，筆力絕人。有南國鬭象、衞士騎射、蕃漢出獵等圖傳於世。

王瓘，河南洛陽人，工畫佛道人物，深得吳法，世謂之小吳生。石中令嘗令畫洛中昭報寺壁，及有佛道功德、故事、人物等圖傳於世。

孫夢卿，東平人，工畫佛道人物，亦專吳學，尤長寺壁，謂之孫脫壁。嘗與王靄對畫開寶寺文殊閣下西北方毗樓博叉天王像，並大相國寺甚有其迹，今多不存矣。

趙光輔，華原人，工畫佛道，兼精蕃馬，筆鋒勁利，名刀頭燕尾。太祖朝爲圖畫院學生，故鄉里呼爲趙評事，許昌開元龍興兩寺，皆有畫壁。浴室院地獄變尤佳，有功德、蕃馬等圖傳於世。

隱士趙雲子，善畫道像，於青城丈人觀畫諸仙奇絕。孫太古嘗陰使人問己畫，趙云：「孫畫雖善，而傷豐滿，乏清秀氣。」孫由是感悟。

孫知微，字太古，眉陽人。精黃老學，善佛道畫，於成都壽寧院畫熾盛光九曜及諸牆壁，時輩稱服。知微凡畫聖像，必先齋戒疏瀹，方始援毫。有功德並故事人物傳於世。

知微始畫壽寧九曜也，令童仁益輩設色，其水聖侍從，有持水晶瓶者，因增蓮花於瓶中，知微既見，愀然曰：瓶所以鎮天下之水，吾得之於道經，今則奚以花爲，嗟乎！畫蛇著足，失之遠矣。

勾龍爽，蜀人。國初爲翰林待詔，工畫佛道人物，善爲古體衣冠，精裁密緻，亦一代之奇筆也。有功德並故事人物傳於世。

李文才，華陽人。工畫松石，兼長寫貌，事孟蜀爲翰林待詔。廣政中荊南高王令人入蜀，請文才寫義興門街雙筍石，並其故事。又嘗寫蜀主並名臣眞像於大慈寺，亦有圖軸傳於世。

石恪，蜀人。性滑稽，有口辯，工畫佛道人物，始師張南本，後筆墨縱逸，不專規矩。蜀平至闕下，嘗被旨畫相國寺壁，授以畫院之職，不就，堅請還蜀，詔許之。恪不樂都下風物，頗有譏誚雜言，或播人口。有唐賢像、五丁開山、巨靈擘太華、新羅人角力等圖傳於世。

袁仁厚，蜀人。早師李文才，乾德中至闕下，未久還蜀，因求得前賢畫樣十餘本持歸。平居以畫自適，終老鄉閭，蜀川亦有遺迹。

趙長元，蜀人。工畫佛道人物，兼工翎毛，初隨蜀主至闕下，隸尙方彩畫匠人，因於禁中牆壁畫雉一隻，上見之嘉賞，尋補圖畫院祗候。今東太一宮貴神像、華嚴十六羅漢，並長元筆。

王齊翰，建康人。事江南李後主爲翰林待詔，工畫佛道人物。開寶末金陵城陷，有步卒李貴入佛寺中，得齊翰所畫羅漢十六軸，尋爲商賈劉元嗣以白金二百星購得之，齎入京師，復於一僧處質錢，後元嗣詣僧請贖，其僧以過期拒之，因成爭訟。時太宗尹京，督出其畫，覽之嘉歎，遂留畫厚賜而釋之。經十六日，太宗登極，後名應運羅漢。

周文矩，建康句容人。事江南李後主爲翰林待詔，工畫人物車馬，屋木山川，尤精仕女，大約體近周昉，而更增纖麗。有貴戚遊春、擣衣、熨帛、繡女等圖傳於世。

顧德謙，建康人。工畫人物，風神淸勁，舉無與比，李後主愛重之。嘗謂曰：「古有愷之，今有德謙，二顧相望，繼爲畫絕矣。」識者以爲知言。呂文靖家有蕭翼說蘭亭故事橫卷，靑錦褾飾，碾玉軸頭，實江南之舊物，窺其風格，可知非謬也。

郝處，江南人。工畫佛道鬼神，兼長寫貌。處本一商賈，酷好圖畫，因而家產蕩盡，唯學畫耳。

厲昭慶，建康豐城人。工畫人物，事江南爲翰林待詔，後隨李後主至闕下，授圖畫院祗候。

顧洪祝，不知何許人。工畫人物，傳其名而未見其迹。

李雄，北海人。工畫佛道，偏長鬼神，罕有倫比。太宗朝爲圖畫院祗候，因忤旨遯去。北海龍興寺有畫壁。

侯翼，安定人。工畫佛道人物，夙振吳風，窮乎奧旨，長安洛汭寺壁尤多。兼有三教聖像故事人物等圖傳於世。

高文進，從遇之子，工畫佛道，曹吳兼備。乾德乙丑歲，蜀平至闕下，時太宗在潛邸，多訪求名藝，文進遂往依焉。後以攀附授翰林待詔。未幾重修大相國寺，命文進倣高益舊本畫行廊變相，及太一宮壽寧院啓聖院，暨開寶塔下諸功德牆壁，率皆稱旨。又勅令訪求民間圖畫，繼蒙恩獎，相國寺大殿後擎塔天王，如出牆壁，及殿西降魔變相，其迹並存。今畫院學者咸宗之，然曾未得其彷佛耳。

王道眞，蜀郡新繁人。工畫佛道人物，兼長屋木，太宗朝因高文進薦引，授圖畫院祇候。嘗被旨畫相國寺並玉清昭應宮壁。今相國寺殿東畫給孤獨長者買祇陀太子園因緣，並殿西畫誌公變、十二面觀音像，其迹並存。

李用及、李象坤，並工畫佛道人物，尤精鬼神。嘗與高文進、王道眞同畫相國寺壁，並爲良手。殿東畫牢度叉鬭聖變相，其迹現存。

高懷節，文進長子，太宗朝爲翰林待詔，頗有父風。嘗與其父同畫相國寺壁，兼長屋木，爲人稱愛也。

張昉，臨汝人。工畫佛道人物，筆專吳體。嘗畫玉淸昭應宮奏樂天女，高丈餘，援筆而成。本郡開元寺有畫壁，亦佳手也。

高元亨，京師人。工畫佛道人物，兼長屋木，多狀京城市肆車馬，有瓊林苑、角抵、夜市等圖傳於世。

楊朏，京師人。後家泗上，工畫佛道人物，尤於觀音得名天下，然而手足間時或小失停分，蓋於骨法用筆，跨邁倫輩，是其小疵，不足以累大醇也。亦愛畫西南夷人，妙得其旨。（世盛傳楊朏波斯）子圭，有父風。

王兼濟，河南洛陽人。工畫佛道鬼神，洛中南宮有十太乙像，嵩嶽廟有與武虞曹對畫牆壁，武畫出隊，兼濟畫入隊，衆所播傳也。

孫懷悅，安定靈臺人。工畫佛道人物，學吳生爲得法，洛中有寺壁。

陳用智，穎川郾城人。天聖中爲圖畫院祗候，未久罷歸鄉里。工畫佛道人馬，山川林木，精詳巧贍，雖跨伊人，但意務周勤，格乏淸致。有功德、蕃馬、故事人物等圖傳於世。（用智居小窯鎭，多謂之小窯陳。）

孟顯，安化華池人。工畫佛道鬼神，人馬屋木，大率作用氣格，略與陳用智相似。（多謂之小孟，亦云紅樓壺家。

陳士元，京師人。善畫人物屋木，有嘉慶圖故事人物傳於世。

王拙，河東郡人。工畫佛道人物，初畫玉淸昭應宮壁，選中右第一。

王居正，拙之子。善畫仕女，酷學周昉，精密有餘，而氣韻不足。

葉進成，江南人。工畫人物，嘗見楊褒虞曹家有醉道圖，頗得閻令之體。

葉仁遇，進成族弟，工畫人物，多狀江表市肆風俗，田家人物。

郝澄，金陵句容人。工畫佛道鬼神，學通相術，精於傳寫。已上各有圖軸傳於世。

童仁益，蜀郡人。工畫人物尊像，出自天資，不由師訓，乃孫知微之亞也。嘗畫靑城山丈人觀諸仙，淳化末仁益以成都天慶觀仙遊閣下舊有石恪畫，左右龍虎君，仁益遂抒思援毫於天慶觀前，亦畫龍虎君兩壁。及畫大慈寺中佛殿漢明帝摩騰竺法三藏，保福院畫首楞嚴二十五觀，筆力勁健，頗有圖軸傳於輦下，好事者往往誤評爲孫知微之筆也。

毛文昌，蜀郡人。工畫田家風物，有江村晚釣、村童入學、郊居豐稔等圖傳於世。

南簡，平涼人。工畫佛道人物，世傳其名，未見其迹。

龍章，京兆櫟陽人。工畫佛道人物，兼工傳寫，尤善畫虎。嘗有貨藥人楊生檻中養一虎，章因就視寫之，故畫虎最臻形似。子淵，有父風。

武洞清，長沙人。工畫佛道人物，特爲精妙，有雜功德、十一曜、二十八宿、十二眞人等像傳於世。

鍾文秀，京師人。今爲翰林待詔，工畫佛道人物，兼學關仝山水，亦得其法。

田景，慶陽人。工畫人物，有奇思，嘗得景一扇面，畫三教，作二童奕棋於僧前，一則乘勝而矜誇，一則敗北而悔沮，僧臨視而笑，瞻顧如生。惜其孤貧，聲聞不顯，後之陳留，不知所終。

李元濟，太原人。工畫佛道人物，精於吳筆，熙寧中召畫相國寺壁。命官較定衆手，時元濟藝與崔白爲勁敵，議者以元濟學遵師法，不妄落筆，遂推之爲第一。其間佛鋪，多是元濟之筆也。

王易，鄜州人。亦工畫佛道人物，學隣元濟，時同畫相國寺壁，畫畢各歸鄉里，都人稱服之。

陳坦，晉陽人。工畫佛道人物，都下奉先普安二佛刹，尤多功德牆壁。相國寺北廊，高僧乃坦所畫，其於田家村落風景，固爲獨步。有村醫、村學、田家娶婦、村落祀神、移居豐社等圖傳於世。

僧令宗，廣漢人。工畫佛道人物，成都大慈寺三學院，並揭諦堂有畫壁。

道士李八師名亡其，邛州依政人。於本縣崇聖觀披挂，工畫道門尊像，青城山丈人觀亦有畫壁。

劉道士名亡其，建康人。工畫佛道鬼神，落筆遒怪，江南寺觀，時見其迹，尤愛畫甘露佛，多傳於世。

獨工傳寫者七人

牟谷　高太沖　尹質　歐陽黌　元靄

維眞　何充

牟谷，不知何許人。工相術，善傳寫，太宗朝爲圖畫院祗候，端拱初詔令隨使者往交趾國，寫安南王黎桓及諸陪臣眞像，留止數年，既還屬，宮車晏駕，未蒙恩旨。閒居閶闔門外，久之，眞宗幸建隆觀，谷乃以所寫太宗御容張於戶內，上見之，敕中使收赴行在，詰其所由，谷具以實對，上命釋之。時太宗御容已令元靄寫畢，乃更令谷寫正面御容，尋授翰林待詔。能寫正面，唯谷一人而已。

高太沖，江南人。工傳寫，事李中主爲翰林待詔，嘗寫李中主眞，得其神思。

尹質，蜀人。工傳寫，嘗寫燕王眞，頗蒙顧遇。有藥王像、孫思邈像，並畫猴傳於世。

歐陽㸕，京師人，工傳寫，宗侯貴戚，多所延請。其藝與僧維眞相抗，餘無出其右者。

僧元靄，蜀人，自幼入京，依定力院輪公落髮，妙工傳寫，爲太宗朝供奉。一日在禁中傳寫，爲一小黃門毀辱，遍問同列，無肯言其姓名者。乃草一頭子，懷之見都知李神福，訴以毀辱之事，神福曰：「小底至多，不得其名，誰受其責。」靄乃探懷中所草頭子示之。李一見嗟訝曰：「此鄧某也（亡其名），何其倉卒之間，傳寫如此之妙。」因召鄧責誚，伏過而去。

僧維眞，嘉禾人。工傳寫，嘗被旨寫仁宗、英宗御容，賞賚殊厚。元靄之繼矣。名公貴人，多召致傳寫，尤以善寫貴人得名。

何充，姑蘇人。工傳寫，擅藝東南，無出其右者。

圖畫見聞誌卷第三終

此元人抄本圖畫見聞誌三卷，余向從東城故家收得者也。因其殘本，未及列入甲等，頃承周香嚴以殘宋刻本後三卷見遺，與此適爲合璧。雖各自不全，而元抄宋刻，不皆古香馡馥，令人珍惜無比乎！因宋刻本與此長短不齊，遂損此舊裝，以期畫一，上下方各以餘紙護之，俾兩書原紙不傷，而外觀整齊，於古書舊裝名爲損，而實則益也。

己未五月　蕘圃記

[illegible]

[illegible]

[illegible]

[illegible]

圖畫見聞誌卷第四

紀藝下

山水門 凡二十四人，僧附。

范寬，字中立，華原人。工畫山水，理通神會，奇能絕世，體與關李特異，而格律相抗。敍論卷中已述。寬儀狀峭古，進止疎野，性嗜酒好道，嘗往來雍雒間，天聖中猶在，耆舊多識之。有冒雪高峯、四時山水並故事、人物傳於世。或云名中立，以其性寬，故人呼爲范寬也。

劉永，京師人。工畫山水，始師僧德符畫松石，後遍求諸家山水，採其所長而倣之。及見荆浩之迹，乃知諸家有所未盡。一日復覩關仝畫，俄歎曰：「是乃得名至藝者乎，向所謂登東山而小魯。」遂捐棄餘學，專法關氏，果遂升堂，馳名當代矣。有瀑泉屏風、四時山水、山居詩意等圖傳於世。

王端，字子正，瓘之子，工畫山水，專學關仝，得其要者，惟劉永與端耳。相國寺淨土院舊有畫壁，惜乎主僧不鑒，遂至朽墁。端雖以山水著名，然於佛道人馬，自爲絕格，兼善傳寫。嘗寫眞廟御容稱旨，授三班奉職。有佛道功德、故事、人物、四時山水傳於世。

翟院深，北海人。工畫山水，學李光丞。院深少爲本郡伶官，一日府會，院深擊鼓，忘其節奏，部長按舉其罪，太守面詰之，院深乃曰：「院深雖賤品，天與之性，好畫山水。向擊鼓次，偶見雲聳奇峯，堪爲畫範，難明兩視，忽亂五聲。」太守嘉而釋之。院深學李光丞爲酷似，但自創意者，覺其格下，專臨模者，往往亂眞。

燕貴，本隸尺籍，工畫山水，不專師法，自立一家規範。大中祥符初，建玉淸昭應宮，貴預役焉。偶暇日畫山水一幅，人有告董役劉都知者，因奏補圖畫院祗候，實精品也。呂文靖宅廳後屏風，乃貴所畫，亦有圖軸傳於世。

許道寧，長安人。工畫山水，學李光丞，始尙矜謹，老年唯以筆畫簡快爲己任，故峯巒峭拔，林木勁硬，別成一家體。故張文懿贈詩曰，「李成謝世范寬死，唯有長安許道寧」，非過言也。長安涼榭中寫終南太華一壁，今存。有山水寒林、臨深履薄、早行詩意、潘閬倒騎驢等圖傳於世。

紀眞、黃懷玉，並工畫山水，學范寬逼眞。

商訓，工畫山水，亦學寬，但皴淡山石，圖寫林木，皆不及紀與黃也。

丘訥，河南洛陽人。工畫山水，體近許道寧，筆氣不逮，而用墨過之。

龐崇穆，右北平人。工畫山水，始建玉淸昭應宮，召崇穆畫山水數壁，能爲羣峯列岫，雲煙聚散之象。功畢，上欲旋以畫院之職，乃遯去不仕。

李隱，五原人。工畫山水，大中祥符末，營會靈觀，命隱寫五嶽山形於壁，及畫山水於五殿屛扆。觀其危峯疊嶂，遠水疎林，可謂盡美矣。然而鈎描筆困，椿上聲淡墨焦，斯爲未至爾。

高克明，京師人。仁宗朝爲翰林待詔，工畫山水，採擷諸家之美，參成一藝之精，團扇臥屛，尤長小景。但矜其巧密，殊乏飄逸之妙。

屈鼎，京師人。仁宗朝爲圖畫院祇候，工畫山水，得燕貴之彷彿。龐相第屛風，乃鼎所畫。

郝銑，不知何許人。工畫山水，人或稱之，而未見其迹。

梁忠信，京師人。仁宗朝爲圖畫院祗候，工畫山水，體近高克明，而筆墨差嫩。又寺宇過盛，棧道兼繁，人或譏之也。（恐其亂高，故顯出之。）以上各有圖軸傳於世。

李宗成，鄜時人。工畫山水寒林，學李成，破墨潤媚，取象幽奇，林麓江皐，尤爲盡善。樞府東廳有大濺撲屏風，乃宗成所畫。（石上有崔慤畫鷺鷥一隻。）有風雨江山、拜月圖、四時山水、松柏寒林等傳於世。

郭熙，河陽溫人。今爲御書院藝學。工畫山水寒林，施爲巧贍，位置淵深。雖復學慕營丘，亦能自放胸臆，巨障高壁，多多益壯，今之世爲獨絕矣。（熙寧初勅畫小殿屏風，熙畫中扇，李宗成、符道隱畫兩側扇，各盡所蘊，然符生鼎立於郭李之間爲幸矣。）

董贇，潁川長社人。工畫山水寒林，學志精勤，毫鋒老硬，但器類近俗，格致非高。

侯封，邠人。今爲圖畫院學生，工畫山水寒林，始學許道寧，不能踐其老格。然而筆墨調潤，自成一體，亦郭熙之亞。

符道隱，長安人。工畫山水寒林，學無師法，多從己見，當其合作，亦有可觀。

永嘉僧擇仁，善畫松，初採諸家所長而學之，後夢吞數百條龍，遂臻神妙。性嗜酒，每醉揮墨於綃紈粉堵之上，醒乃添補，千形萬狀，極於奇怪。曾飲酒永嘉市，醉甚，顧新泥壁，取拭盤巾，濡墨灑其上，明日少增修，爲狂枝枯枿，畫者皆伏其神筆。

鍾陵僧巨然，工畫山水，筆墨秀潤，善爲煙嵐氣象，山川高曠之景，但林木非其所長。隨李主至闕下，學士院有畫壁，兼有圖軸傳於世。

吳僧繼肇，工畫山水，與巨然同時，體雖相類，而峯巒稍薄怯也。相國寺資聖閣院有所畫屏風。

花鳥門 凡三十九人，僧道附。

黃居寀　劉　贊　夏侯延祐　丘慶餘　高懷寶
徐　熙　徐崇矩　徐崇嗣　唐希雅　唐　宿
唐忠祚　解處中　祁　序　陶　裔　毋咸之
傅文用　劉夢松　劉文惠　李　符　李懷袞
王　曉　趙　昌　王　友　鐔　宏　易元吉
崔　白　崔　慤　艾　宣　李　吉　侯文慶
董　祥　葛守昌　李　祐　丁　貺　閻士安

居寧　慧崇　何尊師　牛戩

黃居寀，字伯鸞，筌之季子也。工畫花竹翎毛，默契天眞，冥周物理（敍論卷中已述）。始事孟蜀，爲翰林待詔，與父筌俱蒙恩遇。圖畫殿庭牆壁，宮闈屛障，不可勝紀。學士徐光溥嘗獻秋山圖歌以美之，曾於彭州棲眞觀壁畫水石一堵，自未至酉而畢，觀者莫不歎其神速且妙也。乾德乙丑歲，隨蜀主至闕下，太祖舊知其名，尋眞命，太宗皇帝尤加睠遇，供進圖畫，恩寵優異，仍委之搜訪名蹤，銓定品目。居寀狀太湖石尤過乃父。有四時山景、花竹翎毛、鷹鶻犬兔、湖灘水石、春田放牧等圖傳於世。

劉贊，蜀人。工畫花竹翎毛，兼長龍水，迹意兼美，名播蜀川。

夏侯延祐，蜀郡人。工畫花竹翎毛，師黃筌粗得其要，始事孟蜀爲翰林待詔，旣歸朝拜眞命，爲圖畫院藝學，各有圖軸傳於世。

丘慶餘，潛之子。工畫花竹翎毛，兼長草蟲，墨彩俱媚，風韻尤高。有四時花鳥、蜂蟬、竹枝等傳於世。

高懷寶，懷節之弟。工畫花竹翎毛，草蟲蔬菓，頗臻精妙。與兄懷節，同時入仕，爲圖畫院祗候。高氏自道興至二子凡四世，皆以畫進，雖曰藝成，然而不墜家聲，賞延世可佳矣。

徐熙，鍾陵人。世爲江南仕族，熙識度閑放，以高雅自任，善畫花木禽魚，蟬蝶蔬果，學窮造化，意出古今（敍論卷中已述）。徐鉉云：「落墨爲格，雜彩副之，跡與色不相隱映也。」又熙自撰翠微堂記云：「落筆之際，未嘗以傳色暈淡細碎爲功」，此眞無愧於前賢之作，當時已爲難得。李後主愛重其迹，開寶末歸朝，悉貢上宸廷，藏之祕府。亦有寒蘆野鴨、花竹雜禽、魚蟹草蟲、蔬苗果瓜並四時折枝等圖傳於世。

徐崇矩、徐崇嗣，並熙之孫，善繼先志，克著佳聲。

唐希雅，嘉興人。妙於畫竹，兼工翎毛，始學李後主金錯刀書，遂緣興入於畫，故爲竹木多顫掣之筆，蕭疎氣韻，無謝東海矣。徐鉉云：「翎毛粗成而已，精神過之。」

唐宿、唐忠祚，並希雅之孫，夙擅家聲，皆躋妙格。

解處中，江南人。事李後主爲翰林司藝，特於畫竹盡嬋娟之妙，但閒及翎毛，頗虧形似耳。

祁序，江南人。工畫花竹翎毛，兼長水牛，鬱有高致也。

陶裔，京兆鄠人。工畫花竹翎毛，形製設色，亞於黃筌。眞宗朝爲圖畫院祗候，祥符中畫御座屏扆稱旨，尋改翰林待詔。

毌咸之，江南人。工畫朝雞，妙冠一時。

傅文用，京師人。工畫花竹翎毛，有黃氏之風，特精野雉鵪鶉，能辨四時毛彩。

劉夢松，江南人。善畫水墨花鳥，隨宜取象，如施衆形。

劉文惠，不知何許人。善畫花竹翎毛，傅彩雖勤，而氣格傷懦。

李符，襄陽人。工畫花竹翎毛，彷彿黃體，而丹青雅淡，別是一種風格。然於翎毛骨氣間，有得失耳。

李懷袞，蜀郡人。工畫花竹翎毛，學黃氏與夏侯延祐，不相上下，今陳康肅第屏風，乃懷袞所畫。

王曉，魯郡泗水人。善畫鷹鶻柘棘，師郭乾暉而遊其藩。

趙昌，字昌之，廣漢人。工畫花果，其名最著。然則生意未許，全株折枝，多從定本，惟於傅彩，曠代無雙，古所謂失於妙而後精者也。昌兼畫草蟲，皆云盡善，苟圖禽石，咸謂非精。昌家富，晚年復自購己畫，故近世尤爲難得。

王友，漢州人。少隸本郡克寧軍籍，工畫花果，師趙昌爲高足，雖窮傅彩之功，終乏潤澤之妙。

鐔宏，成都人。工畫花果，復師王友，初云齒教，後郎肩隨矣。以上各有圖軸傳於世。

易元吉，字慶之，長沙人。靈機深敏，畫製優長，花鳥蜂蟬，動臻精奥。始以花果專門，及見趙昌之迹，乃歎服焉。後志欲以古人所未到者馳其名，遂寫獐猿。嘗遊荊湖間，入萬守山百餘里，以覘猿狖獐鹿之屬，逮諸林石景物，一一心傳足記，得天性野逸之姿。寓宿山家，動經累月，其欣愛勤篤如此。又嘗於長沙所居舍後，疏鑿池沼，間以亂石叢花，疎篁折葦，其間多蓄諸水禽，每穴窗伺其動靜遊息之態，以資畫筆之妙。治平甲辰歲，景靈宮建孝嚴殿，乃召元吉畫迎釐齊殿御扆，其中扇畫太湖石，仍寫都下有名鵓鴿，及雒中名花，其兩側扇畫孔雀。又於神遊殿之小屏畫牙獐，皆極其思。元吉始蒙其召也，欣然聞命，謂所親曰：「吾平生至藝，於是有所顯發矣！」未幾，果敕令就開先殿之西廡張素畫百猨圖，命近要中貴人領其事，仍先給粉墨之資二百千，畫猨纔十餘枚，感時疾而卒。元吉平日作畫，格實不群，意有疎密，雖不全拘師法，而能伏義古人，是乃超忽時流，周旋善譽也。向使元吉卒就百猨，當有遇於人主，然而遽喪，其命矣夫！有獐猿孔雀、四時花鳥、寫生蔬果等傳於世。

建隆觀翊教院殿東獐猿林石絕佳。又嘗於餘杭市都監廳屛風上畫鶻子一隻，舊有鴿二巢，自此不復來止。

崔白，字子西，濠梁人。工畫花竹翎毛，體製淸贍，作用疏通，雖以敗荷鳧鴈得名，然於佛道鬼神，山林人獸，無不精絕。凡臨素多不用朽，復能不假直尺界筆爲長絃挺刃。熙寧初命白與艾宣、丁貺、葛守昌畫垂拱殿御扆，鶴竹各一扇，而白爲首出。後恩補圖畫院藝學，白自以性疏闊度，不能執事，固辭之，於時上命特免雷同差遣，非御前有旨毋召，凡直授聖旨不經有司者，謂之御前祗應。出於異恩也。然白之才格，有邁前修，但過恃主知，不能無纇。相國寺廊之東壁，有熾盛光、十一曜、坐神等，廊之西壁，有佛一鋪，圓光透徹，筆勢欲動，北都大安寺、許昌湖亭，皆有畫壁。及嘗見敗荷雪鴈、四時花鳥、謝安登山、子猷訪戴等圖，多遇合作。

崔慤，字子中，白之弟也。今爲左廷直，工畫花竹翎毛，狀物布景，與白相類。嘗觀敗荷雪鴈，及四時花竹，風範淸懿，動多新巧。有時作隔蘆睡鴈，尤多意思。

艾宣，鍾陵人。工畫花竹翎毛，孤標高致，別是風規，敗草荒榛，尤長野趣，鵪鶉一種，特見精絕。

李吉，京師人。嘗爲圖畫院藝學，工畫花竹翎毛，學黃氏爲有功，後來院體，未有繼者。

侯文慶，京師人。今爲翰林待詔，工畫草蟲，及寫蔬菜，體尙精謹，殊乏生氣。

董祥，京師人。今爲翰林待詔，工畫花木，有瑠璃缾中雜花折枝，人多愛之。

葛守昌，京師人。今爲圖畫院祇候，工畫花竹翎毛，兼長草蟲蔬菜。

李祐，河內人；丁貺，濠梁人。皆工畫花竹翎毛，各有所長，求之才格，難乎其人也。

閻士安，陳州宛丘人。以醫術爲助教，工畫墨竹，筆力老勁，名著當時。每於大卷高壁，爲不盡景，或爲風勢，甚有意趣。復愛作墨蟹蒲藻等閒而成，爲人所重也。

僧居寧，毗陵人。妙工草蟲，其名藉甚。嘗見水墨草蟲，有長四五寸者，題云：居寧醉筆。雖傷大而失眞，然則筆力勁俊，可謂稀奇。梅聖俞贈詩云：「草根有纖意，醉墨得已熟。」好事者每得一扇，自爲珍物。

建陽僧慧崇，工畫鵝鴈鷺鷥，尤工小景，善爲寒汀遠渚，蕭灑虛曠之象，人所難到也。

何尊師亡其名，閩中人。善畫猫兒，今爲難得。

道士牛戩，河內人。工畫翎毛，多寫班鳩野鵲，但柘棘不甚精高。以上各有圖軸傳於世。

雜畫門 凡三十五人，僧道附。

卑顯　張翼　張戩　丘士元　裴文睍

胡九齡　馮清　包貴　包鼎　趙邈齪

辛成　馮進成　吳進　吳懷　董羽

任從一　趙幹　曹仁熙　荀信　戚文秀

路衙推　朱澄　楊揮　徐易　徐白

劉文通　蔡潤　蒲永昇　何霸　張經

支選　蘊能　呂拙　趙裔　鄧隱

卑顯，不知何許人。眞宗朝爲翰林待詔，工畫馬，有韓幹之風，而筆力勁健。有按御馬圖、伯樂相馬、秣馬、渲馬等圖傳於世。

張翼，一名鈐，幽國人。工畫蕃馬，師趙光輔，得其筆法，但狀彼胡人，不能酷似耳。

張戡，瓦橋人。工畫蕃馬，居近燕山，得胡人形骨之妙，盡戎衣鞍勒之精。然則人稱高名，馬虧先匠，今時爲獨步矣。

丘士元，不知何許人。工畫水牛，精神形似外，特有意趣。

裴文睍，京師人。仁宗朝爲翰林待詔，工畫水牛，骨氣老重，涮渲謹密，亦一代之佳手也。

胡九齡，絳人。工畫水牛，筆弱於裴，而意特蕭灑。愛作臨水倒影牛，人多稱之。

馮清，陝郡閿鄉人。善畫橐駞，兼工平畫。景靈宮北廊牆壁道經變相，乃清之筆。

包貴，宣城人。善畫虎，名聞四遠，世號老包也。

包鼎，貴之子，雖從父訓，抑又次焉。子孫襲而學者甚衆，雖非類犬，然終不能踐貴鼎之閫矣。以上各有圖軸傳於世。

趙邈齪亡其名，性質魯，不善修飾，故人號爲邈齪。妙工畫虎，有伏崖、嘯風、舐掌等虎傳於世。

辛成，不知何許人。亦以畫虎聞於時。

馮進成，江南人，善畫犬兔，筆迹縝細。

吳進、吳懷，並江南人，善畫龍水。

董羽，毗陵人。有鄧艾之疾，語不能出，俗號董啞子。善畫龍水海魚，始事江南，爲翰林待詔，既歸朝領眞命，爲圖畫院藝學。鍾陵清涼寺有李中主八分題名，李簫遠草書，羽畫海水爲三絕。又畫李後主香花閣圖屏。及歸朝後，太宗嘗令畫端拱樓下龍水四壁，極其精思。及畫玉堂屋壁海水現存。羽始被命畫端拱樓龍水，凡半載功畢，自謂卽拜恩命。一日上與嬪御登樓，時皇子尙幼，見畫壁驚畏啼呼，亟令朽墁。羽卒不受賞，亦其命也。

任從一，京師人。仁宗朝爲翰林待詔，工畫龍水海魚，爲時推賞。舊有金明池水心殿御座屏扆，畫出水金龍，勢力遒怪。今建隆觀翊教院殿後有所畫龍水二壁。

趙幹，江南人。工畫水，事江南爲畫院學生。

曹仁熙，毗陵人。工畫水，善爲驚濤怒浪，馳名江介。

荀信，江南人。工畫龍水，眞宗朝爲翰林待詔。天禧中嘗被旨畫會靈觀御座屏扆看水龍，妙絕一時，後移入禁中。

戚文秀，工畫水，筆力調暢。嘗觀所畫淸濟灌河圖，旁題云：「中有一筆長五丈。」旣尋之，果有所謂一筆者，自邊際起，通貫於波浪之間，與衆毫不失次序，超騰回摺，實逾五丈矣。

路衙推（亡其名），不知何許人。善畫魚，體致純古。以上各有圖軸傳於世。

朱澄，事江南爲翰林待詔，工畫屋木，李中主保大五年，嘗令與高太沖等合畫雪景宴圖，時稱絕手。

楊揮，江南人。善畫魚，人稱之，而未見其迹。

徐易暨弟白，海州人。並工畫魚，精密形似，綽有可觀。易兼工雜畫，尤能篆隸，今爲御書院藝學。

劉文通，京師人。善畫屋木，當代稱之，眞宗朝爲圖畫院藝學。嘗被旨寫玉淸昭應宮七賢閣，兼預畫壁爲優等。

蔡潤，鍾陵人。工畫船水。始隨李主至闕下，隸入作司彩畫匠人，後因畫舟車圖進上，上方知其名，遂補畫院之職。後令畫楚王渡江圖，藏於內府。以上各有圖軸傳於世。

蒲永昇，成都人。性嗜酒放浪，善畫水，人或以勢力使之，則嘻笑捨去，遇其欲畫，不擇貴賤。蘇子瞻內翰嘗得永昇畫二十四幅，每觀之則陰風襲人，毛髮爲立。子瞻在黃州臨皋亭，乘興書數百言，寄成都僧惟簡，具述其妙，謂董戚之流爲死水耳。（惟簡住大慈寺勝相院，其書刻石在焉。）

何霸，不知何許人。工畫船水，其名尤著。有瀟湘逢故人、舶客等圖傳於世。

張經，姑蘇人。善雜畫，尤精傳模。

支選，不知何許人。仁宗朝爲圖畫院祗候，工畫太平車及江州車。又畫酒肆邊絞縛樓子，有分疎界畫之功，兼工雜畫。

浙陽僧蘊能，工雜畫，錯總萬彙，無不兼通，然絕佳者未易多得。

道士呂拙，京師人。工畫屋木，至道中爲圖畫院祗候。時方建上淸宮，拙因畫鬱羅霄臺樣進上，恩改翰林待詔，不就，願於本宮爲道士。尋得披挂，仍賜紫衣。拙畫屋木絕妙，然多以人物繁雜爲累。以上各有圖軸傳於世。

趙裔，不知何許人。工雜畫，兼長佛道人物，學朱繇用筆少亞，而傳彩爲精。有十現老君像、蘇達拏太子變相、士女看花等圖，並四時花鳥傳於世。

鄧隱，梓州人。工雜畫，兼佛像鬼神，本州州宅有畫天王壁，並牛頭寺畫羅漢皆妙，及有山水花鳥傳於世。

圖畫見聞誌卷第四終

圖畫見聞誌卷第五

故事拾遺 唐朝 朱梁 王蜀 總二十七事

八駿圖

舊稱周穆王八駿，日馳三萬里。晉武帝時所得古本，乃穆王時畫黃素上爲之，腐敗昏潰，而骨氣宛在。逸狀奇形，實亦龍之類也。遂令史道碩模寫之。宋、齊、梁、陳以爲國寶。隋文帝滅陳，圖書散逸，此畫爲賀若弼所得，齊王暕知而求得之，答以駿馬四十蹄，美錦五十段，後復進獻煬帝。至唐貞觀中，敕借魏王泰，因而傳模於世。其一曰渠黃，身青，騣尾赤，項下至肚紅而蹄黑。其二曰山子，身紫，騣尾黑，項下至肚紅而蹄黑。其三曰盜驪，身黃而黑斑，騣尾黑，項下至肚紅而蹄黑，騣鬣絕少也。其四曰綠耳，身青，騣尾黑而虬，項下至肚紅而蹄黑。其五曰赤驥，身赤，騣尾赤而黃，項下至肚紅而蹄黑。其六曰蘬騮，身淺紫，騣尾深紫而虬，項下至肚紅而蹄黑。蘬音華。其七曰踰輪，身紫而帶黑，騣尾黑而虬，項下至肚紅而蹄黑，額上若稱，騣向前，尖而上卷。其八曰白羲。身青，騘騣尾紅，項下至肚紅，而蹄黑。羲音義。

謝元深

唐貞觀三年，東蠻謝元深入朝，冠烏熊皮冠，以金絡額毛帔，以韋爲行縢，著履。中書侍郎顏師古奏言：「昔周武王治致太平，遠國歸欵，周史乃集其事爲王會篇。今聖德所及，萬國來朝，卉服鳥章，俱集蠻邸，實可圖寫，貽於後以彰懷遠之德。」上從之，乃命閻立德等圖畫之。

滕王

唐滕王元嬰，高祖第二十二子也。善畫蟬雀花卉，而史傳不載，惟張彥遠歷代名畫記中書之。及覩王建宮詞云：「內中數日無宣喚，傳得滕王蛺蝶圖」，乃知其善畫也。

閻立本

唐閻立本至荆州，觀張僧繇舊跡，曰：「定虛得名耳。」明日又往，曰：「猶是近代佳手。」明日往，曰，「名下無虛士。」坐臥觀之，留宿其下，十餘日不能去。又僧繇曾作醉僧圖傳於世，長沙僧懷素有詩云：「人人送酒不曾沽，終日松間繫一壺；草聖欲成狂便發，眞堪畫入醉僧圖。」然道士每以此嘲僧，羣僧於是聚鏹數十萬，求立本作醉道圖，並傳於代。

鶴畫

黃筌寫六鶴，其一曰唳天，舉首張喙而鳴。其二曰警露，回首引頸上望。其三曰啄苔，垂首下啄於地。其四曰舞風，乘風振翼而舞。其五曰疏翎，轉項毨其翎羽。其六曰顧步。行而回首下顧。後輩丹青則而象之，杜甫詩稱：「薛公十一鶴，皆寫青田眞。」恨不見十一之勢復何如也。

吳道子

開元中將軍裴旻居喪，詣吳道子，請於東都天宮寺畫神鬼數壁，以資冥助。道子答曰：「吾畫筆久廢，若將軍有意，爲吾纏結舞劍一曲，庶因猛勵以通幽冥。」旻於是脫去縗服，若常時裝束，走馬如飛，左旋右轉，擲劍入雲，高數十丈，若電光下射，旻引手執鞘承之，劍透室而入。觀者數千人，無不驚慄。道子於是援毫圖壁，颯然風起，爲天下之壯觀。道子平生繪事得意，無出於此。

金橋圖

金橋圖者，唐明皇封泰山回，車駕次上黨，潞之父老，負擔壺漿，遠近迎謁，帝皆親加存問，受其獻饋，錫賚有差。其間有先與帝相識者，悉賜以酒食，與之話舊。故所過村部，必令詢訪孤老喪疾之家，加弔恤之。父老欣欣然，莫不瞻戴，叩乞駐留焉。及車駕過金橋，（橋在上黨）御路縈轉，上見數十里間，旗纛鮮華，羽衛齊肅，顧左右曰：「張說言我勒兵三十萬，旌旗逕千里，挾右上黨，至於太原（見后土碑），眞才子也。」帝遂召吳道子、韋無忝、陳閎，令同製金橋圖。御容及帝所乘照夜白馬，陳閎主之；橋梁山水車輿人物草木鷙鳥器仗帷幕，吳道子主之；狗馬驢騾牛羊橐駝猴兔猪貀之屬，韋無忝主之。圖成，時謂三絕焉。

先天菩薩

有先天菩薩幀本，起成都妙積寺。唐開元初有尼魏八師者，常念大悲呪，有雙流縣民劉乙，小字意兒，年十一歲，自言欲事魏尼。尼始不納，遣亦不去，常於奧室坐禪。嘗白魏云，「先天菩薩，現身此地」，遂篩灰於庭，一夕有巨跡，長數尺，輪理成就。意兒因謁畫工，隨意設色，悉不如意。有僧法成者，自云能畫，意兒常合掌仰祝，然後指授之，僅十稔功方就。後塑先天菩薩像二百四十二首，首如塔勢，分臂如蔓，所畫樣凡十五卷。有柳七師者，崔寧之甥，分三卷，往上都流行，時魏奉古爲長史，得其樣進之，後因四月八日復賜高力士，今成都者，是其次本。

資聖寺

資聖寺中窗間，吳道子畫高僧，韋述讚、李嚴書。中三門外兩面，上層不知何人畫人物，頗類閻筆。寺西廊北隅，楊坦畫，近塔天女，明睇將瞬。團塔院北堂有鐵觀音，高三丈餘。觀音院兩廊四十二賢聖，韓幹畫、元載讚。東廊北壁散馬，不意見者，如將嘶蹀。聖僧中龍樹商那和修絕妙、團塔上菩薩，李嗣眞畫，四面花鳥，邊鸞畫，當中藥王菩薩，頂上茸葵尤佳。塔中藏千部法華經，詞人作諸畫聯句。

淨城寺

淨城寺者，本唐太穆皇后宅，後捨爲寺。寺僧云：「三階院門外是神堯皇帝射孔雀處。」西禪院門外有游目記碑云，「王昭隱畫門西裏面和修吉龍王有靈」，及門內西壁有畫光目藥义，部落絕奇，鬼首上蟠蛇可懼。東廊有張璪畫林石險怪，西廊萬菩薩院門裏南壁，有皇甫軫畫鬼神及鵰，鵰若脫壁。軫與吳道子同時，吳以其藝逼己，募人刺殺之。

西明寺

唐西明慈恩寺，率多名賢書畫，慈恩塔前壁上，有畫濕耳師子趺心花，爲時所重。聖善、敬愛兩寺，皆有古畫：聖善寺木塔，有鄭廣文書畫，敬愛寺山亭院壁上，有畫雉若眞，砂子上有時賢題名及詩什甚多。

相藍十絕

大相國寺碑，稱寺有十絕。其一大殿內彌勒聖容，唐中宗朝僧惠雲於安業寺鑄成，光照天地爲一絕。其二睿宗皇帝親感夢，於延和元年七月二十七日改故建國寺爲大相國寺，睿宗御書牌額爲一絕。其三匠人王溫重裝聖容，金粉肉色，並三門下善神一對爲一絕。其四佛殿內有吳道子畫文殊維摩像爲一絕。其五供奉李秀刻佛殿障日九間爲一絕。其六明皇天寶四載乙酉歲，令匠人邊思順修建排雲寶閣爲一絕。其七閣內西頭，有陳留郡長史乙速令孤爲功德主時，令石抱玉畫護國除災患變相爲一絕。其八西庫有明皇先敕車道政往于闐國傳北方毗沙門天王樣來，至開元十三年封東嶽時，令道政於此依樣畫天王像爲一絕。其九門下有瓌師畫梵王帝釋及東廊障日內畫法華經二十八品功德變相爲一絕。其十西庫北壁有僧智儼畫三乘因果入道位次圖爲一絕也。宋次道東京記亦載相國寺十絕，乃是後來所見事迹，此不具錄。

王維

唐王維右丞，字摩詰，少以詞學知名，有高致，信佛理，藍田南置別業，以水木琴書自娛。善畫山水人物，筆蹤雅壯，體涉古今。嘗於清源寺壁畫輞川圖，巖岫盤鬱，雲水飛動。自製詩曰：「當世謬詞客，前身應畫師，不能捨餘習，偶被時人知。」又嘗至招國坊庾敬休宅，見屋壁有畫按樂圖，維孰視而笑。或問其故，維答曰：「此所奏曲，適到霓裳羽衣第三疊第一拍也。」好事者集樂工驗之，無一差者。

三花馬

唐開元、天寶之間，承平日久，世尚輕肥，三花飾馬。舊有家藏韓幹畫貴戚閱馬圖，中有三花馬。兼曾見蘇大參家有韓幹畫三花御馬。晏元獻家張萱畫虢國出行圖，中亦有三花馬。三花者剪鬉爲三辮，白樂天詩云：「鳳牋書五色，馬鬣剪三花。」

崔圓

唐安祿山之陷兩京也，王維、鄭虔、張通皆處賊庭。及尅復之後，朝廷未決其罪，俱囚於楊國忠之舊第。崔圓相國素好畫，因召於私第，令畫數壁。當時皆以圓勳貴，莫不望其救解，故運思精深，頗極能事。後皆從寬典，至於貶竄，必獲善地。

周昉

唐周昉善屬文，窮丹青之妙，多遊卿相間，貴公子也。兄皓，善騎射，隨哥舒翰征吐蕃，收石堡城，以功爲執金吾。德宗建章明寺，召皓云：「聞卿弟善畫，欲使之畫章明寺壁，卿特爲言之。」又經數月再召之，昉乃就事。落土之際（土錐朽，盡者也），都人士庶觀者以萬數，其間鑒別之士，有稱其善者，或指其瑕者，昉隨日改定，月餘是非語絕，無不歎其神妙。郭汾陽婿趙縱侍郎，嘗令韓幹寫眞，衆稱其善。後復請昉寫之，二者皆有能名。汾陽嘗以二畫張於坐側，未能定其優劣，一日趙夫人歸寧，汾陽問曰：「此畫誰也？」云：「趙郎也。」復曰：「何者最似？」云：「二畫皆似，後畫者爲佳。蓋前畫者空得趙郎狀貌，後畫者兼得趙郎情性笑言之姿爾。」後畫者乃昉也。汾陽喜曰：「今日乃決二子之勝負。」於是令送錦綵數百疋以酬之。昉平生畫牆壁卷軸甚多，貞元間新羅人以善價收置數十卷，持歸本國。

張璪

唐張璪員外，畫山水松石，名重於世，尤於畫松，特出意象。能手握雙管，一時齊下，一爲生枝，一爲枯榦，勢凌風雨，氣傲煙霞，分鬱茂之榮柯，對輪囷之老枿，經營兩足，氣韻雙高，此其所以爲異也。璪嘗撰繪境一篇，言畫之要訣。初畢宏庶子擅名於代，一見璪畫驚歎之。璪又有用禿筆，或以手模絹素而成畫者。因問璪所授，璪曰：「外師造化，中得心源。」畢君於是閣筆。建中末曾於長安平康里張氏第畫八幅山水障，破墨未了，值朱泚之亂，京城擾動，璪亦登時逃去。其家人見在楨，蒼忙掣落。此障最見璪用思處。

又有一士人家曾請璪畫林石一障。士人云亡，有兵部李約員外，好畫成癖，知而購之，其家弱妻已練爲衣裏矣。惟得兩幅，雙柏一石在焉。李嗟惋久之，作練檜記，述張畫意詞，多不載。目具李約文集。

石橋圖

保壽寺本高力士宅，天寶九載捨爲寺。初鑄鐘成，力士設齋慶之，舉朝畢至，一擊百千，有規其意，連擊二十杵者。其經藏閣規模危巧，兩塔上火珠受十餘斛。文宗朝有河陽從事李涿者，性好奇古，與寺僧善，嘗與之同觀寺庫中舊物，忽於破甕內得物如被幅裂汗，坌觸而塵起，涿徐視之，乃畫也。因以州縣圖三及絹三十疋換之。令家人裝治，幅長丈餘，因持訪於常侍柳公權，乃知張萱所畫石橋圖。明皇賜力士，因留寺中也。後爲鬻畫人宗牧言於左軍，忽一日有中使至涿第宣敕取之，卽時進入禁中。帝好古，見之大悅，命張於雲韶院。

柳公權

唐柳公權名節，文行著在簡策。志耽書學，不能治生，爲勳戚家碑版問遺，歲時鉅萬，多爲主藏者海鷗龍安所竊。別貯酒器杯盂一笥，緘縢如故，其器皆亡，訊海鷗，乃曰：

「不測其亡。」公權哂曰，「銀杯羽化耳」。不復更言。所寶惟筆硯圖書，自扃鐍之。

會昌廢壁

唐李德裕鎮浙西日，於潤州建功德佛宇，曰甘露寺。當會昌廢毀之際，奏請獨存，因盡取管內廢寺中名賢畫壁置之甘露。乃晉顧愷之、戴安道，宋謝靈運、陸探微，梁張僧繇，隋展子虔，唐韓幹、吳道子畫。又成都靜德精舍，有薛稷畫雜人物鳥獸一壁。有胡氏亡其名嗜古好奇。惜少保之迹將廢，乃募壯夫操斤力劖於頹垣之際，得像三十七首，馬八蹄；又於福聖寺得展子虔天樂部二十五身。悉陷於屋壁，號寶墨亭，司門外郎郭圓作記。自是長者之車，益滿其門矣。

西園圖

清夜遊西園圖者，晉顧長康所畫，有梁朝諸王跋尾處云，圖上若干人，並食天廚。唐貞觀中，褚河南裝背題處具在。其圖本張維素物，傳至相國張弘靖家。弘靖元和中，忽奉詔取之。是時並鍾元常書道德經一部，同進入內。後中貴人崔譚峻自禁中將出，復流落人間。有張維素子周封，涇州從事，帙滿居京，一日有人將此圖求售，周封驚異之，遽以絹數疋易得。經年，忽聞款門甚急，問之，見數人同稱仇中尉，願以三百素易公清夜遊西園圖。周封憚其迫脅，遽以圖授之。翊日果齎絹至。後方知其僞，乃是一豪士求江淮大鹽院，時王涯判鹽鐵，酷好書畫，謂此人曰：「爲余訪得清夜遊西園圖，當遂公所請。」因爲計取之耳。及十家事起後，流落一粉鋪家，未幾爲郭承嘏侍郎閽者，以錢三百市之，以獻郭公。郭公卒，又流傳至令狐相家。一日宣宗問相國有何名畫，相國具以圖對，旣而復進入內。

雪詩圖 李益附

唐鄭谷有雪詩云：「亂飄僧舍茶煙濕，密灑歌樓酒力微。江上晚來堪畫處，漁人披得一簑歸。」時人多傳誦之。段贊善善畫，歷代名畫記中有段去惑，豈非宮贊。因採其詩意景物圖寫之，曲盡蕭灑之思，持以贈谷，谷珍領之，復爲詩寄謝云：「贊善賢相後，家藏名畫多，留心於繪素，得事在煙波。屬興同吟詠，功成更琢磨，爱余風雪句，幽絕寫漁簑。」

李益者，肅宗朝宰相揆之族子，登進士第，有才思，長於歌詩。有征人歌、早行篇，好事者盡圖寫爲屛障。如「回樂峯前沙似雪，受降城外月如霜」之句是也。

鄭贊

唐外郎滎陽鄭贊，宰萬年日，有以賊名而荷校者，贊命取所盜以視，則煙晦古絲三四幅，齊厨裁褾，班鱸皮軸之，曰：是畫也。太尉李公所寶惜，有賀皇圖篆存焉。當時人以七萬購獻於李公者，遂得渠横梁倅職。後因出妓，復落民間。今幸其妓人不鑒，以卑價市之，後妓人自他所得知其本直，因歸訴請，以所虧價輸罪。贊不得决，時延壽里有水墨李處士，以精别畫品遊公卿門，召使辨之。李瞪目三歎曰：「韓展之上品也。」雖黄沙之情已具，而丹筆之斷尚疑。會有賚籍自禁軍來認者，贊以且異姦盜，非願苟留，因並畫桱送之，後永亡其耗。

盧氏宅

唐德州刺史王倚，家有筆一管，稍粗於常用，筆管兩頭各出半寸已來，中間刻從軍行一鋪，人馬毛髮，亭臺遠水，無不精絶。每一事刻從軍行詩兩句，若「庭前琪樹已堪攀，塞外征人殊未還」是也。似非人功，其畫迹若粉描，向明方可辨之，云用鼠牙雕刻。故崔鋋郎中文集有王氏筆管記，體類韓退之記畫。倚之子紹孫，博雅好古，善琴阮，其所居乃盧氏舊宅，在洛中歸德坊南街。廳屋是杏木梁，西壁有韋旻郎中畫散馬七疋。東壁有張長史草書數行，長史世號張顛，宅之東果園，兩京新記所載，是馬周舊宅。

趙嵒

梁駙馬都尉趙喦，酷好繪事，兼嫺小筆。偶唐末亂世，獨推至鑒。人有鬻畫者，則必以善價售之，不較其多少，由是四遠向風，抱畫者歲無虛日。復以親貴擅權，凡所依附，率多以法書名畫爲贄，故畫府祕藏圖軸，僅五千餘卷，時稱盛焉。暇日亦多自倣前賢名迹，動成卷軸。每延致藝士軸湊門館，各取其所長而厚遇之，然多不逌己也，亦未始面加雌黃。荒淺甚者，自慚而退。食客常至百餘人，其間亦多琴棋道術高雅之流，時衣冠士族，尙有唐之遺風也。以畫見留者，惟胡翼王殷二人而已。嘗令胡翼品第畫府之優劣，中品已下，或有未至者，卽指示令醫去其病。或用水刷，或以粉塗，有經數次方合其意者。時人謂之趙家畫選場，其精別如此。愚謂天水用適一時之意則已，果然數以粉塗水洗，則成何畫也？

劉彥齊

梁千牛衞將軍劉彥齊，善畫竹，爲時所稱。世族豪右，祕藏書畫，雖不及天水之盛，然好重鑒別，可與之爭衡矣。本借貴人家圖畫，臧賂掌畫人私出之，手自傳模，其間用舊褾軸裝治，還僞而留眞者有之矣。其所藏名迹，不啻千卷。每暑伏曬曝，一一親自卷舒，終日不倦。能自品藻，無非精當，故當時識者皆謂唐朝吳道子手，梁朝劉彥齊眼也。

常生

王先主旣下蜀城，謁僞宗御容，於時繪壁，百僚咸在，惟不見田令孜、陳太師，因問何不寫貌彼二人？左右對以近方塗滅。先主曰：「不然，吾與陳田本無讎恨，圖霸之道，披此血刃，豈與丹青爲參商乎？」遽命工重寫之。待詔常生名重胤曰，「不必援毫」，乃按皂莢水洗壁，而風姿宛然，先主嘉賞之，賜以金帛也。常生傳神，素號絕手，自云：我畫壁除摧圮搨爛外，雨淋水洗，斷無剝落。先是詩僧貫休能畫，謂常生曰：「貧道觀畫多矣，如吾子所畫，前無來人，後無繼者。」其見賞如此。

圖畫見聞誌卷第五終

圖畫見聞誌卷第六

近事 皇朝 孟蜀 江南 大遼 高麗 總三十二事

玉堂故事

太祖平江表，所得圖畫賜學士院，初有五十餘軸，及景德咸平中，只有雨村牧牛圖三軸，無名氏，寒蘆野鴈三軸，徐熙筆，五王飲酪圖二軸，周文矩筆，悉令重裝背焉。玉堂後北壁兩堵，董羽畫水，正北一壁，吳僧巨然畫山水，皆有遠思，一時絕筆也。有二小壁畫松，不知誰筆，亦妙，今並在焉。

樞密楚公

江表用師之際，故樞密使楚公，適典維揚，於時調發軍餉，供濟甚廣，上錄其功，將議進拜。公自陳願寢爵賞，聞李煜內庫所藏書畫甚富，輒祈恩賜。上嘉其志，遂以名筆僅百卷賜之，往往有李主圖篆，暨唐賢跋尾。（公薨後，尋多散失，其孫泰今爲太常少卿，刻意購求，頗有所獲。少卿乃余之祖舅，如江都王馬，韓晉公牛，王摩詰輞川樣等，常得觀焉。）

蘇氏圖畫

蘇大參，雅好書畫，風鑒明達，太平興國初，江表平，上以金陵六朝舊都，復聞李氏精博好古，藝士雲集，首以公倅是邦。因喻旨搜訪名賢書畫，後果得千餘卷上進，既稱旨，乃以百卷賜之。公後入拜翰林承旨，啓沃之餘，且復語及圖畫，於时敕借數十品於私第，未幾就賜焉。至今蘇氏法書名畫，最爲盛矣。（公嘗奏對於便殿，屢目畫屛，其畫乃鍾隱畫鷹猴圖，上知其意，即時取以賜之。余嘗於其孫之純處見之。）

王氏圖畫

王文獻家書畫繁富，其子貽正，繼爲好事，嘗往來京洛間，訪求名迹，充牣巾衍。太宗朝嘗表進所藏書畫十五卷，尋降御扎云：「卿所進墨迹並古畫，復遍看覽，俱是妙筆。除留墨迹五卷、古畫三卷領得外，其餘却還卿家，付王貽正。」其餘者乃是王羲之墨迹，晉朝名臣墨迹，王徽之書，唐閻立本畫，老子西昇經圖，薛稷畫鶴，凡七卷。猶子渙遂得模詔扎，刊於翠琰。

秋山圖

太平興國中，祕閣曝畫，時陶穀爲翰長，因展秋山圖一面，令黃居寀品第之，居寀一見動容曰：「此圖實居寀與父筌奉孟主命同畫，以答江南信幣，絹縫中有居寀父子姓名。」視之果驗。曾有人於向文簡家見十二幅圖，花竹禽鳥，泉石地形，皆極精妙。上題云：如京副使臣黃筌等十三人合畫。圖之角却有江南印記，乃是孟氏贈李主之物也。文簡薨，其圖不知所在。

恩賜种放

眞宗祀汾陰還，駐蹕華陰，因登亭望蓮花峯，忽憶种放居是山，亟令中貴人裴愈召之。時放稱疾不應召，上笑而止，因問愈曰：「放在家何爲耶？」愈對曰：「臣到放所居時，會放在草廳中看畫水牛二軸。」上顧謂侍臣曰：「此高尚之士怡性之物也。」遂按行在所見匱從圖軸得四十餘卷，盡令愈往賜之，皆名蹤古迹也。放隱終南山豹林谷，或居華山，往來不常，時方在華山也。

臥雪圖

丁晉公典金陵，陛辭之日，眞宗出八幅，袁安臥雪圖一面，其所畫人物車馬林石廬舍，靡不臻極作。從者苦寒之態，意思如生。旁題云：臣黃居寀等定到神品上。但不書畫人姓名，亦莫識其誰筆也。上宣諭晉公曰：「卿到金陵日，可選一絕景處張此圖。」晉公至金陵，乃於城之西北隅構亭，曰賞心，危聳清曠，勢出塵表，遂施圖於巨屏，到者莫不以此爲佳觀。歲月既久，縑素不無敗裂，由是往往爲人刲竊。後王君玉密學，出典是邦，素聞此圖甚奇，下車之後，首欲縱觀，乃見竊以殆盡，嗟惋久之，乃詩於壁。其警句云：「昔人已化嘹天鶴，往事難尋臥雪圖。」

覺稱畫

大中祥符初，有西域僧覺稱，來館於興國寺之傳法院，其僧通四十餘本經論，年始四十餘歲。丁晉公延見之，嘉其敏惠，後作聖德頌以上，文理甚富。上問其所欲，但云：「求金襴袈裟，歸置金剛坐下。」尋詔尚方造以給之。覺稱自言酤蘭左國人，刹帝利姓。善畫，嘗於譯堂北壁畫釋迦，面與此方所畫絕異。昔有梵僧帶過白氎上本，亦與尋常氎像不同，蓋西國所稱彷彿其眞，今之儀相始自晉戴逵刻製梵像，欲人生敬，時頗有損益也。

慈氏像

景祐中，有畫僧曾於市中見舊功德一幅，看之，乃是慈氏菩薩像，左邊一人執手爐，裹幞頭，衣中央服，右邊一婦人捧花盤，頂翠鳳寶冠，衣珠絡，泥金廣袖。畫僧默識其立意非俗，而畫法精高，遂以半千售之。乃重加裝背，持獻入內閤都知，閤一見且驚曰：「執香爐者，實章聖御像也，捧花盤者，章憲明肅皇太后眞容也。此功德乃高文進所畫，舊是章憲閤中，別置小佛堂供養，每日凌晨焚香恭拜。章憲歸天，不意流落一至於此。」言訖於悒，乃以束縑償之。復增華其褾軸，即日進於澄神殿，仁廟對之，瞻慕感容，移刻方罷，命藏之御府，以白金二百星賜答之。

千角鹿圖

皇朝與大遼國馳禮，於今僅七十載，繼好息民之美，曠古未有。慶曆中其主興宗號以五幅縑畫千角鹿圖爲獻，旁題年月日御畫。上命張圖於太淸樓下，召近臣縱觀。次日又敕中閤宣命婦觀之。畢，藏於天章閣。

訓鑒圖

皇祐初元，上敕待詔高克明等圖畫三朝盛德之事，人物纔及寸餘，宮殿山川，鑾輿儀衞咸備焉。命學士李淑等編次序讚之，凡一百事，爲十卷，名三朝訓鑒圖。圖成復令傳模，鏤版印染，頒賜大臣及近上宗室。

五客圖

李文正嘗於私第之後園，育五禽以寓目，皆以客名之。後命畫人寫以爲圖，鶴曰仙客，孔雀曰南客，鸚鵡曰隴客，白鷴曰閒客，鷺鷥曰雪客。各有詩篇題於圖上，好事者傳寫之。

退思巖

魯肅簡以孤直遇主，公家之事，知無不爲。每中書罷歸私宅，別居一小齋，圖繪山水，題曰退思巖，獨游其間，雖家人罕接焉。

張氏圖畫

張侍郎去華典成都時，尙存孟氏有國日屛扆圖障，皆黃筌輩畫。一日淸河患其暗舊損破，悉令換易，遂命畫工別爲新製，以其換下屛面，洎公帑所有舊圖，呼牙儈高評其直以自售，一日之內，獲黃筌等圖十餘面。後貳卿謝世，頗有奉葬者。其子師錫，善畫好奇，以其所存寶藏之，師錫死，復有葬者。師錫子景伯亦工畫，有高鑒，尙存餘蓄以自寶玩。景伯死，悉以葬焉。

丁晉公

丁晉公家藏書畫甚盛，南遷之日，籍其財產，有李成山水寒林共九十餘軸，他皆稱是。

後悉分掌內府矣。

鬭牛畫

馬正惠嘗得鬭水牛一軸，云厲歸眞畫，甚愛之。一日展曝於書室雙扉之外，有輸租莊賓適立於砌下，凝玩久之，旣而竊哂。公於靑瑣間見之，呼問曰：「吾藏畫，農夫安得觀而笑之，有說則可，無說則罪之。」莊賓曰：「某非知畫者，但識眞牛，其鬭也，尾夾於髀間，雖壯夫旅力，不可少開。此畫牛尾舉起，所以笑其失眞。」愚謂雖畫者能之，妙不及農夫見之專也，擅藝者所宜博究。

玉畫叉

張文懿性喜書畫，今古圖軸，襞積繁夥，銓量必當，愛護尤勤。每張畫，必先施帟幕，畫叉以白玉爲之，其畫可知也。

董羽壁

玉堂北壁，舊有董羽畫水二堵，筆力遒勁，勢若搖動，其下一二尺，頗有雨壞處。蘇易簡爲學士，尤愛重之。蘇適受詔知舉，將入南宮，囑於同院韓丕，使召名筆完葺之。蘇旣去，韓乃呼工之赤白者朽墁其半，而用朱畫欄檻以承之。蘇出見之，悵恨累日。雖命水洗滌，而痕迹至今尙存。時人以蘇之鑒尙，韓之純朴，兩重焉。

沒骨圖

李少保端願有圖一面，畫芍藥五本，云是聖善齊國獻穆大長公主房臥中物，或云，太宗賜文和。其畫皆無筆墨，惟用五彩布成。旁題云：翰林待詔臣黃居寀等定到上品。徐崇嗣畫沒骨圖，以其無筆墨骨氣而名之，但取其濃麗生態以定品。後因出示兩禁賓客，蔡君謨乃命筆題云：「前世所畫，皆以筆墨爲上，至崇嗣始用布彩逼眞，故趙昌輩傚之也。」愚謂崇嗣遇興偶有此作，後來所畫，未必皆廢筆墨，且考之六法，用筆爲次。至如趙昌，亦非全無筆墨，但多用定本臨摹筆氣羸懦，惟尙傅彩之功也。

孝嚴殿

治平甲辰歲，於景靈宮建孝嚴殿，奉安仁宗神御，乃鳩集畫手，畫諸屏扆牆壁。先是三聖神御殿兩廊，圖畫創業戡定之功，及朝廷所行大禮。次畫講肄文武之事，遊豫宴饗之儀。至是又兼畫應仁宗朝輔臣，呂文靖已下至節鉞，凡七十二人。時張龍圖燾主其事，乃奏請於逐人家取影貌傳寫之。鴛行序列，歷歷可識其面，於是觀者莫不歎其盛美。

相國寺

治平乙巳歲雨患，大相國寺以汴河勢高，溝渠失治，寺庭四廊，悉遭淹浸，圮塌殆盡。

其牆壁皆高文進等畫，惟大殿東西走馬廊，相對門廡，不能爲害。東門之南，王道眞畫給孤獨長者買祇陁太子園因緣，東門之北，李用及與李象坤合畫牢度义鬭聖變相，西門之南王道眞畫誌公變、十二面觀音像，西門之北，高文進畫大降魔變相。今並存之，皆奇迹也。其餘四面廊壁，皆重修復，後集今時名手李元濟等，用內府所藏副本小樣重臨倣者，然其間作用，各有新意焉。

王舍城寺

魏之臨淸縣東北隅，有王舍城佛剎，內東邊一殿極古，四壁皆吳生畫禪宗故事，其畫不知誰人，頗豬河南。循例接勞北使及使遼者過，則縣大夫自請遊觀，仍粉牓誌使者姓名。

應天三絕

唐僖宗幸蜀之秋，有會稽山處士孫位扈從，止成都。位有道術，兼工書畫，曾於成都應天寺門左壁，畫坐天王暨部從鬼神，筆鋒狂縱，形製詭異，世莫之與比，歷三十餘載，未聞繼其高躅。至孟蜀時，忽有匡山處士景煥一名朴善畫。煥與翰林學士歐陽烱爲忘形之友，一日聯騎同遊應天，適覩位所畫門之左壁天王，激發高興，遂畫右壁天王以對之。二藝爭鋒，一時壯觀，渤海歎重其能，遂爲長歌以美之。繼有草書僧夢歸後至，因請書於廊壁。書畫歌行，一日而就。傾城士庶看之，闐噎寺中，成都人號爲應天三絕也。（辛顯云，景煥所畫不及孫位遠甚。）煥尤好畫龍，有野人閑話五卷行於世。其間一篇，惟敍畫龍之事。

八仙眞

道士張素卿，神仙人也，曾於青城山丈人觀畫五嶽四瀆眞形，並十二溪女數壁，筆迹遒健，神彩欲活。見之者心悚神悸，足不能進，實畫之極致者也。孟蜀後主，數遣祕書少監黃筌令依樣摹之。及下山，終不相類，後因蜀主誕日，忽有人持素卿畫八仙眞形以獻蜀主，蜀主觀之，且歎曰：「非神仙之能，無以寫神仙之質。」遂厚賜以遣。一日命翰林學士歐陽烱次第讚之，復遣水部員外郎黃居寶八分題之。每觀其畫，歎其筆迹之縱逸，覽其讚，賞其文詞之高古，玩其書，愛其點畫之雄壯。顧謂八仙不讓三絕。（八仙者，李阿、容成、董仲舒、張道陵、嚴君平、李八百、長壽仙、葛永璝。）

鍾馗樣

昔吳道子畫鍾馗，衣藍衫，鞹一足，眇一目，腰笏巾首而蓬髮，以左手捉鬼，以右手抉其鬼目。筆迹遒勁，實繪事之絕格也。有得之以獻蜀主者，蜀主甚愛重之，常挂臥內。一日召黃筌令觀之，筌一見稱其絕手。蜀主因謂筌曰：「此鍾馗若用拇指搯其目，則愈見有力，試爲我改之」。筌遂請歸私室，數日看之不足，乃別張絹素畫一鍾馗，以拇指掐其鬼目。翌日並吳本一時獻上。蜀主問曰：「向止令卿改，胡爲別畫？」筌曰：「吳道子所畫鍾馗，一身之力，氣色眼貌，俱在第二指，不在拇指，以故不敢輒改也。臣今所畫，雖不迨古人，然一身之力，倂在拇指，是敢別畫耳。」蜀主嗟賞之，仍以錦帛鍪器，旌其別識。

賞雪圖

李中主保大五年，元日大雪，命太弟已下登樓展宴，咸命賦詩。令中人就私第賜李建勳繼和。是時建勳方會中書舍人徐鉉、勤政學士張義方於溪亭，卽時和進。乃召建勳、鉉、義方同入，夜艾方散。侍臣皆有興詠，徐鉉爲前後序，仍集名手圖畫，曲盡一時之妙。眞容高冲古主之，侍臣法部絲竹，周文矩主之，樓閣宮殿，朱澄主之，雪竹寒林，董源主之，池沼禽魚，徐崇嗣主之。圖成，無非絕筆。

南莊圖

李後主有國日，嘗令周文矩畫南莊圖，盡寫其山川氣象，亭臺景物，精思詳備，殆爲絕格。開寶癸亥歲歸，朝首貢於闕下，籍之祕府。

李主印篆

李後主才高識博，雅尙圖書，蓄聚旣豐，尤精賞鑒。今內府所有圖軸，曁人家所得書畫，多有印篆，曰內殿圖書、內合同印、建業文房之寶、內司文印、集賢殿書院印、集賢院御書印（此印多用墨）。或親題畫人姓名，或有押字，或爲歌詩雜言。又有織成大回鸞、小回鸞、雲鶴練、鵲墨錦褾飾（今綾錦院倣此織作）。提頭多用織成縚帶，籤貼多用黃經紙，背後多書監裝背人姓名，及所較品第，又有澄心堂紙，以供名人書畫。

鋪殿花

江南徐熙輩，有於雙縑幅素上畫叢豔疊石，傍出藥苗，雜以禽鳥蜂蟬之妙，乃是供李主宮中挂設之具，謂之鋪殿花。次曰裝堂花，意在位置端莊，駢羅整肅，多不取生意自然之態，故觀者往往不甚采鑒。

常思言

余熙寧辛亥冬，被命接勞北使爲輔行，日與其副燕人馬禋、邢希古結駟並馳。希古恭順詳敏，有儒者之風，從容語及圖畫。且燕京有一布衣，常其姓，思言其名，善畫山水林木，求之者甚衆，然必在渠樂與卽爲之，旣不可以利誘，復不可以勢動，此其所以難得也。復見問曰：「南朝諸君子頗有好畫者否？」余答曰：「南朝士大夫自公之暇，固有琴樽書畫之樂。」希古慨然嗟慕，形乎神色。愚以謂常生者，擅藝居幽朔之間，不被中國之聲教，果能不可以勢動，復不可以利誘，則斯人也，豈易得哉！

高麗國

皇朝之盛，遐荒九譯來庭者，相屬於路，惟高麗國敦尚文雅，漸染華風。至於伎巧之精，他國罕比，固有丹青之妙。錢忠懿家有着色山水四卷，長安臨潼李虞曹家有本國八老圖二卷，及曾於楊褒虞曹家見細布上畫行道天王，皆有風格。熙寧甲寅歲，遣使金良鑒入貢，訪求中國圖畫，銳意購求，稍精者十無一二，然猶費三百餘緡。丙辰冬復遣使崔思訓入貢，因將帶畫工數人奏請模寫相國寺壁畫歸國。詔許之，於是盡模之持歸。其模畫人頗有精於工法者。彼使人每至中國，或用摺疊扇爲私覿物。其扇用鴉青紙爲之，上畫本國豪貴，雜以婦人鞍馬，或臨水爲金砂灘，暨蓮荷花木水禽之類，點綴精巧。又以銀泥爲雲氣月色之狀，極可愛，謂之倭扇，本出於倭國也。近歲尤祕惜，典客者蓋稀得之。

倭國乃日本國也，本名倭，既耻其名，又自以在極東，因號日本也，今則臣屬高麗也。

術畫

夫士必以忠醇徑亮，盡瘁於公，然後可稱於任，可爵於朝；惡夫邪佞以苟進者，則不免君子之誅。藝必以妙悟精能取重於世，然後可著於文，可寶於笥；惡夫眩惑以沽名者，則不免鑒士之棄。昔者孟蜀有一術士稱善畫，蜀主遂令於庭之東隅畫野鵲一隻，俄有衆禽集而噪之。次令黃筌於庭之西隅畫野鵲一隻，則無有集禽之噪。蜀主以故問筌，對曰：「臣所畫者藝畫也，彼所畫者術畫也，是乃有噪禽之異。」蜀主然之。國初有道士陸希眞者，每畫花一枝張於壁間，則遊蜂立至，向使邊、黃、徐、趙輩措筆，定無來蜂之驗，此抑非眩惑取功，沽名亂藝者乎？至於野人騰壁，美女下牆，映五彩於水中，起雙龍於霧外，皆出方術怪誕，推之畫法闕如也，故不錄。

圖畫見聞誌卷第六終

此殘宋刻本圖畫見聞志四五六共三卷，周香嚴所藏書也。四月二十二日余訪香嚴，香嚴詢余近日得書幾何，余以澗薲於玉峯所收元刻丁鶴年集、明人葉德榮手抄法帖刊誤、翻宋版圖畫見聞志三種對。香嚴卽出圖畫見聞志一册示余曰：「君所得者，與此本同否？」余曰：「行欵似同，然亦記憶不甚明晰矣。」香嚴曰：「此王蓮涇家藏書也。」余初得時，亦認爲宋版，旣而見其字畫方板，疑爲翻本，曷携去對之，余曰：「此册僅半，尚有前三卷否？」香嚴曰：「此殘本也」。余卽從香嚴乞之，蓋余舊藏，此書元人抄本止前三卷，香嚴亦所素知，故敢丐此以爲尾之續也。及携歸與澗薲同觀，亦認爲翻宋本。遂取前所收者勘之，行欵雖同，而楮墨俱饒古氣，細辨字畫，遇宋諱皆缺筆，翻本不如是也。爰揭去舊時背紙，見原楮皆羅紋闊連而橫印者，始信宋刻宋印。以翻本行欵證之，此卽所謂臨安府陳道人書籍鋪刊行本也。且余所藏南宋書棚本，如許丁卯、羅昭諫，唐人諸集，字畫方板皆如是，益信其爲宋本無疑。率作一律，酬香嚴以誌謝，命工裝池，與元抄爲合璧。所贈雖出自良友，而工費幾及緡錢四五千，爲古書計，所不惜矣。補綴之處，有白紙者皆舊時塡寫字跡，其蠹蝕之餘，悉以一色舊紙補綴，遇字畫欄格缺斷者，倩澗薲以淡墨描寫，至原刻原印之模糊缺失，悉仍其舊，誠愼之至也。余思此書宋刻，向藏書家無有，是今所見雖藏殘本，幸得元抄相合，差稱兩美。貯諸讀未見書齋，洵爲未見之書矣，因述其顚末如此。

嘉慶歲在己未中夏九日棘人黄丕烈識。

附錄贈周香嚴詩

元抄藏自我，宋刻贈由君，兩美此時合，一書何地分。翻雕模舊印，缺畫認遺文，嗜古憐同志，相從廣見聞。

壬申立冬前一夕坐雨，百宋一廛中燒燭檢此，與西賓陸拙生同觀，時拙生亦自玉峯科試歸，而書集街竟無一獲，古書難得，數年之間，已判盛衰矣。余之重檢是書者，閶門收藏書畫家，新得一圖畫見聞志，云是元人郭天錫手書，亦係殘本。友人陳拙安爲余言之，安知非即是元人鈔本之原失耶？聊設癡想，附記博聞。

復翁

郭天錫手錄，係月軒王氏藏本。癸酉中秋後八日，王雪辰兄攜來，得以展讀，統計廿三葉半。其文不全，皆就所存裁割裝之成一冊。其可考者，曰圖畫見聞志，敍論卷第一，圖畫見聞志記藝卷上第二，然細按之，三卷至四卷五卷間，有一二存者，特無標題，未可考耳。最後一條云，泰定三年丙寅十一月，借俞用中本錄，用中謂是書得之四明史氏云，十又五日，天錫記錄此，以見梗概。 復翁

甲戌端午夏至日，以番錢十六餅勉購郭天錫手錄殘本，與此並藏。郭冊爲明螢照堂車氏舊藏，車氏收藏甚夥，有法帖精刊，此郭氏眞迹，當不謬也。 復翁記

閶門人家收藏郭天錫書者，亦係前三卷，但更缺失耳，字形稍大，非此所遺也。王雪辰初爲余言之，癸酉歲初六日。 復翁又記。

命工錢端正重裝 宋刻後三卷共四十一葉

跋

是書前三卷，爲元人手抄，後三卷爲南宋陳道人書籍鋪刊本，蕘翁先後得之，遂成合璧。今藏常熟瞿氏鐵琴銅劍樓。瞿目謂以明翻宋陳道人刊本，校元人所抄，頗有不同。如卷一次行題郭若虛撰，又次爲敍論，細目七行，而陳本無之。卷二李昇條注云：「蜀中多呼昇爲小李將軍，小李將軍乃思訓之子。」陳本脫下小李將軍四字。卷三文同條末有一字至十字詩，陳本亦失載云云。郭氏原序第十一行空缺三字，以學津討源本覈之，上下文字互異。又永昌元年凡兩見，皆不作會昌，知非偶誤。卷一論黃徐體異條，刁處士名光下云，「下一字犯太祖廟諱」，則其所據之本亦必爲別一宋刻也。卷六第十一葉描補七字，第十三葉四十字均近下闌，殆卽蕘翁所謂舊時塡寫者。第十三葉第六行末夫字且誤作失。蕘翁愛護此書，愼之又愼，今亦悉仍其舊，猶蕘翁志也。毛子晉稱若虛深鄙衆工，而獨歸於軒冕巖穴，爲是翁之卓識。四庫總目又謂是書於一百五六十年中，名人藝士，流派本末，頗稱賅備，實視劉道醇畫評爲詳云云。蓋其上繼彥遠，下開鄧椿，亦藝苑之功臣也。崑山胡文楷。

附汲古閣本跋

張彥遠紀歷代名畫，絕筆於唐之會昌元年，得三百七十餘人。又別撰法書要錄，每自言曰：「好事者得余二書，則書畫之事畢矣。」唐末迄於五季，繪藝如林，若李成、關仝、范寬，山水開闢，天資絕技，肯讓前哲。徐熙、滕昌祐諸人，寫生獨步。更入北宋畫品，清空神化，如韓退之作文，振起八代之靡靡也。郭若虛生熙寧之盛，時就所見聞，得若干人，以續彥遠之未逮，但有編次，殊乏品隲。政弗欲類謝赫之低昂太著，李嗣眞之空列人名耳。至深鄙衆工，謂雖畫而非畫者，而獨歸於軒冕巖穴，自是此翁之卓識也。

海虞毛晉識

〔郡齋讀書志〕圖畫見聞志六卷，皇朝郭若虛撰。若虛以張愛賓之書絕筆永昌元年，因續之，歷五代止國朝熙寧七年，分敍論、紀藝、故事、近事四門。

〔直齋書錄解題〕圖畫見聞志六卷，太原郭若虛撰。元豐中自序，稱大父司徒公，未知何人？郭氏在國初無顯人，但有郭承祐耳，其書欲繼張彥遠之後。

〔四庫全書總目提要〕圖畫見聞志六卷，宋郭若虛撰。若虛不知何許人？書中有「熙寧辛亥冬，被命接勞北使爲輔行」語，則嘗爲朝官，故得預接伴。陳振孫書錄解題云：「自序在元豐中稱大父司徒公，未知何人？郭氏在國初無顯人，但有郭承祐耳。」然今考史傳，並郭承祐亦不載，莫之詳也。是書馬端臨文獻通考作名畫見聞志，而宋史藝文志、鄭樵通志略，則所載與今本並同。蓋通考乃傳寫之誤。若虛以張彥遠歷代名畫記絕筆唐末，因續爲裒輯，自五代至熙寧七年而止，分敍事、記藝、故事拾遺，近事四門。鄧椿畫繼嘗議其評孫位景朴優劣倒置，由未嘗親至蜀中，目覩其畫。又謂江南王凝之花鳥、潤州僧修範之湖石，道士劉貞白之石梅雀，蜀童祥、許中正之人物仙佛，邱仁慶之花，王延嗣之鬼神，皆熙寧以前名筆，而遺略不載。然一人之耳目，豈能徧觀海內之丹青，若虛以見聞立名，則遺略原所不諱，況就其所載論之，一百五六十年之中，名人藝士，流派本末，頗稱賅備，實視劉道醇畫評爲詳，未可偶漏數人，遽見嗤點。其論製作之理，亦能深得畫旨，故馬端臨以爲看畫之綱領，亦未可以一語失當爲玷也。

〔余紹宋書畫書錄解題〕案是書爲續張氏歷代名畫記而作，久有評定，信堪步武。書凡六卷，第一卷敍論十六篇，蓋仿張氏前三卷之作，其中論製作楷模及婦人形相二篇，説作畫之精意，至爲透澈，論氣韻非師及古今優劣兩篇，尤爲精到之作。（敍自古規鑒篇中言後漢明德馬皇后云云，明德實爲明帝之后，非光武后也。此是偶誤，姑爲拈出，附識於此。）第二至第四卷紀藝，即畫人傳，自唐會昌二年，迄於宋熙寧七年，計唐末得二十七人，五代得九十一人，宋得一百六十六人。其敍述事實固佳，然以較張氏則少遜，其於宋代忽爲分類，而王公大人高尚二類，又別爲人物、傳寫、山水、花鳥、雜畫諸門，不無可議。至其中不加品第，毛子晉跋謂其弗欲類謝赫之低昂太著，李嗣眞之空傳人名，未爲篤論；品評書畫之風，至宋漸替，蓋其時已知此業之無甚實益，相率不談，郭氏自序中，已微露其旨，所謂風會使然，郭氏亦莫能外也。第五卷爲故事拾遺，皆記唐末朱梁、王蜀故事，凡二十七則，自序謂記諸家畫說略而未至者，故云拾遺，然如張璪事，則歷代名畫記已有其文，不知緣何又收入也。第六卷爲近事，記宋代、孟蜀、江南、大遼、高麗故事，凡三十二則，俱足以資談助。此兩卷皆張氏名畫記所無者，續前人之書，而不襲其舊式，亦是書長處也。自來言畫之書，義例每嫌蕪雜，是編首敍諸家文字，意在著錄前人論述，以明其述作之淵源，末一篇敍術畫，斥方術怪誕之謬，以明畫道之正軌，章法謹嚴，得未曾有。前有郭氏自序。

作者事略

案郭若虛，太原人。見直齋書錄解題。熙寧三年官供備庫使，尙永安縣主，見王珪華陽集東安郡王墓志。七年八月丁丑以西京左藏庫副使，副宋昌言爲遼國賀正旦使，八年爲文思副使，坐使遼不覺翰林司卒逃遼地，降一官，見續通鑑長編。陸心源儀顧堂題跋。

圖畫見聞誌校勘記

四部叢刊影印瞿氏鐵琴銅劍樓藏宋刻配元鈔本用津逮秘書與學津討原兩本校

序

「時與丁晉公、馬正惠蓄畫均」。毛張兩本並作「蓄書畫均」。有書字。

「鑒別精明」。別，毛張兩本並作裁。

「臨言感咽」。咽，毛張兩本並作噎。

「料新故於奔馳之域」。新故，毛張兩本作得喪。

「銓較舊文」。下缺數字，依毛張本補「由之廣博，雖不」六字。原文下一導字刪。

「絕筆於永昌元年」。下又「續自永昌元年」。按永昌爲唐睿宗年號，下距會昌一百五十餘年，謬誤顯然，四庫提要亦嘗指出。胡文楷跋中，亦認爲永凡兩見，皆不作會昌，知非偶誤。毛本一仍永昌，張本改爲會昌，此既經前人揭出，仍存其舊。

「今之作者，各有所長」。各，毛張兩本並作互。

「釐爲六卷」。釐，毛張本並作離。

總目

紀藝中，毛張本下注「皇朝建隆元年，後至熙寧七年，總一百六十六人，此卷盡得六十八人」。瞿本缺。

又「人物五十三人」。毛張兩本並作「四十六人」。按毛張兩本卷內亦作五十三人，正符實數，足證四十六之誤。

又本卷人物門目錄中有「江惟清」之名，而卷內無其人，毛張兩本同，此删江名。

紀藝下，雜畫三十五人，符合卷中實數。毛張兩本均作二十五人，蓋由未曾實際數點之誤。

卷一

敍論下，有五字標目十六，卽卷內每節標題，毛張本皆缺。

敍諸家文字三十家中，「後畫品錄」，毛張兩本並作「後畫錄」。

敍圖畫名意篇「南齊遽僧珍」。僧，毛張兩本皆作伯。又本篇末小註「以上圖畫」數句，毛張兩本皆作正文大字。

敍製作楷模篇，敍字，毛張兩本皆作論。

「不可不察也」。也字，毛張兩本作矣。

「釋道有善功方便之顏」。功字，毛張兩本皆作巧。

「帝王當崇上聖天日之表」。王字，毛張兩本皆作皇。

「畫衣紋林木用筆」。木字，毛張兩本皆作石。
「畫林木有樛枝挺幹」。木下，毛張兩本有者字。
「畫龍者折出三停」。折，毛張兩本皆作析。
「咸有出土體性」。性字，毛張兩本皆作杜。
「自觜喙口臉」。觜字，毛張兩本作紫。
又小註「彌縫翅羽」。羽字，毛張兩本皆誤作習。
論衣冠異制篇「烏紗帽漸廢」。毛張兩本皆脫紗字。
「所宜詳辨」。辨，毛張兩本皆作辯。
論氣韻非師篇末段「是之謂印」下，毛張兩本有「爰及萬法，緣慮施爲，隨心所合，皆得名印」。四句十六字。
論用筆得失篇「舐筆和墨」。舐，毛張兩本皆作紙。「羸」。毛張兩本皆誤作羸。
「不能圓混」。混，毛本同。張本作渾，從張本改。
論曹吳體法篇小註「謝赫云」。赫，毛張兩本並作評。
論婦人形相篇「有歸仰之心」。毛張兩本無之字。

論收藏聖像篇「唐閻立德立本」。毛張兩本皆作閻立本閻立德，兄弟倒置，多一閻字。「江南曹仲元」。元，毛本作玄，張本作元。末段毛張兩本無也字。

論三家山水篇「槍筆俱均」。均，毛張兩本並作勻。又小註「或側或欹」。毛張兩本無或欹二字。

論黃徐體異篇「得之於心，而應之於手也」。毛張兩本皆作莊子原句「得之於手而應之於心也」。又小註「多是在蜀中日作」。是，毛張兩本皆作見。又段末「猶山水之正經也」。猶，毛張兩本並作繇。「正經」作「三家」。

論畫龍體法篇。法，毛張兩本並作要。「揮毫落筆」。筆，毛張兩本皆作墨。「推以形似」。推，毛張兩本作惟，据改。

並論古今優劣篇小註「不及曹霸」。及，毛張兩本並作言。「前不謝師資」。謝，毛張兩本作藉，据改。

卷二

目錄 紀藝上小註「凡一百一十八人」。瞿本八，誤作六，毛張兩本並作八。按唐末五代兩數，適合爲一一八之數。

五代「袁義」。卷內作義，毛張兩本並作羲。

「梅行思」毛張兩本梅，並作枚，但卷內仍作梅。

「杜措」。毛張兩本均作杜楷。按宣和畫譜卷十杜楷名下註，「一作措」。益州名畫錄作杜措。

「杜洪義」。卷內作弘。毛本同，据改，張本作宏。

趙德齊條，「時輩咸推伏之」。伏，毛張兩本皆作服，据改。

「昭宗喜之」。喜，毛本作恩，張本作思，並誤。

胡瓌條，「下程盜馬」。盜，毛張兩本並作捉。

張騰條，「成都興聖寺」。毛張兩本皆作聖興寺。

袁羲條，「謹密形似外」。似，瞿本作以，依毛張兩本改似。

羅塞翁條，「爲吳中從事，錢塘令隱之子」。瞿本上句脫中字，下句脫子字，依毛張兩本補。「餘杭陸家」。毛張兩本作餘姚。

胡擢條，「甕中每醞逍遙藥」。瞿本藥，誤作樂，依毛張兩本改。又「折枝等圖傳於世」。瞿本脫圖字，依毛張兩本補。

李玄應條，「茀林等圖」。茀，瞿本作弗，依毛張兩本改茀。

厲歸眞條，「入酒肆如家」。如，毛張兩本作娼。「輒張大口」。毛本同，張本輒下有一字。

「三官殿」。毛本三作二，張本同三。

鍾隱條，「工畫鷙禽」。禽，毛張兩本作鳥。「趨汾陽之門」。瞿本汾作流，依毛張兩本改汾。「乃善遇之」。瞿本脫善字，依毛張兩本補。「鷹隼雜禽」。隼，毛張兩本作鷂。

王道求條，「名手推伏」。毛本作歎伏，張本作歎服，依張本改。

李昇條，小註下小李將軍。毛張兩本無。

杜弘義條，「工畫佛道」。毛張兩本道作像。

宋藝條，「沙門海會」。毛張兩本皆作會海。

黃筌條，「寫六鶴於便坐之殿，因名六鶴殿」。上殿字，毛張兩本皆作壁。按壁不可坐，且下以名殿，應爲殿。「請爲圖軸者接迹」。瞿本爲作於，依毛張兩本改。「時人諺云」。毛張兩本無人字。

趙忠義條，「垂棩叠栱」。棩，毛張兩本並作昂。

董從晦條，晦，毛張兩本目錄皆作晦，卷內作誨。

「世本儒家」。瞿本無本字，依毛張兩本補。

衞賢條，「二綸繭縷一輕鉤」。瞿本綸誤作輪，從毛張兩本改綸。

丁謙條，「寫生葱一軸」。毛張兩本無生字。

陸晃條，「故所傳卷軸」。傳，毛張兩本皆作畫。

僧傳古，「受學於師」。受，毛張兩本皆作授。

卷三

目錄「臻乎致極者」。毛張兩本皆作極至，從改。

嘉王維城條，「雖居紫禁之嚴」。毛張兩本嚴皆作中。

燕肅條，「以尚書禮部侍郎致仕」。仕，毛張兩本皆作政。「追咸熙之懿範」。追，毛張兩本皆作逼。

武宗元條，「上清宮」。毛張兩本皆無宮字。「舊有吳道子畫五聖圖」。吳道子，毛張兩本皆作吳生。「後因廣增庭廡」。毛張兩皆本作增廣。「曾此焚香動至尊」。毛張兩本下三字作「對聖容」。「其骨法停分」。毛張兩本無「其」字，並再下一句無「與夫」

二字。「較之大像」。毛張兩本無「較之」二字，作「與」大像。「幷九子母」。毛張兩本無幷字。

劉永年條，「錯綜萬類」。綜，毛本作總，張本作綜。

郭忠恕條，「首圖一丱角小童」。圖，毛張兩本皆作畫。「肆言時政得失，頗有謗讟」。毛張兩本無得失二字並謗作怨。

王士元條，「畫法精高」。精，毛張兩本並作特。

宋道條「洛陽人」，在道迪兩人名下。毛張兩本「洛陽人」在宋道下，宋迪上。

文同條，「識者珍愛」。毛張兩本「珍愛」，作「所多」，並下無一字至十字詩一段。

王靄條，「長於寫貌」。毛張兩本脫於字。小註「潛龍日寫」。毛張兩本日作時。

趙光輔條，末「有蕃馬等傳於世」。瞿本脫圖字，依毛張兩本補。

趙雲子條，「乏清秀」。瞿本下脫氣字，依毛張兩本補。

孫知微條，「時輩稱伏」。從毛張兩本伏改服。小註「吾得之於道經」。毛張兩本脫於字。

石恪條，「筆墨縱逸」。墨，毛張兩本皆作畫。「恪不樂都下風物」。毛張兩本脫恪字。

趙長元條，「東太一宮」。毛張兩本脫宮字。

王齊翰條，「於一僧處質錢」。於上脫復字，依毛張兩本補。

顧德謙條，「風神淸勁」。勁，毛張兩本作劭。

郝處條，「處本一商賈」。毛張兩本脫處字。

高文進條，「壽寧院」。院，毛張兩本幷作觀。「其迹並存今畫院」。毛張兩本無並字。

張昉條，「筆專吳體」。筆，毛張兩本作蹟。

高元亨條，「有瓊林苑、角抵」。毛張兩本有下有遊字，並抵作觝。

楊朏條，「跨邁倫輩」。輩，毛張兩本皆作等。

王兼濟條，「嵩嶽廟」下「有」字，毛張兩本脫，並下句播傳作傳播。

陳用智條，「人物等圖傳於世」。毛張兩本脫圖字。

孟顯條，末小註，「亦云紅樓孟家」。毛本同，張本脫亦字。

童仁益條，「遂抒思援毫」。依毛張兩本遂字上補仁益二字。「筆力勁健」。勁，毛張兩本作尤字。末句毛張兩本無孫字，只作知微之筆也。

武洞淸條，依毛張兩本補「長沙人」三字，並工下補畫字。

鍾文秀條，毛張兩本無後「亦得其法」一句，作「有功」二字，與上句連。

田景條，「惜其孤貧」。其，毛張兩本並作景。

李元濟條，末句筆字，毛張兩本作迹。

陳坦條，「其於田家村落風景」。毛張兩本無「村落風景」四字。

僧令宗條，「揭諦堂」。諦，誤作帝，依毛張兩本改諦。

李八師條，末句毛張兩本均無亦字。

牟谷條，「交趾國」。毛張兩本無國字。「安南王黎桓」。桓，毛張兩本作柏。「太宗御容」。毛張兩本御容上有正面二字。又段末無而已二字。

僧元靄條，「乃草一頭子」。毛張兩本乃上有靄字。「靄乃探懷中所草」。毛張兩本無「所草」二字。「倉卒之間」。間，毛本誤作開，張本作閒。

何充條，末，毛張兩本無者作。

卷四

燕貴條，「本隸尺籍」。尺，毛張兩本作册籍。按尺籍卽軍籍。

僧擇仁條，「取拭盤巾」。毛張兩本盤作槃。

花鳥門小註，「凡二十九人」。二字誤。按實計人數爲三十九，並毛張兩本皆作三，改正。

徐熙條，「當時已爲難得」。當，毛本誤作嘗，張本同當。

崔白條，末「北都大安寺」。大，毛張兩本皆作太。

裴文睍條，「筍澹謹密」。筍，毛張兩本並作涮。按筍字無澹染意，從毛張本改涮。

趙邈齪條，「性惟質魯」。毛張兩本皆無惟字，据删。

馮進成條，「筆迹縝細」。毛本同，張本筆作墨。

卷五

鶴畫條，小註「回首引頸上望」。上字，毛張兩本並作而。

吳道子條，「擲劍入雲」。擲，毛張兩本並作揮。

先天菩薩條，「輪理成就」。瞿本作倫，依毛張兩本改輪。「意兒常合掌仰祝」。瞿本

脫掌字，依毛張兩本補。

資聖寺條，「藥王菩薩」，瞿本王誤作上，依毛張本改。

淨城寺條，毛張兩本目錄作城，卷內作域。「光目藥義」。毛張兩本光作火。

三花馬條，「剪騣爲三鬃」。瞿本鬃誤作辨，依毛張兩本改正。

崔圓條，「莫不望其救解」。瞿本不字誤作二，依毛張兩本改正。

張璪條，「其家人見在楨」。毛張兩本作幀。末小註「目具李約文集」。瞿本目誤作自，毛本同，依張本改目。

會昌廢壁條，「謝靈運」。毛本同，張本運誤作連。

「郭圓作記」。毛本同，張本記下衍一記字。

西園圖條，「秩滿居京」。瞿本誤作帙，依毛張兩本改正。

鄭贊條，「以所虧價輸罪」。瞿本輸作書，依毛張兩本改正。

盧氏宅條，「中間刻從軍行」。瞿本從誤作徙，依毛張本改正。末句「是馬周舊宅」。毛張兩本馬誤作爲。

趙喦條，「動成卷軸」。動，毛張兩本作勒。

卷六

目錄「臥雪圖」。瞿本雪誤作雲，依毛張兩本改正。

玉堂故事條，「周文矩筆」。毛本同，張本周誤作用。

王氏圖畫條，「王徽之書」。毛張本書作畫。

秋山圖條，「以答江南信幣」。幣，瞿本誤作弊，依毛張兩本改正。

恩賜種放條，「皆名蹤古迹也」。蹤，瞿本誤作縱，依毛張兩本改正。

慈氏像條，「畫僧」，瞿本僧誤作繒，依毛張兩本改正。

沒骨圖條，末段「愚謂」以下，毛張本作爲小註。

應天三絕條，「野人閑話五卷」。毛本同，張本人字空。

術畫條，「道士陸希眞」。眞，毛張兩本作直。「禁五彩於水中」。禁，毛張兩本作映，据改。

畫繼

十卷

宋 鄧椿 撰

〔四庫全書總目提要〕畫繼十卷，宋鄧椿撰。椿，雙流人。祖洵武，政和中知樞密院。其時最重畫學，椿以家世聞見，綴成此書。其曰畫繼者，唐張彥遠作歷代名畫記，起軒轅，止唐會昌元年；宋郭若虛作圖畫見聞志，起會昌元年，止宋熙寧七年；椿作此書，起熙寧七年，止乾道三年。用續二家之書，故曰繼也。所錄上而帝王，下而工技，九十四年之中，凡得二百一十九人。一卷至五卷以人分，曰聖藝，曰侯王貴戚，曰軒冕才賢，曰縉紳韋布，曰道人衲子，曰世胄婦女及宦者，各爲區分類別，以總括一代之技能。六卷七卷以畫分，曰仙佛鬼神，曰人物傳寫，曰山水林石，曰花竹翎毛，曰畜獸蟲魚，曰屋木舟車，曰蔬果藥草，曰小景雜畫，各爲標舉短長，以分闡諸家之工巧，蓋互相經緯，欲俾一善不遺。八卷曰銘心絕品，記所見奇跡愛不能忘者，爲書中之特筆。九卷十卷皆曰雜說，分論遠、論近二子目，則書中之總斷也。論遠多品畫之詞，論近則多說雜事。論近之末，附綴雜事一條，或傳寫失次歟？椿以當代之人，記當代之藝，又頗譏郭若虛之遺漏，故所收未免稍寬，然網羅賅備，俾後來得以考核。其持論以高雅爲宗，不滿徽宗之尚法度，亦不滿石恪等之放佚，亦爲平允，固賞鑒家所據爲左驗者矣。

畫繼序

自昔賞鑒之家，留神繪事者多矣，著之傳記，何止一書，獨唐張彥遠總括畫人姓名，品而第之，自軒轅時史皇而下，至唐會昌元年而止，著爲歷代名畫記；本朝郭若虛作圖畫見聞誌，又自會昌元年至神宗皇帝熙寧七年，名人藝士，亦復編次。兩書既出，他書爲贅矣。予雖生承平時，自少歸蜀，見故家名勝避難於蜀者十五六，古軸舊圖，不期而聚，而又先世所藏殊尤絶異之品，散在一門，往往得免焚劫，猶得披尋，故性情所嗜，心目所寄，出於精深，不能移奪。每念熙寧而後，游心茲藝者甚衆，迨今九十四春秋矣，無復好事者爲之紀述，於是稽之方册，益以見聞，參諸自得，自若虛所止之年，逮乾道之三祺，上而王侯，下而工技，凡二百一十九人，或在或亡，悉數畢見；又列所見人家奇迹，愛而不能忘者爲銘心絶品，及凡繪事可傳可載者，裒成此書，分爲十卷，目爲畫繼。若虛雖不加品第，而其論氣韻生動，以爲非師可傳，多是軒冕才賢，巖穴上士，高雅之情之所寄也。人品既已高矣，氣韻不得不高；氣韻既已高矣，生動不得不至，不爾，雖竭巧思，止同衆工之事，雖曰畫而非畫。嗟夫！自昔妙悟精能，取重於世者，必愷之、探微、摩詰、道子等輩，彼庸工俗隸，車載斗量，何敢望其靑雲後塵耶。或謂若虛之論爲太過，吾不信也，故今於類特立軒冕巖穴二門，以寓微意焉，鑒裁明當者，須一肯首。

是年閏日，華國鄧椿公壽序。

畫繼目錄

畫繼卷第一

宋 華國 鄧 椿公壽 撰
明 古虞 毛 晉子晉 訂

聖藝

徽宗皇帝

徽宗皇帝天縱將聖，藝極於神，卽位未幾，因公宰奉淸閒之宴，顧謂之曰：朕萬幾餘暇，別無他好，惟好畫耳。故祕府之藏，充牣塡溢，百倍先朝。又取古今名人所畫，上自曹弗興，下至黃居寀，集爲一百秩，列十四門，總一千五百件，名之曰宣和睿覽集。蓋前世圖籍，未有如是之盛者也。於是聖鑒周悉，筆墨天成，妙體衆形，兼備六法。獨於翎毛尤爲注意，多以生漆點睛，隱然豆許，高出紙素，幾欲活動，衆史莫能也。政和初，嘗寫仙禽之形凡二十，題曰筠莊縱鶴圖，或戲上林，或飮太液，翔鳳躍龍之形，警露舞風之態，引吭唳天，以極其思，刷羽清泉，以致其潔，並立而不爭，獨行而不倚，閒暇之格，淸迥之姿，寓於縑素之上，各極其妙，而莫有同者焉。已而又製奇峯散綺圖，意匠天成，工奪造化，妙外之趣，咫尺千里：其晴巒疊秀，則閬風羣玉也；明霞紓綵，則天漢銀潢也；飛觀倚空，則仙人樓居也，至於祥光瑞氣，浮動於縹緲之間，使覽之者欲跨汗漫，登蓬瀛，飄飄焉，嶢嶢焉，若投六合而隘九州也。五年三月上巳，賜宰臣以下燕於瓊林，侍從皆預，酒半，上遣中使持大盃勸飲，且以龍翔池鸂鶒圖並題序宣示羣臣，凡預燕者，皆起立環觀，無不仰聖文，覩奎畫，贊歎乎天下之至神至精也。其後以太平日久，諸福之物，可致之祥，奏無虛日，史不絕書。動物則赤烏、白鵲、天鹿、文禽之屬，擾於禁籞；植物則檜芝、珠蓮、金柑、駢竹、瓜花、來禽之類，連理並蔕，不可勝紀。乃取其尤異者凡十五種，寫之丹青，亦目曰宣和睿覽冊。復有素馨、末利、天竺、娑羅，種種異產，究其方域，窮其性類，賦之於詠歌，載之於圖繪，續爲第二冊。已而玉芝競秀於宮闥，甘露宵零於紫篁，陽烏丹兔，鸚鵡雪鷹，越裳之雉，玉質皎潔，鸑鷟之雛，金色煥爛，六目七星，巢蓮之龜，盤螭翥鳳，萬歲之石，並幹雙葉，連理之蕉，亦十五物，作冊第三。又凡所得純白禽獸，一一寫形，作冊第四。增加不已，至累千冊。各命輔臣題跋其後，實亦冠絕古今之美也。宣和四年三月辛酉，駕幸祕書省，訖事，御提舉廳事，再宣三公、宰執、親王、使相、從官，觀御府圖畫。既至，上起就書案徙倚觀之，左右發篋出御書畫，公宰、親王、使相、執政，人各賜書畫兩軸。於是上顧蔡攸分賜從官以下，各得御畫兼行書草書一紙。又出祖宗御書及宸筆所模名畫，如展子虔作北齊文宣幸晉陽等圖。靈臺郎奏辰正，宰執以下，逡巡而退。是時既恩許分賜羣臣，皆斷佩折巾以爭先，帝爲之笑，此君臣慶會，又非特幣帛筐篚之厚也。始建五嶽觀，大集天下名手，應詔者數百人，咸使圖之，多不稱旨。自此之後，益興畫學，教育衆工，如進士科下題取士，復立博士，考其藝能。當是時，臣之先祖，適在政府，薦宋迪猶子子房以當博士之選，是時子房筆墨妙出一時，咸謂得人。所試之題，如「野水無人渡，孤舟盡日橫」，自第二人以下，多繫空舟岸側，或拳鷺於舷間，或棲鴉於篷背，獨魁則不然，畫一舟人臥於舟尾，橫一孤笛，其意以爲非無舟人，止無行人耳，且以見舟子之甚閑也。又如「亂山藏古寺」，魁則畫荒山滿幅，上出幡竿，以見藏意；餘人乃露塔尖或鴟吻，往往有見殿堂者，則無復藏意矣。亂離後有畫院舊史流落於蜀者二三人，嘗謂臣言：某在院時，每旬日蒙恩出御府圖軸兩匣，命中貴押送院以示學人，仍責軍令狀，以防遺墜漬汙，故一時作者，咸竭盡精力，以副上意。其後寶籙宮成，繪事皆出畫院，上時時臨幸，少不如意，即加漫堊，別令命思。雖訓督如此，而衆史以人品之限，所作多泥繩墨，未脫卑凡，殊乖聖王教育之意也。

畫繼卷第一終

畫繼卷第二

侯王貴戚

鄆王　令穰　令松　叔盎　士雷

宗漢　士暕　士衍　士遵　伯駒

士安　子澄　王詵

鄆王，徽宗皇帝第三子也。稟資秀拔，爲學精到，政和八年，射策於庭，名標第一，多士推服。性極嗜畫，頗多儲積，凡得珍圖，卽日上進，而御府所賜，亦不爲少，復皆絕品，故王府畫目，至數千計。又復時作小筆花鳥便面，克肖聖藝，乃知父堯子舜，趣尚一同也。今祕閣畫目有水墨筍竹及墨竹、蒲竹等圖。

光州防禦使令穰，字大年，雅有美才高行，讀書能文。少年因誦杜甫詩，見唐人畢宏、韋偃，志求其蹟，師而寫之，不歲月間，便能逼眞，時賢稱歎，以爲貴人天質自異，意所專習，度越流俗也。其所作多小軸，甚淸麗，雪景類世所收王維筆，汀渚水鳥，有江湖意。又學東坡作小山叢竹，思致殊佳，但覺筆意柔嫩，實年少好奇耳，若稍加豪壯，及有餘味，當不在小李將軍下也。每出一圖，必出新意，人或戲之曰：「此必朝陵一番同矣」蓋識其不能遠適，所見止京洛間景，不出五百里內故也。大年旣得名，誅求期尅無少暇，時擲筆大慨曰：「藝之役人如此！」然業已得名，無可奈何。山谷嘗詠其蘆雁云：「揮毫不作小池塘，蘆荻江村雁落行，雖有珠簾巢翡翠，不忘烟雨罩鴛鴦。」然初跋其畫，謂更屏聲色裘馬，使胸中有數百卷書，當不愧文與可，蓋見其少作耳。自今觀之，其亦有宋之江都王、滕王耶？

令松，字永年，大年弟也。亦善丹青。浮休居士謝大年江天晚景圖雜言云：「神妙獨數李將軍，安知伯仲非前身。」則知其兄弟俱能，且筆墨俱得思訓格也。又山谷跋其畫莢云：「調爵煤作花果殊難工，永年遂臻此殊不易，然作朽蠹太多，是其小疵。」又云：「永年作狗，意態甚逼，遺翰林工，訖其草石。不敢畫虎，憂狗之似，故直作狗，人難我易。」

叔盎，字伯克，善畫馬。嘗以其藝並詩投東坡，東坡次其韻云：「天驥德力備，馬外龍麟中；皇天不遺言，兀與畫圖同。鶩駘飽官粟，未受一洗空；十駕均一至，何事鏑雲風。」

士雷，字公震，長於山水，清雅可愛。李錞希聲跋其四時景絕句，則可知其風旨矣。春云：「九江應共五湖連，尺素能開萬里天；山杏野桃零落處，分明寒食繞風前。」夏云：「繁陰雜樹映汀沙，三伏江天自一家；欲喚扁舟渡雲錦，平鋪明鏡是荷花。」秋云：「春鉏寂寞繞疎叢，霜後雲生浦溆風；此處年年報秋色，只應衰柳與丹楓。」冬云：「剪水飛花細舞風，斷蘆洲外水連空；剡溪幾曲知名處，何似今朝眼界中。」今祕閣畫目有春雲、早梅及小景等圖。

嗣濮王宗漢，字獻甫，安懿王幼子也。少卽敏慧，儀矩端莊。作蘆雁有佳思，米元章題詩曰：「偃蹇汀眠雁，蕭梢風觸蘆；京塵方滿眼，速爲喚花奴。」又曰：「野趣分弱水，風花剪鑑湖；塵中不作惡，爲有鄴公圖。」元章許予甚嚴，詩意如此，則可知其含毫運思矣。嘗有八雁圖，識者歎賞其工。

士暕，字明發。讀書能文，元符初試宗室藝業，合格者八人，獨明發賜進士出身。嘗作春詞鳥夜啼，掃除凡語，飄然寄興於烟霞之外，至今流傳，推爲雅什。兼工畫藝，後山居士題其高軒過圖詩曰：「滕王蛺蝶江都馬，一紙千金不當價，異才天縱非力窮，畫工不足甘爲下。今代風流數大年，含毫落筆開山川；忽忘朽老壓塵底，却怪鳧鴻墮目前。爾來二人復秀出，萬里河山才咫尺，眼邊安謂有突兀，復似天地初開闢。」

其卒云，「未許一毫今角立」，則其高情雅韻，自宜追配今昔也。

士衍，號花一相公。長於著色山水，宣和初進十圖，特轉一官。鞬爲王瑾家有扇面，意韻誠可喜愛，然少見於世。瑾卽其甥也，故得之。

士遵，光堯皇帝皇叔也。善山水。紹興間一時婦女服飾及琵琶、箏面，所作多以小景山水，實唱於士遵。然其筆超俗，特一時倣傚宮中之化，非專爲此等作也。

伯駒，字千里。優於山水花果翎毛，光堯皇帝嘗命畫集英殿屏，賞賚甚厚。多作小圖，流傳於世，有所畫蟠檜怪石便面，在吉州團練使楊可弼良卿家。官至浙東路鈐轄。

其弟路分伯驌，字希遠，亦長山水花木，著色尤工。

士安，長於墨竹。不遵川派，好作筀竹，殊秀潤，與石室體製大異也。

子澄，字處度，廉介修潔，流落巴峽四十年，藉添差祿以自給。善草隸，長歌詩，人不知其能畫也。紹興末官秭歸，士子重其風度，每載酒從之游。一日，乘醉入小肆，見素壁可愛，案上拈禿筆作濺瀑，勢欲動屋，筆力極遒壯也。

王詵，字晉卿，尙英宗女蜀國公主，爲利州防禦使。雖在戚里，而其被服禮義，學問詩書，常與寒士角。平居攘去膏粱，黜遠聲色，而從事於書畫，作寶繪堂於私第之東，

八

以蓄其所有，而東坡爲之記。東軒亦贈詩云：「錦囊犀軸堆象牀，叉竿連幅翻雲光；手披横素風飛揚，卷舒終日未用忙。游意澹泊心清涼，屬目俊麗神激昂。」其所畫山水學李成皴法，以金碌爲之，似古今觀音寶陀山狀。小景亦墨作平遠，皆李成法也，故東坡謂晉卿得破墨三昧。有烟江疊嶂圖、房相宿因圖、及山陰陳迹、雪溪乘興、四明狂客、西塞風雨圖、著色山水等圖傳於世。

畫繼卷第二終

畫繼卷第三

軒冕才賢

蘇　軾　　李公麟　　米　芾　　晁補之　　晁說之
張舜民　　劉　涇　　蘇　過　　宋子房　　程　堂
范正夫　　顏博文　　任　誼　　米友仁　　朱敦儒
廉　布　　李　石

巖穴上士

林　生　　李　甲　　周　純　　高　燾　　僧德正
江　參

軒冕才賢

蘇軾，字子瞻，眉山人。高名大節，照映今古。據德依仁之餘，游心茲藝，所作枯木枝榦，虬屈無端倪，石皴亦奇怪，如其胸中盤鬱也。作墨竹從地一直起至頂，或問何不逐節分，曰：「竹生時何嘗逐節生耶？」雖文與可自謂：「吾墨竹一派在徐州。」而先生亦自謂：「吾爲墨竹，盡得與可之法。」然先生運思淸拔，其英風勁氣來逼人，使人應接不暇，恐非與可所能拘制也。又作寒林，嘗以書告王定國曰：「予近畫得寒林，已入神品。」雖然，先生平日胸臆宏放如此，而蘭陵胡世將家收所畫蟹，瑣屑毛介，曲畏芒縷，無不備具，是亦得從心不踰矩之道也。米元章自湖南從事過黃州，初見公，酒酣貼觀音紙壁上，起作兩行枯樹、怪石各一以贈之。山谷枯木道士賦云：「恢詭譎怪，滑稽於秋毫之穎。尤以酒爲神，故其觴次滴瀝，醉餘嚬呻，取諸造化之爐錘，盡用文章之斧斤。」又題竹石詩云：「東坡老人翰林公，醉時吐出胸中墨。」先生自題郭祥正壁亦云：「枯腸得酒牙角出，肺肝槎牙生竹石；森然欲作不可留，寫向君家雪色壁。」則知先生平日，非乘酣以發眞興則不爲也。

龍眠居士李公麟，字伯時，爲舒城大族，家世業儒，父虛一，嘗舉賢良方正科。公麟熙寧三年登第，以文學有名於時，陸佃薦爲中書門下省删定官，董敦逸辟檢法御史臺，官至朝奉郎。元符三年，病痺致仕，終於崇寧五年。學佛悟道，深得微旨，立朝籍籍有聲，史稱以畫見知於世，非確論也。平日博求鐘鼎古器，圭璧寶玩，森然滿家；以其餘力，留意畫筆，心通意徹，直造玄妙，葢其大才逸羣，舉皆過人也。士夫以謂鞍馬愈於韓幹，佛像追吳道玄，山水似李思訓，人物似韓滉，非過論也。尤好畫馬，飛龍狀質，噴玉圖形，五花散身，萬里汗血，覺陳閎之非貴，視韓幹以未奇，故坡詩云：「龍眠胸中有千駟，不惟畫肉兼畫骨。」山谷亦云：「伯時作馬，如孫太古湖灘水石。」謂其筆力俊壯也。以其耽禪，多交衲子，一日秀鐵面忽勸之曰：「不可畫馬，他日恐墮其趣。」於是翻然以悟，絕筆不爲，獨專意於諸佛矣。其佛像每務出奇立異，使世俗驚惑而不失其勝絕處。嘗作長帶觀音，其紳甚長，過一身有半。又爲呂吉甫作石上臥觀音，蓋前此所未見者。又畫自在觀音，跏趺合爪，而具自在之相，曰：「世以破坐爲自在，自在在心，不在相也。」乃知高人達士，縱施橫設，無施而不可者。平時所畫不作對，多以澄心堂紙爲之，不用縑素，不施丹粉，其所以超乎一世之上者此也。郭若虛謂吳道子畫，今古一人而已，以予觀之，伯時既出，道子詎容獨步耶。有孝經圖、九歌圖、歸去來圖、陽關圖、琴鶴圖、憩寂圖、嚴子陵釣灘圖、山莊圖、卜居圖，又有虎脊天馬、天育驃騎、好頭赤、沐猴馬、欲驟馬、象龍馬及揩癢虎等圖，一時名賢，俱留紀詠也。

襄陽漫士米黻，字元章，嘗自述云：黻即芾也，即作芾。世居太原，後徙於吳。宣仁聖烈皇后在藩，其母出入邸中，後以舊恩，遂補校書郎。自蔡河撥發爲太常博士，出知常州，復入爲書畫學博士，賜對便殿，擢禮部員外郎，以言罷知淮陽軍。芾人物蕭散，被服效唐人，所與遊皆一時名士，嘗曰：「伯時病右手後，余始作畫，以李常師吳生，終不能去其氣，余乃取顧高古，不使一筆入吳生。」又「李筆神采不高，余爲睛目面文骨本，自是天性，非師而能，惟作古忠賢像也。」又嘗與伯時論分布次第，作子敬書練裙圖，復作支、許、王、謝於山水間縱步，自挂齋室。又以山水古今相師，少有出塵格，因信筆爲之，多以烟雲掩映樹木，不取工細。有求者，只作横挂三尺，惟寶晉齋中挂雙幅成對，長不過三尺，褾出乃不爲椅所蔽，人行過，肩汗不著。更不作大圖，無一筆關仝、李成俗氣。然公字札流傳四方，獨於丹青，誠爲罕見。予止在利倅李驥元駿家見二畫：其一紙上横松梢，淡墨畫成，針芒千萬，攢錯如鐵，今古畫松，未見此製。題其後云：「與大觀學士步月湖上，各分韻賦詩，芾獨賦無聲之詩，蓋與李大觀諸人夜游潁昌西湖之上也。」其一乃梅、松、蘭、菊相因於一紙之上，交柯互葉，而不相亂，以爲繁則近簡，以爲簡則不疎，太高太奇，實曠代之奇作也，乃知好名之士，其欲自立於世者如此。大觀乃元駿之族父，後歸元駿。晁補之，字無咎，濟北人。元祐中爲吏部郎中，紹聖中謫監信州稅，流落久之。張天覺當國，起知泗州，不累月下世。有自畫山水留春堂大屛，上題云：「胸中正可吞雲夢，琖底何妨對聖賢；有意淸秋入衡霍，爲君無盡寫江天。」又題自畫山水寄人云：「虎觀他年淸汗手，白頭田畝未能閑；自嫌麥壠無佳思，戲作南齋百里山。」陳無已獨愛重其蹟，亦嘗詠其扇云：「前身阮始平，今代王摩詰；偃屈蓋代氣，萬里入咫尺。」無咎又嘗增添蓮社圖樣，自以意先爲山石位置向背，作粉本以授畫史孟仲寧，令傳模之。菩薩倣侯昱，雲氣倣吳道玄，天王松石倣關仝，堂殿、草樹倣周昉、郭忠恕，臥槎垂藤倣李成，崖壁瘦木倣許道寧，湍流、山嶺、騎從、韃服倣魏賢，馬以韓幹，虎以包鼎，猿猴鹿以易元吉，鶴白鷴若鳥鼠以崔白，集彼衆長，共成勝事，今人家往往摹臨其本，傳於世者多矣。

晁說之，字以道，少慕司馬溫公之爲人，自號景迂。未三十，東坡以著述科薦之，靖康初自休致中召爲著作郞，後試中書舍人，兼東宮詹事，建炎初政，以待制侍讀而終。山谷嘗題其雪雁云：「飛雪灑蘆如銀箭，前雁驚飛後回盼；憑誰說與謝元暉？休道澄江靜如練。」又無咎題四弟橫軸畫云：「黃葉滿靑山，枯蒲淨寒水，鳧雁下陂塍，牛羊散墟里；擔穫暮來歸，兒迎婦窺籬，虎頭無骨相，田野有餘思。」

張侍郎舜民，字芸叟，號浮休居士，紹聖入黨，貶均州，紹興初追復直學士。生平嗜畫，題評精確，雖南遷羈旅中，每所經從，必搜訪題識，東南士大夫家所藏名品，悉載錄中。亦能自作山水，有自題扇詩云：「忽忽南遷不記年，二妃祠外橘洲前；眼昏筆戰誰能畫？無奈霜紈似月圓。」又題鄧正字家劉明復秋景，末句云：「我有故山常自寫，免教魂夢落天涯。」

劉涇，字巨濟，簡州人。熙寧六年進士中第，王安石薦爲經學所檢討，歷太學博士。因講詩爲諸生所服，後罷，諸生乞留，不報，終職方郎中。涇，米元章之書畫友也，善作林石槎竹，筆墨狂逸，體製拔俗。予家藏其幅紙，所作竹葉，幾逼鍾郭。今成都大智院法堂壁間有松竹窠植二，惜其歲久將磨滅也。

蘇過，字叔黨，坡公之季子也。元祐中，公知杭州，叔黨年十九，預計偕。七年公爲兵部尚書，仕承務郎，後公謫英州，貶儋州，移廉永二州，叔黨皆侍行。叔父欒城公，每稱其孝。平生禁錮近三十年，晚除中山倅而卒。善作怪石叢篠，咄咄逼翁，坡有觀過所作木石竹三絕，以爲「老可能爲竹寫眞，小坡解與竹傳神」者是也。晁以道誌其墓亦云：「書畫之勝，亦克肖似其先人。」又時出新意作山水，遠水多紋，依巖多屋木，皆人跡絕處，並以焦墨爲之，此出奇也。

宋子房，字漢傑，鄭州滎陽人。少府監選之子，復古之猶子也，官至正郎。坡公跋其畫謂：「不古不今，稍出新意，若爲之不已，當作著色山也。」又云：「觀士人畫，如閱天下馬，取其意氣所到；乃若畫工，往往只取鞭策毛皮，槽櫪芻秣，無一點俊發，看數尺許便卷，漢傑眞士人畫也。」又云：「假之數年，當不減復古也。」初，崇觀盛時，大興畫學，予大父中書公見其江皐秋色圖，甚珍愛之，首薦爲博士。然其人乃賢冑子，不獨以畫取也，所著畫法六論，極其精到。

程堂，字公明，眉人。舉進士，爲駕部郎中。善畫墨竹，宗派湖州，出湖州之門者，獨公明入室也。好畫鳳尾竹，其梢極重，作回旋之勢，而枝葉不失向背。又登峨眉山見菩薩竹，有結花於節外之枝者，葺密如裘，卽寫其形於中峯乾明寺僧堂壁間，儼如生也。又象耳山有苦竹、紫竹、風竹、雨竹，好事者已刻之石。成都笮橋觀音院亦有所畫竹，且題絕句云：「無姓無名逼夜來，院僧根問苦相猜；攜燈笑指屏間竹，記得當年手自栽。」又能作園蔬，嘗見紫芥紫茄二軸，奪眞也。

范正夫，字子立，潁昌人。文正公之諸孫，德孺之子也。長於水墨雜畫，標格高秀。予家與之同居瀼水，多藏其得意之作，如訪戴圖、脊令圖、竹石圖，寄與清遠，眞士人筆也。惜乎以名家高才而知鳳翔，還鄉，適虜人屠城，死之。

顏博文，字持約，德州人。政和八年嘉王榜登甲科。長於水墨，宇文季蒙龍圖家有橫披十六羅漢，其筆法位置如伯時，但意韻差短耳。陳去非次何文縝題所作墨梅三絕云：「窗前光景晚淸新，半幅溪藤萬里春；從此不貪江路遠，勝拚心力喚眞眞。」「奪得斜枝不放歸，倚窗乘月看熹微；墨池雪嶺春俱好，付與詩人說是非。」「未央宮裏紅杏，羯鼓三聲打開；大庾嶺頭梅蕚，管城呼上屏來。」非此畫，不稱此詩也。初，持約與王寀厚善，寀敗，持約方退朝，聞之，卽馳馬還家，閉關拒人，盡焚與寀平生往來牋記詩文之類，於是獨免。

任誼，字才仲，宋復古之甥也。嘗爲協律郎，後通判澧州，適丁亂離，鍾賊反叛，爲羣盜所殺。平日凡所經歷江山佳處，則舐筆吮墨，輒成圖軸。髣髴籠淡，淸潤可喜。邵澤民爲春官，才仲正在太常，與之同部，相好甚密，今其家富有才仲手跡，有南北江山圖、平蕪千里圖、四更山吐月圖、唐功臣圖、斗山烟市圖、松溪深日圖。又取平生所見蘭花數十種，隨其形狀，各命以名，如杏梁歸燕、丹山翙鳳之類，皆小字隸書，記其所見之處，邵氏名曰香圃，其隸古勁，學中郎也。

米友仁，元章之子也。幼年，山谷贈詩曰：「我有元暉古印章，印刓不忍與諸郎，虎兒筆力能扛鼎，教字元暉繼阿章。」遂字元暉。元章當置畫學之初，召爲博士，便殿賜對，因上友仁楚山清曉圖。旣退，賜御書畫各二軸。友仁宣和中爲大名少尹。天機超逸，不事繩墨，其所作山水，點滴烟雲，草草而成，而不失天眞，其風氣肖乃翁也。每自題其畫曰「墨戲」。被遇光堯，官至工部侍郎，敷文閣直學士，日奉淸閒之燕。方其未遇時，士大夫往往可得其筆，旣貴，甚自祕重，雖親舊間亦無緣得之，衆嘲曰：「解作無根樹，能描濛鴻雲；如今供御也，不肯與閒人。」後享年八十，神明如少壯時，無疾而逝。

朱敦儒，字希眞。少從陳東野學，嘗賦古鏡云：「試將天下照，萬象總分明」，東野奇之。紹興間御史明橐宣諭廣東，被旨訪求遺逸，是時希眞放浪江湖間，自江西避亂晉康，橐遂以應詔命。初品官，召赴闕登對，改官入館爲郎，出爲浙東憲。秦檜當國，有攜希眞畫山水謁檜，檜薦於上，頗被眷遇，與米元暉對御輒畫，而希眞恥以畫名，輒退避不居也。故常告親友曰：「吾非善畫者，所畫多出錢端回之手。」其實非也。

廉布，字宣仲，山陽人。妙年登科，官至武學博士，以聯貴姻坐累，遂廢終身。後居紹興，既絕仕宦之念，專意繪事，山水林石，種種飄逸，師東坡，幾於升堂也。其子頗得家法，今有圖軸傳於世。

李石，字知幾，資州人。少負才名，既登第，以趙逵莊叔左史之薦，任太學博士，直情徑行，不附權貴，遂不容於朝。出主石室，就學者其合如雲，至閩越之士萬里而來，刻石題諸生名幾千人，蜀學之盛，古今鮮儷也。今倅成都，醉吟之餘，時作小筆，風調遠俗，蓋其人品既高，雖游戲間，而心畫形矣。

巖穴上士

杭士林生，作江湖景，蘆雁水禽，氣格清絕。米老謂唐無此畫，可並徐熙，在艾宣、張涇、寶覺之右，人罕得之。

李甲，字景元，自號華亭逸人。作逸筆翎毛有意外趣，但木柯未佳耳。坡題其喜鵲圖云：「聞說神仙郭恕先，醉中狂筆勢瀾翻；百年牢落何人繼？只有華亭李景元。」又晁無咎題周秉彥所收李甲畫三絕，鵲云：「上林花妥逐鶯飛，愁絕江南雪裏時；嘍嘈何須旁簷喜，毰毸相對兩寒枝。」雁云：「網羅無限稻粱肥，憐爾冥冥亦庶幾；戲鴨眠鷗滿中沚，衡陽無意更南飛。」鴨云：「急風吹雪滿汀洲，近臘淮南憶倦游，小鴨枯荷野艇冷，去年今日凍高郵。」

周純，字忘機，成都華陽人。後依解潛久留荆楚，故亦自稱楚人。少爲浮屠，弱冠遊京師，以詩畫爲佛事，都下翕然知名，士大夫多與之游，而王寀輔道，最與相親。後坐累，編管惠州，不許生還，適鄰郡建神霄宮，本路憲舊知其人，請朝廷赦能畫人周純來作繪事，從之，於是憑藉得以自如。其山水師思訓，衣冠師愷之，佛像師伯時，又能作花鳥松竹牛馬之屬，變態多端，一一清絕。畫家於人物必九朽一罷，謂先以土筆撲取形似，數次修改，故曰九朽，繼以淡墨，一描而成，故曰一罷，罷者，畢事也。獨忘機不假乎此，落筆便成，而氣韻生動。每謂人曰：「書畫同一關棙，善書者又豈先朽而後書耶。」此葢卓識也。初，寀未敗，會朝士大尹盛章在焉，謂忘機曰：「子能爲我作圖梅狀『遙知不是雪，爲有暗香來』之意乎？」忘機曰：「此臨川詩，須公自有此句，我始爲之。」盛恨甚，未幾寀敗，而盛猶爲京尹，故忘機被禍獨酷。

高燾，字公廣，沔州人。自號三樂居士。作小景自成一家，淸遠靜深，一洗工氣，眠鴨浮雁，衰柳枯梻，最爲珍絕。篆隸飛白，一一造妙。

僧德正，信州人。宣和郎官徐兢明叔之兄，紹興侍從徐林穉山之弟。登科爲平江教官，棄而出家，是日卽勑往江州圜通寺，開堂拈香，爲三世諸佛。於是其徒不容，棄去，居廬山南疊石庵，服漆辟穀，閱淮名山，意往無礙，凡登山臨水，卽橫笛自娛。後入蜀，其兄陰遣人僞作其徒，賷金帛，牽挽而歸。過敍州宣化縣，久留樊賓少卿家，作峨眉圖，山水人物，種種淸高。初登峨眉時，煉指供佛，兩手止餘四指，粗可執筆，而畫意自足。其松石人物，專學龍眠，遇興伸紙揮毫，頃刻而成，貴勢或求之，絕不與。

江參，字貫道，江南人。長於山水。形貌淸癯，嗜香茶以爲生。初以葉少藴左丞薦於宇文湖州季蒙，今其家有泉石五幅圖一本，筆墨學董源，而豪放過之。季蒙欲多取其畫，而貫道每被召去，止得此圖，居以爲慊，後劉季高侍郎再寄江居圖一卷，作無盡景，始少慰意。當貫道被召時，尙書張如瑩知臨安，貫道旣到臨安，卽有旨館於府治，明當引見。是夕殂，信有命也。

畫繼卷第三終

畫繼卷第四

縉紳韋布

劉明復　蔣長源　酈陵王主簿　李世南　趙宗閔
薛判官　倪濤　文勳　劉延世　王持
王利用　靳東發子詠　魏燮　李昭　李頎
陳直躬　朱象先　張無惑　眉山老書生　何克
雍秀才　章友直　黃斌老　黃子舟　劉明仲
黃與迪　楊吉老　成子　張遠　張明
王元通　喬仲常　孔去非　閭邱秀才　劉松老
王逸民　馮久照　劉履中　劉眞孺　李皓
張昌嗣　連鼇　任粹　揚補之　雍巘

劉明復，爲直龍圖閣，師李成，特細秀，作松枝而無向背。荆楚秀甚浮休有鄧正字宅見劉明復所畫麓山秋景五十六言云：「洛陽才子見長沙，自識中丹鬢未華；文武全才皆不試，丹青妙筆更誰加。老杉列在皇堂上，小景將歸學士家；我有故山常自寫，免教魂夢落天涯。」

蔣長源，字永仲，官至大夫。作著色山水，山頂似荆浩，松身似李成，葉取眞松爲之，如靈鼠尾，大有生意。石不甚工，作淩霄花纏松，亦佳作。

鄢陵王主簿，未審其名。長於花鳥。東坡有書所畫折枝二詩，其一云：「論畫以形似，見與兒童鄰；爲詩必此詩，定知非詩人。詩畫本一律，天工與淸新；邊鸞雀寫生，趙昌花傳神。如何此兩幅，疎淡含精勻；誰言一點紅，解寄無邊春。」二云：「瘦竹如幽人，幽花如處女；低昂枝上雀，搖蕩花間雨。雙翎決起時，衆葉紛自舉；可憐採花蜂，瀆蜜寄兩股。若人富天巧，春色入毫楮；懸知君能詩，寄聲求妙語。」

李世南，字唐臣，安肅人。明經及第，終大理寺丞。嘗與晁無咎同試諸生，無咎有求橫幅長篇，又有題扇詩，蓋長於山水也。東坡亦嘗題其秋景平遠云：「人間斤斧日創夷，果見龍蛇百尺姿；不是溪山曾獨往，何人解作挂猿枝。」二「野水參差落漲痕，疎林欹倒出霜根；浩歌一棹歸何處？家在江南黃葉村。」予嘗見其孫皓云：「此圖本寒林障，分作兩軸，前三幅盡寒林，坡所以有龍蛇姿之句；後三幅盡平遠，所以有黃葉村之句，其實一景，而坡作兩意。」又「浩歌字，雕本皆以爲扁舟，其實畫一舟子，張頤鼓柮，作浩歌之態，今作扁舟，甚無謂也。」

趙宗閔，爲尚書郎。山谷載銅官僧舍墨竹一枝，筆勢妙天下，爲作小詩云：「省郎潦倒今何處？敗壁風生雙竹枝，滿世閻劉專翰墨，誰爲眞賞拂蛛絲？」又云：「獨來野寺無人識，故作寒崖雪壓枝；想得平生藏妙手，只今猶在鬢成絲。」

薛判官者，不得其名。浮休題其所作秋溪烟竹云「深墨畫竹竹明白，淡墨畫竹竹帶烟；高堂忽爾開數幅，半隱半見如自然」者是也。

倪濤，字巨濟，宣和間爲都司。一日訪其友，戲畫三蠅壁間，自題云：「何人刻獼猴？老眼覷荆棘；不如丹青手，快意風雨疾。我窮坐詩豪，九鼎扛筆力；偶然一點汙，著紙生羽翼。千言走虵蚓，寧爲寸紙逼；還當寫君詩，什襲同藏冪。」今李文正之孫有所畫蜥蜴蝀蟰甚佳。

文勳，字安國，元祐末作太府寺丞福建漕。東坡跋其畫扇云：「道子畫西方變相，觀者如堵；作佛圓光，風落電轉，一揮而成。嘗疑其不然，今觀安國作方界，略不抒思，乃知傳者之不謬。」

劉延世，公是先生之猶子也。少有盛名，元祐初游太學，不得志，築堂業講，名曰「抱襲」。嘗作墨竹，題詩云：「酷愛此君心，常將墨點眞；毫端雖在手，難寫淡精神。」

又云：「靜室焚香盤膝坐，長廊看畫散衣行。」趣尙之高，有如此者。

王冲隱，名持，字正叔，長安人。長於翎毛，學崔白，今顏魯公鹿脯帖後有題跋，妙於筆法，蓋其人也。嘗於邵氏見竹棘雪禽一軸，極淸雅，上題云：「正叔爲伯起作，崇寧甲申。」伯起名振，其兄也。

王利用，字賓王，潼川人。舉進士，終夔憲。書畫皆能，光堯皇帝頗愛其書；畫則山水，長於人物，精謹而已，不及其書也。

靳東發，字茂遠，其高祖太尉，卽射𨄔覽者，官止敍倅。其性多能，尤工畫藝，人目之爲靳百會。近世畫手，少作故事人物，頗失古人規鑒之意；茂遠獨集古今諫諍百事以爲圖，號百諫圖，誠可尙者。

詠，字少張，其子也，今主簿於郪。長於山水，尤爲多能，蓋其出藍之青也。

魏燮，字彥密，北人。長於水墨雜畫，光堯見之，喜動天顏，遂除浙西參議。

李昭，字晉傑，鄄城人。李文靖之曾孫，蔡文忠公曾外孫也，以恩科仕江州德化尉。長於墨竹，自云：「他人以蕭疎爲能，余以重密爲巧，吾之墨竹一派，不讓湖州。」又善墨花，小筆亦能，山水學范寬，篆尤精，學三墳記也。紹興間死於江南。

李頎秀才，善畫山，嘗以兩軸並詩上東坡，東坡次其韻答之：「平生自是箇中人，欲向漁舟便寫眞；詩句對君難出手，雲泉勸我早收身。年來白髮驚秋速，長恐靑山與世新；從此北歸休悵望，囊中收得武陵春。」

陳直躬，高郵人也。坡有題所畫雁二詩云「野雁見人時，未起意先改；君從何處看，得此無人態」者是也。而無咎集中有和蘇翰林題李甲畫雁二首，乃用此韻，不知何謂也。

朱象先，字景初，松陵人。馳名紹聖元符間。坡跋其畫云：「能文而不求擧，善畫而不求售，文以達吾心，畫以適吾意而已。」以其不求售也，故得之自然，世亦罕見，不知其所長也。

張無惑，山人也。善畫山水。浮休贈詩云：「西征已度故關山，秋雨零零路屈盤；受盡艱辛心不足，解程又展畫圖看。」

眉山老書生，不得其名。作七才子入關圖，山谷謂人物亦各有意態，以爲趙雲子之苗裔，摹寫物象漸密，而放浪閒遠則不逮也。

何克秀才，不知何許人？能寫貌。坡有贈詩云：「問君何苦寫吾眞？君言好之聊自適。」

雍秀才，不知何許人？坡有詠所畫草蟲八物詩，詩意每一物譏當時用事者一人，如「升高不知回，竟作黏壁枯」，以比介甫；「初來花爭妍，倏去鬼無跡」，以比章惇。今詩與畫俱刊石流傳於世。又作畫捕魚圖贊，載集中。

章友直，字伯益。善畫龜蛇，以篆筆畫，頗有生意。又能以篆筆畫棋盤，筆筆相似。

黃斌老，不記名，潼州府安泰人，文湖州之妻姪也。登科嘗任戎倅，適山谷貶戎州，與定交，且通譜。善畫竹，山谷有詠其橫竹詩。又謝斌老送墨竹十二韻云：「吾子學湖州，師逸功已倍，預知更入神，後出遂無對。」

黃彝，字子舟，斌老之弟。其名字初非彝與子舟也，山谷以其尙氣，故取二器以規之，自後折節，遂爲粹君子。舉八行，終朝郎、郡倅。山谷用贈斌老韻謝子舟爲余作風雨竹兩篇，前篇云：「歲寒十三本，與可可追配。」後篇云：「森削一山竹，牝牡十三輩，誰言湖州沒，筆力今尙在。」而與可每言所作不及子舟。

劉明仲，善作竹。山谷爲作墨竹賦。

黃與迪，善畫竹。山谷次韻謝與迪所作竹五幅云：「吾宗墨修竹，心手不自知。」但不知爲何人？任子淵詩注，亦不及之。

楊吉老，文潛甥也。文潛嘗云：「吾甥楊吉老，本不好畫竹，一旦頓解，便有作者風氣，揮灑奮迅，初不經意，森然已成，愜可人意，其法有未具，而生意超然矣。」無咎亦有贈文潛甥克一學與可畫竹詩。克一，吉老字也。

成子，不得其名。山谷詩云：「成子寫浯溪，下筆便造極。」徐師川亦有成生畫山水歌云：「成子貌古心亦古，造化爲工筆端取；玄冬起雷夏造冰，翻手爲雲覆手雨。」

張遠，字行之，太原楡次人。本士人，隱居山間。政和中有河東漕宋姓者，親訪其廬，邀致公署，令畫絹八幅。遠請屏去左右，且約漕無相見，獨與弟子郝士安評議，酣寢數日，忽起下筆，頗窮天眞。兩幅不如意，遂焚之，以六幅與宋。宋大喜，贈送甚厚，高謝還廬。

張明，其姪也。亦以山水擅名，比季父則差肩矣。

王元通，以字稱。工山水。滄州人也。師李成。爲人豪逸自負，每畫竟，輒大呼「奇奇」數聲，乃得意筆也。

喬仲常，河中人。工雜畫，師龍眠。圍城中思歸，一日作河中圖贈邵澤民侍郎，至今藏其家。又有龍宮散齋手軸，山居羅漢、淵明聽松風、李白捉月、玄眞子西塞山、列子御風等圖傳於世。

孔去非，汝州寧極先生之後也。長於小筆，淸雅可玩，尤工草蟲，作蟻蝶蜂蟬竹雀甚可觀。平生極留意於此，凡翹蝙飛動之物，必募小兒求之，搜索無遺，以類置其翅羽冊葉中，按形爲之，纖悉畢具。

閻邱秀才，江南人，不記名。長於畫水，無所宗師，自成一家，嘗畫五嶽觀壁。凡作水先畫浪頭，然後畫水紋，頃刻而成，驚濤洶湧，勢欲掀壁。

劉松老，字榮祖。書學元章，畫師東坡。成都李才元家有四軸山水，上有印文云「巨濟震子名松老者」八字，可見其高怪不隨俗也。成都佛掌骨記，實榮祖筆，特借米老名耳。予見此本在張恭州彌明家，後歸一豪族，價三十萬，非眞物也。

王逸民，字逸民，永康導江人。初爲僧，名紹祖。詩畫俱倣周忘機，而氣韻懸絕也。平生頗負氣，政和間改德士，則云「我生不背佛，而從外道」，取祠部焚之，自加冠巾。學山谷草書，亦美觀。

馮久照，字明遠，汾州人也。少遊太學，兵亂入蜀，寓居渠州。其山水初頗繁冗，後因郭熙之孫游卿來爲太守，盡以其家學傳之，遂一變。趙相鼎與之有太學之舊，薦於川路監司，由是益得名。

劉履中，字坦然，汴人也。寓遂寧靈泉山趾。壁傳人物，筆勢雄特，今遂寧后土祠殿廡內外，盡出其手。仙佛圖軸，亦其所長，但作故事人物，未脫工氣也。

劉銓，字眞孺，成都人。察院濬卿之族也。家本豪富，性好畫，所居對聖壽寺，寺多唐蜀名迹，眞孺終日諦翫，至忘飲食，久而自能。所畫山水，多以布紋印科葉者，唐舊製，蓋得於壁間也。尤精佛像，描墨成染，與李道明無異，淸勁則過之。

李皓，字雲叟，唐臣孫也。避亂入蜀，居成都。其所作山水，取前輩成樣，合而爲一，故能美觀，一時翕然稱之。

張昌嗣，字起之，與可之外孫也。筆法既有所授，每作竹，必乘醉大呼，然後落筆。不可求，或强求之，必詬罵而走。然有愧宅相者，於攢三聚五太拘拘耳。

連鼇，字仲舉，吉州人。自號石臺居士。精於長短句。工畫魚，幾於徐白。紹興間人。

任粹秀才，仲之姪。能作著色山。

揚補之，字無咎，洪州人。長於水墨人物，祖伯時。今年七十矣，自號逃禪老人。

雍嶸，字幼山，興元人。善山水，作巖崖枯木，雲氣墨梅尤佳。舉進士，屢宂。

三二

畫繼卷第四終

畫繼卷第五

道人衲子　甘風子　王顯道　李德柔　三朵花　羅勝先　李時澤　楊大明　寶覺　眞慧　惠洪　妙善　仲仁　道臻　道宏　法能　智平　祖鑒　虛己　覺心　智源　智永　眞休

世胄婦女附宦者

宋莊　賈公傑　郭道卿　郭游卿　高大亨　錢端回　李景孟　邵少微　李元崇　王會　李蕃　崇德郡君　和國夫人　文氏　女煎　豔豔　陳經略子婦　魏觀察　任源

道人衲子

甘風子，關右人。佯狂垢汚，恃酒好罵，落泊於鏖市間。酒酣耳熱，大叫索紙，以細筆作人物頭面，動以十數；然後放筆如草書法，以就全體，頃刻而成，妙合自然。多畫列仙之流，題詩其後，傳觀既畢，往往毀裂而去，好事者藏匿，僅存一二。豪富求之，唾罵不與，或經年不落一筆，故流傳於世者極少。一日忽別素與游者，歸則薰浴題頌，擲筆而逝。

王顥道，漢州人。本餅師，後學道，專心畫龍，格製雄壯。今成都三井觀三寶院有畫壁存。

李德柔，駕部員外郎宗固孫也。宗固景祐中良吏，嘗守漢州，有道士尹可元精練善畫，以遺火得罪，當死，君緩其獄，會赦獲免。時可元年八十一，自誓且死，必爲李氏子以報。可元既死二十餘年，而宗固子世昌之婦夢可元入其室，而生德柔，且名蜀孫。幼而善畫，長讀莊老，喜之，遂爲道士，賜號妙應。其寫眞妙絕一時，坡贈詩云：「千年鼻祖守關門，一念還爲李耳孫；香火舊緣何日盡？丹青餘習至今存。」

三朵花，房州人。許安世通判其州，以書遺坡，謂「吾州有異人，常戴三朵花，莫知其姓名，郡人因以三朵花名之。能作詩，皆神仙意。又能自寫眞。」坡作詩曰：「畫圖要識先生面，試問房陵好事家。」

眉山道士羅勝先，自號雲和山長。善山水，有古意，然布置景物，多越嶲夜郎所見。蓋其人善地理，遍歷諸山，所以曲盡形勢。又多作雨餘蝃蝀，可觀。

李時澤，遂寧人。初爲僧，受業於成都金地院，因李隱顯夫喪其子京師，顯夫親往迎喪，拉與同行，自是熟遊中原，多觀古壁。見武洞清所畫羅漢，豁然曉解，得其筆法，兵亂歸蜀，卽以畫名。圓悟住昭覺日，大殿既成，命畫十六羅漢及文殊普賢、藥師菩薩等像，現存。

楊大明，字民瞻，號至樂子。關中將家，棄蔭走方外。善畫龜蛇，今丈人山道院藏經閣後壁，有所作龜蛇，廣丈餘，最雄傑。嘗爲之罘蔡迨肩吾作息龜，龜之六藏，畫者止能爲神屋而已，而其妙處，頭爪皴皵，見於殼間，鼻竅深潤，觀者疑眞息也。

寶覺和尙，翎毛蘆雁不俗。嘗畫一鶴，王安上純甫一見以謂薛稷筆，取去。元章畫史，屢稱其能。

杭僧眞慧，畫山水佛像，近世佳品。翎毛林木，有江南氣象。米老嘗見其本，牛形似虎也。

惠洪覺範能畫梅竹，每用皂子膠畫梅於生絹扇上，燈月下映之，宛然影也。其筆力於枝梗極遒健。

妙善師，長寫貌。嘗寫御容，坡贈詩云：「天容玉色誰敢畫？老師古寺晝閉房；夢中神授心有得，覺來信手筆已忘。幅巾常服儼不動，孤臣入門涕自滂；元老侑坐鬚眉古，虎臣侍立冠劍長。」

仲仁，會稽人，住衡州花光山。一見山谷，出秦蘇詩卷，且爲作梅數枝，及烟外遠山，山谷感而作詩記卷末：「雅聞花光能墨梅，更乞一枝洗煩惱；寫盡南枝與北枝，更作千峯倚晴昊。」又見其平沙遠水，題云：「此超凡入聖法也，每率此爲之，當冠四海而名後世。」又題橫卷云：「高明深遠，然後見山見水，蓋關仝荊浩能事；花光懶筆，磨錢作鏡所見耳。」

道臻，嘉州石洞講師也。能墨竹，山谷贈序云：「道臻刻意尙行，自振於溷濁之波，故以墨竹自名，然臻過與可之門，而不入其室也。」

道宏，峨眉人，姓楊，受業於雲頂山。相貌枯瘁。善畫山水僧佛。晚年似有所遇，遂復冠巾，改號龍巖隱者。其族甚富，宏不復顧止，寄迹旅店，惟一空榻，雖被褋之屬亦無有。每往人家畫土神，其家必富，畫貓則無鼠，往往言人心事輒符合。族婦烹魚，宏命留食，既去，其姪不知，輒先嘗。宏歸，視魚云：「此竊食之餘也。」婦方隱諱，姪遂吐出先嘗於地。又凡如廁，必出郭五里外，鄉人怪訝，每隨而窺之，既就溷，則無復便利，但立語再四而出，此皆奇異者。後竟坐化店中，八十餘。成都正法院法堂有所畫高僧。

法能，吳僧也。作五百羅漢圖，少游爲之記云：「昔戴逵常畫佛像，而自隱於帳中，人有所否臧，輒竊聽而隨改之，積年而就。意法能研思，亦當若此，非率然而爲之决也。」雖然，少游獨能察人之畫，而不退思其作記時耶。

智平，成都清涼院僧也。善畫觀音。南商毛大節得其像以歸，過海，風浪大作，開展懇祈，光相忽現如大月輪，長久之間，已數千里，侯溥賢良載之觀音儀中。今水陸院普賢閣所畫像，其徒虛己作水石，現存。

祖鑒，成都僧，住不動尊院。師智平畫觀音，今大慈超悟院佛殿有十觀音。又於邛州鳳凰山畫觀音，一日忽現五方圓相，直閣計敏功爲作瑞像記，現存。

虛己，成都柏林院僧。善山水，有圖軸傳世。今白馬院僧慧琳，本仕族，多蓄圖書，尊尚士大夫，入慈藍者，以爲稅鞅之所，翻香賚茗，終日蕭然，不知身在闤闠中也。

有虛己雪障及山水二圖，甚佳。

覺心，字虛靜，嘉州夾江農，家甚富。少好游獵，一日縱鷹犬，棄妻子，出家游中原，作從犢圖詩，孔南明、崔德符見而愛之，招來臨汝，連住葉縣東禪及州之天寧香山三大刹。兵亂還蜀，邵澤民、劉中遠兩侍郎復喜之，請住毗盧，凡十八年。初作草蟲，南僧稱爲心草蟲，後因宣和待詔一人因事匿香山，心得其山水訣，一日千里。陳澗上稱之曰：「虛靜師所造者道也，放乎詩，游戲乎畫，如烟雲水月，出沒太虛，所謂風行水上，自成文理者也。」陳去非亦稱其詩無一點僧氣。

智源，字子豐，遂寧人，傳法牛頭山。工雜畫，尤長於人物山水。嘗見看雲圖，畫一高僧，抱膝而坐石岸，昂首竚目，蕭然有出塵之姿，使人敬仰不暇，風格其忘機之亞歟。

智永，成都四天王院僧。工小景，長於傳模，宛然亂眞，其印湘之匹亞歟。初，宇文季蒙龍圖喜其談禪，欲請住院，永牢辭曰：「智永親在，未能也。」於是售己所長，專以爲養，不免狥豪富屢肆所好，今流布於世者，非其本趣也。嘗作瀟湘夜雨圖上邵西山，西山卽題云：「嘗擬扁舟湘水西，篷窗翦燭數歸期；偶因勝士揮毫處，却憶當年夜雨時。」西山旣詠詩，問永云：「前輩曾有此詩否？」永因誦義山問歸篇，西山矍然，亟取詩以歸，翌日乃復改與之：「曾擬扁舟湘水西，夜窗聽雨數歸期，歸來偶對高人畫，却憶當年夜雨時。」深恐多犯前人也。

眞休，漢嘉僧也。山谷所與遊淸閒居士王朴之子。善模搨人物如眞，今現存。

世胄婦女附宦者

宋莊，字臨仲，漢傑之孫也。其於山水氣韻得家法，但筆未老耳。本難列於世胄，以世胄無可爲冠者，故屈而冠之。

賈公傑，字千之，文元公昌朝諸孫，侍郎炎之子也。學馬賁而標格過之。又作佛像極精細，衣縷皆描金而不俗。官至半刺而終。

郭道卿，字仲常；游卿，字季能，熙之諸孫也。皆爲郡守，頗有家學，仍善畫馬，其筆法眞季孟也。今成都正法保福兩院有壁，傳窠植湖灘與渡水齕草、帶鴉病馬等跡。

遂寧官圃中，亦有松鹿石竹，現存。

高大亨，字通叟，宣仁聖烈之族「公」字行也。以所降出身告，誤爲大亨，故止名大亨。長於山水，澤民邵侍郎嘗邀致於家，同李能兄弟合手畫圖障。後卒於瀘。

錢端回，戚里人也。善寫平遠。朱希眞每借其名自諱曰：「敎儒非善畫者，皆出端回手也。」

李景孟，字仲淳。善畫馬。其於圖軸鑒別精確，蓋中原故家聞見之多也。

邵少微，字叔才，澤民侍郎之子也。放曠不羈，不樂從宦，初爲馬曹，不一月，棄官去，則取補官敕牒，盡畫飛潛走伏之物，已乃抵於地，遂致終身焉。筆墨草具而有餘意，眉倅廳壁有烟林窠石，對宋頤仲所作松石，皆存。

李元崇，字季姚，文正公裔，無盡之甥也，官止縣令。生平好畫成癖，因自能之，師范寬，清潤可喜。尤工雪景，士友求之，欣然下筆，頃刻而就，未嘗作難，此其所長也。

王會，字元叟，端明公之長子，今爲朝請大夫。工花竹翎毛，頗拘院體，蕊葉枝莖，觜爪毛羽，窮極精細，不遺毫髮也。

李蕃，字元翰，成都人。才元之曾孫也。李氏世以書鳴，蕃得其家學，轉而爲畫，種種能之。寶相院門天王二壁，實出其手，全體聖壽寺范瓊樣，但蕃不善布色，以俗工代之，反晦其所長耳。後十年又用靑城山長生觀門龍虎君樣，翻天王二壁於靑蓮院門，且自傳彩，遂勝於前也。

朝議大夫王之才妻崇德郡君李氏，公擇之妹也。能臨松竹木石，見本卽爲之，卒難辨。又與可每作竹以貺人，一朝士張潛，迂疎修謹，作紆竹以贈之，如是不一。又作一横絹丈餘著色偃竹，以貺子瞻，過南昌，山谷借而李臨之，後數年示米元章於眞州，元章云：「非魯直自陳，不能辨也。」作詩曰：「偃蹇宜如李，揮毫已逼翁；衞書無遺妙，琰慧有餘工。熟視疑非筆，初披颯有風；固藏惟謹鑰，化去或難窮。」山谷亦有題姨母李夫人墨竹、偃竹及墨竹圖歌，詩載集中。

和國夫人王氏，顯恭皇后之妹，宗室仲輗之室也。善字畫，能詩章，兼長翎毛。每賜御扇，卽翻新意，彷成圖軸，多稱上旨，一時宮邸珍貴其蹟。

文氏，湖州第三女，張昌嗣之母也，居鄴。湖州始作黃樓障，欲寄東坡，未行而湖州謝世，遂爲文氏奩具。文氏死，復歸湖州孫，因此二家成訟。文氏嘗手臨此圖於屋壁。暮年盡以手訣傳昌嗣，今昌嗣亦名世矣。

章友直之女煎，能如其父，以篆筆畫棋盤，筆筆相似。

任才仲妾豔豔，本良家子，有絕色。善著色山，才仲死鍾賊，不知所在。

陳暉晦叔經略子婦桐廬方氏，作梅竹極淸遠。又臨蘭亭，並自作草書，俱可觀。

魏觀察者，政宣之宦寺也。善畫墨竹，嘗被旨來衢州，起御前竹入林竹中，有籠中飛鳥名遏濫堆，能歌六幺，遂呼其主問之，主人年已七十矣，云：「初教時以木匣束其身，每五鼓吹其脣作腔，筆管敲拍，以警其寢，如是五六年方能之。前後凡數十，獨無此之慧者。」强欲求之，不可；以貨取之，不可；以官酬之，又不可，遂封其籠以黃帕，翁不敢近，自撲於地而死。

任源，字道源，自號眞常子，政宣宦者，死於紹興間。作枯木怪石，又作小景，粗可觀。

畫繼卷第五終

畫繼卷第六

仙佛鬼神

劉國用　陳自然　于　氏　雷宗道　能仁甫

費宗道　成宗道　吉　祥　司馬寇　楊　傑

鄭希古　張　通

人物傳寫

李士雲　程懷立　朱　漸　朱宗翼　徐　確

劉宗道　杜孩兒

山水林石

燕文季　陳用之　王可訓　李　明　池州匠

蔡　規　李宗晟　秉至誠　賀　眞　甯　濤

甯久中　高　洵　馮　曠　何　淵　劉　翼

宋　處　李　遠　郝士安　張　舉　趙　林

郭鐵子　老　成　李希成　田　和　蒙　亨

李唐　　戰德淳　　和成忠　　劉仲先　　劉堅

郝孝隆　　李覺

花竹翎毛

尹白　　劉常　　張涇　　陳常　　張希顏

任源　　費道寧　　楊寵　　楊祁　　李猷

韓若拙　　孟應之　　宣亨　　老麻　　胡奇

鮑洵　　鮑洋　　盧章　　李端　　劉益

富燮　　夏奕　　田逸民　　李誕

仙佛鬼神

劉國用，漢州人。工畫羅漢，壁素之傳甚多，在邱杜、金水張之下也。

陳自然，工畫佛。山谷題云：「陳君以佛畫名京師，作秋水寒禽甚可觀。」

于氏，不記名，河東人，寓閬州。工佛道像，兼畫鬼神。

雷宗道，商州人。工雜畫，尤長於佛像山水。雙流張庭堅家有兩橫軸，人以爲郭熙也。

能仁甫，以字行，本畫院出身，官至縣令。長於佛像山水，世多觀音。

費宗道，蔡州人。來京師，畫太一宮中主火神，頃刻而成。衆工疾之，告監牧中使曰：「畫太速成，殊不加意。」中使遂令墁毀，一夕憤怒而卒。

成宗道，長安人。工畫人物，兼善刻石，凡長安壁傳吳筆，皆臨摹上石，其跡細如絲髮，而不失精神體段。有所集吳生三清像與左右侍衛，宛如吳作。或云：「因能勒石，後轉而爲畫也。」又改武洞清長沙羅漢與三元，皆能捨短求長，自出新意，過於長沙遠矣。

吉祥，平陽人。工佛道，筆墨輕清。又能布景作佛像星辰，多在山水中，後人罕及。山水亦佳。

司馬寇，汝州人。佛像鬼神人物，種種能之。宣和間稱第一手。多畫翊聖眞武於雲霧中現半身，觀者駭敬，士大夫奉事，皆有靈應。

楊傑，閬州人。長於鬼神，每下筆，必先畫手足四肢，然後用三兩筆，成就全體。

鄭希古，河東人。長於平畫，每出新意，輒過人。初未甚精，紹興初遇郝章於閬州，居相近，一日章病，希古視候甚謹，病已，章感其誠，盡傳其法。

張通，鄜延人。長於仙佛。初居利州，今居興元。

人物傳寫

李士雲，金陵人。傳荊公神，贈詩曰：「衰容一見便疑眞，李氏揮毫妙入神；欲去鍾山終不忍，謝渠分我死前身。」又善山水，荊公贈古風，有「李子好山水，而常寓城郭，毫端出窈窕，心手初不著」之句。

程懷立，南都人。東坡作傳神記謂「傳吾神，衆以爲爾得其全者」。懷立舉止如諸生，蕭然有意於筆墨之外者也。

朱漸，京師人。宣和間寫六殿御容。俗云「未滿三十歲，不可令朱待詔寫眞」，恐其奪盡精神也。

朱宗翼，畫院人也。嘗與任安合手畫慕容夫人宅堂影壁神州圖，樓觀屋木，任安主之，山水人物，宗翼主之。

徐確，不知何許人？今居臨安。供應御前傳寫，名播中外。

劉宗道，京師人。作照盆孩兒，以水指影，影亦相指，形影自分。每作一扇，必畫數百本，然後出貨，卽日流布，實恐他人傳模之先也。

杜孩兒，京師人。在政和間，其筆盛行，而不遭遇，流落輦下。畫院衆工，必轉求之，以應宮禁之須。

山水林石

燕文季，神廟時人。工畫山水，淸雅秀媚。予家舊有花村曉月、平江晚雨、竹林暮靄、松溪殘雪四時景，畫院謂之「燕家景」。

陳用之，居小窰村。善山水。宋復古見其畫曰：「此畫信工，但少天趣耳。先當求一敗牆，張絹素倚之牆上，朝夕觀之。旣久，隔素見敗牆之上，高平曲折，皆成山水之勢，心存目想，高者爲山，下者爲水，坎者爲谷，缺者爲澗，顯者爲近，晦者爲遠；神領意造，恍然見其有人禽草木飛動往來之象，則隨意命筆，自然景皆天就，不類人爲，是爲活筆。」用之感悟，格遂進。予按存中筆談，故錄用之，而郭誌亦有小窰陳名用智，豈用之耶？

王可訓，京西人。熙豐待詔也。工山水，自成一家。嘗作瀟湘夜雨圖，實難命意。宋復古八景，皆是晚景，其間烟寺晚鐘、瀟湘夜雨頗費形容，鐘聲固不可爲，而瀟湘夜矣，又復雨作，有何所見？蓋復古先畫而後命意，不過略具掩靄慘淡之狀耳，後之庸工，學爲此題，以火炬照纜，孤燈映船，其鄙淺可惡，至於形容不出，而反嘲誚云：「不過翦數尺皂絹張之堂上，始副其名也。」可訓之作，悉無此病。

李明，善山水。坡嘗以其畫送吳遠遊云：「近李明畫山水有名，頗用墨不俗，輒求得一橫卷甚長，可用牀上繞屏。」

池州匠，作秋浦九華，筆粗有清趣，師董源。

蔡規，建昌軍人。謝無逸觀其畫山水，有「蔡生老江南，山水涵眼界；揮灑若無心，筆端出萬怪」之句。

李宗晟，作水簾圖，坡題云：「宗晟一軸水簾圖，寄與南舒李大夫；未向林泉歸得去，炎天酷日且令無。」

兼至誠，不知何許人？大觀初得旨，以至誠進所畫山水，意匠精深，筆法高古，特補將仕郎。

賀眞，延安人，出自戎籍。專門山水。宣和初建寶眞宮，一時名手，畢呈其技，有忌眞者，推爲講堂照壁，實難下手，眞亦不辭，日醉酒於門。衆工皆畢，中使促眞，眞以幕圍壁，揮却其徒，不數日成，作雪林，高八尺，觀者嗟賞，衆工斂衽。

甯濤，華陰敷水人。師范寬，多作關右風景，其巧過寬，而渾厚藏蓄不及也。但樓觀人物，纖悉畢呈，失於太顯，正如高克明，人謂「馬行家山水」也。

甯久中，溥子也。又兼畫人物，深得出俗之態。筆意不減其父，但多平遠道路之景，不起峯頂耳。

高洵，京師人。工山水，師高克明，尤長於湖石。以畫院多學克明，故洵晚年，復師范寬。

馮曠，河內人。工山水，體製不類前人，自成一家，馳名於熙豐間。其筆墨蒼老，峯巒秀潤，亦爲難及也。

何淵，在圖畫院，不知何處人？專師克明，往往逼眞，然失之繁碎也。

劉翼，耀州呼爲劉評事。學范寬而有自得處，不知者以爲寬筆。

宋處，不記名，邢州人。州署有郭熙滿溪春溜圖，乃宋所模，其名見林泉高致。

李遠，靑州人。學營邱，氣象深遠，崇觀間馳名。

郝士安，太原楡次人，張遠之弟子也。事其師甚敬，常執杖屨，侍立左右。

張舉，懷州人。亦山水家。其性不羈，好飲酒，與羣小日游市肆，作鼓板社。每得畫資，必盡於此，尤長潑撲。

趙林，字子安，懷州人。李士舉提刑家有林所畫不凋圖，步驟營邱。然方籍籍間，遽以疾亡，聞者惜之。

郭鐵子，太原楡次人。學李成。善鍛鐵作方響，故號爲鐵子。

老成，洛州臨洛人。熙豐間工雜畫，尤長山水。其性沉靜，終日兀坐，似不能言者。筆法謹細，如其爲人。年八十餘而終。

李希成，華州人，慕李成，遂命名。初入圖畫院，能自晦以防忌嫉；比已補官，始出所長，衆雖睥睨，無及矣。

田和，陝人。學李成，意韻深遠，筆墨精簡，熙豐間罕能及者。

蒙亨，華州人。初爲僧，兵火後偶其兄從軍，遂置軍中，屯綿州。學其鄉人甯濤，得典型也。

李唐，河陽人。亂離後至臨安，年已八十。光堯極喜其山水。

戰德淳，本畫院人，因試「蝴蝶夢中家萬里」題，畫蘇武牧羊，假寐以見萬里意，遂魁。能著色山，人物甚小，靑衫白袴，烏巾黃履，不遺毫髮。又作紅花綠柳，淸江碧岫，一扇之間，動有十里光景，眞可愛也。

和成忠，京西人。宣和待詔，不記名，成忠，其官也。學李成，筆墨溫潤，病在烟雲太多爾。

劉仲先，成都人。善山水。照覺方丈僧堂內外，皆仲先筆，時年七十矣。今存。

瀟湘劉堅，頗柔媚，師范寬，樓閣人物，種種皆工。多作小圖，無豪放之氣。

郝孝隆，太原人。師李成。今成都信相寺有所畫四壁，可觀。

李覺，京師人。字民先，自號方平九友。能書，能琴，能占。嘗爲明節皇后閤掌牋，後流落於廣州。長於山水，每被酒則綳素於壁，以墨潑之，隨而成象，曲盡自然之態。

花竹翎毛

尹白，汴人。專工墨花。坡嘗賦之云：「花心起墨暈，春色散毫端。」

劉常，江南人。所作花，氣格淸秀有生意，在趙昌王友上。

張涇，不知何處人？米元章稱其翎毛蘆雁不俗。

陳常，江南人。以飛白筆作樹石，有淸逸意。折枝花亦有逸氣，一株以色亂點花頭，意欲奪造物，本朝妙工也。

張希顏，漢州人。初名適。大觀初累進所畫花，得旨，「粗似可采，特補將仕郎，畫學諭」。

希顏始師昌，後到京師，稍變從院體。得蜀州推官以歸，不勝士大夫之求，多令任源代作，故復似昌。

任源，漢州人，少隸軍籍。從希顏久，畫得其法。

費道寧，懷安人。善畫花，多作交枝，比趙昌有筆格。

楊寵，成都人。善畫花，可亞費道寧。

楊祁，彭州崇寧人。善花竹翎毛，有百禽帳，又畫籠鷄如生。昭覺寺超然臺舊有倦翼知還等壁，今不復存。

李猷，河內人。長於鷹鶻，精神態度，曲盡其妙。世所作多搏搦狐兔鳧鷺之屬，流血淋漓，頗乖好生之意；猷盡反之。嘗見其畫二鷹坐於枯枝之上，貌甚閒暇，略無鷙猛慘烈之狀，而不失英姿勁氣，可尙也。

韓若拙，洛人。善作翎毛。每作一禽，自觜至尾足皆有名，而毛羽有數，政宣間，兩京推以爲絕筆。又能傳神，宣和末，應募使高麗寫國王眞，會用兵，不果行。年八十餘，死襄陽。

孟應之，不知何許人？入圖畫院。精於翎毛。嘗見其畫扇作秋老海棠，子著枝，已乾而不枯，猶帶生意，坐一白頭翁生動。

宣亨，京師人，久在畫院。承平時入蜀，終普州兵官。精花鳥，初離院時，徽宗留之，亨牢辭而去。既出當塗，命畫者甚衆，不勝煩勞，頗厭苦之。每云：「上嘗戒我勿出，必爲措大所殃，今果然也。」

老厖，關中人。熙寧間以花鳥稱，非蜀之居禮也。

胡奇，長安人。長於蘆雁。何丞相文縝家有四幅圖，可觀。

鮑洵，京西人。工花鳥，尤長布景，小景愈工。

鮑洋，洵之弟，眞魯衞也。

盧章，京畿人，久在畫院。多畫禁中物象，如白杏花、綠萼梅、白鸜鵒，皆其本也。

李端，京師人。偏工梨花鳩子。多作扇圖，極形似。亂離後卒於杭。

劉益，京師人，字益之，以字行。宣和間專與富燮供御畫，其自得處，多取內殿珍禽諦玩以爲法，不師古本，故多酷似。尤長小景，作蓮塘背風，荷葉百餘，獨一紅蓮花半開其中，創意可喜也。

富燮，京師人。宣和間與劉益同供御畫，布景運思，過於益。

夏奕，不知何地人？工翎毛。雙流張庭堅家有野鴨鸂鶒兩軸，極精詳。鸂鶒作對而皆雄，蓋求脫俗也。

田逸民，濟南人。長於墨竹。宣和畫院人。其所作極美觀，多作欹風冒雪，帶雨含煙之狀。

李誕，河間人，多畫叢竹。筍籜鞭節，色色畢具，宣和體也。

畫繼卷第六終

畫繼卷第七

畜獸蟲魚

李遵易　侯宗古　郗　七　郝　章　陳　皋

路　臯　龔　吉　吳九州　周　照　老　侯

屋木舟車

趙樓臺　郭待詔　任　安　劉宗古

蔬果藥草

陶　縝　薛　志

小景雜畫

馬　賁　周　曾　段吉先　李　達　劉　浩

楊　威

畜獸蟲魚。

李遵易，不知何郡人？無咎有跋畫魚圖，甚詳。

侯宗古，本畫院人，宣和末罷諸藝局，退居於洛。畫西京大內大慶殿御屏面升龍，傑作也。

郗七，不知其名，亦畫院人，退居於洛。畫西京大內大慶殿御屏，皆拏雲吐霧龍，比宗古有筆力。

郝章，汾州人。長於人馬。河東稱三絕者，謂路皋橐駝，郝章人馬，張遠山水也。兵火後居閬州，已八十，每畫一人一騎，則自云：「雖老矣，他人亦做不到也。」

陳皋，漢州人。長於番馬，頗盡胡態。張勘之甥也。

路皋，並門人。畫橐駝兼長鬼神。每醉則畫駝不過數筆，捽搦而成，頗全生意。

龔吉，不知何許人？長於畫兔，餘人所不及。

吳九州，燕人。善畫鹿，窮盡番鹿之態。牛鹿、馬鹿，養茸、退角，老嫩之別，無不曲盡其似。

周照，畫院人。專畫狗。作竹石猷子，殊有生意。作大軸，俗惡不入看。

老侯，瀘州合江人。善畫猿鹿，馳名兩蜀。兼長花果，頗有生意。

屋木舟車

趙樓臺，不得其名，相州人。賣畫中都，屋宇深邃，背陰向陽，不失規矩繩墨也。

郭待詔，趙州人。每以界畫自矜云：「置方卓令衆工縱横畫之，往往不知向背尺度，眞所謂『良工心獨苦』也。」不記名。

任安，京師人。入畫院，工界畫，每與山水賀眞合手作圖軸。一日安先作横披，當中界樓閣，分布亭榭滿中以困眞；眞止作坡岸於下，上則層巒疊嶂，出於屋杪，由是不得困。

劉宗古，京師人，宣和間以待詔官至成忠郎。亂離後歸江左，朝廷方尋訪車輅式，而宗古進本稱旨，除提舉車輅院。其畫人物，長於成染，不背粉，水墨輕成，但筆墨纖弱耳。

蔬果藥草

陶縝，不知何郡人？荆公有題所畫果示德逢詩。所作花果，精緻可玩。

薛志，字子尙，畫院出身。長於水墨雜畫，然翎毛不逮花果。志不善設色，嘗學於劉益，益不肯盡授，以非志所長也。

小景雜畫

馬賁，河中人。長於小景。作百雁、百猿、百馬、百牛、百羊、百鹿圖，雖極繁夥，而位置不亂。本「佛像馬家」後，寫生馳名於元祐紹聖間。

周曾，不知何地人？與馬賁同時，差高於賁。又長山水。

段吉先，不知何地人。無咎有題其小景三絕。

李達，京師人。尤長位置，好作沙汀遠岸含蓄不盡之意，一時妙手也。

劉浩，居華陰，愛作雪驢水磨、故事人物，多布敍景致，意象幽遠，筆法輕淸也。

楊威，絳州人。工畫村田樂。每有販其畫者，威必問所往，若至都下，則告之曰：「汝往畫院前易也。」如其言，院中人爭出取之，獲價必倍。

畫繼卷第七終

畫繼卷第八

銘心絶品

玉牒趙中大保之士俾家

韓幹馬圖　李伯時並馳小馬圖

黃筌鶴圖　艾宣荷鴨葦雁圖

范寬山圖　許道寧山水圖

崔慤三雁圖

玉牒趙伯兼節推家

東丹王舞胡圖　燕穆之山林倒影圖

郭熙㵎㯽圖

洛人王朝議國寶良器家

李成窠石小軸　范寬橫山小軸

范寬秋山六幅圖　李伯時起本馬圖

文元公孫賈通判公傑家

黃筌鼯捕鼠圖　崔白鵰狐圖
徐崇嗣荷蓼鷺鷥圖　易元吉猿鹿扇圖
眉山寶學程純老唐家
唐畫諸功臣像圖　李營邱山水大軸二圖
崔白翎毛雙幅八圖　孫太古湖灘水石圖
汝州令狐中奉之子陳古諷家
徐熙梅花嘉雀圖　鍾隱樣竹瑞鷄圖
江南道士劉眞白梅雀圖　范將軍胡佛圖
徐熙瓜圖　黃筌偷倉雀圖
孫太古焦夫子圖
河南邵澤民侍郎溥家
徽宗花鳥百扇圖　董奴子叢花圖
戴嵩牛圖　徐熙荷花鵜圖
李成偃松圖

邵太史博公濟家

徐熙牡丹戲魚圖　閻立本鎖諫圖

李後主蟹圖　李伯時嫁小喬圖

李後主曉竹圖　孫位松竹壁

孫太古維摩壁　盧楞迦羅漢十六壁

成都雙流張珪庭堅家

曹道元模曹弗興醉佛林圖　徐熙牡丹獨幅圖

郭恕先畫稿十圖　崔白禽竹四圖

河南王朝議樂道沂家

李成寒林四幅圖　郭熙山水雙幅圖

崔慤蘆雁六幅圖

中山劉寶賢瓌提刑家

徐熙娑羅花圖　黃筌花竹馴雉圖

文正公孫李大觀家

周昉虢國夫人圖　　范寬武關雪圖

摩詰、高克明、李成扇圖

叔父符寶叔誼家

徽宗皇帝御賜竹石扇圖　　黃筌海棠金鷄圖

李營邱山水圖　　郭熙山水雙幅圖

河陽李邦獻士舉敷文家

徽宗皇帝御賜雜禽圖　　徐熙牡丹叢圖

董源著色山水圖

中原王冠朝元台制幹家

徽宗皇帝鷗荷圖　　王摩詰橫披山水圖

李成山水扇圖　　東丹王鞍馬圖

遂寧王灼晦叔撫幹家

童仁益波旬幸佛涅槃圖　　崔白禽竹雙幅圖

范瓊佛壁　　張南本觀音壁

黃筌鶴壁　孫太古列星壁

遂寧客鎭張衍知縣家

吳道子三教圖　厲歸眞百牛圖

孫太古十一曜圖

阿陽陳古與權安撫家

黃筌牡丹馴狸圖　黃筌雪梅凍雀圖

紀眞山水圖　馬賁百雁百猿圖

徐高盤魚圖

綿州李廉夫德隅知郡家

徽宗皇帝著色橫山圖　郭熙橫山圖

開封尹盛章季文家

徽宗皇帝風竹鵪鴿喜鵲圖　顧愷之三教圖

戴嵩牛圖　崔白雙幅禽竹圖

范寬四時山水圖

宣獻公孫宋艾去病家

趙昌叢萱月季圖

太常少卿何麒子應家

吳道子白衣觀音圖　韓滉白牛圖

張南本勘書圖　黃居寀雀躍圖

唐希雅風竹驚禽圖　巨然四時橫山圖

徐熙梨桃折枝圖　崔白鴛鴦蒲荷圖

李成四幅林石圖　張勘八幅蕃馬圖

中原衞昂師房知縣家

趙邈卓伏石眠虎圖　徐熙梅菊萱荷雜禽圖

包鼎雙虎圖

成都王穉茂先大夫家

黃筌秋山圖　勾龍爽野老移居圖

文湖州雜畫鳥獸草木橫披圖

趙昌鷄冠花圖

廣都宇文時中季蒙龍圖家

徽宗皇帝水墨花禽圖　王維雪山圖

杜措佛圖　董奴子鷄冠花圖

李伯時高僧圖　又嘶驟二馬圖

又明皇八馬圖　又水晶宮明月館圖

又退之見大顛圖　江貫道飛泉怪石圖

又江居圖

成都郭勉中敦一承議家

勾龍爽宋鈞去獸圖

漢州何耕道夫類元家

盧楞伽小本十六羅漢圖

范榮公孫淑忠甫家

黃筌竹雀圖　趙昌折枝桃圖

王維雪竹圖　馬賁雁圖

雙流趙延修仲知縣家

黃筌竹雀圖　又蘆鴨圖

孫太古列宿像圖

雙流王焞子中縣尉家

黃筌竹鶴壁

雙流宇文子震子友主簿家

黃筌花竹禽兔圖

達守時時宏廣叔家

艾宣棘鶉圖　徐高魚圖

王友折李草蟲圖

成都呂給事陶元鈞家

東坡竹石枯槎圖　湖州六幅槎竹圖

易元吉紙木猿獮圖

燕穆之龍圖曾孫興祖知縣家

龍圖公忍事敵災星圖　又山水橫幅圖

又寒林橫幅圖　又鷺鷥圖

又散馬橫披圖　又墨竹圖

蜀僧智永房

吳道子慈氏菩薩圖　范瓊正坐佛圖

惠崇臥雪圖

廣安黎希聲博士孫邦基家

黃筌竹鶴竹雀圖　范寬四時山水圖

廣安姚賓觀國通判家

許道寧四時山水圖　范寬四時山水圖

易元吉猴犬圖

右前所載圖軸，皆千之百，百之十，十之一中之所擇也。若盡載平日所見，必成兩牛腰矣。然不載者，皆米元章所謂慚惶殺人之物，何足以銘諸心哉。

畫繼卷第八終

畫繼卷第九

雜說

論遠

畫者，文之極也，故古今之人，頗多著意。張彥遠所次歷代畫人，冠裳太半。唐則少陵題詠，曲盡形容；昌黎作記，不遺毫髮。本朝文忠歐公、三蘇父子、兩晁兄弟、山谷、後山、宛邱、淮海、月巖，以至漫仕、龍眠，或評品精高，或揮染超拔，然則畫者，豈獨藝之云乎？難者以爲自古文人，何止數公，有不能且不好者，將應之曰：「其爲人也多文，雖有不曉畫者寡矣；其爲人也無文，雖有曉畫者寡矣。畫之爲用大矣，盈天地之間者萬物，悉皆含毫運思，曲盡其態，而所以能曲盡者，止一法耳。一者何也，曰傳神而已矣。世徒知人之有神，而不知物之有神，此若虛深鄙衆工，謂雖曰畫而非畫者，蓋止能傳其形，不能傳其神也。故畫法以氣韻生動爲第一，而若虛獨歸於軒冕巖穴，有以哉！」

自昔鑒賞家分品有三：曰神、曰妙、曰能，獨唐朱景眞撰唐賢畫錄，三品之外，更增逸品。其後黃休復作益州名畫記，乃以逸爲先，而神妙能次之。景眞雖云：「逸格不拘常法，用表賢愚。」然逸之高，豈得附於三品之末？未若休復首推之爲當也。至徽宗皇帝專尙法度，乃以神逸妙能爲次。

予嘗取唐宋兩朝名臣文集，凡圖畫紀詠，考究無遺，故於羣公略能察其鑒別：獨山谷最爲精嚴；元章心眼高妙，而立論有過中處；少陵、東坡兩翁，雖注意不專，而天機本高，一語之確，有不期合而自合者。杜云「妙絕動宮牆」，則壁傳人物，須動字始能了。「請公放筆爲直幹」，則千丈之姿，於用筆之際，非放字亦不能辦。至東坡又曲盡其理，如「始知眞放本細微，不比狂華生客慧；當其下筆風雨快，筆所未到氣已吞。」非前身顧陸，安能道此等語耶！

予作此錄，獨推高雅二門，餘則不苦立褒貶。蓋見者方可下語，聞者豈可輕議。嘗考郭若虛論成都應天孫位、景朴天王曰：「二藝爭鋒，一時壯觀，傾城士庶，看之闐噎。」予嘗按圖熟觀其下，則知朴務變怪以傚位，正如杜默之詩學盧仝馬異也。若虛未嘗入蜀，徒因所聞，妄意比方，豈爲歐陽炯之誤耶。然有可恕者，尙注辛顯之論，謂朴不及位遠甚，蓋亦以傳爲疑也。此予所以少立褒貶。

郭若虛所載，往往遺略，如江南之王凝花鳥，潤州僧修範湖石，道士劉貞白松石梅雀，蜀之童祥、許中正人物仙佛，邱仁慶花，王延嗣鬼神，皆名筆也。俱是熙寧以前人物。

山水家畫雪景多俗。嘗見營邱所作雪圖，峯巒林屋，皆以淡墨爲之，而水天空處，全用粉塡，亦一奇也。予每以告畫人，不愕然而驚，則莞爾而笑，足以見後學者之凡下也。李營邱，多才足學之士也。少有大志，屢舉不第，竟無所成，故放意於畫。其所作寒林，多在巖穴中，裁箚俱露，以興君子之在野也；「自餘窠植，盡生於平地，亦以興小人在位，其意微矣。宇文龍圖季蒙云：宣和御府曝書，屢嘗預觀李成大小山水無數軸。今臣庶之家，各自謂其所藏山水爲李成，吾不信也。」

畫之六法，難於兼全，獨唐吳道子，本朝李伯時，始能兼之耳。然吳筆豪放，不限長壁大軸，出奇無窮；伯時痛自裁損，只於澄心紙上運奇布巧，未見其大手筆，非不能也，蓋實矯之，恐其或近衆工之事。

米元章云：「伯時病臂三年，予始畫。」雖似推避伯時，然自謂學顧高古，不使一筆入吳生，專爲古忠賢像，其木强之氣，亦不容立伯時下矣。

鳥獸草木之賦狀也，其在五方，自各不同，而觀畫者獨以其方所見，論難形似之不同，以爲或小或大，或長或短，或豐或瘠，互相譏笑，以爲口實，非善觀者也。蜀雖僻遠，而畫手獨多於四方，李方叔載德隅齋畫，而蜀筆居半。德麟貴公子也，蓄畫至數十函，皆留京師，所載止襄陽隨軒絕品，多已如此，蜀學其盛矣哉！畫之逸格，至孫位極矣。後人往往益爲狂肆，石恪孫太古猶之可也，然未免乎粗鄙；至貫休、雲子輩，則又無所忌憚者也。意欲高而未嘗不卑，實斯人之徒歟。蜀之羅漢雖多，最稱盧楞伽，其次杜措、邱文播兄弟耳。楞伽所作多定本，止坐立兩樣，至於侍衞供獻，花石松竹羽毛之屬，悉皆無之，不足觀；杜邱雖各有此，而筆意不甚淸高，俱愧長沙之武也。

舊說楊惠之與吳道子同師，道子學成，惠之恥與齊名，轉而爲塑，皆爲天下第一。故中原多惠之塑山水壁，郭熙見之，又出新意，遂令圬者不用泥掌，止以手搶泥於壁，或凹或凸，俱所不問，乾則以墨隨其形跡，暈成峯巒林壑，加之樓閣人物之屬，宛然天成，謂之影壁。其後作者甚盛，此宋復古張素敗壁之餘意也。

大抵收藏古畫，往往不對，或斷縑片紙，皆可珍惜，而又高人達士，恥於對者，十中八九，而俗眼遂以不成器目之。夫豈知古畫至今，多至五百年，少至二三百年，那得復有完物？斷金碎玉，俱可寶也。

榮輯子邕，酷好圖畫，務廣藏蓄，每三伏中曝之，各以其類，循次開展，徧滿其家，每一種日日更換，旬日始了，好事家鮮其比也。聞之故老曰：「承平時有一不肖子，質畫一匣於人家，凡十餘圖，每圖止各有其半，或橫或竪，當中分剪，如維山戴犢、徐熙芙蓉桃花、崔白翎毛，無一全者。蓋其家兄弟不義之甚，凡物皆如是分之，以爲不如是則不平也。」誠可傷歎。

畫繼卷第九終

畫繼卷第十

雜說

論近

徽宗建龍德宮成，命待詔圖畫宮中屏壁，皆極一時之選。上來幸，一無所稱，獨顧壺中殿前杜廊栱眼斜枝月季花，問畫者爲誰？實少年新進，上喜，賜緋，褒錫甚寵，皆莫測其故。近侍嘗請於上，上曰：「月季鮮有能畫者，蓋四時朝暮，花蕊葉皆不同。此作春時日中者，無毫髮差，故厚賞之。」

宣和殿前植荔枝，既結實，喜動天顏。偶孔雀在其下，亟召畫院衆史令圖之，各極其思華彩爛然，但孔雀欲升藤墩，先舉右脚。上曰：「未也。」衆史愕然莫測。後數日再呼問之，不知所對，則降旨曰：「孔雀升高，必先舉左。」衆史駭服。

宣和殿御閣有展子虔四載圖，最爲高品。上每愛玩，或終日不捨，但恨止有三圖，其水行一圖，特補遺耳。一日中使至洛，忽聞洛中故家有之，亟告留守求觀，既見，則愕曰：「御閣中正欠此一圖。」登時進入，所謂天生神聖物，必有會合時也。

聞之薛志曰：「明達皇后閣初成，左廊有劉益所畫百猿；後志於右畫百鶴以對之，舉動各無相犯，頗稱上旨，賞賚十倍也。」

政和間，每御畫扇，則六宮諸邸競皆臨倣一樣，或至數百本。其間貴近，往往有求御寶者。

先大夫在樞府日，有旨賜第於龍津橋側。先君侍郎作提舉官，仍遣中使監修，比背畫壁，皆院人所作翎毛花竹及家慶圖之類。一日先君就視之，見背工以舊絹山水揩拭几案，取觀，乃郭熙筆也。問其所自，則云不知，又問中使，乃云：「此出內藏庫退材所也。昔神宗好熙筆，一殿專背熙作，上卽位後，易以古圖，退入庫中者不止此耳。」先君云：「幸奏知，若只得此退畫足矣。」明日有旨盡賜，且命輦至第中，故第中屋壁，無非郭畫，誠千載之會也。

政和間，有外宅宗室不記名，多蓄珍圖，往往王公貴人，令其別識，於是遂與常賣交通，凡有奇蹟，必用詭計勾致其家，卽時臨摹，易其眞者，其主莫能別也。復以眞本厚價易之。至有循環三四者，故當時號曰「便宜三」。

勾處士，不記其名，在宣和間鑒賞第一，眷寵甚厚，凡四方所進，必令定品。欲命以官，謝而不爲，止賜處士之號，令待詔畫院。

畫院界作最工，專以新意相尚。嘗見一軸甚可愛玩，畫一殿廊金碧熀燿，朱門半開，一宮女露半身於戶外，以箕貯果皮作棄擲狀，如鴨腳、荔枝、胡桃、榧、栗、榛芡之屬，一一可辨，各不相因，筆墨精微，有如此者。祖宗舊制，凡待詔出身者，止有六種，如模勒、書丹、裝背、界作種、飛白筆、描畫欄界是也。徽宗雖好畫如此，然不欲以好玩輒假名器，故畫院得官者，止依倣舊制，以六種之名而命之，足以見聖意之所在也。本朝舊制，凡以藝進者，雖服緋紫，不得佩魚；政宣間獨許書畫院出職人佩魚，此異數也。又諸待詔每立班，則畫院爲首，書院次之，如琴院棋玉百工皆在下。又畫院聽諸生習學，凡係籍者，每有過犯，止許罰直其罪，重者亦聽奏裁。又他局工匠日支錢，謂之食錢，惟兩局則謂之俸，直勘旁支給，不以衆工待也。睿思殿日命待詔一人能雜畫者宿直，以備不測宣喚，他局皆無之也。

圖畫院四方召試者，源源而來，多有不合而去者。蓋一時所尚，專以形似，苟有自得，不免放逸，則謂不合法度，或無師承，故所作止衆工之事，不能高也。

凡取畫院人，不專以筆法，往往以人物爲先。蓋召對不時，恐被顧問，故劉益以病贅異常，雖供御畫，而未嘗得見，終身爲恨也。

高麗松扇如節板狀，其土人云：非松也，乃水柳木之皮，故柔膩可愛。其紋酷似松柏，故謂之松扇。東坡謂高麗白松，理直而疎，折以爲扇，如蜀中織椶櫚心，蓋水柳也。又有用紙而以琴光竹爲柄，如市井中所製摺疊扇者，但精緻非中國可及。展之廣尺三四，合之止兩指許，所畫多作士女乘車跨馬，踏青拾翠之狀，又以金銀屑飾地面，及作星漢星月人物，粗有形似，以其來遠磨擦故也。其所染青綠奇甚，與中國不同，專以空青海綠爲之，近年所作，尤爲精巧。亦有以絹素爲團扇，特柄長數尺爲異耳。山谷題之云：「會稽內史三韓扇，分送黃門畫省中；海外人烟來眼界，全勝博物注魚蟲。」「蘋汀遊女能騎馬，傳道蛾眉畫不如；寶扇眞成集陳隼，史臣今得殺青書。」倭扇以松板兩指許，砌疊亦如摺疊扇者，其柄以銅黶錢環子黃絲縧，甚精妙。板上罨畫山川人物、松竹花草，亦可喜。竹山尉王公軒惠恭后家，嘗作明州舶官，得兩柄。

西天中印度那蘭陀寺僧，多畫佛及菩薩羅漢像，以西天布爲之。其佛相好與中國人異，眼目稍大，口耳俱怪，以帶挂右肩，裸袒坐立而已。先施五藏於畫背，乃塗五彩於畫面，以金或朱紅作地，謂牛皮膠爲觸，故用桃膠合柳枝水甚堅漬，中國不得其訣也。邵太史知黎州，嘗有僧自西天來，就公廨令畫釋迦，今茶馬司有十六羅漢。

郭若虛論畫，專重軒冕巖穴二途，極中肯綮，惜尙未截然分疏。鄧公壽作畫繼，更擴其旨，不獨敍列九十餘禩之事而續之也。大凡廊廟之士，留心翰墨，識力便迥出雞羣；況內府之祕玩，巨室之名蹟，一一恣其雌黃，率爾揮毫，無非天趣。至若隱逸者，春秋佳日，山水淸音，探奇討幽，神境都韻，而以手筆出之，豈復尋常邱壑耶。舍此二者，則無畫矣。朱景眞撰唐賢名畫錄，於三品之外，更增逸格，政此意也。是編既與張郭二書首尾相銜，成數千年繪事一大公案，乾道而後，其或繼之者，當拭眼望之。海虞毛晉識。

畫繼卷第十終

〔陳振孫直齋書錄解題〕畫繼十卷，鄧椿公壽撰，以繼郭若虛之後。張彥遠記止會昌元年，若虛志止熙寧七年，今書止乾道三年。

〔錢曾讀書敏求記〕畫繼十卷。宋朝能畫諸名家，此書無不網羅畢載。八卷銘心絕品，九十兩卷雜說論遠近。內一條云：「楊惠之與吳道子同師，道子學成，惠之恥與齊名，轉而爲塑，皆爲天下第一，故中原多惠之塑山水壁。郭熙又出新意，令圬者不用泥掌，止以手搶泥於壁，或凹或凸，乾則墨隨其形迹，暈成峯巒林壑，加之樓臺人物之屬，宛然天成，謂之『影壁』。因思古之游於藝者，必能游而後始成絕藝，夫子下字之妙如此，塑壁、影壁，豈非游於藝者之獨創乎。」特拈出之，以恥今世之畫家。

〔余紹宋書畫書錄解題〕畫繼十卷，宋鄧椿撰。是書爲繼張氏郭氏之書而作，郭氏書止熙寧七年，卽以其年爲始，訖於乾道三年，故名畫繼，凡九十四年間，得畫人二百十九。其書不用張郭二家體裁，別立門類。卷一至卷五以人分：曰聖藝，曰侯王貴戚，曰軒冕才賢，曰巖穴上士，曰縉紳韋布，曰道人衲子，曰世胄婦女，附宦者。卷六卷七以藝分：曰仙佛鬼神，曰人物傳寫，曰山水林石，曰花卉翎毛，曰畜獸蟲魚，曰屋木舟車，曰蔬果蓏草，曰小景雜畫。不純以時代爲次，而以事類立名，如正史世家及食貨游俠之例，原無不可，此正是書之所長，特此外不宜更以藝能爲別，今觀其六七兩卷所列諸人，多爲畫院供奉，則何不更立一類，專紀院體畫畫人，俾後人有所考稽耶，此則稍留遺憾者也。至具所收之人，多由諸家詩文集中采輯而得，用力頗勤，足以傳信，雖稍覺寬濫，與絕無依據者不同，又於諸人短處時有論列，亦不失褒貶之公。第八卷曰銘心絕品，專記所見名畫，惜僅有目，而不加疏說，後人遂無由考稽，然爾時著錄圖繪之風氣未開，亦難責備。卷九卷十曰雜說，論遠者十三則，論近者十六則，遠近之名，未詳其取義，其中半屬論議，半記雜事，持論頗得其平，四庫所論是也。記事亦多爲畫苑軼聞，通覽全編，雖不若張郭兩家之精，然自出心裁，絕無勦襲通同之弊，固自可傳。前有公壽自序。

作者事略

鄧椿，宋代鄧名世子，官至郡守。祖洵武，嘗知樞密院。其時最重畫學，椿以家世聞見，作畫繼一書，繼張彥遠歷代名畫記、郭若虛圖畫見聞志而作，故名。又名世所著古今姓氏書辨證，椿裒次之，父子相繼，用力尤多，故較他姓氏特精核。（中國人名大辭典）

四

畫繼校勘記 張氏學津討原本用毛氏津逮秘書本校

目錄——毛本無「巖穴上士」一目，卷內有，從張本。

卷一

徽宗——「植物則檜芝」。毛本檜作徻，從張本。「六目七星」。毛本目欠清晰，從張本作目。

卷二

趙令穰——「當不在小李將軍下也」。在，毛本誤作立，從張本作在。

趙令松——「調脟煤作花果殊難工」。煤，毛本誤媒，從張本作煤。

卷三

米元章——「襮出乃不爲椅所蔽」。椅，毛張兩本皆作倚，當爲椅字之誤。

米友仁——「每自題其畫」。自，毛本誤作日，從張本改正。

卷五

目錄——「陳經略子婦」。毛本脫子字，從張本補。

李德柔——「夢可元入其室，而生德柔」。毛本德誤作得，從張本改正。

卷六

王可訓——「鐘聲固不可爲」。鐘，毛張兩本皆作鍾，此改鐘。

郝孝隆——毛張兩本目錄同，但張本卷內孝作希，從毛本作孝。

韓若拙——「會用兵，不果行」。果，毛本誤作畏，從張本。

劉益——益，毛本誤作盆，從張本作益。

卷八

洛人王朝議國寶家——「李伯時」。毛本脫李字，從張本。

卷九

予嘗取唐宋兩朝名臣文集——非放字亦不能辨。毛本作辨，此從張本。

卷十

宣和殿御閣——「御閣中正欠此一圖」。欠，毛本誤作久，從張本作欠。

六

宣和畫譜

二十卷

宋

四庫全書總目提要

宣和畫譜二十卷，不著撰人名氏，記宋徽宗朝內府所藏諸畫，前有宣和庚子御製序。然序中稱「今天子」云云，乃類臣子之頌詞，疑標題誤也。所載共二百三十一人，計六千三百九十六軸，分爲十門：一、道釋，二、人物，三、宮室，四、蕃族，五、龍魚，六、山水，七、鳥獸，八、花木，九、墨竹，十、蔬果。考趙彥衞雲麓漫鈔載：「宣和畫學，分六科：一曰佛道，二曰人物，三曰山川，四曰鳥獸，五曰竹花，六曰屋木。」與此大同小異，蓋後又更定其條目也。蔡絛鐵圍山叢談曰「崇寧初，命宋喬年值御前書畫所，喬年後罷去，繼以米芾輩。迨至末年，上方所藏，率至千計。吾以宣和癸卯歲，嘗得見其目」云云。癸卯在庚子後三年，當時書畫二譜，蓋卽就其目，排比成書歟？徽宗繪事本工，米芾又稱精鑑，故其所錄，收藏家據以爲徵，非王黼等所輯博古圖，動輒舛謬者比。又稱「御府所秘古來丹青，其最高遠者，以曹不興玄女授黃帝兵符圖爲第一，曹髦卞莊子刺虎圖第二，謝稚烈女貞節圖第三，自餘始數顧陸僧繇而下，與今本次第不同。蓋作譜之時，乃分類排纂，其收藏之目，則以時代先後爲差也」。又「卞莊子刺虎圖，今本作衞協，不作曹髦，則併標題名氏亦有所考正更易矣」。王肯堂筆塵曰「畫譜採薈諸家記錄或臣下撰述，不出一手，故有自相矛盾者。如山水部稱王士元兼有諸家之妙，而宮室部以皁隸目之之類，許道寧條稱張文懿公深加嘆賞，亦非徽宗口語，蓋仍劉道醇名畫評之詞」云云。案肯堂以是書爲徽宗御撰，蓋亦未詳繹序文，然所指牴牾之處，則固切中其失也。

二

宣和畫譜

敘

河出圖，洛出書，而龜龍之畫始著見於時；後世乃有蟲鳥之作，而龜龍之大體，猶未鑿也。逮至有虞，彰施五色而作繪，宗彝以是制象，因之而漸分。至周官教國子以六書，而其三曰象形，則書畫之所謂同體者，尚或有存焉。於是將以識魑魅，知神姦，則刻之於鍾鼎；將以明禮樂，著法度，則揭之於旂常，而繪事之所尚，其由始也。是則畫雖藝也，前聖未嘗忽焉。自三代而下，其所以誇大勳勞，紀敘名實，謂竹帛不足以形容盛德之舉，則雲臺麟閣之所由作，而後之覽觀者，亦足以想見其人。是則畫之作也，善足以觀時，惡足以戒其後，豈徒爲是五色之章，以取玩於世也哉。今天子廊廟無事，承累聖之基緒，重熙浹洽，玉關沈柝，邊燧不烟，故得玩心圖書，庶幾見善以戒惡，見惡以思賢，以至多識蟲魚草木之名，與夫傳記之所不能書，形容之所不能及者，因得以周覽焉。且譜錄之外，不無其人，其氣格凡陋，有不足爲今日道者，因以黜之，蓋將有激於來者云耳。乃集中秘所藏者，晉魏以來名畫，凡二百三十一人，計六千三百九十六軸，析爲十門，隨其世次而品第之。宣和庚子歲夏至日，宣和殿御製。

宣和畫譜序目

司馬遷敍史，先黃、老而後六經，議者紛然；及觀揚雄書，謂六經濟乎道者也，乃知遷史之論爲可傳。今敍畫譜凡十門，而道釋特冠諸篇之首，蓋取諸此稟五行之秀，爲萬物之靈。貴而王公，賤而匹夫，與其冠冕、車服、山林、邱壑之狀，皆有取焉，故以人物次之。上古之世，營窟檜巢以爲居；後世聖人，立以制度，上棟下宇，以待風雨，而宮室臺榭之參差，民廬邑屋之衆，與夫工拙奢儉，率見風俗，故以宮室次之。天子有道，守在四夷，或閉關而謝質，或貢琛而通好，以雅以南，則間用其樂，來享來王，則不鄙其人，故以番族次之。陞降自如，不見制畜，變化莫測，相忘於江湖，翕然有雲霧之從，與夫濠梁之樂，故以龍魚次之。五嶽之作鎭，四瀆之發源，油然作雲，沛然下雨，怒濤驚湍，咫尺萬里，與夫雲煙之慘舒，朝夕之顯晦，若夫天造地設焉，故以山水次之。牛之任重致遠，馬之行地無疆，與夫炳然之虎，蔚然之豹，韓盧之犬，東郭之兔，雖書傳亦有取焉，故以畜獸次之。草木之華實，禽鳥之飛鳴，動植發生，有不說之成理，行不言之四時，詩人取之，爲比興諷諭，故以花鳥次之。架雪凌霜，如有特操，虛心高節，如有美德，裁之以應律呂，書之以爲簡册，草木之秀，無以加此，而脫去丹青，澹然可尙，故以墨竹次之。抱甕灌畦，請學爲圃，養生之道，同於日用飲食，而秀實美味，可羞之於籩豆，薦之於神明，故以蔬果終之。凡人之次第，則不以品格分，特以世代爲後先，庶幾披卷者因門而得畫，因畫而得人，因人而論世，知夫畫譜之所傳，非私淑諸人也。

總十門分爲二十卷

共二百三十一人

計六千三百九十六軸

道釋門 四十九人 一千一百七十九軸

人物門 三十三人 五百五軸

宮室門 四人 七十一軸

番族門 五人 一百三十三軸

龍魚門 八人 一百一十七軸

山水門 四十一人 一千一百八軸

畜獸門 二十七人 三百二十四軸

卷第一

道釋一 三教、鍾馗氏、鬼神附

隋

鄭法士

唐

楊寧　楊昇　張萱　鄭虔　陳閎

周古言

卷第六

人物二

唐

周昉　王朏　韓滉　趙溫其　杜庭睦

吳侁　鍾師紹

五代

趙嵒　杜霄　邱文播　邱文曉　阮郜

童氏

卷第七

宋

親王頵　令穰　令庇　王氏　李瑋

劉夢松　文同　李時敏　閻士安　梁師閔

僧夢休

蔬果 藥品、草蟲附

敍論

陳

顧野王

五代

唐垓　丁謙

宋

郭元方　李延之　僧居寧

宣和畫譜卷第一

道、釋敍論

志於道，據於德，依於仁，游於藝。藝也者，雖志道之士所不能忘，然特游之而已。畫亦藝也，進乎妙，則不知藝之爲道，道之爲藝，此梓慶之削鐻，輪扁之斲輪，昔人亦有所取焉。於是畫道釋像與夫儒冠之風儀，使人瞻之仰之，其有造形而悟者，豈曰小補之哉。故道釋門因以三教附焉。自晉宋以來，還迄於本朝，其以道釋名家者，得四十九人。晉宋則顧陸，梁隋則張展輩，蓋一時出乎其類，拔乎其萃者矣。至於有唐，則吳道玄遂稱獨步，殆將前無古人。五代如曹仲元，亦駸駸度越前輩。至本朝，則繪事之工，凌轢晉宋間，人物如道士李得柔，畫神仙得之於氣骨，設色之妙，一時名重，如孫知微輩，皆風斯在下。然其餘非不善也，求之譜系，當得其詳，姑以著者槪見於此。若趙裔、高文進輩，於道釋亦籍籍知名者，然裔學朱繇，如婢作夫人，舉止羞澀，終不似眞；文進蜀人，世俗多以蜀畫爲名家，是虛得名，此譜所以黜之。

道釋一 三教、鍾馗氏、鬼神附

晉

顧愷之

宋

陸探微

梁

張僧繇

隋

展子虔　董伯仁

唐

閻立德　閻立本　張孝師　范長壽　何長壽

尉遲乙僧

顧愷之，字長康，小字虎頭，晉陵無錫人。義熙中爲散騎常侍。愷之博學有才氣，丹青亦造其妙，而俗傳謂之三絕：畫絕，癡絕，才絕。方時爲謝安知名，以謂自生民以來，未之有也。愷之每畫人成，或數年不點目睛，人問其故，答曰：「四體姸蚩，本亡關於妙處，傳神寫照，正在阿堵中。」嘗圖裴楷像，頰上加三毛，觀者覺神明殊勝。又爲謝

二

緄像在石巖裏，云：「此子宜置在邱壑中。」欲圖殷仲堪，仲堪有目病，固辭，愷之曰：「明府正爲眼耳，若明點瞳子，飛白拂上，使如輕雲之蔽月，豈不美乎？」仲堪乃從之。嘗於瓦官寺北殿畫維摩詰，將畢，欲點眸子，乃謂寺僧曰：「不三日，觀者所施，可得百萬。」已而果如之。杜甫題瓦官寺詩，云「虎頭金粟影」者謂此。愷之世以謂天材傑出，獨立無偶，妙造精微，雖荀衞曹張，未足以方駕也。謝赫以謂「蹟不逮意，聲過於實」，豈知愷之者。惜今罕見其畫，蓋愷之深自秘惜，如嘗以一廚畫寄桓溫家，而後爲溫竊取，則愷之之畫，所以傳於世者，宜罕見之也。今御府所藏九：

淨名居士圖一　三天女美人圖一

夏禹治水圖一　黃初平牧羊圖一

古賢圖一　春龍出蟄圖一

女史箴圖一　斲琴圖一

牧羊圖一

陸探微，吳人也。善畫，事明帝，在左右，丹青之妙，衆所推稱，其名略見於宋書。人謂「畫有六法，自古鮮能足之，探微得法爲備，窮理盡性，事絕言象，包前孕後，古今獨立」，眞萬代之蓍龜衡鑑也。議者率以顧陸僧繇爲之品第，或譬之論書，「顧陸則鍾張，僧繇則逸少也」，是知書畫同體。又曰「張得其肉，陸得其骨，顧得其神」，言肉則淺，言骨則深，言神則妙；深淺神妙，不有間乎。探微雖介於二者，然撫古今之說，若兼有之，但得骨則精深可知矣。豈非顧在前，愈於己，則陸當居後；獨言陸，則可以絕人耶。探微平生所畫者，多愛圖古聖賢像，不爲無意。近時米芾喜論畫，嘗謂「明白易辨者，唯顧陸與吳生」，詎不信夫。二子綏洪、綏肅，以家學傳授，作畫亦工，不墜素習，綽有父風，而終不近也。張彥遠謂「體運遒舉，風力頓挫，一點一拂，動筆新奇」，固自不凡矣。然能之而不從事於此，故傳世者極少。嘗於麻紙畫釋迦像，爲時所珍，蓋麻紙綏膚飲墨，不受推筆，亦丹青家所難，宜得譽云。洪肅亦紹箕裘，見聞習尙，往往有不待學而能者，名載譜錄，而所畫不傳，豈非爲父兄之所掩乎？今御府所藏一十：

無量壽佛像一　佛因地圖一

降靈文殊像一　淨名居士像一

托塔天王圖一　北門天王圖一

天王圖一　王獻之像一

五馬圖一　摩利支天菩薩像一

張僧繇，吳人也。天監中，歷官至右將軍、吳興太守，以丹靑馳譽于時。方梁武帝以諸王居外，每想見其面目，卽遣僧繇乘，傳寫之以歸，對之如見其人。江陵天皇寺有柏堂，僧繇畫盧舍那及孔子像，明帝見之，怪以孔子參佛氏，以問僧繇，僧繇對曰：「他日賴此無恙耳。」又嘗於金陵安樂寺畫四龍，不點目睛，謂「點卽騰驤而去」，人以謂誕，固請點之，因爲落墨，才及二龍，果雷電破壁，徐視畫，已失之矣，獨二龍未點睛者在焉。世謂僧繇畫「骨氣奇偉，規模宏逸，六法精備，當與顧陸並馳爭先」。僧繇畫，釋氏爲多，蓋武帝時崇尚釋氏，故僧繇之畫，往往從一時之好。今御府所藏十有六：

佛像一　文殊菩薩像三

大力菩薩像一　維摩菩薩像一

佛十弟子圖一　十六羅漢像一

十高僧圖一　九曜像一

鎭星像一　天王像一

神王像一　掃象圖一

摩利支天菩薩像一　五星二十八宿眞形圖一

展子虔，歷北齊周隋，至隋爲朝散大夫。而所畫臺閣，雖一時如董展，不得以窺其妙。寫江山遠近之勢尤工，故咫尺有千里趣。僧琮謂「子虔觸物留情，備皆絕妙」，是能作難寫之狀，略與詩人同者也。今御府所藏二十：

北極巡海圖二　石勒問道圖一

維摩像一　法華變相圖一

授塔天王圖一　摘瓜圖一

按鷹圖一　故實人物圖二

人馬圖一　人騎圖一

挾彈遊騎圖一　十馬圖一

北齊後主幸晉陽圖六

董展，字伯仁，汝南人也。以才藝稱，鄉里號爲「智海」，官至光祿大夫、殿內將軍。尤長於畫，雖無祖述，不愧前賢，夙德名流，見者失色。但地處平原，而無江山之助；與戎馬爲鄰，而無中朝冠冕之儀，非其不至也，蓋風聲地氣之所習爾。伯仁與展子虔齊名于時，然董造其微，展得其駿，展於董之臺閣則不及，董於展之車馬則乏所長焉。是則董之視展，蓋亦猶詩家之李杜也。展作道經變相，尤爲世所稱賞，自非畫外有情，參靈酌妙，入華胥之夢，與化人同遊，何以臻此。今御府所藏一：

道經變相圖

閻立德，歷官工部尚書。父毗，在隋以丹青得名。與弟立本，家學俱造其妙。唐貞觀中，東蠻謝元深入朝，顏師古奏言：「昔周武時遠國歸款，乃集其事爲王會圖，今卉服鳥章，俱集蠻邸，實可圖寫。」因命立德等圖之。其序位之際，折旋規矩，端簪奉笏之儀，與夫鼻飲頭飛，人物詭異之狀，莫不備該毫末，故李嗣眞云「大安博陵，難兄難弟」，謂立德立本也。今御府所藏九：

採芝太上像一　七曜像二

遊行天王圖二　莊生馬知圖一

右軍點翰圖一　沈約湖雁詩意二

閻立本，總章元年以司平太常伯拜右相，有應務之才。與兄立德以善畫齊名，立本尤工於形似。初，唐太宗與侍臣泛舟春苑池，見異鳥容與波上，喜見顏色，詔坐者賦詩，召立本寫焉。閤外傳呼畫師閻立本，時立本已爲主爵郎中，俯伏池左，研吮丹粉，顧視坐者，愧與汗下。歸戒其子曰：「吾少讀書，文辭不減儕輩，今獨以畫見名，遂與廁役等，若曹愼毋習。」然性所好，欲罷不能也。及爲右相，而姜恪以戰功擢左相，故時人有「左相宣威沙漠，右相馳譽丹青」之嘲。嘗奉詔寫太宗眞容，後有善畫者傳於玄都觀，以鎭九五岡之氣，猶可以仰神武之英威也。又寫秦府十八學士、凌煙閣功臣等，悉皆輝映前古，時人咸稱其妙。嘗作醉道圖，或以張僧繇醉僧圖比。立本嘗至荆州，視僧繇畫，曰：「定虛得名耳。」明日又往，曰：「猶是近代佳手。」明日又往，曰：「名下定無虛士。」坐臥觀之，留宿其下，十日不能去，是猶歐陽詢之見索靖碑也。且立本以閤外傳呼畫師，至戒其子弟毋習，而張彥遠正以魏明帝起淩雲臺，敕韋誕題榜，竊比其事，是豈知言也哉。且戴安道碎琴，不爲王門之伶人；而阮千里終日應客不倦，議者以安道不如千里之達也。然漁陽摻撾，果可以辱禰衡耶！今御府所藏四十有二：

三清像一　元始像二

行化太上像一　傳法太上像一

巖居太上像一　四子太上像一

太上西昇經一　拱極圖一
玉晨道君像一　延壽天尊像一
木紋天尊像一　北帝像一
十三眞君像一　維摩像二
孔雀明王像一　觀音感應像一
五星像二　太白像一
房宿像一　十二神符一
宣聖像一　步輦圖一
王右軍眞一　竇建德圖一
寫李思摩眞一　凌煙閣功臣圖一
魏徵進諫圖一　飛錢驗符圖一
取性圖二　西域圖二
職貢圖二　異國鬭寶圖一
職貢獅子圖一　掃象圖一

紫微北極大帝像一　混元上德皇帝像一

張孝師，爲驃騎尉。善畫，嘗死而復生，故畫地獄相爲尤工，是皆冥游所見，非與想像得之者比也。吳道玄見其畫，因效爲地獄變相。畫評謂「孝師衆制有功，未爲盡善，而地獄變相，羣雄推服」，宜道玄之肯摹倣也。然怪力亂神，聖人所不語，宜孝師以冥游特紀於畫，而不爲傳也。今御府所藏一：

傳法太上像

范長壽，不知何許人？學張僧繇畫，然能知風俗好尙，作田家景候人物，皆極其情。至於山川形勢，屈曲向背，分布遠近，各有條理，而其間室廬放牧之所在，牛羊鷄犬，齕草飲水，動作態度，生意具焉。人謂可以企及僧繇也，當時得名甚著。官止司人校尉。今御府所藏二：

醉道圖一　醉眞圖一

何長壽，與范長壽同師法，故所畫多相類，然一源而異派，論者次之。至於並駕齊驅，得名則均也。初，何與范俱作醉道圖傳於世，好事者以僧繇名之，蓋必有能辨之者云。今御府所藏二：

辰星像一　五嶽眞官像一

尉遲乙僧，吐火羅國胡人也。唐朝名畫錄作土火羅國，歷代名畫記作于闐國人。父跋質那。乙僧貞觀初，其國以善畫薦中都，授宿衞官，封郡公。時人以跋質那爲大尉遲，乙僧爲小尉遲，蓋父子皆擅丹青之妙，人故以大小尉遲爲之別也。乙僧嘗於慈恩寺塔前畫千手眼降魔像，時號奇蹤，然衣冠物像，略無中都儀形，其用筆妙處，遂與閻立本爲之上下也。蓋立本畫外國，妙于前古；乙僧畫中國人物，一無所聞；由是評之，優劣爲之遂分。今御府所藏八：

彌勒佛像一　佛鋪圖一

佛從像一　外國佛從圖一

大悲像一　明王像二

外國人物圖一

宣和畫譜卷第一終

宣和畫譜卷第二

道釋二

唐

吳道玄　翟琰　楊庭光　盧楞伽　趙德齊

范瓊　常粲　孫位　張南本　辛澄

張素卿　陳若愚　姚思元

吳道玄，字道子，陽翟人也，舊名道子。少孤貧，客游洛陽，學書於張顛、賀知章，不成；因工畫，未冠，深造妙處，若悟之於性，非積習所能致。初爲兗州瑕邱尉，明皇聞之，召入供奉，更今名，復以道子爲字，由此名振天下。大率師法張僧繇，或者謂爲後身焉，至其變態縱橫，與造物相上下，則僧繇疑不能及也。且畫有六法，世稱顧愷之能備，愷之畫鄰女，以棘刺其心而使之呻吟，道子畫驢於僧房，一夕而聞有踏藉破迸之聲；僧繇畫龍點睛，則聞雷電破壁飛去，道子畫龍，則鱗甲飛動，每天雨則煙霧生；且顧冠於前，張絕於後，而道子乃兼有之，則自視爲如何也。開元中將軍裴旻居母喪，請道子畫鬼神於天宮寺，資母冥福。道子使旻屛去縗服，用軍裝纏結，馳馬舞劍，激昂頓挫，雄傑奇偉，觀者數千百人，無不駭慄，而道子解衣磅礴，因用其氣以壯畫思，落筆風生，爲天下壯觀。故庖丁解牛，輪扁斲輪，皆以技進乎道；而張顚觀公孫大娘舞劍器，則草書入神。道子之於畫，亦若是而已，況能屈驍將如此氣槪，而豈常者哉。然每一揮毫，必須酣飲，此與爲文章何異，正以氣爲主耳。至於畫圓光，最在後，轉臂運墨，一筆而成，觀者喧呼，驚動坊邑，此不幾於神耶。且貴耳賤目者，人之常情，在當時猶取重若是，況於傳遠乎。議者謂有唐之盛，文至於韓愈，詩至於杜甫，書至於顏眞卿，畫至於吳道玄，天下之能事畢矣。世所共傳而知者，惟地獄變相，觀其命意，得陰隲陽受、陽作陰報之理，故畫或以金胄雜於桎梏，固不可以體與迹論，當以情考而理推也。其他種種妙筆，雜見於小說傳記，此得以略，姑紀其大槪勝絕者云。道玄供奉時爲內教博士，非有詔不得畫，官止寧王友。今御府所藏九十有三：

天尊像一　木紋天尊像一

列聖朝元圖一　佛會圖一

熾盛光佛像一　阿彌陁佛像一

三方如來像一　毗盧遮那佛像一

維摩像二　孔雀明王像四
寶檀花菩薩像一　觀音菩薩像二
思維菩薩像一　寶印菩薩像一
慈氏菩薩像一　大悲菩薩像三
等覺菩薩像一　如意菩薩像一
二菩薩像一　菩薩像一
地藏像一　帝釋像二
太陽帝君像一　辰星像一
太白像一　熒惑像一
羅睺像二　計都像一
五星像五　五星圖一
二十八宿像一　托塔天王圖一
護法天王像二　行道天王像一
雲蓋天王像一　毗沙門天王像一

請塔天王像一　天王像五
神王像二　大護法神十四
善神像九　六甲神像一
天龍神將像一　摩那龍王像一
和修吉龍王像一　溫鉢羅龍王像一
跋難陀龍王像一　德義伽龍王像一
檀相手印圖二　雙林圖一
南方寶生如來像一　北方妙聲如來像一

翟琰，早師吳道玄，每道玄畫，落墨已即去，多命琰布色，蓋人物精神，只在約略穠淡間，而道玄輒許可，故知琰自不凡。琰布色落墨，與道玄，眞贋故未易辨也。今御府所藏四：

天尊聖像一　太上像一
孔雀明王像一　天王圖一

楊庭光，與吳道玄同時，善寫釋氏像與經變相，旁工雜畫山水等，皆極其妙，時謂頗有吳生體，但行筆差細，以此不同，要之行筆細，則所以劣於吳生也。今御府所藏十有四：

藥師佛像一　五秘密如來像一

觀音像二　如意輪菩薩像一

思定菩薩像一　思惟菩薩像一

仁王菩薩像一　長壽菩薩像一

菩薩像一　五星像一

星官像一　明星攜行圖一

寫武后眞一

盧楞伽，長安人。學畫於吳道玄，但才力有所未及。尤喜作經變相，入蜀名益著，雖一時名流，莫不斂衽。乾元初嘗於大聖慈寺畫行道僧，顏眞卿爲之題名，時號二絕。又嘗畫莊嚴寺三門，竊自比道玄總持壁，一日道玄忽見之，驚嘆曰：「此子筆力，常時不及我，今乃相類，是子也，精爽盡於此矣。」居一月，楞伽果卒。楞伽所畫，類皆佛像，故知道玄之賞歎以爲類己，非虛得名也。今御府所藏一百五十：

獻芝眞人像一　成道釋迦佛像一

釋迦佛像四　大悲菩薩像一

觀音菩薩像一　文殊菩薩像一

普賢菩薩像一　七倶胝菩薩像一

羅漢像四十八　十六尊者像十六

羅漢像十六　小十六羅漢像三

智嵩笠渡僧像一　渡水僧圖二

高僧像二　高僧圖二

孔雀明王像一　十六大阿羅漢像四十八

趙德齊，父溫，以畫稱於世，德齊遂能世其家，奇蹤逸筆，雅爲時輩推許。光化中，詔許王建於成都置生祠，命德齊畫西平王儀仗，車輅旌旆，森衞嚴整，形容備盡。及朝眞殿上畫后妃嬪御，皆極精妙。昭宗喜之，遷翰林待詔。今御府所藏一：

過海天王像一

范瓊，不知何許人也？寓居成都，與陳皓、彭堅同時，倶以善畫人物道釋鬼神得名。三人同手於諸寺圖畫佛像甚多，咸通中於聖興寺大殿畫東北方天王幷大悲像，名動一時。有烏瑟摩像，設色未半而罷，筆蹤超絕，後之名手，莫能補完。是猶杜甫詩曰「身輕一鳥過」，初傳之者偶闕一過字，而當時詞人墨客補之，終不能到，故知筆端造化，至超絕處，則脫落筆墨畦徑矣。今御府所藏九：

天地水三官像三　南斗星君像一

維摩像一　文殊菩薩像一

降塔天王像一　寫飛廉神像一

高僧圖一

常粲，長安人。咸通中路巖侍中牧蜀日，粲入蜀，雅爲巖賓禮甚厚。粲善畫道釋人物，尤得時名，喜爲上古衣冠，不墮近習。衣冠益古，則韻益勝，此非畫工專形似之學者所能及也。當時有伏羲畫卦、神農播種、陳元達鎖諫等圖，皆傳世之妙也。曲眉豐臉，燕歌趙舞，耳目所近，玩者猶不見之，而粲於筆下，獨取播種鎖諫等事，備之形容，則亦詩人主文而譎諫之義也，宜後世之有傳焉。今御府所藏十有四：

伏羲畫卦像圖一　神農播種像圖一

佛因地圖一　　陳元達鎖諫圖一

寫懿宗射兎圖一　　星官像一

十才子圖二　　驗丹圖一

故實人物圖五

孫位，會稽人也。僖宗幸蜀，位自京入蜀，稱會稽山人。舉止踈野，襟韻曠達，喜飲酒，罕見其醉，樂與幽人爲物外交。光啓中畫應天寺東壁，位因潤州高座寺張僧繇戰勝天王本筆之。畫成，矛戟森嚴，鼓吹戛擊，若有聲在縹緲間；至於鷹犬馳突，雲龍出沒，千狀萬態，勢若飛動。非筆精墨妙，情高格逸，其能與於此耶。其後改名遇，卒不知所在。

今御府所藏二十有七：

說法太上像一　　天地水三官像三

維摩圖一　　三教圖一

星官圖一　　會仙圖一

神仙故實圖四　　高士圖一

四皓奕棋圖一　　王波利圖一

寫馬融像一　寫筆卓圖一

高逸圖一　取性圖二

草堂圖三　圍棋圖一

掃象圖一　番部博易圖一

張南本，不知何許人？畫佛像鬼神甚工，尤喜畫火。火無常體，世俗罕有能工之者，獨南本得之。嘗於成都金華寺大殿畫八明王，時有一僧遊禮至寺，整衣升殿，壁間見所畫火勢熖逼人，驚怛幾仆。時孫位以畫水得名，世之論畫水火之妙者，獨推二子，蓋水幾於道，而火應於神，非筆端深造理窟，未易於形容也。又嘗爲寶曆寺圖佛事，曲盡其妙，後爲人模寫竊換而去，多散落荆湖間。當時有勘書詩會、高麗王行香等圖，盛傳於世。今御府所藏三：

寫觀音圖一　文殊部從圖一

勘書圖一

辛澄，不知何許人？多遊蜀中，見於益州名畫錄。工畫西方像，不聞其他，蓋專門之學也。大抵釋氏貌像多作慈悲相，趺坐卽結跏，垂臂則袒肉，目不高視，首不軒舉，淡然如枯木死灰，便同設教，故自爲一家，所以海州觀音，泗州僧伽，畫工之精者，擅名一方，以資衣食，而不必兼善也。澄嘗於蜀中大聖寺畫僧伽及諸變相，士女傾城邑往觀焉，後至者無地以容，蜀人傳之爲佳話，且築室於道，議者無不二三，茲乃衆目所歸，不待較而可得矣。今御府所藏二十有五：

佛像一　佛鋪圖一

寶生佛像一　甘露如來像一

大悲菩薩像二　觀音像二

白衣觀音像一　如意輪菩薩像二

慈氏菩薩像一　仁王菩薩像一

寶印菩薩像二　寶檀花菩薩像一

文殊菩薩像一　思維菩薩像一

思念菩薩像一　樂音菩薩像一

不空鈎菩薩像一　侍香菩薩像一

獻花菩薩像一　蓮花菩薩像一

香花菩薩像一

張素卿，簡州人也。少孤貧，作道士，好畫道像。僖宗時遣使封丈人山爲希夷公，素卿上表言「丈人山在五嶽之上，五嶽封王，則此不當稱公」，詔可其請，因賜紫。其後作十二眞君像，各寫其賣卜、貨丹、書符、導引之意，人稱其妙，安思謙因僞蜀主王氏誕辰獻之，命翰林學士歐陽炯作讚，黃居寶以八分書題之。今御府所藏十有四：

天官像一　三官像一

九曜像一　壽星像一

容成眞人像一　董仲舒眞人像一

嚴君平眞人像一　李阿眞人像一

馬自然眞人像一　葛元眞人像一

長壽仙眞人像一　黃初平眞人像一

竇子明眞人像一　左慈眞人像一

道士陳若愚，左蜀人。師張素卿，得丹青之妙。於成都精思觀作青龍、白虎、朱雀、玄武四君像，聲譽益著。畫東華帝君像尤工，蓋東華帝君應位乎震，自乾再索而得震，震帝出以應物之地，若愚非道家者流，何以知此，宜前此未有寫之者也。今御府所藏一：

東華帝君像

姚思元，林泉人也。畫道釋一時知名，作紫微二十四化，皆所以警悟世俗，非止於遊戲丹青而自娛悅者也。畫佛亦多取因地爲之圖，所傳於世者故自罕見之。今御府所藏三：

佛會圖一　孔雀佛鋪圖一

紫微二十四化圖一

宣和畫譜卷第二終

宣和畫譜卷第三

道釋三

五代

王　商　　燕　筠　　支仲元　　左　禮　　朱　繇

李　昇　　杜子瓌　　杜齯龜　　張　元　　曹仲元

陸　晃　　貫　休

王商，不知何許人也？工畫道釋士女，尤精外國人物，與胡翼同時，並爲都尉趙喦所厚。喦筆法高妙，方時謂一經品目，卽便爲名流，商所以致喦之厚者，豈虛名哉。商有職貢、遊春、士女等圖及佛像傳於世。今御府所藏十有一：

老子度關圖一　　職貢圖二

貢奉圖五　　　　𧩊林風俗圖一

𧩊林士女圖一　　𧩊林婦女圖一

燕筠，不知何許人也？工畫天王，筆法以周昉爲師，頗臻其妙。然不見他畫，獨天王傳於世，豈非當五代兵戈之際，事天王者爲多，亦時所尚乎。至於輔世遺烈，見於澶淵，則天王功德，亦不誣矣，宜爲世所崇奉焉，筠以名家，亦可貴也。今御府所藏二：

行道天王圖一　天王圖一

支仲元，鳳翔人。畫人物極有工，隨其所宜，見於動作態度。多畫道家與神仙像，意其亦物外人也。又喜作棋圖，非自能棋，則無由知布列變易之勢，至於松下林間對棋者，莫不率有思致焉。今御府所藏二十有一：

太上傳法圖一　太上誡尹喜圖一

太上度關圖一　三教像一

五星圖一　三仙圖一

七賢圖二　商山四皓

四皓圍棋圖一　圍棋圖一

會棋圖一　松下奕棋圖二

勘書圖一　堯民擊壤圖二

林石棋會圖二　棋會圖二

左禮，不知何許人也？工寫道釋像，與張南本同時，故筆法近相類。蓋道釋雖非鬼神之狀爲難知，若近習而易工者，然氣貌亦自殊體，道家則仙風道骨，要非世俗抗塵之狀；釋氏則慈悲枯槁，與世淡泊，無貪生奔競之態。非有得於心者，詎能以筆端形容所及哉。禮專以道釋爲工，其亦技進乎妙者也。有二十四化圖、十六羅漢、三官、十眞人等像傳於世。今御府所藏三：

天官圖一　地官圖一

水官圖一

朱繇，唐末長安人也。工畫道釋，妙得吳道玄筆法，人未易優劣也。洛中廣愛寺，河中府金眞觀，皆有繇所畫壁。工道釋，未有不以道玄爲法者，然升堂入室，世罕其人，獨繇不唯妙造其極，而時出新意，千變萬態，動人耳目。國朝武宗元嘗在洛見其所畫壁，云「文殊隊中舊有善財童子，予酷愛其筆法，玩之月餘不忍去，今遂失其童子所在」，信其畫亦神矣。弟子趙裔，亦知名一時。今御府所藏八十有三：

元始天尊像一　天地水三官像三

金星像一　木星像二

水星像二　火星像三

士星像一　天蓬像二
南北斗星眞像一　釋迦佛像四
無量壽佛像二　藥師佛像二
問疾維摩圖二　五方如來像一
佛像二　兜率佛鋪圖一
文殊菩薩像四　降靈文殊像一
普賢菩薩像三　降靈普賢像一
維摩像二　觀世音菩薩像三
行道菩薩像五　大悲像二
香花菩薩像一　寶檀菩薩像一
菩薩像二　帝釋圖一
金剛手菩薩像一　西方圖一
揭帝神像四　護法神像六
善神像七　天王像二

北門天王像二　捧塔天王像一
高僧像一　地獄變相一

李昇，唐末成都人也。初得李思訓筆法，而清麗過之。一日得唐張璪山水一軸，凝玩久之，輒舍去，後乃心師造化，脫略舊習，命意布景，視前輩風斯在下，猶韓幹視廄中萬馬，曰「眞吾師也」，故能度越曹霸輩數等，昇之於畫，蓋得之矣。蜀人亦呼爲「小李將軍」，蓋當時李昭道，乃思訓子也，思訓號大李將軍，昭道號小李將軍，今昇與昭道聲聞並馳，故以名云。昇筆意幽閒，人有得其畫者，往往誤稱王右丞者焉。今御府所藏五十有二：

採芝太上像一　太上度關圖一
六甲神像六　葛洪移居圖一
仙山圖一　仙山故實圖一
天王像一　行道天王像二
渡海天王像一　吳王避暑圖一
滕王閣宴會圖一　滕王閣圖五
姑蘇集會圖一　避暑宮圖五

江上避暑圖一　故實人物圖二

江山淸樂圖一　出峽圖一

遠山圖一　山水圖一

象耳山大悲眞相一　十六羅漢像十六

杜子瓌，華陰人也。精意道釋。因畫圓光，自謂得意，非丹靑家所及，每詫於流輩曰：「我作圓光時，心游海上，遐想日出扶桑，滄滄凉凉，其狀若此，故脫略筆墨，使姸淡無迹，宜他人所不能到也。」論者以爲信然。子瓌，硏吮丹粉，尤得其術，故綵繪特異。今御府所藏十有六：

毗盧遮那佛像一　釋迦文佛像一

彌勒佛像一　大悲佛鋪圖一

大悲像二　大力明王像二

五如來像一　觀音像一

白衣觀音像一　文殊菩薩像一

如意輪菩薩像一　寶印菩薩像一

寶檀像一

杜齯龜，其先秦人也。避地居蜀，事王衍爲翰林待詔。博學强識，無不兼能，至丹青之習，妙出意外，畫佛相人物尤工。始師常粲，後捨舊學，自成一家，故筆法凌轢輩流，粲亦莫得接武也。成都僧舍所畫壁，名蓋一時。今御府所藏十有四：

天地水三官像三　佛因地圖一

釋迦佛像一　大悲像二

孔雀明王像一　慈氏菩薩像一

普賢菩薩像一　凈名居士圖一

托塔天王像一　善神像二

張元，簡州金水石城山人。善畫釋氏，尤以羅漢得名。世之畫羅漢者，多取奇怪，至貫休則脫略世間骨相，奇怪益甚，元所畫得其世態之相，故天下知有金水張元羅漢也。今御府所藏八十有八：

大阿羅漢三十二　釋迦佛像一

羅漢像五十五

曹仲元，建康豐城人，江南李氏時，爲翰林待詔。畫道釋鬼神，初學吳道玄，不成，棄其法，別作細密以自名家，尤工傅彩，遂有一種風格。嘗於建業佛寺畫上下座壁，凡八年不就，李氏責其緩，命周文矩較之，文矩曰：「仲元繪上天本樣，非凡工所及，故遲遲如此。」越明年乃成，李氏特加恩撫焉。杜甫詩謂「十日一水，五日一石，能事不受相促迫」，信不誣也，此與左思十年三賦何異？故古之畫工，率非俗士，其模寫物象，多與文人才士思致相合，以其冥搜相類耳。當時江左言道釋者，稱仲元爲第一，不爲過焉。今御府所藏四十有一：

九曜像一　三官像三

佛會圖三　地藏圖一

釋迦佛像二　無量壽佛像一

彌勒佛像二　五十三佛像一

五方如來像一　觀音像十二

白衣觀音像三　慈氏菩薩像一

文殊菩薩像二　摩利支天菩薩像二

如意輪菩薩像一　玩蓮菩薩像一

孔雀明王像一　大悲像二

普賢像一

陸晃，嘉禾人也。善人物，多畫道釋星辰神仙等，而又喜爲數稱者，如三仙，四暢，五老，六逸，七賢與山陰會仙，五王避暑之類是也。或言「晃尤工田家人物，落筆便成，殊不搆思，古人所不到」。蓋田父村家，或依山林，或處平陸，豐年樂歲，與牛羊雞犬熙熙然。至於追逐婚姻，鼓舞社下，率有古風，而多見其眞，非深得其情，無由命意，然擊壤鼓腹，可寫太平之像，古人謂禮失而求諸野，時有取焉，雖曰田舍，亦能補風化耳。

今御府所藏五十有二：

玉皇大帝像一　太上像一

天官像一　星官像一

散聖圖一　列曜圖二

道釋像一　孔聖像一

四暢圖四　五老圖一

六逸圖一　明王宴樂圖一
按樂圖一　烹茶圖一
繡線圖一　開元避暑圖三
五王避暑圖三　火龍烹茶圖一
山陰會仙圖四　神仙事迹圖一
故實人物圖一　春江漁樂圖二
田戲人物圖一　水仙圖三
勘書圖一　古木圖一
三仙圍棋圖一　葛仙翁飛錢出井圖二
長生保命眞君像一　九天定命眞君像一
天曹益算眞君像一　天曹掌祿眞君像一
天曹解厄眞君像一　九天司命眞君像一
九天度厄眞君像一　天曹賜福眞君像一
天曹掌算眞君像一

僧貫休，姓姜，字德隱，婺州蘭溪人。初以詩得名，流布士大夫間；後入兩川，頗爲僞蜀王衍待遇，因賜紫衣，號禪月大師。又善書，時人或比之懷素，而書不甚傳。雖曰能畫，而畫亦不多。間爲本教像，唯羅漢最著，僞蜀主取其本納之宮中，設香燈崇奉者踰月，乃付翰苑大學士歐陽炯作歌以稱之。然羅漢狀貌古野，殊不類世間所傳，豐頤蹙額，深目大鼻，或巨顙槁項，黝然若夷獠異類，見者莫不駭矚。自謂得之夢中，疑其託是以神之，殆立意絕俗耳，而終能用此傳世。太平興國初，太宗詔求古畫，僞蜀方歸朝，乃獲羅漢。今御府所藏三十：

維摩像一　須菩提像一

高僧像一　天竺高僧像一

羅漢像二十六

宣和畫譜卷第三終

宣和畫譜卷第四

道釋四

宋

孫夢卿　孫知微　勾龍爽　陸文通　王齊翰

顏德謙　侯翌　武洞清　韓虬　楊棐

武宗元　徐知常　李德柔

孫夢卿，字輔之，東平人也。工畫道釋，學吳生而未能少變。其後傳移吳本，大得妙處，至數丈人物，本施寬闊者，縮移狹隘，則不過數寸，悉不失其形似，如以鑑取物，見大小遠近耳，覽者神之，號稱孫脫壁，又云孫吳生，以此可見其精絕。但施於卷軸者殊少，蓋塔廟歲久，不能皆存也。今御府所藏三。

太上像一　葛仙翁像一

松石問禪圖一

孫知微，字太古，眉陽人也。世本田家，天機穎悟，善畫，初非學而能，清淨寡慾，飄飄然眞神仙中人。不茹婦人所饌食，有密以驗之者，皆不可逃所知。喜畫道釋，用筆放逸，不蹈襲前人筆墨畦畛。嘗於成都壽寧院壁圖九曜，落墨已，乃令童仁益輩設色，侍從中有持水晶瓶者，因增以蓮花；知微既見，謂「瓶所以鎮天下之水，吾得之道經，今增以花，失之遠矣」，故知知微之妙，豈俗畫所能到也。蜀人尤加禮之，得畫則珍藏什襲。知微多客寓寺觀，精黃老瞿曇之學，故畫道釋益工，而蜀中寺觀，尤多筆迹焉。今御府所藏三十有七：

天蓬像二　天地水三官像六
九曜像三　塡星像一
亢星像一　火星像一
十一曜像一　歲星像一
五星像一　星官像二
伏犧像一　長壽仙像一
葛仙翁像一　寫孫先生像一
維摩像一　文殊降靈圖一
智公眞一　過海天王圖一

行道天王圖一　遊行天王圖一

羅漢像一　衲衣僧一

掃象圖一　戰沙虎圖一

虎鬪牛圖一　牛虎圖一

寫李八百妹產黃庭經像一　寫彭祖女禮北斗像一

勾龍爽，蜀人。敦厚愼重，不妄語言。好丹青，喜爲古衣冠，多作質野不媚之狀，觀之如鼎彝間見三代以前篆畫也，便覺近習爲凡陋，而使人有還淳反朴之意。好畫故事人物，世多傳其本。今御府所藏一：

紫府仙山圖

陸文通，江南人。畫山水道釋樓臺，得名于時。山水學董元、巨然。作羣峯雪霽圖，覽之使人有登高作賦之思。畫道釋尤工，作會仙圖，皆出乎風塵物表，飄飄然有淩雲之意，是其筆端不凡者。今御府所藏十有四：

神仙圖四　仙山故實圖四

會仙圖二　羣峯雪霽圖四

王齊翰，金陵人。事江南僞主李煜，爲翰林待詔。畫道釋人物多思致，好作山林邱壑隱巖幽卜，無一點朝市風埃氣。開寶末，煜銜璧請命，步卒李貴者，入佛寺中得齊翰畫羅漢十六軸，爲商賈劉元嗣高價售之，載入京師，質於僧寺。後元嗣償其所貸，願贖以歸，而僧以過期拒之。元嗣訟于官府，時太宗尹京，督索其畫，一見大加賞嘆，遂留畫，厚賜而釋之。閱十六日，太宗卽位，後名應運羅漢。今御府所藏一百十有九：

傳法太上圖一　三教重屏圖一

太陽像一　太陰像一

金星像一　水星像一

火星像一　土星像一

羅睺像一　計都像一

北斗星君像一　元辰像一

長生朝元圖一　寫南斗星像六

會仙圖三　仙山圖一

佛像一　因地佛圖一

佛會圖一　釋迦佛像二
藥師佛像一　大悲像二
觀音菩薩像一　勢至菩薩像一
自在觀音像一　寶陁羅觀音像一
巖居觀音圖一　慈氏菩薩像一
白衣觀音像一　須菩提像二
十六羅漢像十六　十六羅漢像十
色山羅漢圖二　羅漢像二
玩蓮羅漢像二　巖居羅漢像一
賓頭盧像一　玩泉羅漢像一
高僧圖一　智公像一
花巖高僧像一　巖居僧一
高士圖二　藥王像二
高賢圖二　逸士圖一

重屏圖一　古賢圖五

圍棋圖一　琴會圖一

琴釣圖二　垂綸圖一

水閣圖一　高閒圖一

靜釣圖一　龍女圖一

海岸圖二　秀峯圖一

陸羽煎茶圖一　陵陽子明圖一

支許閒曠圖一　林壑五賢圖一

林亭高會圖一　海岸琪木圖一

江山隱居圖一　金碧潭圖一

設色山水圖一　林汀遙岑圖一

林泉十六羅漢圖四　楚襄王夢神女圖一

顏德謙，建康人也。善畫人物，多喜寫道像，此外雜工動植。論者謂王維不能過，雖疑其與之太甚，然在江南時，僞唐李氏亦云：「前有愷之，後有德謙。」雖不及王顧，亦居常品之上矣。其最著者有蕭翼取蘭亭橫軸，風格特異，可證前說，但流落未見。今御府所藏二十有一：

太上像一　太上度關圖一

太上圖一　太上採芝像一

四子太上像一　採芝圖一

仙跡圖二　十二溪女圖三

洞庭靈姻圖二　渡水牧牛圖二

牧牛圖一　乳牛圖一

竹穿魚圖一　野鵲圖一

蟬蝶圖一

侯翌，字子沖，安定人。善畫，端拱雍熙之際，聲名籍甚。學吳道玄作道釋，落墨清駛，行筆勁峻，峭拔而秀，絢麗而雅，亦畫家之絕藝也。始年十三，師郭巡官，郭忘其名。越四年，所學過郭遠甚，慮掩郭名，徙寓秦川，往往秦川僧舍畫壁，尚有存者。今御府所藏十有六：

行化太上像一　天蓬像一
九曜像一　釋迦像一
維摩文殊像一　地藏菩薩像一
長壽王菩薩像一　問病維摩圖一
智公傳眞像一　獻花菩薩像一
淨名居士像一　天王像一
鬼子母像一　漢殿論功圖一
避暑士女圖一　賦詩士女圖一

武洞淸，長沙人也。工畫人物，最長於天神道釋等像，布置落墨，廣狹大小，橫斜曲直，莫不合度；而坐作進退，向背俛仰，皆有思致，尤得人物名分尊嚴之體，獲譽於一時，至有市鄽人以刊石著洞淸姓名而求售者。然其他畫則未聞，傳於世者亦少，獨十一曜具在。今御府所藏二十有一：

太陽像二　太陰像二
金星像二　木星像一

水星像二　　火星像一

土星像二　　羅睺像一

計都像一　　水仙像一

智積菩薩像一　　侍香金童像一

散花玉女像一　　藥王像一

詩女對吟圖二

韓虬一作求，陝人也。與李祝同學吳道玄，後聲譽並馳，人以「韓李」稱。尤長於道釋，嘗在陝郊龍興寺作畫壁，其骨相非世間形色，蓋深得於道玄者也。道玄之於道釋，世謂絕筆，學者稍窺其藩籬，則便爲名流，況虬專門之學，宜其進於妙也。今御府所藏十有三：

寫太陰像一　　水星像一

星官像一　　觀音像一

慈氏菩薩像一　　行道菩薩像二

獻花菩薩像二　　獻香菩薩像二

天王圖一　　東華司命晉陽眞人像一

楊棐，京師人也，客游江浙，後居淮楚。善畫釋曲，學吳生，能作大像。嘗於泗濱普照佛刹爲二神，率踰三丈，質幹偉然，凜凜可畏。又作鍾馗亦工。按鍾馗近時畫者雖多，考其初，或云明皇病瘧，夢鍾馗舞於前，以遺瘧癘，其後傳寫形似於世，世始有鍾馗，然臨時更革態度，大同而小異，唯丹青家緣飾之如何耳。又說嘗得六朝古碣於墟墓間，上有鍾馗字，似非始於開元也，卒無考據。今御府所藏二：

立像觀音一　鍾馗氏圖一

文臣武宗元，字總之，河南白波人。官至虞曹外郎。家世業儒，而宗元特喜丹青之學，尤長於道釋，筆法備曹吳之妙。父道，與故相王隨爲布衣之舊，隨見宗元，奇之，因妻外甥女，以隨廕補太廟齋郎。嘗於西京上清宮畫三十六天帝，其間赤明和陽天帝，潛寫太宗御容，以宋火德王，故以赤明配焉。眞宗祀汾陰還，道由洛陽，幸上清宮，忽見御容，驚曰：「此眞先帝也！」遽命焚香再拜，嘆其精妙，竚立久之。張士遜有詩云：「曾此焚香動聖容。」蓋謂是也。祥符初營玉清昭應宮，召募天下名流圖殿廡壁，衆逾三千，幸有中其選者，才百許人，時宗元爲之冠，故名譽益重，輩流莫不斂衽。今御府所藏十有五：

天尊像一　天帝釋像一

朝元仙仗圖一　北帝像一

眞武像一　火星像一

土星像一　天王圖一

觀音菩薩像一　渡海天王像一

李得一衝雪過魯陵岡圖四

道士徐知常，字子中，建陽人也。能詩，善屬文，凡道儒典教與夫制作，無不該曉，脫略時輩，蕭然老成，有士君子之風。方闡道教，首預選掄，校讎瑕函玉笈之書，無不精確。居閒則鼓琴瀹茗以自娛，眞方外之士。畫神仙事蹟，明其本末，位置有序，仙風道骨，飄飄凌雲，蓋善命意者也。舊嘗有痼疾，遇異人得修煉之術，却藥謝醫，以至引年，白髮紅顏，眞有所得。今爲沖虛大夫、蕊珠殿侍晨。今御府所藏一：

寫神仙事蹟一

道士李得柔，字勝之，本河東晉人，後徙居西洛。得柔祖宗固嘗守漢州日，有道士尹可元者，犯法當死，因緩之以免。可元頗妙丹青，臨羽化日，自念云：「願生李族爲男子，以報厚德。」是夕得柔母夢一黃冠來扣門，既寤，果生子，今得柔是也。得柔幼喜讀書，工詩文，至於丹靑之技，不學而能，益驗其夙世之餘習焉。寫貌甚工，落筆有生意，寫神仙故實嵩岳寺唐吳道玄畫壁內四眞人像，其眉目風矩，見之使人遂欲仙去，設色非畫工比。所施朱鉛，多以土石爲之，故世俗之所不能知也。方國家闡道之初，讎校瓊文蕊笈，得柔首被其選，議論品藻，莫不中理。今爲紫虛大夫、凝神殿校籍。今御府所藏二十有六：

大茅仙君像一　二茅仙君像一

三茅仙君像一　鍾離權眞人像一

南華眞人像一　韋善俊眞人像一

呂巖仙君像一　蘇仙君像一

欒仙君像一　陶仙君像一

封仙君像一　寇仙君像一

張仙君像一　譚仙君像一

孫思邈眞人像一　王子喬眞人像一

朱桃椎眞人像一　浮邱公像一
劉根眞人像一　天師像一
太上浩劫圖一　沖虛至德眞人像一
寫吳道玄眞人像四

宣和畫譜卷第四終

宣和畫譜卷第五

人物敍論

昔人論人物，則曰白皙如瓠，其爲張蒼；眉目若畫，其爲馬援，神姿高徹之如王衍，閒雅甚都之如相如，容儀俊爽之如裴楷，體貌閒麗之如宋玉。至於論美女，則蛾眉皓齒如東隣之女，瓌姿豔逸如洛浦之神；至有善爲妖態，作愁眉、啼粧、墮馬髻、折腰步、齲齒笑者，皆是形容見於議論之際而然也。若夫殷仲堪之眸子，裴楷之頰毛，精神有取於阿堵中，高逸可置之邱壑間者，又非議論之所能及，此畫者有以造不言之妙也。故畫人物最爲難工，雖得其形似，則往往乏韻，故自吳晉以來，號爲名手者，才得三十三人。其卓然可傳者，則吳之曹弗興，晉之衛協，隋之鄭法士，唐之鄭虔、周昉，五代之趙嵒、杜霄，本朝之李公麟。彼雖筆端無口，而尙論古之人，至於品流之高下，一見而可以得之者也。然有畫人物得名，而特不見於譜者，如張昉之雄簡，程坦之荒閑，尹質、維眞、元靄之形似，非不善也，蓋前有曹衛，而後有李公麟，照映數子，固已奄奄，是知譜之所載，無虛譽焉。

人物一 前代帝王等寫眞附

吳
曹弗興
晉
衛協　謝稚
隋
鄭法士
唐
楊寧　楊昇　張萱　鄭虔　陳閎
周古言

曹弗興，吳興人也。以畫名冠絕一時。孫權命畫屏，誤墨成蠅狀，權疑其眞，至於手彈之。時吳有八絕，弗興預一焉。又嘗溪中見赤龍夭矯波間，因寫以獻孫皓，皓賞激珍藏之；至宋文帝時，累月旱暵，祈禱無應，於是取弗興畫龍置水傍，應時雨足。且南齊去吳爲未遠，而謝赫謂弗興之迹，殆不復見，秘閣之內，獨有所畫龍頭；又況後南齊數百歲耶？嘗畫兵符圖極工，然不見諸傳記者，豈非一時秘而不出，故得以傳遠，不坐豐狐文豹之厄也。今御府所藏一：

兵符圖

衞協，以畫名于時，作道釋人物，冠絕當代，嘗畫七佛圖，不點目睛，人或疑而有請，協謂：「不爾，卽恐其騰空而去。」世以協爲畫聖，名豈虛哉。顧愷之以丹靑自名，獨愼許可，亦謂「七佛與烈女圖偉而有情勢，」毛詩北風圖，巧密於情思」，而自以所畫爲不及。協有烈士圖、卞莊子刺虎圖，舊傳於代，歷世既遠，罕見其本。今所存者有卞莊子刺虎圖、高士圖，皆橫披短軸，而高士圖恐因傳流之誤而爲之名，豈古烈士圖耶？姑因之，而不復易。今御府所藏三：

卞莊子刺虎圖一　高士圖二

謝稚，陳郡陽夏人也。初爲晉司徒主簿，入宋爲寧朔將軍。善畫，多爲賢母孝子，節婦烈女爲圖，有補於風教，雖舐筆和墨，不無意也。今御府所藏二：

烈女貞節圖一　三牛圖一

鄭法士，不知何許人也？在周爲大都督員外侍郎、建中將軍，入隋授中散大夫。善畫，師張僧繇，當時已稱高弟，其後得名益著。尤長於人物，至冠瓔佩帶，無不有法，而儀矩丰度，取像其人，雖流水浮雲，率無定態，筆端之妙，亦能形容。論者謂江左自僧繇已降，法士獨步焉。法士弟法輪，亦以畫稱，雖精密有餘，而不近師匠，以此失之。子德文，孫尙子，皆傳家學。尙子睦州建德尉，尤工鬼神，論者謂優劣在父祖之間；又善爲顫筆，見於衣服手足、木葉川流者，皆勢若顫動，此蓋深得法士遺範，應之於心者然耳，故他人欲學莫能髣髴。今御府所藏十：

遊春苑圖四　遊春山圖二

讀碑圖四

楊寧，善畫人物，與楊昇、張萱同時，皆以寫眞得名。開元間寫史館像，風神氣骨，不止於求似而已。畫至人物爲難，楊寧獨工其難，而遂擅畫人物專門之習，豈易得哉。今御府所藏三：

出遊人馬圖一　劉聰對戎圖一

庖廚圖一

楊昇，不知何許人也？開元中爲史館畫眞，有明皇與肅宗像，深得王者氣度。後世模倣多矣，畫明皇者，不知儀範偉麗，有非常之表，但止於秀目長鬚之態而已，又恐覽者不能辨，則制衣服冠巾以別之。此衆人所能者，不足道也。昇以寫照專門，又當時親見奇表，宜乎傳之甚精。郭若虛見聞志謂「昇嘗作祿山像」，今亡矣；宜若不足取，誠使其人尚在，衆必臠食而糞弃，雖有遺像，亦唾穢不顧，昇獨爲之者，豈非著戒於往昔歟。今御府所藏四：

唐明皇眞一　唐肅宗眞一

望賢宮圖一　高士圖一

張萱，京兆人也。善畫人物，而於貴公子與閨房之秀最工，其爲花蹊竹榭，點綴皆極妍巧。以「金井梧桐秋葉黃」之句畫長門怨，甚有思致。又能寫嬰兒，此尤爲難，蓋嬰兒形貌態度，自是一家，要於大小歲數間，定其面目髫稚，世之畫者，不失之於身小而貌壯，則失之於似婦人，又貴賤氣調與骨法，尤須各別；杜甫詩有「小兒五歲氣食牛，滿堂賓客皆回頭」，此豈可以常兒比也，畫者宜於此致思焉。舊稱萱作貴公子夜遊、宮中乞巧、乳母抱嬰兒、按羯鼓等圖。今御府所藏四十有七：

明皇納涼圖一　整妝圖一

乳母抱嬰兒圖一　搗練圖一

執炬宮騎圖一　唐后行從圖五
挾彈宮騎圖一　宮女圖二
衛夫人像一　按羯鼓圖一
按樂士女圖一　日本女騎圖一
賞雪圖二　扶掖士女圖一
五王博戲圖二　四暢圖一
織錦囘文圖三　元辰像一
𢫬林圖一　横笛士女圖二
鼓琴士女圖二　遊行士女圖一
藏謎士女圖一　樓觀士女圖一
烹茶士女圖一　明皇鬬雞射鳥圖二
寫明皇擊梧桐圖二　虢國夫人夜遊圖一
虢國夫人遊春圖一　七夕祈巧士女圖三
寫太眞教鸚鵡圖一　虢國夫人踏青圖一

鄭虔，鄭州滎陽人也。善畫山水。好書，常苦無紙，虔於慈恩寺貯柹葉數屋，逐日取葉隸書，歲久殆遍。嘗自寫其詩並畫以獻明皇，明皇書其尾曰：「鄭虔三絕。」畫陶潛，風氣高逸，前所未見，非醉臥北窗下，自謂羲皇上人，同有是况者，何足知若人哉，此宜見畫於鄭虔也。虔官止著作郎。今御府所藏八：

摩騰三藏像一　陶潛像一

峻嶺溪橋圖四　杖引圖一

人物圖一

陳閎，會稽人。爲永王府長史。傳寫兼工人物鞍馬，其得意處，輩流見之，莫不斂衽。開元中明皇召入供奉，每令寫御容，妙絕當時。又嘗於太淸宮寫肅宗，不惟龍顏鳳姿，日角月宇之狀逼眞，而筆力英逸，眞與閻立本並馳爭先，故一時人多從其學。韓幹亦以畫馬進明皇，怪其無閎筆法，使令師之，其器重故可知也。今御府所藏十有七：

寫唐列聖像一　寫唐帝眞一

公子圖一　明皇擊梧桐圖一

李思摩眞一　六祖禪師像六

揭諦神像一　寫內廄龍駒圖二

人馬圖一　呈馬圖一

人草圖一

周古言，不知何許人也？善畫人物，於婦人爲尤工，多畫宮禁歲時行樂之勝，世稱名筆。然摹寫形似，未爲奇特，至於布景命思，則意在筆外，惟覽者得於丹青之所不到，則知非常工所能爲也。今御府所藏三：

明帝夜遊圖二　鵁鶄士女圖一

宣和畫譜卷第五終

宣和畫譜卷第六

人物二

唐

周昉　王朏　韓滉　趙溫其　杜庭睦

吳侁　鍾師紹

五代

趙嵓（本名霖）　杜霄　邱文播　邱文曉　阮郜

童氏

周昉，字景元，長安人也。傳家閥閱，以世胄出處貴游間，寓意丹青，頗馳譽當代。兄皓，善騎射，因戰功授執金吾，德宗召皓謂曰：「卿弟昉善畫，欲令畫章敬寺神，卿可特言之。」經數月，帝又諭之，方就畫，其珍重如此。初昉落墨時，徹去幄帟，使往來縱觀之；又寺接國門，賢愚畢至，或言妙處，或指擿未至，衆目助其得失，昉隨所聞改定，月餘，是非語絕，遂下筆成之，無復瑕纇。當時推爲第一。其後郭子儀壻趙縱，嘗令韓幹寫照，衆謂逼眞；及令昉畫，又復過之。一日，子儀俱列二畫於壁，俟其女歸寧，詢所畫謂誰？女曰：「趙郎也。」問幹所寫，曰：「此得形似」。問昉所畫，曰：「此兼得精神姿致爾。」於是優劣顯然。昉於諸像，精意至於感通夢寐，示現相儀，傳諸心匠，此殆非積習所能致，故俗畫摹臨，莫克彷彿。至於傳寫婦女，則爲古今之冠，其稱譽流播，往往見於名士詩篇文字中。昉生平圖繪甚多，而散逸爲不少，貞元來已有新羅國人，於江淮間以善價求昉畫而去。世謂昉畫婦女，多爲豐厚態度者，亦是一蔽，此無他，昉貴游子弟，多見貴而美者，故以豐厚爲體，而又關中婦人，纖弱者爲少，至其意穠態遠，宜覽者得之也，此與韓幹不畫瘦馬同意。今御府所藏七十有二：

天地水三官像六　五星眞形圖一
五星圖一　五曜圖一
四方天王像四　降塔天王圖三
托塔天王像四　星官像一
天王像二　授塔天王圖一
六丁六甲神像四　九子母圖三
寫金德像一　北極大帝聖像一

行化老君像一　明皇騎從圖一
楊妃出浴圖一　三楊圖一
織錦回文圖一　豫遊圖一
五陵遊俠圖一　蠻夷職貢圖二
烹茶圖一　宮女圖二
宮騎圖一　遊春士女圖一
烹茶士女圖一　凭欄士女圖一
橫笛士女圖一　舞鶴士女圖一
紈扇士女圖二　避暑士女圖二
覽照士女圖一　遊行士女圖一
吹簫士女圖一　遊戲士女圖一
圍棋繡女圖一　天竺女人圖一
𢶏林圖二　寫武后眞一
按舞圖三　欒欄石林圖一

妃子教鸚鵡圖一　寶塔出雲天王像一
北方毗沙門天王像一　明皇鬭雞射鳥圖一
白鸚鵡踐雙陸圖一　北齊高歡帝幸晉陽宮圖一
王朏，太原人，官止劍州刺史。喜丹青之習，師周昉，然精密則視昉爲不及。一時如趙博文，皆昉高弟也，然朏過博文遠甚。今御府所藏十：
明皇燕居圖一　明皇斫膾圖三
寫唐帝后眞一　太眞禁牙圖一
寫卓文君眞一　避暑士女圖一
士女家景圖二
韓滉，字太冲，官止檢校左僕射、同中書門下平章事。退食之暇，好鼓琴，書得張顚筆法，畫與宗人韓幹相埒。其畫人物牛馬尤工，昔人以謂牛馬目前近習，狀最難似，滉落筆絕人，然世罕得之，蓋滉嘗自言：「不能定筆，不可論書畫。」以非急務，故自晦，不傳於人。今御府所藏三十有六：
李德裕見客圖一　七才圖一

才子圖二　孝行圖二
醉學士圖一　田家風俗圖一
田家移居圖一　高士圖一
村社圖一　豐稔圖三
村社醉散圖一　風雨僧圖一
逸人圖一　堯民擊壤圖二
醉客圖一　瀟湘逢故人圖一
村夫子移居圖一　村童戲蟻圖一
雪獵圖一　漁父圖一
集社鬬牛圖二　歸牧圖五
古岸鳴牛圖一　乳牛圖三

趙溫其，成都人也。父公祐，以畫稱。溫其幼而穎秀，家學益工。溫其子德齊，亦以畫世其家，時名不減父祖。大中初，溫其於大聖慈寺繼父之蹤畫天王帝釋，筆法臻妙，世稱高絕。今御府所藏二：

焚誦士女圖一　烹酪士女圖一

杜庭睦，不知何許人也？以畫傳於世。道釋人物，最爲世目之近習者，而工之爲尤難，自吳道玄號爲絕筆，學者隨其所得，各自名家。庭睦復喜寫故實，畫明皇斫鱠圖，人物品流，皃之風神氣骨間，非有得於心者，何以臻妙至此。今御府所藏一：

明皇斫鱠圖

吳侁，不知何許人也？作泉石平遠，溪友釣徒，皆有幽致。傳其蕭翼蘭亭圖，人品輩流，各有風儀，披圖便能想見，一時行記，歷歷在目，信乎書畫之並傳，有所自來也。今御府所藏一：

蕭翼蘭亭圖

鍾師紹，蜀人也。妙丹青，畫道釋人物犬馬頗工。三代而下，禮儀綿蕝，至唐盛時，雖房杜不敢議，師紹乃能作尙齒圖，豈無激而然，所謂「禮失而求諸野」，今於師紹見之。今御府所藏一：

尙齒圖

梁駙馬都尉趙嵓，本名霖，後改今名。喜丹青，尤工人物，格韻超絕，非尋常畫工所及。

有漢書西域傳、彈棋、診脈等圖傳于世，非胸次不凡，何能遂脫筆墨畛域耶。今御府所藏六：

調馬圖一　臂鷹人物圖一

五陵按鷹圖四

杜霄，善畫，得周昉筆法爲多，尤工蜂蝶，及曲眉豐臉之態。有秋千、撲蝶、吳王避暑等圖傳於世。蓋蜂蝶之畫，其妙在粉筆約略間，故難得者態度，非風流蘊藉，有王孫貴公子之思致者，未易得之，故挾蝶圖，唐獨稱滕王，要非鐵石心腸者所能作此婉媚之妙也。今御府所藏十有二：

撲蝶圖八　撲蝶士女圖一

撲蝶詩女圖二　遊行士女圖一

邱文播，廣漢人也。又名潛，與弟文曉俱以畫得名。初工道釋人物，兼作山水，其後多畫牛，齕草飲水、臥與奔逸、乳牸放牧，皆曲盡其狀。嘗爲銜果鼠，一時稱爲奇絕，今已散逸，莫知所在。今御府所藏二十有五：

文會圖四　豐稔圖一

六逸圖四　七才子圖二

維摩化身圖一　維摩示疾圖一

松下逍遙圖一　田家移居圖一

渡水僧圖一　驪山老母像一

三笑圖一　牧牛圖三

逸牛圖一　乳牛圖二

水牛圖一

邱文曉，廣漢人。文播弟也。工道釋，一時與文播齊名，山水亦工，要皆高世之習，道家之仙風，釋氏之慈相，山川之神秀，其非有得於心，則未有能到其妙也。今成都廣漢間，文曉筆蹟尤多，亦喜畫牧牛，蓋釋氏以觀性，此所以見畫於文曉焉。今御府所藏四：

渡水羅漢像一　故實人物圖一

牧牛圖二

阮郜，不知何許人也？入仕爲太廟齋郎。善畫，工寫人物，特於士女得意，凡纖穠淑婉之態，萃於毫端，率到閫域。作女仙圖，有瑤池閬苑風景之趣，而霓旌羽蓋，飄飄凌雲，蕣綠雙成，可以想像，衰亂之際，尤不可得，但傳於世者甚少。今御府所藏四：

女仙圖一　遊春士女圖三

婦人童氏，江南人也。莫詳其世系。所學出王齊翰，畫工道釋人物。童以婦人而能丹青，故當時縉紳家婦女往往求寫照焉。有文士題童氏畫詩曰：「林下材華雖可尙，筆端人物更清妍；如何不出深閨裏，能以丹青寫外邊？」後不知所終。今御府所藏一：

六隱圖一

宣和畫譜卷第六終

宣和畫譜卷第七

人物三

宋

周文矩　石恪　李景道　李景遊　顧閎中
顧大中　郝澄　湯子昇　李公麟　楊日言

周文矩，金陵句容人也。事僞主李煜爲翰林待詔，善畫，行筆瘦硬戰掣，有煜書法；工道釋人物車服樓觀、山林泉石，不墮吳曹之習，而成一家之學；獨士女近類周昉，而纖麗過之。昇元中煜命文矩畫南莊圖，覽之歎其精備。開寶間煜進其圖，藏於秘府。有遊春、擣衣、熨帛、繡女等圖傳于世。今御府所藏七十有六：

天蓬像一　北斗像一
許仙巖遇仙圖三　會仙圖一
佛因地圖一　神仙事跡圖二
文殊菩薩像一　盧舍那佛像一
觀音像一　金光明菩薩像一

寫僞主李煜眞三　明皇取性圖二
明皇會棋圖一　五王避暑圖四
寫謝女眞一　法眼禪師像一
阿房宮圖二　寫李季蘭眞一
斫膾圖二　火龍烹茶圖四
四暢圖一　問禪圖一
春山圖一　重屏圖一
聽說圖一　魯秋胡故實圖一
鍾馗氏小妹圖五　高閒圖一
文會圖一　鍾馗圖一
金步搖士女圖一　煎茶圖一
謝女寫眞圖二　玉步搖士女圖二
詩意繡女圖一　寫眞士女圖一
按樂士女圖三　合樂士女圖四

理鬢士女圖一　按樂宮女圖一

按舞圖一　玉妃遊仙圖一

宮女圖一　遊行士女圖一

琉璃堂人物圖一　慈氏菩薩像二

長生保命天尊像一　兜率宮內慈氏像一

李德裕見劉三復圖一

石恪，字子專，成都人也。喜滑稽，尚談辯。工畫道釋人物，初師張南本，技進，益縱逸不守繩墨，氣韻思致，過南本遠甚。然好畫古僻人物，詭形殊狀，格雖高古，意務新奇，故不能不近乎譎怪。孟蜀平，至闕下，被旨畫相國寺壁，授以畫院之職，不就，力請還蜀，詔許之。今御府所藏二十有一：

太上像一　鎭星像一

羅漢像一　四皓圍棋圖一

山林七賢圖三　遊行天王像一

女孝經像八　青城遊俠圖二

鍾馗氏圖一

七二

社饗圖二

李景道，僞主昪之親屬，景道其一焉。金陵號佳麗地，山川人物之秀，至于王謝子弟，其風流氣習，尙可想見。景道喜丹青，而無貴公子氣，蓋亦餘膏賸馥所沾丐而然。作會友圖，頗極其思，故一時人物，見於燕集之際，不減山陰蘭亭之勝。今御府所藏一：

會友圖

李景遊，亦僞主昪之親屬，與景道，其季孟行也，一時雅尙，頗與景道同好。畫人物極勝，作談道圖，風度不凡，飄然有仙舉之狀。璟嗣昪，而諸昆弟皆王，獨景遊不見顯封，其畫世亦罕得其本。今御府所藏一：

談道圖

顧閎中，江南人也。事僞主李氏爲待詔。善畫，獨見於人物。是時中書舍人韓熙載，以貴游世冑，多好聲伎，專爲夜飮，雖賓客揉雜，歡呼狂逸，不復拘制，李氏惜其才，置而不問。聲傳中外，頗聞其荒縱，然欲見樽俎燈燭間觥籌交錯之態度不可得，乃命閎中夜至其第竊窺之，目識心記，圖繪以上之，故世有韓熙載夜宴圖。李氏雖僭僞一方，亦復有君臣上下矣，至於寫臣下私褻以觀，則泰至多奇樂，如張敞所謂不特畫眉之說，已自失體，又何必令傳於世哉，一閱而棄之可也。今御府所藏五：

明皇擊梧桐圖四　韓熙載夜宴圖一

顧大中，江南人也。善畫人物牛馬，兼工花竹，嘗於南陵巡捕司舫子臥屏上畫杜牧詩：「南陵水面漫悠悠，風緊雲繁欲變秋，正是客心孤迥處，誰家紅袖憑江樓。」殊有思致。見者愛之，而人初不知其名，未甚加重，後爲過客宿舫中，因竊去，乃更歎息，然其他畫在世者不多。有顧閎中，亦善畫，疑其族屬也。今御府所藏一：

韓熙載縱樂圖

郝澄，字長源，金陵句容人也。得人倫風鑒之術，故於畫尤長傳寫，蓋傳寫必於形似，而畫者往往乏神氣，澄於形外獨得精神氣骨之妙，故落筆過人。澄力學逮二十年，而筆墨乃工，聲譽益進，作道釋人馬，世多傳其本，清勁善設色。今御府所藏一十有四：

寫北極像一　神仙事跡一

出獵圖三　人馬圖二

渲馬圖六　牧放散馬圖一

湯子昇，蜀人也。畫山水人物頗工。志慕高逸，多繪方外事，作文蕭彩鸞圖，飄飄然仙風道骨，與夫煙雲縹緲之狀，便覺西山爽氣，恍然在目。有鑄鑑圖傳於世，至理所寓，妙與造化相參，非徒爲丹青而已者。今御府所藏二：

文蕭彩鸞冥會圖　鑄鑑圖

文臣李公麟，字伯時，舒城人也，熙寧中登進士第。父虛一，嘗舉賢良方正科，任大理寺丞，贈左朝議大夫，喜藏法書名畫。公麟少閱視，卽悟古人用筆意，作眞行書，有晉宋楷法風格。繪事尤絕，爲世所寶，博學精識，用意至到，凡目所覩，卽領其要。始畫學顧陸與僧繇道玄，及前世名手佳本，至磁礴胸臆者甚富，乃集衆所善，以爲己有，更自立意，專爲一家，若不蹈襲前人，而實陰法其要。凡古今名畫，得之則必摹臨，蓄其副本，故其家多得名畫，無所不有。尤工人物，能分別狀貌，使人望而知其廊廟館閣、山林草野、閭閻臧獲、臺輿皂隸，至於動作態度、顰伸俯仰、小大美惡，與夫東西南北之人才，分點畫尊卑貴賤，咸有區別，非若世俗畫工，混爲一律，貴賤妍醜，止以肥紅瘦黑分之。大抵公麟以立意爲先，布置緣飾爲次，其成染精緻，俗工或可學焉；至率略簡易處，則終不近也。蓋深得杜甫作詩體制，而移於畫如甫作縛雞行，不在雞蟲之得失，乃在於「注目寒江倚山閣」之時；公麟畫陶潛歸去來兮圖，不在於田園松菊，乃在於臨清流處。甫作茅屋爲秋風所拔歎，雖衾破屋漏非所恤，而欲「大庇天下寒士俱歡顏」。公麟作陽關圖，以離別慘恨爲人之常情，而設釣者於水濱，忘形塊坐，哀樂不關其意。其他種種類此，唯覽者得之。故創意處如吳生，瀟灑處如王維，謂華嚴會人物，可以對地獄變相，龍眠山莊，可以對輞川圖是也，此皆摭前輩精絕處，會之在巳，宜出塵表，然所傳於世者甚多，人人得以考究。公麟初喜畫馬，大率學韓幹略有損增，有道人教以不可習，恐流入馬趣，公麟悟其旨，更爲道佛尤佳。嘗寫騏驥院御馬，如西域于闐所貢好頭赤、錦膊驄之類，寫貌至多，至圉人懇請，恐幷爲神物取去，由是先以畫馬得名。仕宦居京師，十年不遊權貴門；得休沐，遇佳時，則載酒出城，拉同志二三人，訪名園蔭林，坐石臨水，翛然終日。當時富貴人欲得其筆跡者，往往執禮願交，而公麟靳固不荅；至名人勝士，則雖昧平生，相與追逐不厭，乘興落筆，了無難色。又畫古器如圭璧之類，循名考實，無有差謬。從仕三十年，未嘗一日忘山林，故所畫皆其胸中所蘊。晚得痺疾，呻吟之餘，猶仰手畫被作落筆形勢，家人戒之，笑曰：「餘習未除，不覺至此。」其篤好如此。病少間，求畫者尙不已，公麟歎曰：「吾爲畫，如騷人賦詩，吟咏情性而已，奈何世人不察，徒欲供玩好耶。」後作畫贈人，往往薄著勸戒於其間，與君平賣卜，諭人以禍福，使之爲善同意。歿後畫益難得，至有厚以金帛購之者，由是貪緣摹倣，僞以取利，不深於畫者，率受其欺，然不能逃乎精鑒。官至朝奉郎，致仕卒于家，至今四方士大夫稱之。不名，以字行，又自號龍眠居士。王安石取人愼許可，與公麟相從於鍾山，及其去也，作四詩以送之，頗被稱賞。考公麟平生所長，其文章則有建安風格，書體則如晉宋間人，畫則追顧陸，至於辨鍾鼎古器，博聞强識，當世無與倫比。頃時段義得玉璽來上，衆未能辨，公麟先識之，士論莫不歎服。以沉於下僚，不能聞達，故止以畫稱，今故詳載以明其出處云。今御府所藏一百有七：

寫大梵天像二　揭帝神像一

不動尊變相一　護法神像五

觀音像三　瑞像佛一

華嚴經相六　金剛經相一

維摩居士像一　無量壽佛像一

禪會圖一　釋迦佛像一

菩薩像一　寫摩耶夫人像一

緇衣圖一　親近菩薩像二
寫王維看雲圖一　寫十國圖二
寫羲之書扇圖一　寫盧鴻草堂圖一
寫王維歸嵩圖一　蔡琰還漢圖一
寫王維像一　寫職貢圖二
山莊圖一　書裙圖一
歸去來兮圖二　陽關圖一
四皓圍棋圖一　織錦回文圖一
女孝經相二　醉僧圖一
玉津訪石圖一　孝經相一
寫三石圖一　玻璃鑑圖一
寫生折枝花二　杏花白鷴圖一
天育驃騎圖一　寫唐九馬圖一
昭君出塞圖一　姑射圖一

五王醉歸圖一　豢龍氏圖一
寫玉蝴蝶圖一　御風眞人圖一
遊騎圖一　小筆遊戲圖一
弄驕人馬圖一　習馬圖一
二馬圖一　馬性圖一
寫韓幹馬圖二　調習人馬圖一
北岸贈行馬圖一　寫東丹王馬圖一
天馬圖一　人馬圖二
呈馬圖一　番騎圖一
九歌圖一　祖師傳法授衣圖一
彌陀觀音勢至像一　寫摩奴舍夫人像一
五星二十八宿像一　寫十大弟子像十
摹吳道玄護法神像二　摹唐李昭道海岸圖一
摹吳道玄四護法神像四　摹唐李昭道摘瓜圖一

王安石定林蕭散圖一　丹霞訪龐居士圖一

寫徐熙四面牡丹圖一　摹北虜贊華蕃騎圖一

內臣楊日言，字詢直，家世開封人。日言幼而有立，喜經史，尤得於春秋之學，吐辭涉事，雖詞人墨卿，皆願從之游。作篆隸八分，可以追配古人，尤於小筆，妙得其趣。其寫貌益精，方仕宦未達，而神考識之，拔擢爲左右之，漸於殿廬傳寫古昔君臣賢哲繪像。既欽聖憲肅及建中靖國，以欽慈皇太后寫眞，顧畫史無有彷彿其儀容者，命日言追寫，既落墨，左右環觀，皆以手加額，繼之以泣，歎其儼然如生，其精絕有至於是者。作山林泉石人物，荒遠蕭散，氣韻高邁，非世俗之畫得以擬倫也。官至中亮大夫、晉州觀察使，致仕贈昭化軍節度使，謚莊簡。今御府所藏四：

秋山平遠圖一　溪橋高逸圖一

士女圖二

宣和畫譜卷第七終

宣和畫譜卷第八

宮室敍論

上古之世，巢居穴處，未有宮室；後世有作，乃爲宮室臺榭戶牖，以待風雨，人不復營巢窟以居。蓋嘗取易之大壯，故宮室有量，臺門有制，而山節藻梲，雖文仲不得以濫也。畫者取此而備之形容，豈徒爲是臺榭戶牖之壯觀者哉，雖一點一筆，必求諸繩矩，比他畫爲難工，故自晉宋迄于梁隋，未聞其工者；粤三百年之唐，歷五代以還，僅得衞賢以畫宮室得名。本朝郭忠恕既出，視衞賢輩，其餘不足數矣。然忠恕之畫高古，亦未易世俗所能知，其不見而大笑者亦鮮焉。若夫刳木爲舟，剡木爲楫，與其車輿之制，凡涉於度數而近類夫宮室者，因附諸此。自唐五代而至本朝，畫之傳者得四人，信夫畫之中規矩準繩者爲難工，游規矩準繩之內，而不爲所窘，如忠恕之高古者，豈復有斯人之徒歟。後之作者，如王瓘、燕文貴、王士元等輩，故可以皂隸處，因不載之譜。

宮室 舟、車附

唐

尹繼昭

五代

胡翼　衞賢

宋

郭忠恕

尹繼昭，不知何許人？工畫人物臺閣，冠絕當世，蓋專門之學耳。至其作姑蘇臺、阿房宮等，不無勸戒，非俗畫所能到，而千棟萬柱，曲折廣狹之制，皆有次第，又隱算學家乘除法於其間，亦可謂之能事矣。然考杜牧所賦，則不無太過者，騷人著戒，尤深遠焉，畫有所不能既也。今御府所藏四：

漢宮圖一　姑蘇臺圖二

阿房宮圖一

胡翼，字鵬雲。工畫道釋人物，至於車馬樓臺，種種臻妙。趙嵓都尉以畫著名一時，見翼，禮遇加厚。喜臨摹古今名筆，目之曰「安定鵬雲記」，有秦樓吳宮、盤車等圖傳於世。今御府所藏八：

秦樓吳宮圖六　盤車圖二

衞賢，長安人。江南李氏時爲內供奉。長於樓觀人物，嘗作春江圖，李氏爲題漁父詞於其上。至其爲高崖巨石，則渾厚可取，而皴法不老，爲林木雖勁挺，而枝梢不稱其本，論者少之。然至妙處，復謂唐人罕及，要之所取爲多焉。今御府所藏二十有五：

黔婁先生圖一　楚狂接輿圖一
老萊子圖一　王仲孺圖一
於陵子圖一　梁伯鸞圖一
羅漢圖一　溪居圖一
雪宮圖一　山居圖一
閘口盤車圖一　雪岡盤車圖一
竹林高士圖一　雪江高居圖一
雪景樓觀圖一　雪景山居圖二
渡水羅漢像一　神仙事跡圖二
嵓僧圖一　蜀道圖二
盤車圖二

郭忠恕，字國寶，不知何許人？柴世宗朝以明經中科第，歷官迄國朝，太宗喜忠恕名節，特遷國子博士。忠恕作篆隸，凌轢晉魏以來字學。喜畫樓觀臺榭，皆高古，置之康衢，世目未必售也。頃錢塘有沈姓者，收忠恕畫，每以示人，則人輒大笑，歷數年而後，方有知音者，謂忠恕筆也。如韓愈之論文，以謂「時時應事作下俗文章，下筆令人慚，及示人以爲好，惜古文之難知也如此」。今於忠恕之畫亦云。忠恕隱於畫者，其謫官江都，踰旬失其所在。後閱數歲，陳摶會于華山而不復聞，蓋亦仙去矣。今御府所藏三十有四：

尹喜問道圖一　明皇避暑宮圖四

避暑宮殿圖四　山陰避暑宮圖四

飛仙故實圖一　九曜像一

雪山佛刹圖一　山居樓觀圖一

織錦璇璣圖三　湖天夏景圖二

車棧橋閣圖一　水閣晴樓圖一

行宮圖二　吹簫圖一

樓觀士女圖三　滕王閣王勃揮毫圖四

番族敍論

解縵胡之纓，而斂衽魏闕；袖操戈之手，而思稟正朔；梯山航海，稽首稱藩，願受一廛而爲氓；至有遣子弟入學樂，率貢職奔走而來賓者，則雖異域之遠，風聲氣俗之不同，亦古先哲王所未嘗或弃也，此番族所以見於丹青之傳。然畫者多取其佩弓刀、挾弧矢、遊獵狗馬之玩，若所甚貶，然亦所以陋蠻夷之風，而有以尊華夏化原之信厚也。今自唐至本朝，畫之有見於世者凡五人，唐有胡瓌、胡虔，至五代有李贊華之流，皆筆法可傳者。蓋贊華系出北虜，是爲東丹王，故所畫非中華衣冠，而悉其風土故習，是則五方之民，雖器械異制，衣服異宜，亦可按圖而考也。後有高益、趙光輔、張戡與李成輩，雖馳譽於時，蓋光輔以氣骨爲主而格俗，戡、成全拘形似而乏氣骨，皆不兼其所長，故不得入譜云。

番族 番獸附

唐

胡瓌　胡虔

五代

李贊華　王仁壽　房從眞

胡瓌，范陽人。工畫番馬，鋪敍巧密，近類繁冗，而用筆清勁。至於穹廬什器，射獵部屬，纖悉形容備盡。凡畫駱駝及馬等，必以狼毫製筆疏染，取其生意，亦善體物者也。有陰山七騎、下程、盜馬、射雕等圖傳于世。其後以筆法授子虔。梅堯臣嘗題瓌畫胡人下馬圖，其略云：「氈廬鼎列帳幕圍，鼓角未吹驚塞鴻。」又云：「素紈六幅筆何巧？胡瓌妙畫誰能通。」則堯臣之所與，故知瓌定非淺淺人也。今御府所藏六十有五：

卓歇圖二　牧馬圖十

番部驝駝圖一　番騎圖六

秋陂牧馬圖一　番部盜馬圖一

番部早行圖二　番部牧馬圖一

番族獵射騎圖一　射騎圖一

報塵圖一　起塵番馬圖一

番部下程圖七　番部卓歇圖三

番部射雕圖二　卓歇番族圖一

射雕雙騎圖一　轉坡番騎圖一
沙堋牧駝圖一　出獵番騎圖一
獵射圖六　牧駝圖一
番部按鷹圖一　毳幕卓歇圖一
番族牧馬圖一　番部汲泉圖一
牧放平遠圖一　牧馬番卒圖一
按鷹圖二　對馬圖一
平遠番部卓歇圖二　獵射番族人馬圖一
平遠射獵七騎圖一

胡虔，范陽人。學父瓌畫番馬得譽，世以謂虔丹青之學有父風。蓋瓌以七騎、下程、射雕、盜馬等圖傳於世，故知虔家學之妙，殆未可分眞贋也。今御府所藏四十有四：

番部下程圖八　番族下程圖一
番部卓歇圖五　番部起程圖一
番族起程圖三　番族卓歇圖四

平遠獵騎圖一　番部盜馬圖一

番部牧放圖三　射鵰番騎圖一

汲水番騎圖一　射獵番族圖一

牧放番族圖一　番族按鷹圖一

射雕圖一　獵騎圖二

番騎圖四　番馬圖一

簇帳番部圖一　番族獵騎圖二

平遠射獵七騎圖一

李贊華，北虜東丹王，初名突欲，保機之長子。唐同光中從其父攻渤海扶餘城，下之，改爲東丹國，以突欲爲東丹王，避嗣主德光之逼逐，遂越海抵登州而歸中國，時唐明宗長興六年十二月也。明宗賜與甚厚，仍賜姓東丹，名慕華，以其來自遼東，乃以瑞州爲懷化軍，拜懷化軍節度使，瑞愼等州觀察使。又賜姓李，更名贊華。始汎海歸中國，載書數千卷自隨。尤好畫，多寫貴人酋長，至於袖戈挾彈，牽黃臂蒼，服用皆縵胡之纓，鞍勒率皆瓌奇，不作中國衣冠，亦安於所習者也。然議者以謂馬尙豐肥，筆乏壯氣，其確論歟？今御府所藏十有五：

雙騎圖一　獵騎圖一

雪騎圖一　番騎圖六

人騎圖二　千角鹿圖一

吉首並驅騎圖一　射騎圖一

女眞獵騎圖一

王仁壽，汝南宛人。石晉時作待詔。做吳生畫爲佛廟鬼神及馬等。嘗於相國寺淨土院畫八菩薩，人輒謂之吳生，不復有辨之者，以此知其所學之淺深也。既作浮屠氏畫，則多在屋壁堂殿間，歲月浸久，隨以隳壞，故存者絶少。今御府所藏一：

駝

房從眞，成都人。工畫人物番騎。嘗於蜀宮幛壁間作諸葛亮引兵渡瀘，布置甲馬，恍若生動。近時張戡番馬所以精者，以戡朔方人耳；今從眞蜀人，而能番馬族帳，非其所見，亦不易得。至於幛壁，仍異縑楮，皆其難者，尤宜賞激焉，惜乎緘櫝不能秘，隨時湮沒也。今御府所藏八：

番族卓歇圖一　寫西域人馬圖一
卓歇圖二　調馬打毬圖一
薛濤題詩圖一　捕魚圖一
寫唐明皇眞一

宣和畫譜卷第八終

宣和畫譜卷第九

龍魚敍論

易之乾龍，有所謂在田，在淵，在天，以言其變化超忽，不見制畜，以比夫利見大人；詩之魚藻，有所謂頒其首，莘其尾，依其蒲，以言其游深泳廣，相忘江湖，以比夫難致之賢者。曰龍、曰魚，作易删詩，前聖所不廢，則畫雖小道，故有可觀，其魚龍之作，亦詩易之相爲表裏者也。龍雖形容所不及，然葉公好之，而眞龍乃至，則龍之爲畫，其傳久矣。吳曹弗興嘗於溪中見赤龍出水上，寫以獻孫皓，世以爲神，後失其傳。至五代才得傳古，其放逸處，未必古人所能到。本朝董羽，遂以龍水得名于時，實近代之絕筆也。魚雖耳目之所玩，宜工者爲多，而畫者多作庖中几上物，乏所以爲乘風破浪之勢，此未免絓乎世議也。五代袁羲，專以魚蟹馳譽；本朝士人劉寀，亦以此知名。然後知後之來者，世未乏也，悉以時代繫之，自五代至本朝得八人，凡水族之近類者，因附其末。若徐白、徐皐等輩，亦以畫魚得名于時，然所畫無涵泳噞喁之態，使人但垂涎耳，不復有臨淵之羨，宜不得傳之譜也。

龍魚 水族附

五代
袁𠼷 僧傳古
宋
克 𦳝 叔 儺 董 羽 楊 暉 宋永錫
劉 寀
袁𠼷，河南登封人。爲侍衞親軍。善畫魚，窮其變態，得唅喁游泳之狀，非若世俗所畫作庖中物，特使饞獠生涎耳。今御府所藏十有九：
遊魚圖六 戲魚圖二
羣魚圖一 竹穿魚圖一
魚蟹圖一 魚蝦圖二
寫生鱸魚圖一 筍竹圖三
竹石圖一 蟹圖一
僧傳古，四明人。天資穎悟，畫龍獨進乎妙，建隆間名重一時，垂老筆力益壯，簡易高古，非世俗之畫所能到也。然龍非世目所及，若易爲工者，而有三停九似，蜿蜒升降之狀，至于湖海風濤之勢，故得名於此者，罕有其人，傳古獨專是習，宜爲名流也。皇建院有所畫屏風，當時號爲絕筆。今御府所藏三十有一：

衮霧戲波龍圖二　穿石戲浪龍圖二

吟霧戲水龍圖二　踴霧出波龍圖二

吟霧躍波龍圖一　爬山躍霧龍圖二

踴霧戲水龍圖一　穿石出波龍圖二

穿山弄濤龍圖二　出水戲珠龍圖一

戲雲雙龍圖一　戲水龍圖四

出洞龍圖一　翫珠龍圖二

出水龍圖一　祥龍圖一

吟龍圖一　戲龍圖一

戲水龍圖一　坐龍圖一

宗室克夐，佳公子也，戲弄筆墨，不爲富貴所埋沒。畫遊魚，盡浮沈之態，然惜其不見湖海洪濤巨瀾之勢，爲毫端壯觀之助，所得止京洛池塘間之趣耳。官止右武衛大將軍、漳州團練使，累贈保康軍節度使，追封高密侯。今御府所藏一：

遊魚圖一

宗室叔儺，善畫，多得意於禽魚，每下筆，皆默合詩人句法，或鋪張圖繪間，景物雖少，而意常多，使覽者可以因之而遐想。昔王安石有絕句云：「汀洲雪漫水溶溶，睡鴨殘蘆晻靄中。歸去北人多憶此，每家圖畫有屏風。」叔儺所畫，率合於此等詩，亦高致也。官至濮州防禦使，累贈少師。今御府所藏十有七：

鮮鱗戲荇圖二　荷花遊魚圖二

羣鱻圖二　遊魚圖四

桃溪珍禽圖一　秋江宿禽圖一

戲荇圖一　弄萍游魚圖一

蓮塘灌水圖一　雪汀鷩雁圖一

穿荇羣魚圖一

董羽，字仲翔，毗陵人。善畫魚龍海水，不爲汀濘沮洳之陋，濡沫涸轍之游；喜作禹門砥柱，乘長風，破萬里浪，驚雷怒濤，與之爲出沒，盡魚龍超忽覆却之狀，其筆端所得，豈惟壯觀而已耶。事僞主李煜爲待詔，後隨煜歸京師，卽命爲圖畫院藝學。今金陵淸凉寺有李煜八分題名、蕭遠草書、羽畫海水爲三絕。羽語吃，時以董啞子稱。方太宗嘗令畫端拱樓壁，觀者畏懾，因以杇鏝，羽亦終不偶。頃畫水於玉堂北壁，其洶湧瀾翻，望之若臨煙江絕島間，雖咫尺汗漫，莫知其涯涘也。宋白爲時聞人，一見擊節稱賞，因賦以詩，其警句謂：「回眸已覺三山近，滿壁潛驚五月寒。」則羽之得名，豈虛矣哉。今御府所藏十有四：

騰雲出波龍圖一　踴霧戲水龍圖二

出山子母龍圖一　龍圖二

戰沙龍圖二　翫珠龍圖三

出水龍圖一　穿山龍圖一

江叟吹笛圖一

楊暉，江南人。善畫魚，得其揚鬐鼓鬣之態，蘋蘩荇藻，映帶淸淺，浮沈鼓躍，曲盡其性。今人畫魚者，多拘鱗甲之數，或貫柳，或在陸，奄奄無生意；惟暉則不拘世習，吹柳絮，漾桃花，於魚得計時，往往見之筆下，覽之者如在濠梁間，然未免畫家者流所指摘也。今御府所藏一：

遊魚圖一

宋永錫，蜀人也。畫花竹禽鳥魚蟹，學梁廣，善傅色。大抵兩蜀丹青之學尤盛，而工人物道釋者爲多，自刁光處士入蜀，而始以其學授黃筌，而花竹禽鳥學者，因以專門，然終不能望筌之兼能也。永錫亦後來之秀，遂能以名家。今御府所藏四：

寫生荷花圖二　魚蟹圖二

文臣劉寀，字宏道。少時流寓都下，狂逸不事事，放意詩酒間，亦能爲長短句，與貴游少年相從無虛日。善畫魚，深得戲廣浮深，相忘於江湖之意。蓋畫魚者，鬐鬣鱗刺分明，則非水中魚矣，安得有涵泳自然之態？若在水中，則無由顯露，寀之作魚，有得於此，他人作魚，皆出水之鱗，蓋不足貴也。由是專門，頗爲士人所推譽，漂泊不得志，曳裾侯門。一夕大雪擁九衢，闔戶不出，平時過從謂「寀舊雪來，今雪不來？」後數日友生候之，意其僵仆矣，因大叫。出戶謂友生曰：「我阻雪不死，與若曹罷酒，不出許時，擁褐壞房下無所爲，得封事一通，可獻天子，或有遇合，自此遂吐胸中霓矣。」同輩皆笑之。俄而上所陳事，神考嘉歎而官之。後歷任州縣，今爲朝奉郎。今御府所藏三十：

戲藻羣魚圖一　羣鮐戲荇圖一
泳萍戲魚圖一　倒竹戲魚圖一
羣魚戲荇圖一　羣鯉逐蝦圖一
戲荇鯚魚圖一　游魚圖九
魚藻圖五　魚蟹圖一
戲荇魚圖一　戲水遊魚圖一
鼀魚圖一　在藻魚圖二
牡丹遊魚圖一　落花遊魚圖一
穿荇遊魚圖一

宣和畫譜卷第九終

宣和畫譜卷第十

山水敍論

嶽鎭川靈，海涵地負，至于造化之神秀，陰陽之明晦，萬里之遠，可得之於咫尺間，其非胸中自有丘壑，發而見諸形容，未必知此。且自唐至本朝，以畫山水得名者，類非畫家者流，而多出於縉紳士大夫。然得其氣韻者，或乏筆法；或得筆法者，多失位置。兼衆妙而有之者，亦世難其人。蓋昔人以泉石膏肓，煙霞痼疾，爲幽人隱士之誚，是則山水之於畫，市之於康衢，世目未必售也。至唐有李思訓、盧鴻、王維、張璪輩，五代有荊浩、關仝，是皆不獨畫造其妙，而人品甚高，若不可及者。至本朝李成一出，雖師法荊浩，而擅出藍之譽，數子之法，遂亦掃地無餘。如范寬、郭熙、王詵之流，固已各自名家，而皆得其一體，不足以窺其奧也。其間馳譽後先者凡四十人，悉具于譜，此不復書。若商訓、周曾、李茂等，亦以山水得名，然商訓失之拙，周曾、李茂失之工，皆不能造古人之兼長，譜之不載，蓋自有定論也。

山水一 窠石附

唐

李思訓　李昭道　盧鴻　王維　王洽
項容　張詢　畢宏　張璪　荆浩
五代
關仝　杜楷

李思訓，唐宗室也。弟姪之間，凡妙極丹青者五人，思訓最爲時所器重。官止左武衞大將軍。畫皆超絕，尤工山石林泉，筆格遒勁，得湍瀨潺湲，煙霞縹緲難寫之狀。天寶中，明皇召思訓畫大同殿壁兼掩障，夜聞有水聲，而明皇謂思訓通神之佳手，詎非技進乎道，而不爲富貴所埋沒，則何能得此荒遠閒暇之趣耶。其子昭道，同時于此亦不凡，故人云大李將軍、小李將軍者，大謂思訓，小謂昭道也。今人所畫著色山水，往往多宗之，然至其妙處，不可到也。今御府所藏十有七：

山居四皓圖二　春山圖一
江山漁樂圖三　羣峯茂林圖三
神女圖一　無量壽佛圖一
四皓圖一　五柞宮女圖一

踏錦圖三　明皇御苑出遊圖一

李昭道，思訓之子，父子俱以畫齊名。官至中書舍人，時人以小李將軍稱。智思筆力，視思訓爲未及，然亦翩翩佳公子也，能不墮於裘馬管絃之習，而戲弄翰墨，爲一時妙手，顧不偉歟。武后時殘虐宗支，爲宗子者，亦皆惴恐不獲安處，故雍王賢作黃臺瓜辭以自況，冀其感悟，而昭道有摘瓜圖著戒，不爲無補爾。今御府所藏六：

春山圖一　落照圖二

摘瓜圖一　海岸圖二

盧鴻，字浩然，本范陽人，山林之士也，隱嵩少。開元間以諫議大夫召，固辭，賜隱居服、草堂一所，令還山。頗喜寫山水平遠之趣，非泉石膏肓，煙霞痼疾，得之心，應之手，未足以造此。畫草堂圖，世傳以比王維輞川草堂，蓋是所賜一邱一壑，自已足了此生，今見之筆，乃其志也。今御府所藏三：

窠石圖一　松林會眞圖一

草堂圖一

王維，字摩詰，開元初擢進士，官至尚書右丞，唐史自有傳，其出處之詳，此得以略也。

維善畫，尤精山水，當時之畫家者流，以謂天機所到，而所學者皆不及。後世稱重，亦云維所畫，不下吳道玄也。觀其思致高遠，初未見於丹青時，時詩篇中已自有畫意，由是知維之畫，出於天性，不必以畫拘，蓋生而知之者，故「落花寂寂啼山鳥，楊柳青青渡水人」，又與「行到水窮處，坐看雲起時」，及「白雲回望合，青靄入看無」之類，以其句法，皆所畫也，而送元二使西安詩者，後人以至鋪張爲陽關曲圖。且往時之士人，或有占其一藝者，無不以藝掩其德，若閻立本是也，至人以畫師名之，立本深以爲恥，若維則不然矣，乃自爲詩云：「夙世謬詞客，前身應畫師。」人卒不以畫師歸之也。如杜子美作詩，品量人物，必有攸當，時猶稱維爲「高人王右丞」也，則其他可知。何則？諸人之以畫名於世者，止長於畫也；若維者，妙齡屬辭，長而擢第，名盛於開元天寶間，豪英貴人，虛左以迎，寧薛諸王，待之若師友兄弟，乃以科名文學冠當代，故時稱「朝廷左相筆，天下右丞詩」之句，皆以官稱而不名也。至其卜築輞川，亦在圖畫中，是其胸次所存，無適而不瀟灑，移志之於畫，過人宜矣。重可惜者，兵火之餘，數百年間，而流落無幾，後來得其彷彿者，猶可以絕俗也。正如唐史論杜子美，謂殘膏賸馥，霑丐後人之意，況乃眞得維之用心處耶。今御府所藏一百二十六：

太上像二　山莊圖一
山居圖一　棧閣圖七
劍閣圖三　雪山圖一
喚渡圖一　運糧圖一
雪岡圖四　捕魚圖二
雪渡圖三　漁市圖一
騾綱圖一　異域圖一
早行圖二　村墟圖二
度關圖一　蜀道圖四
四皓圖一　維摩詰圖二
高僧圖九　渡水僧圖三
山谷行旅圖一　山居農作圖二
雪江勝賞圖二　雪江詩意圖一
雪岡渡關圖一　雪川羈旅圖一

雪景餞別圖一　雪景山居圖二

雪景待渡圖三　羣峯雪霽圖一

江皐會遇圖二　黃梅出山圖一

淨名居士像三　渡水羅漢圖一

寫須菩提像一　寫孟浩然眞一

寫濟南伏生像一　十六羅漢圖四十八

王洽，不知何許人？善能潑墨成畫，時人皆號爲王潑墨。性嗜酒，疎逸多放傲於江湖間，每欲作圖畫之時，必待沈酣之後，解衣磅礴，吟嘯鼓躍，先以墨潑圖幛之上，乃因似其形像，或爲山，或爲石，或爲林，或爲泉者，自然天成，倏若造化；已而雲霞卷舒，煙雨慘淡，不見其墨汙之迹，非畫史之筆墨所能到也。宋白喜題品，嘗題洽所畫山水詩，其首章云：「疊巘層巒一潑開，細情高興互相催。」此則知洽潑墨之畫爲臻妙也。今御府所藏二：

嚴光釣瀨圖　喬松圖

項容，不知何許人？當時以處士名稱之。善畫山水，師事王默，作松峯泉石圖，筆法枯硬，而少溫潤，故昔之評畫者，譏其頑澀，然挺持巉絕，亦自是一家。今御府所藏二：

松峯圖　寒松漱石圖

張詢，南海人。不第後流寓長安，以畫自適。後至蜀中，因假館於昭覺寺，爲僧夢休作早、午、晚三景圖於壁間，率取吳中山水氣象，用以落筆焉。唐僖宗幸蜀，見之歎賞彌日，蓋早晚之景，今昔人皆能爲之，而午景爲難狀也。譬如詩人吟詠，春與秋冬則著述爲多，而夏則全少耳。其後蜀僞主王氏，乃欲遷於所居，與棟相連，移之則損，於是遂止。詢嘗畫雪峯危棧圖，極工，意其入蜀之所見也，然亦所以著戒，有臨深履薄之遺風云。今御府所藏二：

雪峯危棧圖二

畢宏，不知何許人？善工山水，乃作松石圖於左省壁間，一時文士皆有詩稱之。其落筆縱橫，皆變易前法，不爲拘滯也，故得生意爲多。蓋畫家之流，嘗有諺語，謂畫松當如夜叉臂、鸛鵲啄，而深坳淺凸，又所以爲石焉，而宏一切變通，意在筆前，非繩墨所能制。宏大曆間官至京兆少尹。今御府所藏一：

松石圖

張璪一作藻字文通，吳郡人。官止檢校祠部員外郎，衣冠文行，而爲一時名流。善畫松石山水，自撰繪境一篇，言畫之要訣，畢庶子宏，擅名於當代，一見驚異之。蓋璪嘗以手握雙管，一爲生枝，一爲枯枿，而四時之行，遂驅筆得之。所畫山水之狀，則高低秀絕。咫尺深重，幾若斷取，一時號爲神品。唐兵部員外郎李約，好畫成癖，聞有家藏璪松石幛者，乃詣購其家，妻已練爲衣，故知世間尤物，遭不幸者，豈特是而已乎。孫何嘗有詩詠吳興，而卒章曰：「誰如張璪工松石？擬裂鮫綃畫作圖。」此則知璪之所畫，而爲一時稱賞。今御府所藏六：

松石圖二　寒林圖二

太上像一　松竹高僧圖一

荆浩，河內人。自號爲洪谷子，博雅好古，以山水專門，頗得趣向。嘗謂「吳道玄有筆而無墨，項容有墨而無筆，浩兼二子所長而有之」。蓋有筆無墨者，見落筆蹊徑而少自然；有墨而無筆者，去斧鑿痕而多變態。故王洽之所畫者，先潑墨於縑素之上，然後取其高低上下自然之勢而爲之，今浩介二者之間，則人以爲天成，兩得之矣，故所以可悅衆目，使覽者易見焉。當時有關仝，號能畫，猶師事浩爲門弟子，故浩之所能，爲一時之所器重。後乃撰山水訣一卷，遂表進藏之祕閣。梅堯臣嘗觀浩所畫山水圖，曾有詩，其略曰：「上有荊浩字，持歸翰林公」之句，而又曰：「范寬到老學未足，李成但得平遠工。」此則所以知浩所學，固自不凡，而堯臣之論非過也。今御府所藏二十有二：

夏山圖四　蜀山圖一

山水圖一　瀑布圖一

秋山樓觀圖二　秋山瑞靄圖二

秋景漁父圖三　山陰讌蘭亭圖三

白蘋洲五亭圖一　寫楚襄王遇神女圖四

關仝一名穜，長安人。畫山水早年師荊浩，晚年筆力過浩遠甚。尤喜作秋山寒林，與其村居野渡、幽人逸士、漁市山驛，使其見者悠然如在灞橋風雪中，三峽聞猿時，不復有市朝抗塵走俗之狀，蓋仝之所畫，其脫略毫楮，筆愈簡而氣愈壯，景愈少而意愈長也。而深造古淡，如詩中淵明，琴中賀若，非碌碌之畫工所能知。當時郭忠恕亦神仙中人也，亦師事仝授學，故筆法不墮近習。仝於人物非所長，於山間作人物，多求胡翼爲之，故仝所畫村堡橋彴，色色備有，而翼因得以附名於不朽也。今御府所藏九十有四：

秋山圖二十二　秋晚煙嵐圖二
江山漁艇圖二　江山行船圖二
春山蕭寺圖一　秋山霜霽圖四
關山老木圖一　秋山樓觀圖四
秋山楓木圖一　秋山漁樂圖四
秋江早行圖二　秋峯聳秀圖二
羣峯秋色圖三　奇峯高寺圖二
山舍謳歌圖二　山陰行人圖一
崦嵫待月圖一　林藪逍遙圖一
巖隈高偃圖一　嘯傲煙霞圖一
岸曲醉吟圖一　霧鎖重關圖四
窠石平遠圖一　楓木峭壁圖一
石岸古松圖一　松木高士圖一
故實山水圖一　夏雨初晴圖二

山陰禊蘭亭圖四　仙山圖四

關山圖一　溪山圖一

崇山圖一　山水圖一

山城圖一　巨峯圖一

奇峯圖一　晴峯圖一

函關圖一　危棧圖一

雲巖圖一　石淙圖一

平橋圖一　峻極圖三

杜楷一作措，成都人。善工山水，極妙，作枯木斷崖，雲崦煙岫之態，思致頗遠。又圖寫昔人詩句爲之，亦可以想見其胸次耳。今御府所藏一：

翠屏金沙圖

宣和畫譜卷第十終

宣和畫譜卷第十一

山水二

宋

董元　李成　范寬　許道寧　陳用志

翟院深　高克明　郭熙　孫可元　趙幹

屈鼎　陸瑾　王士元　燕肅

董元一作源，江南人也。善畫，多作山石水龍，然龍雖無以考，按其形似之是否，其降升自如，出蟄離洞，戲珠吟月，而自有喜怒變態之狀，使人可以遐想，蓋常人所以不識者，止以想像命意，得於冥漠不可考之中；大抵元所畫山水，下筆雄偉，有嶄絕崢嶸之勢，重巒絕壁，使人觀而壯之，故於龍亦然。又作鍾馗氏，尤見思致，然畫家止以著色山水譽之，謂景物富麗，宛然有李思訓風格，今考元所畫，信然。蓋當時著色山水未多，能倣思訓者亦少也，故特以此得名于時。至其出自胸臆，寫山水江湖、風雨溪谷、峯巒晦明、林霏煙雲，與夫千岩萬壑、重汀絕岸。使覽者得之，眞若寓目於其處也，而足以助騷客詞人之吟思，則有不可形容者。今御府所藏七十有八：

夏山圖二　江山高隱圖二

設色春山圖二　羣峯霽雪圖一

夏景窠石圖二　夏山牧牛圖一

林峯圖三　夏山早行圖二

秋山圖一　江山漁艇圖一

山麓漁舟圖一　江山盪槳圖一

萬木奇峯圖一　著色山圖二

窠石人物圖一　水墨竹禽圖三

晴峯圖一　山居圖三

山彴圖一　松峯圖三

長壽眞人像一　寫孫眞人像一

江堤晚景圖一　重溪煙靄圖一

冬晴遠岫圖二　雪浦待渡圖二

密雪漁歸圖一　寒林重汀圖一

寒林鍾馗圖二　雪陂鍾馗圖二
寒江窠石圖一　寒林圖一
松檟平遠圖一　水石吟龍圖一
風雨出蟄龍圖二　出洞龍圖一
戲龍圖二　昇龍圖一
跨龍圖一　跨牛圖一
飲水牧牛圖一　鍾馗氏一
巖中羅漢像一　牧牛圖一
瀟湘圖一　漁舟圖一
漁父圖一　海岸圖一
採菱圖二　寒塘宿鴈圖三
夏景山口待渡圖一　水墨竹石栖禽圖二
孔子見虞邱子圖二

李成，字咸熙，其先唐之宗室，五季艱難之際，流寓於四方，避地北海，遂爲營邱人。

父祖以儒學吏事聞於時，家世中衰，至成猶能以儒道自業。善屬文，氣調不凡，而磊落有大志，因才命不偶，遂放意於詩酒之間。又寓興于畫，精妙初非求售，唯以自娛於其間耳，故所畫山林藪澤，平遠險易，縈帶曲折，飛流危棧，斷橋絕澗，水石風雨晦明，煙雲雪霧之狀，一皆吐其胸中，而寫之筆下，如孟郊之鳴於詩，張顚之狂於草，無適而非此也，筆力因是大進。于時凡稱山水者必以成爲古今第一，至不名而曰李營邱焉。然雖畫家素喜譏評，號爲善褒貶者無不斂衽以推之。嘗有顯人孫氏，知成善畫得名，故貽書招之。成得書，且憤且歎曰：「自古四民，不相雜處，吾本儒生，雖游心藝事，然適意而已，奈何使人羈致，入戚里賓館，研吮丹粉，而與畫史冗人同列乎，此戴逵之所以碎琴也。」卻其使不應。孫忿之，陰以賄厚賂營邱之在仕相知者，冀其宛轉以術取之也，不踰時而果得數圖以歸。未幾，成隨郡計赴春官較藝，而孫氏卑辭厚禮復招之，既不獲已，至孫館，成乃見前之所畫，張於謁舍中，成作色振衣而去。其後王公貴戚皆馳書致幣，懇請者不絕於道，而成漫不省也。晚年好遊江湖間，終於淮陽逆旅。子覺，以經術知名，踐歷館閣。孫宥，嘗爲天章閣待制，尹京，故出金帛以購成之所畫甚多，悉歸而藏之。自成歿後，名益著，其畫益難得，故學成者，皆摹倣成所畫峯巒泉石至於刻畫圖記名字

等，庶幾亂眞，可以欺世，然不到處，終爲識者辨之，第名之不可掩，而使人慕之如是，

信公議所同焉。或云又兼善畫龍水，亦奇絕也，但所長在於山水之間，故不稱云。今御

府所藏一百五十有九：

重巒春曉圖四　煙嵐春曉圖二

夏山圖二　夏景晴嵐圖二

夏雲出谷圖四　秋山圖三

秋山靜釣圖一　冬晴行旅圖二

秋嶺遙山圖二　山鎖秋嵐圖二

冬景遙山圖二　密雪待渡圖二

江山密雪圖三　林石雪景圖三

羣山雪霽圖三　雪麓早行圖一

雪溪圖二　雪峯圖一

愛景晴嵐圖三　愛景寒林圖三

寒林圖八　寒林獨玩圖一

奇石寒林圖二　巨石寒林圖四
嵐煙晚晴圖三　煙嵐曉景圖七
晴嵐曉景圖八　嵐光清曉圖二
曉嵐平遠圖二　曉景雙峯圖二
闊渚晴峯圖二　曉嵐圖一
晴嵐圖二　晴巒圖二
晴巒平遠圖三　晴巒蕭寺圖二
晴峯霽靄圖二　晴江列岫圖二
橫峯曉霽圖三　峻峯茂林圖一
喬木蕭寺圖一　長山平遠圖二
古木遙岑圖四　霧披遙山圖三
山陰磨溪圖二　高山圖三
平遠圖一　雙峯圖三
山腰樓觀圖三　讀碑窠石圖二

煙峯行旅圖二　遠浦遙岑圖一
煙波漁艇圖一　江山漁父圖一
亭泉松石圖一　秀峯圖一
平遠窠石圖一　起蟄圖一
大寒林圖四　小寒林圖二
山谷晴嵐圖二　江皐羣峯圖三
老筆層峯圖二　羣峯灌木圖二
春山早行圖三　春雲出岫圖二

范寬一名中正，字中立，華原人也。風儀峭古，進止疎野，性嗜酒，落魄不拘世故，常往來於京洛。喜畫山水，始學李成，既悟，乃歎曰：「前人之法未嘗不近取諸物，吾與其師於人者，未若師諸物也；吾與其師於物者，未若師諸心。」於是捨其舊習，卜居於終南太華岩隈林麓之間，而覽其雲煙慘淡，風月陰霽難狀之景，默與神遇，一寄于筆端之間，則千巖萬壑，恍然如行山陰道中，雖盛暑中，凛凛然使人急欲挾纊也。故天下皆稱寬善與山傳神，宜其與關李，並馳方駕也。蔡卞嘗題其畫云：「關中人謂性緩爲寬，中立不以名著，以俾語行，故世傳范寬山水。」今御府所藏五十有八：

四聖搜山圖一　春山圖二

春山平遠圖三　春山老筆圖二

夏山圖十　夏峯圖三

夏山煙靄圖三　秋山圖四

秋景山水圖二　煙嵐秋曉圖二

冬景山水圖二　雪景寒林圖一

雪山圖二　雪峯圖二

寒林圖十二　山陰蕭寺圖二

海山圖一　崇山圖三

煉丹圖一

許道寧，長安人。善畫山林泉石甚工。初市藥都門，時時戲拈筆而作寒林平遠之圖，以聚觀者，方時聲譽已著，而筆法蓋得於李成。晚遂脫去舊學，行筆簡易，風度益著，而張士遜一見，賞詠久之，因贈以歌，其略云：「李成謝世范寬死，唯有長安許道寧。」時以爲榮。今御府所藏一百三十有八：

茅亭賞雪圖一　春山曉渡圖二

春龍出蟄圖二　江山捕魚圖一

春雲出谷圖一　山林春煙圖一

三教野渡圖一　夏山圖七

煙溪夏景圖一　風雨驚牛圖一

秋山晴靄圖二　秋江喚渡圖一

秋山詩意圖二　秋山晚渡圖一

秋山圖六　秋江閒釣圖一

秋江早行圖一　嵐鎖秋峯圖三

雪霽行舟圖三　雪峯僧舍圖一

雪滿羣峯圖三　雪滿危峯圖三

羣峯密雪圖三　羣山密雪圖一

雪江漁釣圖二　雪山樓觀圖一

寒林圖十三　大寒林圖三
小寒林圖五　寒雲戴雪圖一
愛景晴巒圖三　晴峯漁浦圖一
晴嵐曉峯圖二　晴峯晚景圖三
晴巒圖三　晴峯圖三
雲出山腰圖三　煙鎖山腰圖三
晴峯漁釣圖一　羣峯秀嶺圖二
羣峯雙澗圖二　林樾遙岑圖一
江山積雪圖一　窠石戲龍圖二
山路早行圖一　霜秋晴巒圖一
江山歸雁圖三　行觀華嶽圖一
曉挂輕帆圖一　層巒漁浦圖一
雲山圖一　林石圖二
窠石圖六　雙松圖二

捕魚圖一　牧牛圖一

臨深圖一　履薄圖一

夏雲欲雨圖一　山觀蕭寺圖一

夏山風雨圖四　溪山風雨圖一

春嵐曉靄圖一　春山行旅圖一

寫李成夏峯平遠圖二

陳用志，潁川郾城人。居小窯，因而時人皆呼爲小窯陳。初爲圖畫院祗候，已而告歸於家，在鄉里中。工畫道釋人馬山林等，雖詳悉精微，但疎放全少，而拘制頗嚴，故求之於規矩之外，無飄逸處也，大抵所學不能恢廓耳。今御府所藏一：

秋山圖

翟院深，北海人。工畫山水，而學李成，與成同郡也。院深年少時爲本郡伶人，一日郡守宴會，方在庭執樂，忽游目若有所寓，頓失鼓節，樂工舉其過而劾之，守詰其故，院深具以其情對曰：「性本善畫，操撾之次，忽見浮雲在空，宛若奇峯絕壁，眞可以爲畫範，目不兩視，因失鼓節。」守歎而釋之。此與賈島吟詩騎驢衝京尹何異？古人謂用志不分，乃凝於神，院深近之矣。院深摹倣李成畫，則可以亂眞，至自爲，多不能創意於成之外，亦有所未至爾，使擴而充之不已，其可量也耶。今御府所藏一：

寫李成澄江平遠圖

高克明，絳州人。端愿謙厚，不事矜持，喜游佳山水間，搜奇訪古，窮幽探絕，終日忘歸。心期得處，卽歸燕坐靜室，沈屏思慮，幾與造化者游，於是落筆，則胸中丘壑，盡在目前。祥符中以藝進入圖畫院，試之便殿圖畫壁，遷待詔，守少府監主簿，賜紫。克明亦善工道釋人馬、花鳥鬼神、樓觀山水等，皆造高妙也。時人有以勢利求者，未必荅，朋友間有願得者，卽欣然與之。疏財好義，畫流輩中，未易得也。今御府所藏十：

春波吟龍圖二　夏山飛瀑圖二

窠石野渡圖二　煙嵐窠石圖二

村學圖二

郭熙，河陽溫縣人。爲御畫院藝學。善山水寒林，得名于時。初以巧贍致工，既久，又益精深，稍稍取李成之法，布置愈造妙處，然後多所自得。至攄發胸臆，則於高堂素壁，放手作長松巨木，回溪斷崖，岩岫巉絕，峯巒秀起，雲煙變滅晻靄之間，千態萬狀，論者謂熙獨步一時，雖年老落筆益壯，如隨其年貌焉。熙後著山水畫論，言遠近淺深，風雨明晦，四時朝暮之所不同，則有「春山淡一作豔冶而如笑，夏山蒼翠而如滴，秋山明淨而如妝，冬山慘淡而如睡」之說。至於溪谷橋彴，漁艇釣竿，人物樓觀等，莫不分布使得其所，言皆有序，可爲畫式，文多不載。至其所謂「大山堂堂，爲衆山之主，長松亭亭，爲衆木之表」，則不特畫矣，蓋進乎道歟。熙雖以畫自業，然能教其子思以儒學起家，今爲中奉大夫，管勾成都府蘭湟秦鳳等州茶事，兼提舉陝西等買馬監牧公事，亦深於論畫，但不能以此自名。今御府所藏三十：

子猷訪戴圖二　奇石寒林圖二

詩意山水圖二　古木遙山圖二

巧石雙松圖二　江皐圖一

遙峯圖一　晴巒圖一

煙雨圖一　雲岩圖一

秀松圖一　春山圖一

嵡嶺圖一　瀑布圖一

幽谷圖一　濺撲圖一

平遠圖一　寒峯圖一

斷崖圖一　秀巒圖一

古木圖一　茂峯圖一

遠山圖一　山觀圖一

溪谷圖一

孫可元，不知何許人？好畫吳越間山水，筆力雖不至豪放，而氣韻高古，喜圖高士幽人，巖居漁隱之趣。嘗作春雲出岫，觀其命意，則知其無心於物，聊游戲筆墨以玩世者，所以非陶潛、綺皓之流，不見諸筆下。今御府所藏十有二：

陶潛歸去來圖一　滕王閣圖一

商山四皓圖二　山麓漁歌圖一

高隱圖一　春雲出岫圖一

江山蕭散圖一　山水圖二

山觀圖一　牧牛圖一

趙幹，江南人。善畫山林泉石，事僞主李煜爲畫院學生，故所畫皆江南風景。多作樓觀舟舡、水村漁市、花竹散爲景趣，雖在朝市風埃間，一見便如江上，令人褰裳欲涉，而問舟浦溆間也。今御府所藏九：

春林歸牧圖一　夏山風雨圖四

夏日玩泉圖一　煙靄秋涉圖一

冬晴漁浦圖一　江行初雪圖一

屈鼎，開封府人。善畫山水，仁宗朝爲圖畫院祗候。學燕貴作山林四時風物之變態，與夫煙霞慘舒，泉石凌礫之狀，頗有思致，雖未能極其精妙，視等輩故已駸駸度越矣。今畫譜姑取之，蓋使學之者有進於是而已。今御府所藏三：

夏景圖三

陸瑾，江南人。善畫江山風物，落筆瀟灑，殊無塵埃。作四時圖，繪春則山陰曲水，夏則茂林泉石，秋則風雨溪壑，冬則雪橋野店，鋪張點綴，歷歷可觀。至於捕魚運石，水閣僧舍，布置物像，無不精確，可以追蹤名手，但傳于世不多耳。今御府所藏二十有二：

山陰高會圖一　溪山僧舍圖一

水閣閒棋圖一　夏山圖四

雪橋圖一　運石圖一

磨溪圖二　溪山風雨圖三

漁家風景圖三　捕魚圖二

乘龍圖一　仙山圖二

王士元，仁壽之子也，止於郡推官。襟韻蕭爽，喜作丹青，遂能兼有諸家之妙。人物師周昉，山水師關仝，屋木師郭忠恕。凡所下筆者，無一筆無來處，故皆精微。山水中多以樓閣臺榭，院宇橋徑，務爲人居處窗牖間景趣耳，乏深山大谷煙霞之處，議者以此病之，然求其風韻，則高於關仝，其筆力，則老於商訓。今御府所藏一：

山閣圖

文臣燕肅，字穆之，其先本燕薊人也，從徙居曹南，祖葬於陽翟，今爲陽翟人。文學治行，縉紳推之。其胸次瀟灑，每寄心於繪事，尤喜畫山水寒林，與王維相上下，獨不爲設色。舊傳太常與玉堂屏等皆肅之眞蹟，而肅嘗寓於景寧坊，所居亦有其畫，今皆湮沒焉，獨睢潁洛佛寺尙存遺墨。肅心匠甚巧，不特善畫山水，凡創物足以驚世絕人，且如徐州之蓮花漏是也。又嘗有造鼓既畢而忘易鐶者，無因可以使釘脚拳於鼓之腹，遂造肅請術，肅乃呼鍛者，命作一大鎖簧入之，衆皆服其智，由是知肅畫之妙，皆類於此也。而王安石於人物愼許可，獨題肅之所畫瀟湘山水圖詩云：「燕公侍書燕王府，王求一筆終不與；奏論讞死誤當赦，全活至今何可數。」燕王，蓋元儼也。爲元儼僚屬，不肯下之，有以見肅之操守焉。至其抗章論獻天下疑案奏讞，自肅始也，全活至今何啻億萬計，故安石又曰：「仁人義士埋黃土，只有粉墨歸囊楮。」則歎息於斯，不亦宜乎。歷官至龍圖閣直學士，以尙書禮部侍郎致仕。子孫既顯，贈太師，天下止稱燕公。今御府所藏三十有七：

春岫漁歌圖一　春山圖四

夏溪圖二　秋山遠浦圖一

冬晴釣艇圖一　雪滿羣山圖三

寒林圖一　大寒林圖二

小寒林圖二　履冰圖一

江山蕭寺圖二　古岸遙山圖三

送寒衣女圖一　　牀牛頭山望圖一

渡水牛圖一　　雙松圖二

松石圖一　　寫李成履薄圖二

雪浦人歸圖四　　寒雀圖一

宣和畫譜卷第十一終

宣和畫譜卷第十二

山水三

宋

宋道　宋迪　王穀　范坦　黃齊
李公年　李時雍　王詵　童貫　劉瑗
梁揆　羅存　馬覲　巨然　日本國

文臣宋道，字公達，洛陽人。以進士擢第爲郎。善畫山水，閒淡簡遠，取重于時。但乘興即寓意，非求售也，其畫故傳于世者絕少。弟迪，亦能畫。今御府所藏一：

松竹圖

文臣宋迪，字復古，洛陽人。道之弟，以進士擢第爲郎。性嗜畫，好作山水，或因覽物得意，或因寫物創意，而運思高妙，如騷人墨客，登高臨賦，當時推重，往往不名，以字顯，故謂之宋復古。又多喜畫松，而枯槎老枿，或高或偃，或孤或雙，以至于千株萬株，森森然殊可駭也。聲譽大過於兄道。今御府所藏三十有一：

晴巒漁樂圖二　煙嵐漁浦圖一

扁舟輕泛圖一　古岸遙岑圖一
羣峯遠浦圖一　對岸古松圖二
闊浦遠山圖一　闊浪遙岑圖一
瀟湘秋晚圖一　江山平遠圖一
長江晚靄圖一　遙山松岸圖二
雙松列岫圖二　老松對南山圖一
崇山茂林圖二　遠浦征帆圖二
秋山圖一　遙山圖二
遠山圖二　雪山圖一
八景圖一　萬松圖一
小寒林圖一

文臣王穀，字正叔，潁川郾城人。有吏才，於儒學之外，又寓興丹青，多取今昔人詩詞中意趣，寫而爲圖繪，故鋪張布置，率皆瀟灑。居郾城邑之南城，有小亭下臨㶏水，榜曰「㶏景亭」，南通淮蔡，北望箕潁，川原明秀，甚類江鄉景物，吳處厚曾有詩云：「亂鶯啼處柳飛花，拍拍春流漲曉沙，正是江南梅子熟，年年離恨寄天涯。」穀常遊其上，得助甚多，時發其妙於筆端間耳。穀頃佐京尹，後又爲大理卿。今御府所藏三：

洞庭曉照圖一　雪晴漁浦圖一

雪江旅思圖一

文臣范坦，字伯履，洛陽人。以蔭補入官，長於吏事，所至皆以明辨稱。善丹青，作山水，其筆法學關仝、李成，至於摹寫花鳥，則幾近之也。雖寓意於此甚久，然人罕知之，蓋其不出以求知耳。在洛中，閒居之日爲多，得游藝繪事，下筆益老健。世之論畫者，謂「學人規矩，多失之拘，或柔弱無骨鯁」。坦既老健，則拘與弱，皆非所病焉。今以承議郎徽猷閣待制致仕。今御府所藏六：

太上渡關圖一　寫李成江山梵刹圖四

寫徐崇嗣杏花對果圖一

文臣黃齊，字思賢，建陽人。游太學，有時名，校藝每在高等，後擢進士第，調官都下。僦居必擇閒曠遠市聲處，官曹暮歸，闔戶不出，多寓興丹青，遂作風煙欲雨圖，非陰非霽，如梅天霧曉，霏微晻靄之狀，殊有深思，使他人想像於微茫之間，若隱若顯，不能窮也，此殆與詩人騷客，命意相表裏。齊歷官至大司成，今任朝散大夫，兵部侍郎致仕。

今御府所藏四：

風煙欲雨圖一　晴江捕魚圖一

山莊自樂圖一　雪滿羣峯圖一

文臣李公年，不知何許人？善畫山水，運筆立意，風格不下於前輩。寫四時之圖，繪春爲桃源，夏爲欲雨，秋爲歸棹，冬爲松雪。而所布置者，甚有山水雲煙餘思。至於寫朝暮景趣，作長江日出，疎林晚照，眞若物象出沒於空曠有無之間，正合騷人詩客之賦詠，若「山明望松雪」「寒日出霧遲」之類也。公年嘗爲江浙提點刑獄公事。今御府所藏十有七：

桃溪春山圖一　夏溪欲雨圖一

秋江歸棹圖一　秋霜漁浦圖一

松峯積雪圖一　欲雨寒林圖一

雲生列岫圖一　遠煙平野圖一

日出長江圖一　疎林晚照圖一

秋江靜釣圖二　江山漁釣圖二

對岸古松圖二　長江秋望圖一

文臣李時雍，字致堯，成都人。天章閣待制，大臨之孫，朝奉大夫隲之子也。自大臨至時雍，三世皆以書名于時。時雍讀書，刻意翰墨，初從事舉子，屢以行藝中鄉里選，終不第，遂以祖蔭補入仕。崇寧中以書名籍甚，方建書學，首擢爲書學諭，因獻頌，遷博士。喜作詩，或寓意丹靑間，皆不凡。作墨竹尤高，遂將與文同並馳。官至承議郞、殿中丞。今御府所藏一：

渭川晚晴圖

駙馬都尉王詵，字晉卿，本太原人，今爲開封人。幼喜讀書，長能屬文，諸子百家，無不貫穿，視靑紫可拾芥以取。嘗袖其所爲文，謁見翰林學士鄭獬，獬歎曰：「子所爲文，落筆有奇語，異日必有成耳。」既長，聲譽日益籍甚，所從遊者皆一時之老師宿儒，於是神考選尚秦國大長公主。詵博雅該洽，以至奕棋圖畫，無不造妙。寫煙江遠壑、柳溪漁浦、晴嵐絕澗、寒林幽谷、桃溪葦村，皆詞人墨卿難狀之景，而詵落筆思致，遂將到古人超軼處。又精於書，眞行草隸，得鐘鼎篆籀用筆意。卽其第乃爲堂，曰「寶繪」，藏古今法書名畫，常以古人所畫山水寘於几案屋壁間，以爲勝玩，曰：「要如宗炳澄懷臥遊耳。」如誅者，非胸中自有邱壑，其能至此哉。喜作詩，嘗以詩進呈，神考一見而爲之稱賞。至其奉秦國失歡，以疾薨，神考親筆責詵曰：「內則朋淫縱慾而失行，外則狎邪罔上而不忠。」抑以見神考取捨人物，示天下之至公，不以好惡爲己私也。然詵克能奉詔以自新，雖牢落中，獨以圖書自娛，其風流蘊藉，眞有王謝家風氣，若斯人之徒，顧豈易得哉。歷官至定州觀察使，開國公駙馬都尉，贈昭化軍節度使，謚榮安。今御府所藏三十有五：

幽谷春歸圖一　晴風曉景圖一

煙嵐晴曉圖三　煙江疊嶂圖一

松路入仙山圖一　客帆挂瀛海圖一

風雨松石圖一　長江風雨圖一

漁鄉曝網圖一　柳溪漁浦圖一

江山漁樂圖一　江亭寓目圖一

漁村小雪圖一　江山平遠圖一

房次律宿因圖一　會稽三賢圖一

連山絕澗圖一　老松野岸圖一

金碧潺湲圖一　名山臥遊圖一

秀峯遠壑圖二　千里江山圖一

屏山小景圖一　寫李成寒林圖二

子猷訪戴圖一　山居圖二

松石圖二　長春圖一

遠景圖一

內臣童貫，字道輔（一作道通），京師人。性簡重寡言，而御下寬厚，有度量，能容，喜愠不形于色，然能節制兵戎，率有紀律。父湜，雅好藏畫，一時名手如易元吉、郭熙、崔白、崔慤輩，往往資給于家，以供其所需，貫侍其父，獨取其尤者，有得于妙處，胸次磅礴，間發其秘。或見筆墨在旁，則弄翰遊戲，作山林泉石，隨意點綴，興盡則止，人有收去者，往往復取而壞之，左右每因其興來揮毫落墨之時，或在退紙背，或於斷幅間，乃亟藏之不復出，皆以爲珍玩也，故因其少而尤貴之。大抵命思瀟灑，落筆簡易，意足得之自然耳，若宿習而非求合取悅也。自古之用兵者，如諸葛孔明亦能畫，故八陣圖之形勢，見于分布，粲然可觀；如馬援聚米爲山川，亦有畫意。豈非方寸明於規畫，不期乎能而能耶，貫於此亦然。貫策功湟鄯，與夫西鄙，拔城而俘馘夷醜。體貌鎭重，不嚴而威，凡進退賞罰，初不見運動之迹，故莫得以窺之。貫獨寬惠慈厚，人率歸心，至號爲「著脚赦書」，蓋言其所至，推恕有恩惠以及物也。今貫歷官任太傅，山南東道節度使，領樞密院事、陝西河東等路宣撫使，封涇國公。其如出處勳庸，自有正史詳載，此得以略也。

今御府所藏四：

窠石四

內臣劉瑗，字伯玉，京師人。持身端慤，初終無玷，時人謂「五十餘年在仕，而喜怒不形于色，爲兩朝從龍，未嘗自矜」。父有方，平日性喜書畫，家藏萬卷，牙籤玉軸，率有次第，自晉魏隋唐以來，奇書名畫，無所不有，故能考覈眞僞，論辨古今，推其人世次遠近，各有攸當，故世所言書畫者，皆率心服之。凡中外之人，有得繪畫，而莫知主名者，必以求瑗辨之，瑗雖未敢誰何，然論之皆有所歸也。瑗亦能放筆作雲林泉石，頗復瀟灑，昔桓譚以謂能誦千賦，自可爲之，與此相類，然適意而止，所傳乃不多，非若專門積累於歲月者也。今璦官至通侍大夫、武勝軍一作清遠軍承宣使，贈少師，謚忠簡。今御府所藏九：

臨李成小寒林圖一　秋景平遠圖一

秋雲欲雨圖一　色山高士圖一

竹石小景圖一　小景墨竹圖二

墨竹圖一　竹石圖一

內臣梁揆，字仲敍，京師人。以蔭補入仕。自齠齔之時，便喜刻雕及繪事矣；及長，因所閱甚多，往往一見而便能，似其宿習。花竹人物凡可賦象者，一一能之，率取其名流高古之畫，各擇其一，以資衆善，冀兼備焉。揆齒方壯，若更加討論，使就繩撿，則有加而無已。揆今官任左武大夫、達州防禦使、直睿思殿。今御府所藏二：

春山霽靄圖一　蓮溪漁父圖一

內臣羅存，字仲通，開封人。性喜畫，作小筆，雖身在京國，而浩然有江湖之思致，不爲朝市風埃之所汩沒。落筆則有煙濤雪浪，扁舟翻舞，咫尺天際，坡岸高下，人騎出沒，披圖便如登高望遠，悠然與魚鳥相往還。此人後生，若其學駸駸未已，他日豈可量哉。

存官任武德大夫、文州團練使、充殿中省尙食局奉御。今御府所藏二：

秋江歸騎圖一　雪霽歸舟圖一

內臣馮覲，字遇卿，開封人。少好丹青，作江山四時，陰晴旦暮，煙雲縹緲之狀，至於林樾樓觀，頗極精妙。畫金風萬籟圖，悅然如聞笙竽于木末，其間思致深處，殆與秋聲賦爲之相參焉。惜乎覲性習未寧，但恐他日參差耳。覲今任武翼大夫、永泰陵都監。今御府所藏十有三：

雨餘春曉圖一　江山春早圖一

膏雨乍晴圖一　薰風樓觀圖一

清夏潺湲圖一　霽煙長景圖一

南山茂松圖一　江山晚興圖一

金風萬籟圖一　霜霽凝煙圖一

霜秋漁浦圖一　江山密雪圖一

雪霽羣山圖一

僧巨然，鍾陵人。善畫山水，深得佳趣，遂知名于時。每下筆，乃如文人才士，就題賦詠，詞源衮衮，出於毫端，比物連類，激昂頓挫，無所不有，蓋其胸中富甚，則落筆無窮也。巨然山水，於峯巒嶺竇之外，下至林麓之間，猶作卵石松柏，疎筠蔓草之類，相與映發，而幽溪細路，屈曲縈帶，竹籬茅舍，斷橋危棧，眞若山間景趣也。人或謂其氣質柔弱，不然，昔有嘗論山水者，乃曰：「儻能於幽處使可居，於平處使可行，天造地設處使可驚，嶄絕巇嶮處使可畏，此眞善畫也。」今巨然雖瑣細，意頗類此，而曰柔弱者，恐以是論評之耳。又至於所作雨脚，如有爽氣襲人，信哉，昔人有畫水挂於壁間，猶曰波濤洶湧，見之皆毫髮爲立，況於煙雲變化乎前，蹤迹一出於己，畫錄稱之，不爲過矣。今御府所藏一百三十有六：

夏景山居圖六　夏日山林圖一

夏雲欲雨圖一　秋江晚渡圖三

夏山圖三　九夏松峯圖三

秋山圖二　秋江漁浦圖四

溪山蘭若圖六　溪山漁樂圖六

溪山林藪圖二　溪橋高隱圖一

重溪疊嶂圖四　山溪水閣圖一
江山遠興圖二　江山靜釣圖一
江山晚景圖一　江村捕魚圖一
江山旅店圖一　江山晚興圖一
江山歸棹圖六　江左醒心圖一
江山平遠圖一　江山行舟圖二
松峯高隱圖二　煙浮遠岫圖六
山林歸路圖一　山林小筆圖一
曉林野艇圖一　茂林疊嶂圖一
林汀遠渚圖一　林石小景圖一
煙關小景圖一　雲横秀嶺圖二
雲嵐淸曉圖三　松路仙巖圖一
松巖蕭寺圖一　晴冬晚靄圖六
嵐鎖羣峯圖四　寒溪漁舍圖一

小寒林圖二　遙山漁浦圖二

山陰蕭寺圖二　遙山闊浦圖三

松吟萬壑圖三　萬壑松風圖二

羣峯茂林圖二　晥口山圖一

山居圖一　松巖山水圖二

煙江晚渡圖一　山水圖四

層巒圖一　秀峯圖三

金山圖一　鍾山圖一

廬山圖一　松嶺圖二

柏泉圖一　遙山圖一

遠山圖一　松峯圖三

高隱圖一　歸牧圖一

長江圖一　窠石圖一

日本國，古倭奴國也，自以近日所出，故改之。有畫不知姓名，傳寫其國風物山水小景，設色甚重，多用金碧，考其眞，未必有此，第欲綵繪粲然，以取觀美也。然因以見殊方異域，人物風俗，又䜌陬夷貊，非禮義之地，而能留意繪事，亦可尙也。抑又見華夏之文明，有以漸被，豈復較其工拙耶。舊有日本國官告傳至於中州，比之海外他國，已自不同，宜其有此。太平興國中，日本僧與其徒五六人，附商船而至，不通華語，問其風土，則書以對，書以隸爲法，其言大率以中州爲楷式。其後再遣弟子奉表稱賀，進金壐硯、鹿毛筆、倭畫屛風。今御府所藏三：

海山風景圖一　風俗圖二

宣和畫譜卷第十二終

宣和畫譜卷第十三

畜獸敍論

乾象天，天行健，故爲馬；坤象地，地任重而順，故爲牛；馬與牛者，畜獸也，而乾坤之大，取之以爲象，若夫所以任重致遠者，則復見取於易之隨，於是畫史所以狀馬牛而得名者爲多，至虎豹鹿豕獐兔，則非馴習之者也，畫者因取其原野荒寒，跳梁奔逸，不就羈馽之狀，以寄筆間豪邁之氣而已。若乃犬羊貓貍，又其近人之物，最爲難工，花間竹外，舞裀綉幄，得其不爲搖尾乞憐之態，故工至於此者，世難得其人。粵自晉迄于本朝，馬則晉有史道碩，唐有曹霸、韓幹之流；牛則唐有戴嵩與其弟戴嶧，五代有厲歸眞，本朝有朱羲蕃；犬則唐有趙博文，五代有張及之，本朝有宗室令松；羊則五代有羅塞翁；虎則唐有李漸，本朝有趙邈齪；貓則五代有李靄之，本朝有王凝、何尊師。凡畜獸，自晉唐五代本朝，得二十有七人，其詳具諸譜，姑以尤者概舉焉。而包鼎之虎，裴文睍之牛，非無時名也，氣俗而野，使包鼎之視李漸，裴文睍之望戴嵩，豈不縮手於袖間耶，故非譜之所宜取。

畜獸一

晉

史道碩

唐

漢王元昌　江都王緒　韋無忝　曹霸　裴寬

韓幹　韋鑒　韋偃　趙博文　戴嵩

戴嶧　李漸　李仲和　張符

史道碩，不知何許人？兄弟四人，皆以善畫得名，而道碩尤工人馬及鵝等。初與王微並師荀勗、衞協，技能上下，二人優劣未判，而謝赫謂「王得其意，史傳其似」，若是則微之所得者神，道碩之所寫者形耳，意與神超出乎丹青之表，形與似未離乎筆墨蹊徑，宜用此辨之。今御府所藏三：

三馬圖一　八駿圖一

牛圖一

漢王元昌，高祖第七子。少博學善畫，李嗣眞謂元昌曰：「天人之姿，博綜伎藝，頗得風韻，自然超舉。」有畫鞍馬鷹鶻傳于時，雖閻立德立本，不得以季孟其間。畫馬尤工，非胸中有千里，駸駸欲度驊騮前者，豈能得之心而應之手耶！今御府所藏三：

嬴馬圖一　獵騎圖二

江都王緒，唐霍王元軌之子，太宗姪也。能書畫，最長於鞍馬，以此得名。官至金州刺史。嘗謂「士人多喜畫馬者，以馬之取譬，必在人材，駑驥遲疾，隱顯遇否，一切如士之遊世。不特此也，詩人亦多以託興焉，是以畫馬者可以倒指而數。」杜子美嘗觀曹霸畫馬而有詩曰：「國初已來畫鞍馬，神妙獨數江都王。」則緒爲一時之所重，其可知歟。今御府所藏三：

寫拳毛騧圖一　人馬圖一

呈馬圖一

韋無忝，京兆人。與其弟無縱，亦以畫稱。無忝在明皇朝以畫馬及異獸擅名，時外國有以獅子來獻者，無忝一見，落筆酷似其眞，百獸皆望而辟易。明皇嘗遊獵，一發中兩豝於玄武北門，當時命無忝傳寫之，遂爲一時英妙之極。且百獸之性與形相表裏，而有雄毅而駿者，亦有馴擾而良者，故其足距毛鬣，有所不同，怒張妥帖，亦從之而辨，他人未必知此，而獨無忝得之，當時稱無忝畫四足之獸者，無不臻妙，豈虛言哉。無忝官至左武衞大將軍。今御府所藏九：

習馬圖一　散馬圖一

牧笛歸牛圖一　山石戲貓圖一

葵花戲貓圖一　戲貓圖一

勝遊圖一　寧王醉歸圖一

傾心圖一

曹霸，髦之後，髦以畫稱於魏。霸在開元中已得名，天寶末每詔寫御馬及功臣像，官至左武衞大將軍。杜子美丹青引，以謂「丹青不知老將至，富貴於我如浮雲」者，謂霸也，子美眞知畫者。退之嘗謂：「苟可以寓其智巧，使機應於心，不挫於氣，則神完而守固。」其論似是。夫外慕徙業者，皆不造其堂，不嚌其胾，信矣。蓋霸暮年飄泊於干戈之際，而卒不徙業，此子美所謂「富貴於我如浮雲」者，殆見乎此矣。今御府所藏十有四：

逸驥圖二　玉花驄圖一

下槽馬圖二　內廄調馬圖一

老驥圖二　九馬圖三

牧馬圖一　　人馬圖一

羸馬圖一

裴寬，絳州聞喜人。季父漼，有聞于時。寬粗以文詞進，多從辟舉，所至皆有能稱。明皇朝爲范陽節度使兼採訪使，頗受眷知。唐史有傳，不言寬能畫，惟云騎射彈棋投壺特妙，以此推之，能畫可知。大抵唐人多能書畫，特著不著耳，由是所畫傳於世者不多，故爲傳記譜錄不載。今御府所藏一：

小馬圖

韓幹，長安人。王維一見其畫，遂推奬之。官至左武衞大將軍。天寶初，明皇召幹入爲供奉，時陳閎乃以畫馬榮遇一時，上令師之，幹不奉詔。他日問幹，幹曰：「臣自有師，今陛下內廄馬，皆臣之師也。」明皇於是益奇之。杜子美丹青引云「弟子韓幹早入室」，謂幹師曹霸也，然子美何從以知之？且古之畫馬者有周穆王八駿圖，閻立本畫馬似模展鄭，多見筋骨，皆擅一時之名；開元後天下無事，外域名馬，重譯累至內廄，遂有飛黃、照夜、浮雲、五方之乘，幹之所師者，蓋進乎此，所謂「幹唯畫肉不畫骨」者，正以脫落展鄭之外，自成一家之妙也。忽一夕，有人朱衣玄冠扣幹門者，稱：「我鬼使也，聞君善圖良馬，欲賜一疋。」幹立畫焚之，他日有送百縑來致謝，而卒莫知其所從來，是其所謂鬼使者也。建中初有人牽一馬訪醫者，毛色骨相，醫所未嘗見，忽值幹，幹驚曰：「眞是吾家之所畫馬！」遂摩挲久之，怪其筆意冥會如此。俄頃若蹶，因損前足，幹異之，於是歸以視所畫馬本，則脚有一點墨缺，乃悟其畫亦神矣。米芾畫史載：嘉祐中有使江南者，渡采石牛渚磯，風大作，不可渡，於是禱中元水府祠，是夕夢神告留馬當相濟，既寤，遂獻所藏幹馬，已而風止，乃渡，至今典廟中。米芾乃以「玉樓成必李賀記」竊比諸此，誠哉是言，蓋才難也久矣，不唯世間少，天上亦少。今御府所藏五十有二：

明皇觀馬圖一　　文皇龍馬圖一

寧王調馬圖一　　八駿圖一

奚官習馬圖四　　六馬圖一

明皇試馬圖一　　五陵游俠圖一

三馬圖一　　呈馬圖五

五王出遊圖一　　內廄御馬圖三

騎從圖一　　散驥圖三

按鷹圖一　寫三花御馬圖一

圉人調馬圖一　調馬圖三

習馬圖二　遊騎圖二

遊俠人馬圖二　李白封官圖二

老驥圖一　騎習人馬圖一

玉花白馬圖一　下槽馬圖四

內廄圖一　鑾馬圖一

明皇射鹿圖二　戰馬圖二

韋鑒，長安人。善畫龍馬，弟鑾，工山水松石；鑾之子偃，亦畫馬松石名于時，鑒實鼻祖。且行天者莫如龍，行地者莫如馬，而鑒獨以龍馬得名，豈非升降自如，脫略羈控，挾風雲奔逸之氣，與夫躡景追電，一秣千里，得於心術之妙者，足以知之。所傳於世者不多。今御府所藏三：

七賢圖二　呈馬圖一

韋偃父鑾，善畫山水松石，時名雖已籍籍，而未免墮於古拙之習。偃雖家學，而筆力遒健，風格高舉，煙霞風雲之變，與夫輪囷離奇之狀，過父遠甚。然世唯知偃善畫馬，蓋杜子美嘗有題偃畫馬歌，所謂「戲拈禿筆掃驊騮，倏見騏驎出東壁」者是也。然不止畫馬，而亦能工山水松石人物，皆極精妙。豈非世之所知，特以子美之詩傳耶？乃如黃四娘家花，公孫大娘舞劍器，此皆因之以得名者也。今御府所藏二十有七：

牧放人馬圖一　三驥圖一
三馬圖一　莫江五馬圖一
牧馬圖九　散馬圖三
牧牛圖一　沙牛圖一
牧放羣驢圖一　早行圖二
讀碑圖二　松石圖三
松下高僧圖一

趙博文，尙書左丞相趙涓之子。世業儒，喜丹青，而於士女兔犬爲尤工。然士女犬兔皆目前近習，易居形似，而一時如王朏、周昉，皆有盛名于世，博文遂能相後先，則是必有得之於筆外，而不止於世俗區區形似之習也。今御府所藏一：

兎犬圖

戴嵩，不知何許人也？初韓滉晉公鎭浙右時，命嵩爲巡官。師滉畫，皆不及，獨於牛能窮盡野性，乃過滉遠甚，至於田家川原，皆臻其妙。然自是廊廟間安得此物，宜滉於此風斯在下矣。世之所傳畫牛者，嵩爲獨步。其弟嶧，亦以畫牛得名。今御府所藏三十有八：

春陂牧牛圖一　春景牧牛圖一

牧牛圖十　渡水牛圖一

歸牛圖二　飲水牛圖二

出水牛圖二　乳牛圖七

戲牛圖一　奔牛圖三

鬬牛圖二　犢牛圖一

逸牛圖一　水牛圖二

白牛圖一　渡水牧牛圖一

戴嶧，嵩之弟。嵩以畫牛名高一時，蓋用志不分，乃凝於神，苟致精于一者，未有不進乎妙也。如津人之操舟，梓慶之削鐻，皆所得于此，於是嵩之畫牛，亦致精于一時也。

然嶧學嵩，遂能接武其後，然喜作奔逸之狀，未免有所制畜，其亦使覩者知所戒耶。今御府所藏五：

松石牧牛圖一　平坡乳牛圖一

逸牛圖一　鬬牛圖一

奔牛圖一

李漸，不知何許人也？官任忻州刺史。善畫番馬人物，至於牧放川原，尤盡其妙，筆迹氣調，當時號爲無儔。子仲和，能繼其藝，而筆力有所不及。今御府所藏七：

川原牧馬圖二　三馬圖一

逸驥圖一　牧馬圖二

虎鬬牛圖一

李仲和，忻州刺史漸之子。善畫番馬人物，有父之遺風，但筆力有所不逮也。而相國令狐綯，奕代爲相，家有小畫人馬幛，是尤得意者，憲宗嘗取置於禁中。今御府所藏一：

小馬圖

張符，不知何許人也？善畫牛，頗工筆法，有得於韓滉，亦韓之派也。畫放牛圖，獨取其村原風煙荒落之趣，兒童横吹藉草之狀，其一簑一笠，殆將人牛相忘，自非妙造其理有進於技者，何以得之於筆端耶。今御府所藏五：

渡水牛圖一　牧牛圖三

水牛圖一

宣和畫譜卷第十三終

宣和畫譜卷第十四

畜獸二

五代

羅塞翁　張及之　厲歸眞　李靄之

宋

令松　趙邈齪　朱義　朱瑩　甄慧

王凝　祁序　何尊師

羅塞翁，乃錢塘令隱之子，爲吳中從事。喜丹青，善畫羊，精妙卓絕，世罕見其筆。隱以詩名于時，而塞翁獨寓意於丹青，亦詞人墨客之所致思。今御府所藏二：

牧牛圖　海物圖

張及之，京兆人。畫犬馬花鳥頗工，作犬得其敦寵，無搖尾乞憐之狀。世或傳其騎射圖，摯蒼牽黃，挽強馳驅，筆力豪逸，極妙。然所得特犬馬之習，方五代干戈之際，風聲氣俗，蓋有自而然。今御府所藏一：

寫犬圖

道士厲歸眞，莫知其鄉里。善畫牛虎，兼工竹雀鷙禽。雖號道士，而無道家服飾，唯衣布袍，徜徉闤闠，視酒壚旗亭，如家而歸焉。人或問其出處，乃張口茹拳而不言，所以人莫之測也。一日朱梁太祖詔而問曰：「卿有何道理？」歸眞對曰：「臣衣單愛酒，以酒禦寒，用畫償酒，此外無能。」梁祖然之。推是語以究其所得，必非常人，此與「除睡人間總不知」之意何異？眞寓之於畫耳。南昌信果觀中有聖像甚工，每苦雀鴿糞穢，而歸眞爲畫一鷂於壁間，自此遂絕，亦頗奇怪，要其至非術，則幾於神矣。今御府所藏二十有八：

雲龍圖一　乳虎圖一
牧牛圖七　渡水牧牛圖二
渡水牛圖一　牧放顧影牛圖一
江堤牧放圖一　筍竹乳兔圖一
柏林水牛圖一　乳牛圖五
貓竹圖一　宿禽圖一
鵲竹圖二　筍竹圖一

蜂蝶鵲竹圖一　蔓瓜圖一

李靄之，華陰人。善畫山水泉石，尤喜畫貓。雅爲羅紹威所厚，建一亭爲靄之援毫之所，名曰「金波」，時以號靄之爲金波處士，妙得幽人逸士林泉之思致，故一寄於畫，則無復朝市車塵馬足，肩磨轂擊之狀，眞胸中自有邱壑者也。畫貓尤工，蓋世之畫貓者，必在於花下，而靄之獨畫在藥苗間，豈非幽人逸士之所寓，果不爲紛華盛麗之所移耶。今御府所藏十有八：

藥苗戲貓圖一　醉貓圖三

藥苗雛貓圖一　子母戲貓圖三

戲貓圖六　小貓圖一

子母貓圖一　虁貓圖一

貓圖一

宗室令松，字永年，與其兄令穰，俱以丹青之譽並馳。工畫花竹，無俗韻，以水墨作花果爲難工，而令松獨於此不凡，然巧作朽蠹太多，論者或病之。而畫犬尤得名于時，昔人謂畫虎不成，反類於狗，今令松故直作狗，豈無意乎？官至右武衛將軍、隰州團練使，贈徐州觀察使，追封彭城侯。今御府所藏四：

瑞蕉獅犬圖一　花竹獅犬圖一

秋菊相屬圖二

趙邈齪、亡其名，朴野不事修飾，故人以「邈齪」稱，不知何許人也？善畫虎，不惟得其形似，而氣韻俱妙。蓋氣全而失形似，則雖有生意，而往往有反類狗之狀；形似備而乏氣韻，則雖曰近是，奄奄特爲九泉下物耳。夫善形似而氣韻俱妙，能使近是而有生意者，唯邈齪一人而已。今人多稱包鼎爲上游者，亦猶井蛙澤鯢，何足以語滄溟之渺瀰也。今御府所藏八：

叢竹虎圖三　出山虎圖一

戰沙虎圖一　伏虎圖一

馴虎圖一　虎圖一

朱羲，江南人。與朱瑩其族屬也。皆以畫牛得名，作斜陽芳草，牧笛孤吹，村落荒閒之景，而無市朝奔逐之趣，雖望戴嵩爲不及，而亦後來名家。今御府所藏六：

牧牛圖三　橫笛牧牛圖一

飲水牛圖一　乳牛圖一

朱瑩，江南人。與朱羲同族。亦善畫牛馬得名，尤工人物。作牧牛圖，極其臻妙。然飲水齕草，蓋牛之眞性，非筆端深造物理，而徒爲形似，則人人得以專門矣，獨瑩與羲殆若知之者。今御府所藏五：

牧牛圖四　牛圖一

甄慧，睢陽人。善畫佛像帝釋，脫落世間形相，具天下之威儀，故以此得名于時。亦工畫牛馬，而留意甚精，至於穿絡眞性，固已失之矣。而鞭繩之所制畜，亦有見於警策者也。畫雖末技，而意之所在，故有進於妙者。今御府所藏一：

牧童臥牛圖一

王凝，不知何許人也？嘗爲畫院待詔。工畫花竹翎毛，下筆有法，頗得生意。又工爲鸚鵡及獅貓等，非山林草野之所能，不唯責形象之似，亦兼取其富貴態度，自是一格，苟不能焉，終不到也。今御府所藏一：

繡墪獅貓圖

祁序（一作嶼），江南人。善工畫花竹禽鳥。又工畫牛，人或謂有戴嵩遺風。至於畫貓，近世亦罕有其比。貓與牛者，皆人之所常見，每難爲工，昔人有畫鬬牛者，衆稱其精，獨有一田夫在旁，乃指其瑕，旣而問之，乃曰：「我見鬬牛多擫尾，今揭其尾非也。」畫者憫然，因服其不到。序亦有鬬牛，甚奇。今御府所藏四十有四：

倒影牛圖一　　渡水乳牛圖二
四皓奕棋圖三　　夾竹桃花圖二
長江漁樂圖一　　瀟湘逢故人圖二
寫生鷄冠花圖一　　牧牛圖二十二
乳牛圖三　　鬬牛圖二
水牛圖一　　牧羊圖一
詩咨圖二　　虎圖一

何尊師，不知何許人也？龍德中居衡岳，不顯名氏，常往來於蒼梧五嶺，僅百餘年，人嘗見之，顏貌不改。或問其氏族年壽，但云「何何」，或問其鄉里，亦云「何何」，時人因此遂號曰何尊師。不見他技，但喜戲弄筆墨，工作花石，尤以畫貓專門，爲時所稱。凡貓寢覺行坐，聚戲散走，伺鼠捕擒，澤吻磨牙，無不曲盡貓之態度，推其獨步，不爲過也。

嘗謂「貓似虎，獨有耳大眼黃，不相同焉」。惜乎㑺師不充之以爲虎，但止工於貓，似非方外之所習，亦意其寓此以遊戲耳。今御府所藏三十有四：

戎葵太湖石圖一　葵石戲貓圖六
山石戲貓圖一　葵花戲貓圖二
葵石羣貓圖二　子母戲貓圖一
莧菜戲貓圖一　子母貓圖一
薄荷醉貓圖一　羣貓圖一
戲貓圖五　貓圖一
醉貓圖十　石竹花戲貓圖一

宣和畫譜卷第十四終

宣和畫譜卷第十五

花鳥敘論

五行之精，粹於天地之間，陰陽一噓而敷榮，一吸而揫斂，則葩華秀茂，見於百卉衆木者，不可勝計。其自形自色，雖造物未嘗庸心，而粉飾大化，文明天下，亦所以觀衆目，協和氣焉。而羽蟲有三百六十，聲音顏色，飲啄態度，遠而巢居野處，眠沙泳浦，戲廣浮深；近而穿屋賀廈，知歲司晨，啼春噪晚者，亦莫知其幾何。固雖不預乎人事，然上古采以爲官稱，聖人取以配象類，或以著爲冠冕，或以畫於車服，豈無補於世哉。故詩人六義，多識於鳥獸草木之名，而律曆四時，亦記其榮枯語默之候；所以繪事之妙，多寓興于此，與詩人相表裏焉。故花之於牡丹芍藥，禽之於鸞鳳孔翠，必使之富貴，而松竹梅菊，鷗鷺鴈鶩，必見之幽閒，至於鶴之軒昂，鷹隼之擊搏，楊柳梧桐之扶疎風流，喬松古柏之歲寒磊落，展張於圖繪，有以興起人之意者，率能奪造化而移精神，遐想若登臨覽物之有得也。今集自唐以來，迄于本朝，如薛鶴郭鴿，邊鸞之花，至黃荃、徐熙、趙昌、崔白等，其俱以是名家者，班班相望，共得四十六人，其出處之詳，皆各見于傳，淺深工拙，可按而知耳。若牛戩、李懷袞之徒，亦以畫花鳥爲時之所知，戩作百雀圖，其飛鳴俛啄，曲盡其態，然工巧有餘，而殊乏高韻；懷袞設色輕薄，獨以柔婉鮮華爲有得，若取之於氣骨，則有所不足，故不得附名于譜也。

花鳥一

唐

滕王元嬰　薛稷　邊鸞　于錫　梁廣

蕭悅　刁光胤　周滉

五代

胡擢　梅行思　郭乾暉　郭乾祐

滕王元嬰，唐宗室也。善丹青，喜作蜂蝶，朱景玄嘗見其粉本，謂「能巧之外，曲盡精理，不敢第其品格」。唐王建作宮詞云「傳得滕王蛺蝶圖」者，謂此也。今御府所藏一：

蜂蝶圖

薛稷，字嗣通，乃河東汾陰人。收之從子也。少有才藻，爲流輩所推。外祖魏正家藏書畫甚多，至於表疏之類，無所不有，皆虞世南、褚遂良眞蹟。稷既飫觀，遂銳意學之，而書畫並進。善花鳥人物雜畫，而尤長於鶴，故言鶴必稱稷，以是得名。且世之養鶴者多矣，其飛鳴飲啄之態度，宜得之爲詳，然畫鶴少有精者，凡頂之淺深，氅之黳淡，喙之長短，脛之細大，膝之高下，未嘗見有一一能寫生者也。又至於別其雄雌，辨其南北，尤其所難，雖名手號爲善畫，而畫鶴以托爪傅地，亦其失也，故稷之於此，頗極其妙，宜得名于古今焉。昔李杜以文章妙天下，而李太白有稷之畫讚，杜子美有稷之鶴詩，皆傳于世，蓋不識其人，視其所與，信不誣矣。稷在睿宗朝歷官至太子少保，封晉國公，唐史自有傳。今御府所藏七：

啄苔鶴圖一　顧步鶴圖一

鶴圖五

邊鸞，長安人。以丹靑馳譽于時，尤長於花鳥，得動植生意。德宗時有新羅國進孔雀，善舞，召鸞寫之，鸞於賁飾彩翠之外，得婆娑之態度，若應節奏。又作折枝花，亦曲盡其妙，至于蜂蝶亦如之，大抵精于設色，如良工之無斧鑿痕耳。然以技困窮，卒不獲用，轉徙於澤潞間，隨時施宜，乃畫帶根五参，亦極工巧。近時米芾論畫花者，亦謂「鸞畫如生」。今御府所藏三十有三：

躑躅孔雀圖一　鶺鴒藥苗圖一

孔雀圖一
木瓜雀禽圖一
梨花鵓鴿圖一
木筆鵓鴿圖一
金盆孔雀圖一
木瓜花圖一
花鳥圖一
菜蝶圖二
木瓜圖一
葵花圖一
鷙禽圖一
鶺鴒圖一
寫生鵓鴿圖一
花苗鵓鴿圖一
芭蕉孔雀圖二
李子花圖一
折枝李實圖一
梅花鶺鴒圖一
牡丹圖一
牡丹白鷴圖一
牡丹孔雀圖一
梨花圖一
千葉桃花圖一
寫生折枝花圖一
花竹禽石圖二
鷺下蓮塘圖二
石榴猴鼠圖一

于錫，不知何許人也？善畫花鳥，最長于雞，極臻其妙，有牡丹雙雞、雪梅雙雉二圖。雞家禽，故作牡丹；雉野禽，故作雪梅，莫不有理焉。今御府所藏二：

牡丹雙雞圖　雪梅雙雉圖

梁廣，不知何許人也？善畫花鳥，名載譜錄，爲一時所稱，故鄭谷作海棠詩有「梁廣丹青點筆遲」之句也。谷以詩名家，不妄許可，谷旣稱道，廣之畫可見矣。今御府所藏五：

四季花圖一　夾竹來禽圖一

海棠花圖三

蕭悅，不知何許人也？時官爲協律郎，人皆以官稱其名，謂之蕭協律。唯喜畫竹，深得竹之生意，名擅當世。白居易詩名擅當世，一經題品者，價增數倍，題悅畫竹詩云：「擧頭忽見不似畫，低耳靜聽疑有聲。」其被推稱如此，悅之畫可想見矣。今御府所藏五：

烏節照碧圖二　梅竹鶉鷀圖一

風竹圖一　筍竹圖一

刁光胤，長安人。自天復初入蜀。善畫湖石花竹貓兔鳥雀之類，愼交游，所與者皆一時之佳士，如黃筌、孔嵩，皆師事之。議者以謂「孔類升堂，黃得入室」，其知言哉。年踰八十，益不廢所學，今蜀郡僧寺中壁間花竹，往往尚有存者。今御府所藏二十有四：

花禽圖五　芙蓉鸂鶒圖一

引雛鶉子圖一　蜂蝶茄菜圖一

桃花戲貓圖一　雞冠草蟲圖一

雛雀圖一　萱草百合圖一

折枝花圖一　竹石戲貓圖二

藥苗戲貓圖二　子母貓圖二

子母戲貓圖一　羣貓圖一

貓竹圖一　夭桃圖一

兒貓圖一

周滉，不知何許人也？善畫水石花竹禽鳥，頗工其妙。作遠江近渚、竹溪蓼岸，四時風物之變，攬圖便如與水雲鷗鷺相追逐。蓋工畫花竹者，往往依帶欄楯，務爲華麗之勝，而滉獨取水邊沙外，故出於畫史輩一等也。今御府所藏十有二：

荷花鸂鶒圖一　秋荷鸂鶒圖二

蓼岸鷺鷥圖一　芙蓉雜禽圖一

水石雙禽圖一　水石鷺鷥圖二

水鷺圖一　秋塘圖一

秋景竹石圖一　鸂鶒圖一

胡擢，不知何許人也？博學能詩，氣韻超邁，飄飄然有方外之志。嘗謂其弟曰：「吾詩思若在三峽之間聞猿聲時。」其高情逸興如此。一遇難狀之景，則寄之於畫，乃作草木禽鳥，亦詩人感物之作也。今御府所藏六：

木瓜錦棠圖一　折枝花圖一

寫生折枝花圖一　單葉月季花圖一

雜花圖一　桃花圖一

梅行思，不知何許人也？能畫人物牛馬，最工於雞，以此知名，世號曰「梅家雞」。爲鬬雞尤精，其赴敵之狀，昂然而來，竦然而待，磔毛怒瞏，莫不如生。至於飲啄閒暇，雌雄相將，衆雛散漫，呼食助叫，態度有餘，曲盡赤幘之妙，宜其得譽焉。雞者，庖廚之物，初不足貴，昔人謂畫犬馬爲難工，以其日夕近人，唯雞亦如此，故作鬬雞不無意也。行思唐末人，接五代，家居江南，爲南唐李氏翰林待詔，品目甚高。今御府所藏四十有一：

牡丹雞圖一　蜀葵子母雞圖三

萱草雞圖二　雞圖十三

引雛雞圖五　子母雞圖三

野雞圖一　籠雞圖六

負雛雞圖一　鬬雞圖六

郭乾暉，北海營邱人。世呼爲郭將軍。善畫草木鳥獸，田野荒寒之景。鍾隱者，亦一時名流，變姓名，執弟子禮，師事久之，方授以筆法。乾暉常於郊居畜其禽鳥，每澄思寂慮，玩心其間，偶得意卽命筆，格律老勁，曲盡物性之妙。今御府所藏一百有四：

叢竹柘鵴圖二　柘條鶻鵴圖一

老木禽鵴圖二　古木鷹鶻圖一

竹石百勞圖二　鵴搦百勞圖一

叢棘百勞圖二　柘竹雜禽圖一

柘竹鵴子圖一　柘竹野鶻圖二

柘竹噪鵲圖一　柘條鵪鴿圖三

柘條鴿子圖一　柘林鵲鴿圖四

柘條鶉鴿圖一　鶻鴿圖一

梨花鴿禽圖一　蘆棘鶉鴿圖一

架上鴿子圖十六　野雞鵪鶉圖一

枯栟雞鷹圖四　竹木雞鷹圖二

寫生鵪鶉圖一　古木鷓鴣圖四

俊禽奔兔圖二　蒼鷹捕貍圖二

鵲鴿圖四　古木鴿子圖一

鷙禽圖一　雞鷹圖六

棘兔圖二　棘鶉圖一

棘蘆圖一　秋兔圖一

棘雉圖三　噪禽圖一

鶉鴿圖八　鷓鴿圖六

蒼鷹圖一　鶻鶉圖一

雞圖一　鷹圖一

野雞圖一　鴿子圖一

貓圖一　鶻圖一

野鴨圖一

郭乾祐，靑州人。兄乾暉，有畫名。乾祐善工花鳥，名雖不顯如其兄，然所學同門，亦相上下耳，其漸染所及，自然近之耶。如畫鷹隼，使人見之，則有擊搏之意，然後爲工，故杜子美想像其拏攫，則曰：「何當擊凡鳥，毛血灑平蕪。」是畫之精絕，能興起人意如此，豈不較其善否哉。至俊爽風生，非筆端之造化，何可以言傳也。又能畫貓，雖非專門，亦有足采。今御府所藏四：

野鶻圖一　秋棘俊禽圖二

顧蜂貓圖一

宣和畫譜卷第十五終

宣和畫譜卷第十六

花鳥二

五代

鍾隱　黄筌　黄居寶　滕昌祐

宋

宗漢　孝穎　仲佺　仲儡　士腆

士雷　曹氏

鍾隱，天台人。善畫鷙禽榛棘，能以墨色淺深，分其向背。初欲師郭乾暉，知乾暉秘其術，不以授人，隱乃變姓名，託館寓食於其家，甘從服役。逮逾時，乾暉弗覺也，隱陰伺其畫而心得之。一日，乘興作鷂於壁間，乾暉知，亟就觀之，驚歎不已，乃謂：「子得非鍾隱乎？」遂善遇之，益論畫道爲詳，因是馳譽。噫！百工技巧，有心好之，而欲深造其妙者，雖得其術於艱難之中，猶且堅壁不退，况進於道者乎。隱居江南，所畫多爲僞唐李煜所有，煜皆題印以秘之。近時有米芾論畫，言「鍾隱者，蓋南唐李氏道號，爲鍾山之隱者耳，固非鍾隱也」，因以辨之。今御府所藏七十有一：

寒蘆鶉鴿圖二　古木雞鷹圖三
田犬逐兔圖二　叢棘寒鶉圖一
秋汀鶉鴿圖三　叢棘百勞圖一
柘棘鶉鴿圖一　霜林鶉鴿圖四
柘條鶖鶻圖一　棘兔百勞圖一
柘條雙禽圖一　柘條山鶻圖一
柘條百勞圖一　遊仙松石圖二
鴿子竹石圖二　古木竹梢圖一
鴿子百勞圖一　棗棘鶉鴿圖一
架子鷹圖二　子母兔圖一
竹石小兔圖一　雞鷹圖四
馴雉圖二　會禽圖一
鵪鴿圖一　架鶖圖一
噪禽圖二　雙禽圖四

架鴿圖三　鷹兔圖一
躍兔圖一　柘雀圖一
鶉鴿圖四　竹兔圖一
鷙禽圖一　飛鴿圖一
鴿子圖二　雙鴿圖二
柘鵲圖一　顧兔圖一
小兔圖一　秋兔圖一
棘雀圖一　鵲圖一
古木鴿圖一

黃筌，字要叔，成都人。以工畫早得名于時，十七歲事蜀後主王衍爲待詔，至孟昶加檢校少府監，累遷如京副使。後主衍嘗詔筌於內殿觀吳道玄畫鍾馗，乃謂筌曰：「吳道玄之畫鍾馗者，以右手第二指抉鬼之目，不若以拇指爲有力也。」令筌改進，筌於是不用道玄之本，別改畫以拇指抉鬼之目者進焉。後主怪其不如旨，筌對曰：「道玄之所畫者，眼色意思俱在第二指；今臣所畫眼色意思俱在拇指。」後主悟，乃喜。筌所畫，不妄下筆，筌資諸家之善而兼有之，花竹師滕昌祐，鳥雀師刁光胤，山水師李昇，鶴師薛稷，龍師孫遇。然其所學，筆意豪贍，脫去格律，過諸公爲多。如世稱杜子美詩，韓退之文，無一字無來處，所以筌畫兼有衆體之妙，故前無古人，後無來者，今筌於畫得之。凡山花野草，幽禽異獸，溪岸江島，釣艇古槎，莫不精絕。廣政癸丑歲，嘗畫野雉於八卦殿，有五方使呈鷹於陛殿之下，誤認雉爲生，掣臂者數四，時蜀主孟昶嗟異之。梅堯臣嘗有詠筌所畫白鶻圖，其略曰：「畫師黃筌出西蜀，成都范君能自知？范云筌筆不敢恣，自養鷹鸇觀所宜。」以此知筌之用意爲至，悉取生態，是豈蹈襲陳迹者哉。范君，蓋蜀郡公范鎭也，鎭亦蜀人，故知筌之詳細。其子居寶、居寀，亦以畫傳家學。今御府所藏三百四十有九：

桃花雛雀圖一　　桃竹鸂鶒圖一

桃竹湖石圖二　　桃竹錦雞圖二

海棠鵓鴿圖一　　海棠鸜鵒圖一

牡丹鵓鴿圖七　　牡丹圖二

山石牡丹圖一　　牡丹鶴圖二

芍藥家鴿圖一　瑞芍藥圖一
芍藥黃鶯圖一　芍藥鳩子圖二
入莧黃鶯圖一　牡丹戲貓圖三
春龍出蟄圖一　梨花鵓鴿圖一
夏陂乳牛圖一　夏山圖二
秋山詩意圖四　荷花鷺鷥圖一
芙蓉鸂鶒圖三　秋塘鸂鶒圖四
水石鷺鷥圖一　芙蓉鳩子圖一
芙蓉雙禽圖三　萱草野雉圖三
筍竹野雞圖一　萱草山鷓圖一
水葒鸂鶒圖一　蘆花鸂鶒圖二
戲水鸂鶒圖一　竹石鳩子圖二
竹石黃鸝圖一　花石錦雞圖一
寫瑞榮荷圖一　躑躅戴勝圖一

筍竹碧青圖二　芙蓉鷺鷥圖一

霜林雞鴈圖二　湖灘煙鷺圖二

藥苗雙雀圖一　湖灘水石圖三

太湖石牡丹圖一　戲貓桃石圖一

竹堤雙鷺圖一　筍竹鶉雀圖一

筍竹雛雀圖一　雪竹文禽圖二

雪竹雙禽圖二　雪竹鳩子圖一

雪竹錦雞圖二　雪竹雙雉圖一

雪禽雙雉圖二　雪景花禽圖二

雪竹山鷓圖三　雪雀鴛鴦圖一

雪景噪雀圖一　雪景鵪鶉圖一

雪雀啄木圖一　雪景柘雀圖一

雪景雀兔圖一　雪山圖二

雪景宿禽圖一　雪禽圖二

雪雉圖二　雪雀圖四
雪兔圖四　寒鷺圖一
寒禽圖一　竹石鷺鷥圖一
竹鶴圖三　六鶴圖二
雙鶴圖一　獨鶴圖一
梳翎鶴圖一　紅蕉下水鷂圖二
山茶鵯雀圖一　寒菊蜀禽圖一
寫生錦雞圖一　寫生雜禽圖一
躑躅義燕兒圖一　躑躅錦雞圖三
柘竹鵓子圖一　躑躅山鷓圖一
蜂蝶花禽圖一　雲出山腰圖二
鵓子鵪鶉圖一　瑪瑙盆鵓鴿圖一
沒骨花枝圖一　捕雀貓圖一
柘條鵓子圖一　逐雀貓圖一

引雛雀圖一

寫生山鷓圖一

柘竹雀蝶圖一

鸂鶒竹燕圖一

竹石繡纓圖一

鷓鴣百勞圖一

詩意山水圖五

架上鶻圖三

架上角鷹圖二

架上皂鵰圖一

雪景鶉雀圖一

竹石雙禽圖二

蘆花鸂鶒圖二

水石雙鷺圖二

山茶雪雀圖二

白山鷓圖二

架上御鷹圖一

皂鵰圖二

雞鷹圖五

錦棠圖一

秋鷺圖一

老鶴圖一

雀鳴圖一

鶻兔圖三

銜花鹿圖一

鵰狐圖一

雙鷺圖一

竹石寒鷺圖三

水禽圖三　鶺鴒圖一
野雉圖三　蟬蝶圖一
折枝花圖一　鷹圖一
鳩雀圖一　角鷹圖二
白鴿圖一　白鷴圖一
禽雀圖一　鵪鶉圖一
宿雀圖一　野鶉圖一
雞圖一　鶻圖二
蜀禽圖一　秋鴨圖一
竹鴨圖二　竹雀圖三
錦雞圖一　白鷹圖一
鵓鴿圖三　御鷹圖一
三清像三　星官像二
壽星像三　南極老人像一

寫十眞人像一　秋山壽星圖一
眞官像一　出山佛像一
觀音菩薩像一　自在觀音像二
葛洪移居圖二　勘書圖二
勘書人物圖一　袁安臥雪圖三
莊惠觀魚圖二　長壽仙圖一
七才子圖一　搜山天王像一
山居圖一　春山圖七
春日羣山圖二　秋岸圖二
秋陂躍兔圖二　秋景山水圖二
雲水秋山圖四　竹石圖四
竹蘆圖一　寫瑞白兔圖一
寫生玳瑁圖三　寫生碎金圖一
寫生龜圖一　寫鍾馗氏圖一

玉步摇圖一　山石貓犬圖一
竹石小貓圖一　螻蟈戲貓圖一
櫱苗小兔圖一　子母戲貓圖一
櫱苗戴勝圖一　溪山垂綸圖一
出陂龍圖一　雲龍圖一
獵犬圖一　汀石圖一
騎從圖一　墨竹圖一
雲巖圖二　躍犬圖一
昇龍圖一　醉仙圖一
歸山圖一　出水龜圖一
天台圖一　草堂圖二
躍水龍圖一　桃石圖一
子母貓圖一　歸牧圖一
溪石圖一　草蟲圖一

閣道圖一　山橋圖一

食魚貓圖一　雙鹿圖一

碎金圖二　貓圖一

貓犬圖一　靈草圖一

太湖石海棠鵪子圖一　水墨湖灘風竹圖三

寫李思訓踏錦圖三　許眞君拔宅成仙圖一

夾竹海棠錦雞圖二　竹石金盆鵓鴿圖三

寫薛稷雙鶴圖一　鵓鴿引雛雀竹圖一

黃居寶，字辭玉，成都人。筌之次子。以工畫得傳家之妙，兼喜作字，當時以八分書知名，與父筌同事蜀主爲待詔，後累遷至水部員外郎。書畫本出一體，蓋蟲魚鳥迹之書皆畫也，故自科斗而後，書畫始分，是以夏商鼎彝間，尙及見其典刑焉，宜居寶之以書畫名于世也。今御府所藏四十有一：

竹岸鴛鴦圖一　桃竹鵓鴿圖一

杏花戴勝圖二　牡丹貓雀圖一

牡丹太湖石圖一　錦棠竹鶴圖二
躑躅錦雞圖一　紅蕉山鵲圖一
折枝芙蓉圖一　雀竹雙凫圖一
柘竹山鷓圖一　筍石雙鶴圖一
筍竹湖石圖一　山居雪霽圖一
江山密雪圖一　山石小禽圖一
夾竹桃花圖一　牡丹雙鶴圖二
荷花鷺鷥圖一　架上角鷹圖一
架上銅觜圖一　架上鶻圖一
雪兔圖一　春山圖二
千春圖一　秋江圖一
顧步鶴圖一　梳翎鶴圖一
竹鶴圖一　重屏圖一
雙鶴圖一　雛貓圖一

寒菊圖一　竹石金盆戲鴿圖三

夾竹桃花鸚䳇圖一

滕昌祐，字勝華，本吳郡人也，後遊西川，因爲蜀人。以文學從事，初不婚宦，志趣高潔，脫略時態，卜築于幽閒之地，栽花竹杞菊以觀植物之榮悴，而寓意焉。久而得其形似於筆端，遂畫花鳥蟬蝶，更工動物，觸類而長，蓋未嘗專於師資也。其後又以畫鵝得名，復精於芙蓉茴香，兼爲夾紵果實，隨類傅色，宛有生意也。其爲蟬蝶草蟲，則謂之「點畫」，爲折枝花果，謂之「丹青」，以此自別云。大抵昌祐乃隱者也，直託此遊世耳，所以壽至八十五，然年高其筆猶强健，意其有得焉。今御府所藏六十有五：

牡丹睡鵝圖二　芙蓉睡鵝圖一

芙蓉雙鶉圖一　芙蓉雙禽圖一

拒霜鶺鴒圖一　芙蓉貓圖一

拒霜花鵝圖三　拒霜花鴨圖二

慈竹芙蓉圖一　蟬蝶芙蓉圖一

芙蓉川禽圖一　湖石牡丹圖一

龜鶴牡丹圖四　太平雀牡丹圖一
茴香睡鵝圖一　鸂鶒圖一
叢竹百合圖一　古木雙雉圖一
篩竹山鷓圖一　茴香戲貓圖一
山茶家鵓圖一　臥枝芙蓉圖一
藥苗鵝圖一　茴香鵝圖一
梳翎鵝圖一　水際鵝圖一
寫生折枝花圖二　夾竹梨花圖一
百合花川禽圖一　竹穿魚圖五
戲藻魚圖一　竹枝牽牛圖一
梅花鵝圖二　戲水魚圖一
拒霜圖三　寫生芙蓉圖二
竹鵪圖一　家鵝圖一
芙蓉花圖二　牡丹圖一

萱草兔圖一　梨花龜圖二

梅花圖一　寒菊圖一

鵪竹拒霜圖一　鵪圖三

嗣濮王宗漢，字獻甫，太宗之曾孫，濮安懿王之幼子。宗漢博雅該洽，人皆不見其有富貴驕矜之氣，又無沈酣於管絃犬馬之玩，而唯詩書是習，法度是守。平居無事，雅以丹青自娛，屢以畫進，每加賞激。又嘗爲八鴈圖，氣韻蕭散，有江湖荒遠之趣，識者謂不減於古人。歷官至泰寧軍節度使、兗州管內觀察處置等使、檢校太尉、開府儀同三司、判大宗正事、提舉宗子學事，嗣濮王，贈太師，追封景王，謚孝簡。今御府所藏八：

水墨荷蓮圖一　水墨蓼花圖一

滎荷小景圖一　滎荷宿鴈圖一

水荭蘆鴈圖二　聚沙宿鴈圖二

宗室孝穎，字師純，端獻魏王之第八子也。翰墨之餘，雅善花鳥，每優游藩邸，脫略紈綺，寄興粉墨，頗有思致。凡池沼林亭所見，猶可以取像也；至於摸寫陂湖之間物趣，則得之遐想，有若目擊而親遇之者，此蓋人之所難，然所工尚未已，將復有加焉。宣和元年十一月冬祀圜壇，前二日宿大慶殿，宗室宿衛於皇城，司宗正廳事，孝穎在焉。嘗賜所畫鶺鴒圖，以報其所進課畫，又以示詩人兄弟之意，實異眷也。孝穎今爲德慶軍節度使。今御府所藏二十有二：

四景花禽圖一　水墨花禽圖一

水墨雙禽圖一　和鳴鸂鶒圖一

蓮陂戲鵝圖一　蓮塘水禽圖一

窺魚翠碧圖一　映水珍禽圖一

秋灘雙鷺圖一　蓼岸鶺鴒圖一

水荭鶺鴒圖一　雪汀宿鴈圖二

水禽花果圖一　雪竹五色兒圖一

設色花禽圖一　設色禽果圖一

萱草紅頷兒圖一　小景圖一

寫生花圖一　薦壽四清圖一

木瓜烏頭白頰圖一

宗室仲佺，字隱夫，太宗玄孫。仲佺明敏無他嗜好，獨愛漢晉人之文章。至于品藻人物，通貫義理，雖老師巨儒，皆與其進。作詩平易效白居易體，不沉酣於綺紈犬馬，而一意於文詞翰墨間。至于寫難狀之景，則寄興于丹青，故其畫中有詩。至其作草木禽鳥，皆詩人之思致也，非畫史極巧力之所能到，其亦翩翩佳公子耶。歷官至潤州管內觀察使、持節潤州諸軍事、潤州刺史，贈開府儀同三司，追封和國公，謚惠孝。今御府所藏十有四：

杏花繡纓圖一　秋荷鷺鷥圖一

蓼岸鷺鷥圖一　戎葵鵪燕圖一

葵竹鷓鴨圖一　筍竹鸒鳩圖一

寫生雜禽圖四　寫生牡丹圖一

乳牛圖一　鵪竹圖二

宗室仲佪，字存道，長於宮邸，不以塵俗汨其意。雅好繪畫，雖寒暑不捨。既久，益加進，既進自得，無所往而不經營畫思。每歲都城士大夫有園圃者，花開時必縱人遊觀，仲佪乃載酒行樂，初無緣飾，汎然於遊人中，以筆篚粉墨自隨，遇興來見高屏素壁，隨意作畫，率有佳趣，或求則未必應也。嘗於華陽郡主王憲家林亭間作鴛鴦浦漵，頃刻而就，至於設色，唯輕淡點綴而已，往來觀者，無不賞激也，有題詩於其後曰：「睡足鴛鴦各欲飛，水花欹岸兩三枝；多情公子因乘興，寫出江春日暖時。」其爲人稱譽如此。官至保康軍節度觀察留後、開府儀同三司，追封榮國公，謚和惠。今御府所藏七：

照水杏花圖一　飛鷺戲晴圖一

雪天曉鴈圖一　翠竹新涼圖一

五客熙春圖一　竹汀水禽圖二

宗室士腆，善畫寒林晴浦，得雲煙明晦之狀，悅若憑高覽物，寓目於空曠有無之間，甚多思致。往時蘇舜欽有「寒雀喧喧滿竹枝，輕風淅瀝玉花飛」之句，今士腆遂畫寒雀畏雪圖者，類此也。其竹石等亦稱是。官任武節郎。今御府所藏五：

煙浦幽禽圖一　寒禽畏雪圖一

寒林圖一　晴浦圖一

竹石圖一

宗室士雷，以丹青馳譽于時，作鴈鶩鷗鷺、溪塘汀渚，有詩人思致，至其絕勝佳處，往往形容之所不及。又作花竹，多在於風雪荒寒之中，蓋胸次洗盡綺紈之習，故幽情雅趣，落筆便與畫工背馳。官任襄州觀察使。今御府所藏五十有一：

春岸初花圖一　桃溪鷗鷺圖一
春江落鴈圖一　春晴雙鷺圖一
桃溪圖一　暖水戲鵝圖一
春江小景圖一　春岸圖一
蓮塘羣皃圖一　花溪會禽圖一
夏塘戲鴨圖一　夏溪皃鷺圖一
初夏晴江圖一　夏景會禽圖一
夏浦珍禽圖一　柳岸鸂鶒圖一
蓮塘雙禽圖一　夏溪圖一
秋岸江禽圖一　秋蘆羣鴈圖一
秋渚圖一　江干早秋圖一
初秋浦溆圖一　蓼岸游禽圖一

蓼岸羣鳧圖一　蘆渚會禽圖一

秋芳圖一　寒江雪岸圖一

寒江梅雪圖一　寒汀雪鴈圖一

雪汀羣鴈圖一　寒汀雙鷺圖一

林雪聚鴉圖二　雪汀百鴈圖一

雪溪圖一　梅汀落鴈圖一

五客羣居圖一　寒林雪鴈圖一

湘浯晴望圖一　松溪會禽圖一

葵芳圖一　雪鴈圖一

戲鷺圖一　澄江圖二

湘鄉小景圖一　柳浦圖一

柳溪圖一　岸芳圖一

芳洲圖一

宗婦曹氏，雅善丹青，所畫皆非優柔軟媚，取悅兒女子者，眞若得於遊覽，見江湖山川間勝槪，以集於毫端耳。嘗畫桃溪蓼岸圖極妙，有品題者曰：「詠雪才華稱獨秀，回紋機杼更誰如？如何鸞鳳鴛鴦手，畫得桃溪蓼岸圖。」由此益顯其名于世，但所傳者不多耳。然婦人女子能從事於此，豈易得哉。今御府所藏五：

桃溪圖一　柳塘圖一

蓼岸圖一　雪鴈圖一

牧羊圖一

宣和畫譜卷第十六終

宣和畫譜卷第十七

花鳥三

宋

李煜　黃居寀　邱慶餘　徐熙　徐崇嗣

徐崇矩　唐希雅　唐忠祚

江南僞主李煜，字重光，政事之暇，寓意于丹青，頗到妙處。自稱鍾峯隱居，又略其言曰鍾隱，後人遂與鍾隱畫溷淆稱之。然李氏能文，善書畫，書作顫筆樛曲之狀，遒勁如寒松霜竹，謂之「金錯刀」；畫亦清爽不凡，別爲一格。然書畫同體，故唐希雅初學李氏之錯刀筆，後畫竹乃如書法，有顫掣之狀，而李氏又復能爲墨竹，此互相取備也。其畫雖傳於世者不多，然推類可以想見，至於畫風虎雲龍圖者，便見有霸者之略，異於常畫，蓋不期至是，而志之所之，有不能遏者，自非吾宋以德服海內，而率土歸心者，其孰能制之哉。今御府所藏九：

自在觀音像一　雲龍風虎圖一

柘竹雙禽圖一　柘枝寒禽圖一

秋枝披霜圖一　寫生鵪鶉圖一

竹禽圖一　棘雀圖一

色竹圖一

黄居寀，字伯鸞，蜀人也。筌之季子，筌以畫得名，居寀遂能世其家，作花竹翎毛，妙得天眞，寫怪石山景，往往過其父遠甚，見者皆爭售之，唯恐後，故居寀之畫，得之者尤富。初事西蜀僞主孟昶，爲翰林待詔，遂圖畫牆壁屏幛，不可勝紀。既隨僞主歸闕下，藝祖知其名，尋賜眞命，太宗尤加眷遇，仍委之搜訪名畫，詮定品目，一時等輩，莫不斂袵。筌、居寀畫法，自祖宗以來，圖畫院爲一時之標準，較藝者視黄氏體製爲優劣去取，自崔白、崔慤、吳元瑜既出，其格遂大變。今御府所藏三百三十有二：

春山圖六　春岸飛花圖二

竹石春禽圖一　夾竹桃花圖二

桃竹山鷓圖二　桃花竹鸂鶒圖三

杏花鸜鵒圖一　桃竹鵓鴿圖一

桃花御鷹圖二　桃竹野鵨圖一

桃花鵓子圖二　海棠錦雞圖二
海棠竹鶴圖二　海棠家鴿圖二
海棠山鷓圖二　海棠鸂鶒圖一
夾竹海棠圖一　筍竹錦雞圖一
牡丹圖三　牡丹雀貓圖二
牡丹鸂鶒圖一　牡丹竹鶴圖六
牡丹錦雞圖五　牡丹山鷓圖四
牡丹鵓鴿圖八　牡丹黃鶯圖二
牡丹雀鴿圖一　牡丹戲貓圖三
蜂蝶戲貓圖一　芍藥圖一
萱草鸂鶒圖二　戲蝶貓圖一
葵花錦雞圖一　桃竹銅觜圖一
寫生棲竹圖一　寫蜀葵花圖三
寫生鸂鶒圖一　竹鶴湖石圖二

竹石靑鵲圖三　竹石雙鶴圖二
竹石錦鳩圖一　竹石鶉雀圖一
竹石山鷓圖三　竹石雛雀圖一
竹石野雉圖一　竹石貓雀圖一
竹石圖四　竹石黃鸝圖一
竹石白鶻圖三　竹石貓圖一
水石鸂鶒圖二　水石鷺鷥圖三
戲水鸂鶒圖一　雛雀鸂鶒圖一
鸂鶒圖一　筍竹雀兔圖一
雀竹圖一　雀竹鸂鶒圖二
竹鶴圖二十一　筍竹圖一
詩意山水圖一　竹禽圖一
辛夷湖石圖一　湖灘墨竹圖一
筍竹鸂鶒圖二　引雛鸂鶒圖一

隴禽圖一　湖灘煙禽圖二

藥苗圖一　雜禽圖一

折枝花圖一　雜花圖四

子母貓圖一　竹筍雛雀圖一

寫生貓圖一　捕雀貓圖一

蓮塘鸂鶒圖一　獵騎圖二

躑躅雙雉圖一　躑躅鵓鴿圖四

躑躅山鷓圖一　躑躅雉雞圖一

錦棠竹鶴圖二　寫眞士女圖一

寫生盆池圖一　寫生龜圖一

寫瑞兔圖一　捕魚霜鷺圖一

山水鷺鷥圖二　溪石雙鷺圖二

捕魚雙鷺圖一　望仙躑躅圖一

漁鷺圖一　鷺鷥圖二

山鷓棘雀圖一 古木山鷓圖一
棘雀圖一 鷙禽穴狐圖三
六鶴圖一 柘棘翎毛圖一
壽松雙鶴圖一 雙鶴圖二
架上鷹圖六 御鷹圖四
架上鴿子圖一 架上鸜鵒圖一
鷹狐圖二 雛鷹圖三
皂鵰圖六 白鶻圖二
鵰狐圖十二 俊禽逐鷺圖一
灘石繡纓圖二 碎金圖一
桃花鶻圖一 秋景芙蓉圖八
芙蓉鷺鷥圖二 芙蓉鸂鶒圖一
芙蓉雙鷺圖一 拒霜圖四
翠碧芙蓉圖一 湖灘鷺鷥圖一

鷺鶿圖四　紅蕉湖石圖一
水葒鷺鶿圖三　雞冠花圖一
高秋鷙禽圖三　秋山圖一
秋岸圖三　秋禽圖三
寒菊鷺鷥圖一　寒菊鸂鶒圖二
蘆菊圖一　寒菊鵪子圖一
寒菊雙鷺圖二　寒菊圖一
雪竹鵪子圖二　雪雀圖五
雪景鵪子圖一　雪鷺寒雀圖一
山茶雪兔圖一　山茶雪雀圖一
雪禽圖二　雪兔圖二
雪竹野雉圖二　摹七十二賢圖一
水月觀音像一　自在觀音像一
寒林才子圖一　水墨竹石鶴圖一

藥苗引雛鴿圖一　夏景筍竹圖三
湖石牡丹圖五　山陰避暑宮殿圖二
寫生金瓶魏花圖一　湖石金盆鵓鴿圖一
牡丹金盆鵪鴿圖二　牡丹太湖石雀圖二
順風牡丹黃鸝圖一　小景竹石水禽圖一
水石山鷓鷺鷥圖三　蘆花寒菊鷺鷥圖四

邱慶餘，本西蜀人。文播之子。善畫花竹翎毛等物最工，而兼長於草蟲。凡設色者，已逼於動植；至其草蟲，獨以墨之淺深映發，亦極形似之妙，風韻高雅，爲世所推。初師滕昌祐，及晚年，遂過之，人謂「其得意處，不減徐熙也」。因事江南僞主李氏，後隨李氏歸朝。今御府所藏四十有三：

夾竹桃花圖一　湖石海棠圖一
忘憂圖一　四時花禽圖四
竹木五禽圖一　月季玳瑁圖一
月季貓圖一　竹石戲貓圖一

梅花戴勝圖一　折枝花圖一
葵花竹鶴圖一　牽牛夾竹圖一
山茶花兔圖二　折枝芙蓉圖二
芙蓉禽兔圖一　芙蓉山鷓圖二
猿雀芙蓉圖一　秋蘆鴈鵝圖三
湖石山茶圖一　山茶㶉鶒圖一
雪梅山茶圖一　古木雙兔圖一
胡桃猿圖一　棘雀霜兔圖一
朝雞圖一　鴈鵝圖二
鶺鴒圖一　竹禽圖一
拒霜圖四　寫生花圖一
寒菊圖一

徐熙，金陵人。世爲江南顯族，所尚高雅，寓興閒放，畫草木蟲魚，妙奪造化，非世之畫工形容所能及也。嘗徜徉遊於園圃間，每遇景輒留，故能傳寫物態，蔚有生意。至於芽者，甲者，華者，實者，與夫濠梁噞喁之態，連昌森束之狀，曲盡眞宰轉鈞之妙，而四時之行，蓋有不言而傳者。江南僞主李煜，銜璧之初，悉以熙畫藏之於內帑。且今之畫花者，往往以色暈淡而成，獨熙落墨以寫其枝葉蕊萼，然後傅色，故骨氣風神，爲古今之絕筆。議者或以謂黃筌趙昌爲熙之後先，殆未知熙者；蓋筌之畫則神而不妙，昌之畫則妙而不神：兼二者一洗而空之，其爲熙歟？梅堯臣有詩名，亦愼許可，至詠熙所畫夾竹桃花等圖，其詩曰：「花留蜂蝶竹有禽，三月江南看不足，徐熙下筆能逼眞，繭素畫成纔六幅。」又云：「年深粉剝見墨蹤，描寫工夫始驚俗。」至卒章乃曰：「竹眞似竹桃似桃，不待生春長在目。」以此知熙畫爲工矣。熙之孫崇嗣、崇勳，亦頗得其所傳焉。今御府所藏二百四十有九：

長春圖一　　折枝紅杏圖一

杏花海棠圖一　　海棠圖二

折枝繁杏圖一　　折枝海棠圖一

夭桃圖二　　海棠銅觜圖二

寫生海棠圖一　　夾竹海棠圖二

照水海棠圖一　來禽緋桃圖一
躑躅海棠圖二　並枝來禽花圖一
海棠梨花圖一　海棠練鵲圖一
桃竹山鷓圖三　梨花木瓜花圖一
桃杏花圖二　水林禽花圖一
紅棠梨花圖一　折枝梨花圖三
來禽圖五　裝堂桃花圖一
裝堂海棠圖一　裝堂躑躅花圖二
裝堂折枝花圖一　牡丹圖十三
牡丹梨花圖一　牡丹杏花圖一
牡丹海棠圖一　牡丹山鷓圖二
牡丹戲貓圖一　牡丹鵓鴿圖二
牡丹遊魚圖二　牡丹湖石圖四
紅牡丹圖一　折枝牡丹圖一

寫生牡丹圖二　寫瑞牡丹圖一

牡丹夭桃圖一　牡丹桃花圖三

風吹牡丹圖二　蜂蝶牡丹圖一

牡丹芍藥圖一　芍藥杏花圖一

芍藥圖九　湖石芍藥圖三

蜂蝶芍藥圖一　芍藥桃花圖一

木瓜花圖八　綠李圖一

落花遊魚圖一　瑞蓮圖一

寫生花甕圖一　折枝花圖四

寫生折枝花圖五　千葉白蓮圖一

寫生花果圖二　寫瑠璃花甕圖二

寫生菜圖一　寫生禽果圖一

錦帶蜂蝶圖一　寫生家蔬圖二

玫瑰花圖一　翠甁插果圖一

琅玕獨秀圖一　單葉刺紅花圖一
朱櫻圖一　枇杷圖一
蟬蝶鶺鴒圖一　蜂蝶戲貓圖一
藥苗戲蝶圖一　梅竹雙禽圖一
蟬蝶茄菜圖一　寶相花圖一
雛鴿藥苗圖一　莧菜戲貓圖一
戲荇鯚魚圖一　藻荇遊魚圖一
穿荇魚圖一　子母雞圖一
引雛雀咼圖一　小景野鴨圖一
錦繡堆圖一　邵圃圖一
魚藻圖一　並禽圖六
宿禽圖三　金杏圖一
花鴨圖一　蟬蝶圖一
藥苗圖一　錦棠圖二

秋芳圖一　茄株圖一
茄菜圖一　戲貓圖三
菜圖一　木筆花圖一
魚蝦圖一　遊魚圖六
鶺鴒圖一　籜竹圖一
寫生芙蓉圖一　寫生葱茄圖一
木瓜鳩子圖一　黃葵花圖一
寫生草蟲圖一　茄菜草蟲圖一
紅蘂石鴿圖二　竹木秋鷹圖一
湖石百合圖一　蓼岸龜蟹圖一
草蟲圖二　敗荷秋鷺圖一
傾心圖一　宿鴈圖一
古木山鷓圖二　古木鷓鴣圖一
古木棲禽圖一　雙禽圖一

五禽圖一　六禽圖一

八禽圖一　寒菊月季圖一

雙鴨圖二　寒塘晚景圖二

寒蘆雙鷺圖三　雪塘鴨鷺圖三

密雪宿禽圖三　雪汀宿禽圖一

雪梅宿禽圖一　寒蘆雙鴨圖二

蘆鴨圖二　雜禽圖一

雪竹圖三　雪竹鵪子圖一

雪梅會禽圖二　雪禽圖三

雪鴈圖五　暮雪雙禽圖二

果子圖一　遊荇魚圖一

繡纓圖一　蟬蝶錦帶折枝圖一

徐崇嗣，熙之孫也。長於草木禽魚，綽有祖風。如蠶繭之屬，皆世所罕畫，而崇嗣輒能之。又有墜地果實，亦少能作者，崇嗣亦喜摹寫，見其博習耳。然考諸譜，前後所畫，率皆富貴圖繪，謂如牡丹、海棠、桃竹、蟬蝶、繁杏、芍藥之類爲多，所乏者邱壑也，使其展拓縱橫，何所不至。今御府所藏一百四十有二：

春芳圖二　桃溪圖二
桃竹水禽圖三　夾竹桃雀圖三
蘸水碧桃圖三　繁杏折枝圖一
碧壺桃花圖一　海棠桃花圖一
繁杏圖一　紅杏圖二
寫生桃圖一　海棠會禽圖二
海棠遊魚圖二　沒骨海棠圖一
寫生海棠圖一　遊魚圖三
戲魚圖二　牡丹圖五
千葉桃花圖一　牡丹鵓鴿圖一
牡丹鳩子圖一　寫生牡丹圖一
榮牡丹圖一　牡丹芍藥圖一

芍藥戲貓圖一　寫生芍藥圖二
寫生折枝花圖二　寫生葵花圖一
折枝雜果圖一　梅竹鵪子圖二
芍藥圖一　臨流叢竹圖三
夾竹桃花圖一　躑躅圖一
蜂蝶牡丹圖一　梨花圖二
夏葵圖一　蟬蝶花禽圖一
錦雞躑躅圖二　水禽圖一
蜀葵鳩子圖一　黃葵花圖一
錦棠圖二　木瓜圖二
折枝木瓜圖一　蜂蝶茄菜圖一
藥苗鵓鴿圖一　蟬蝶藥苗圖一
藥苗草蟲圖一　藥苗鵪鴿圖三
藥苗茄菜圖四　藥苗圖一

蟬蝶茄菜圖一　蟬蝶鶺鴒圖一

野鶉藥苗圖一　茄菜錦鳩圖二

茄菜草蟲圖一　叢竹鷺禽圖三

木筆雙燕圖一　金沙水禽圖一

茄菜圖二　寫生茄菜圖一

寫生瓜圖一　寫生菜圖二

寫生雞冠花圖三　茄鼠圖一

沙汀野鴨圖一　寫生果實圖四

折枝果實圖三　晴江小景圖一

竹貫魚圖一　筍竹雙兔圖一

雀竹圖二　四禽圖二

芙蓉圖二　雙鳧圖二

八鴨圖二　白兔圖一

蘆鴨圖二　雙鴨圖一

雙鵲圖一　羣鷺圖二

繡纓圖一　寒鴨圖二

草花戲貓圖一　雪浦宿禽圖三

雪竹雙禽圖一　雪江宿禽圖一

徐崇矩，鍾陵人。熙之孫也，崇嗣、崇勳，其季孟焉。畫克有祖之風格。熙畫花竹禽魚蟬蝶蔬果之類，極奪造化之妙，一時從其學者，莫能窺其藩也，崇矩兄弟，遂能不墜所學，作士女益工，曲眉豐臉，蓋寫花蝶之餘思也。今御府所藏十有四：

夭桃圖一　折枝桃花圖一

探花士女圖二　剪牡丹圖四

木筆花圖一　紫燕藥苗圖二

萱草貓圖一　花竹捕雀貓圖一

寫生菜圖一

唐希雅，嘉興人。妙于畫竹，作翎毛亦工。初學南唐僞主李煜金錯書，有一筆三過之法，雖若甚瘦，而風神有餘，晚年變而爲畫，故顫掣三過處，書法存焉。喜作荆檟林棘，荒野幽尋之趣，氣韻蕭疎，非畫家之繩墨所能拘也。徐鉉亦謂「羽毛雖未至，而精神過之」，其確論歟？今御府所藏八十有八：

梅竹雜禽圖一　梅竹百勞圖一

梅竹五禽圖二　梅雀圖一

桃竹會禽圖二　桃竹湖石圖三

桃竹鵪兒圖一　噪雀叢篠圖二

叢篁集羽圖二　茄芥蜂蝶圖一

竹石禽鴿圖一　寫生宿禽圖一

古木雞鷹圖三　柘竹會禽圖二

柘竹宿禽圖三　柘竹雜禽圖八

柘竹雙禽圖一　柘竹山鷓圖一

柘竹野鴨圖一　柘竹錦雞圖一

柘竹花雀圖一　柳梢宿雀圖一

雪竹噪禽圖一　雙雉圖一

雙禽圖一　竹石圖一
竹禽圖四　風竹圖一
竹鹿圖一　雪竹圖一
蘆鴨圖二　會禽圖五
筠雀圖一　並禽圖一
噪雀圖二　宿禽圖二
鶺鴒圖一　雪禽圖六
鷹猴圖一　雪鴨圖四
橫竹圖三　柘雀圖一
竹雀圖八

唐忠祚，宿之從弟，希雅之孫也。善畫羽毛花竹，皆世傳之妙，而王公豪右，爭相延揖，故戶外之屨常滿，而得其畫者，遂爲珍賞。蓋忠祚之畫，不特寫其形，而曲盡物之性，花則美而豔，竹則野而閒，禽鳥羽毛，精迅超逸，殆亦技進乎妙者矣。今御府所藏二十：

蟠桃修竹圖一　柘枝宿禽圖三

柘枝銅觜圖一　　柘條白頭翁圖一

羣禽噪狸圖三　　雞鷹圖四

寒林圖四　　雀竹圖二

五禽圖一

宣和畫譜卷第十七終

宣和畫譜卷第十八

花鳥四

宋

趙昌　易元吉　崔白　崔慤　艾宣

丁貺　葛守昌

趙昌，字昌之，廣漢人。善畫花果，名重一時，作折枝極有生意，傅色尤造其妙。兼工於草蟲，然雖不及花果之爲勝，蓋晚年自喜其所得，往往深藏而不市，既流落，則復自購以歸之，故昌之畫，世所難得。且畫工特取其形似耳，若昌之作，則不特取其形似，直與花傳神者也。又雜以文禽貓兔，議者以謂非其所長，然妙處正不在是，觀者可以略也。今御府所藏一百五十有四：

夾竹桃鴿圖一　春花圖一

桃竹雙鳩圖一　桃竹鵓鴿圖一

夾竹海棠圖一　錦棠月季圖一

海棠鳩子圖一　青梅含桃圖一

海棠鶺鴒圖一　錦棠鳩禽圖一

錦棠圖四　杏花圖一

牡丹圖六　牡丹錦雞圖一

牡丹鶺鴒圖二　牡丹貓圖一

牡丹戲貓圖一　寫生牡丹圖一

芍藥圖二　海棠芍藥圖一

萱草小貓圖一　萱草圖一

萱草榴花圖一　萱草戲貓圖一

石榴芍藥圖一　石榴蒲萄圖一

躑躅鶵子圖一　李實枇杷圖一

石榴梨圖一　蒲萄杷枇圖二

萱草蜀葵圖一　李實緋杏圖一

梅杏圖一　寫生梨實圖一

瓜桃圖一　榴花戲貓圖二

朱櫻碧李圖一　躑躅戲貓圖二

繡纓長春圖一　黃葵鸂鶒圖二

躑躅雀竹圖一　拒霜鷺鷥圖二

拒霜野雉圖一　拒霜圖四

拒霜錦雞圖三　芙蓉野雞圖一

寫生芙蓉圖一　芙蓉竹雞圖一

拒霜寒菊圖二　芙蓉銅觜圖一

葵花引禽圖一　葵花戴勝圖一

葵雞圖一　蓼岸秋兔圖一

牽牛繡纓圖一　寫生花兔圖一

荔子霜橘圖一　寫生紅薇圖一

蒲萄栗蓬圖一　木瓜寒菊花圖一

梅花雙鵲圖一　梅花山茶圖一

山茶繡纓圖一　山茶花兔圖一

栗蓬木瓜圖一　山茶雙鶉圖一
山茶圖一　山茶小兔圖一
山茶竹兔圖二　早梅山茶圖一
早梅錦雞圖一　寫生枝折花圖六
梅雀圖一　梨柿圖一
柿栗圖一　果子圖一
秋兔圖一　寫生果實圖一
二色山茶圖一　太平花圖一
月季花圖一　萱葵圖二
竹石戲貓圖一　四季叢花圖四
折枝花圖七　寫生六花圖一
雜果圖二　羣花圖四
雜花圖十四　寫生花圖三
海棠拒霜花圖一　醉貓圖一

寫生雜花圖一　四季相屬圖一

鸂鶒圖一　乳貓圖一

四季花引雛鷄兒圖一　葵花引雛鷄子圖一

易元吉，字慶之，長沙人。天資穎異，善畫，得名于時。初以工花鳥專門，及見趙昌畫，乃曰：「世未乏人，要須擺脫舊習，超軼古人之所未到，則可以謂名家。」於是遂遊於荆湖間，搜奇訪古，名山大川，每遇勝麗佳處，輒留其意，幾與猿狖鹿豕同遊，故心傳目擊之妙，一寓於毫端間，則是世俗之所不得窺其藩也。又嘗於長沙所居之舍後開圃鑿池，間以亂石叢篁，梅菊葭葦，多馴養水禽山獸，以伺其動靜游息之態，以資於畫筆之思致，故寫動植之狀，無出其右者。治平中，景靈宮迎鼇御扆，詔元吉畫花石珍禽，又於神游殿作牙獐，皆極其臻妙。未幾復詔畫百猿圖，而元吉遂得伸其所學。今御府所藏二百四十有五：

牡丹鵓鴿圖一　芍藥鵓鴿圖二

梨花山鵲圖一　寫生折枝花圖四

夏景戲猿圖一　夏景猿獐圖三

夏景戲猴圖二　太湖石孔雀圖二
瓶花孔雀圖二　盜果子母猿圖一
秋景獐猿圖四　秋景戲猿圖一
秋景鷺鷥圖一　湍流雙猿圖二
娑羅花孔雀圖一　蘆花羣猿圖一
山茶馬鹿圖一　山茶孔雀圖二
山茶戲猿圖二　衆禽噪虎圖二
花枝翎毛圖一　四獸羣居圖二
三生羣戲圖二　羣猿戲蜂圖二
四生護雛圖四　獾猿羣戲圖二
獐猿羣戲圖一　窠石獐猿圖二
窠石猿圖二　窠石雜猿圖二
引雛戲獐猿圖二　窠石山鷓圖二
寫生蒲萄圖一　寫生太平花圖一

寫生石榴圖二　寫瑞牡丹圖一
寫生雜菜圖三　寫生枇杷圖二
寫生南果圖一　寫生菜圖二
寫生木瓜花圖一　寫生芍藥圖一
寫生藤墪貓圖一　寫生月季圖一
寫生雙鶉圖一　寫生花圖一
寫生鶴圖一　寫生籠鵪圖一
寫生獐圖一　寫生戲貓圖三
小景獐猿圖一　寫生麋圖一
小景獐鹿圖二　小景戲猿圖四
栗蓬猿圖一　小景羣獐圖二
猿猴驚顧圖二　小景圖二
子母戲貓圖一　戲猿視猴圖二
子母猴圖四　子母戲猴圖二

子母獐圖二　子母戲猿圖二

子母犬圖一　枇杷戲猿圖二

山林物性圖二　引雛獐圖二

竹石獐禽圖二　栗枝山鷓圖一

雞冠戲貓圖一　竹石雙獐圖二

青菜鼠狼圖一　竹梢小禽圖一

雙猿戲蜂圖二　藤墪睡貓圖一

四生圖二　五瑞圖一

百猿圖八　百禽圖四

羣獐圖八　雙獐圖二

四猿圖六　雙猿圖二

羣猿圖二　戲猴圖二

戲猿圖二十　獐猿圖六

狨猿圖二　老猿圖一

獐猴圖三　獐石圖三
戲貓圖一　猿猴圖四
戲獐圖三　獾猿圖二
槲獐圖一　碎金圖四
堆金圖一　俊禽圖一
雞鷹圖三　折枝花圖一
孔雀圖四　金絲猿圖一
雛鴨圖一　猿圖二
架鴿圖一　睡貓圖一
花雀圖一　梅花圖一
山槲雀鹿圖一　竹石獐猿圖一
寫生山茶圖一　寫生紫丁香花圖一
寫生紫竹戲猿圖一　寫生玻璃盤時果圖一
寫生木瓜花山鷓圖一　海棠花山茶戲獐圖二

崔白，字子西，濠梁人。善畫花竹羽毛，芰荷鳧雁，道釋鬼神，山林飛走之類，尤長於寫生，極工於鵝。所畫無不精絕，落筆運思卽成，不假於繩尺，曲直方圓，皆中法度。熙寧初被遇，神考乃命白與艾宣、丁貺、葛守昌共畫垂拱御扆夾竹海棠鶴圖，獨白爲諸人之冠，卽補爲圖畫院藝學。白性疎逸，力辭以去，恩許非御前有旨，毋與其事，乃勉就焉。蓋白恃才，故不能無利鈍，其妙處亦不減於古人。嘗作謝安登東山、子猷訪戴二圖，爲世所傳，非其好古博雅，而得古人之所以思致於筆端，未必有也。祖宗以來，圖畫院之較藝者，必以黃筌父子筆法爲程式，自白及吳元瑜出，其格遂變。今御府所藏二百四十有一：

春林山鷓圖一　蟠桃山鷓圖一
杏花鵝圖四　杏竹家鵝圖二
杏花雙鵝圖二　杏竹黃鶯圖三
杏花春禽圖一　擁花鵝圖三
杏花圖一　牡丹戲貓圖二
湖石風牡丹圖一　落花雙鵝圖二

飛鷹雙鵝圖二　榮荷鷺鷥圖二
落花流水圖四　荷花家鵝圖一
榮荷家鵝圖二　秋塘雙鵝圖二
江山風雨圖三　白蓮雙鵝圖二
秋陂鶺兔圖二　秋峯野渡圖三
秋塘羣鵝圖三　秋塘雙鴨圖二
秋荷羣鴨圖一　秋荷雙鷺圖二
秋荷野鴨圖四　秋塘鴨鷺圖三
秋鷹奔兔圖二　秋荷圖二
秋兔圖一　竹兔圖一
秋浦家鵝圖二　蓼岸龜鴨圖一
煙汀曉雁圖四　敗荷羣鳧圖三
敗荷竹鴨圖二　煙波鷺鶺圖二
蘆塘野鴨圖二　風煙鷺鷥圖一

水墨野鵲圖一　林樾獐猴圖三
臨水羣猴圖一　俊禽逐兔圖二
山林沐猴圖二　皂鵰圖一
宿鵲圖二　十雁圖三
六雁圖二　雪蘆雙雁圖三
林獐圖一　戲水鵝圖一
松獐圖一　戲猿圖一
蒼兔圖一　雙獐圖一
寫生雞圖二　獐猿圖一
竹石槐穿兒圖二　風波煙嵐圖三
雪景才子圖一　密雪鵲兔圖一
雪蘆寒雁圖三　雪竹山鷓圖三
雪塘鷗鴨圖二　雪雁圖十三
雪荷雙鵝圖二　雪竹雙禽圖二

雪竹雙鵪圖二　雪景山靑圖二
修竹雪鴨圖三　雪禽圖二
雪兔圖一　雪鷹圖一
雪鴨圖一　梅竹雪禽圖二
雪塘荷蓮圖二　梅竹寒禽圖三
雪竹圖二　寒塘雪霽圖二
觀鵝山水圖一　採蓮圖二
觀音菩薩像一　渡海天王圖二
羅漢像六　惠莊觀魚圖一
謝安東山圖二　子猷訪戴圖一
襄陽早行圖一　水石獐猿圖二
秋荷家鵝圖一　賀知章遊鑑湖圖一
垂拱御扆夾竹海棠鶴圖一

崔慤，字子中，崔白弟也。官至左班殿直。工畫花鳥，推譽于時，其兄白，尤先得名。

愨之所畫，筆法規模，與白相若，凡造景寫物，必放手鋪張而爲圖，未嘗瑣碎，作花竹多在於水邊沙外之趣。至於寫蘆汀葦岸、風鴛雪雁，有未起先改之意，殆有得於地偏無人之態也。尤喜作兔，自成一家。大抵四方之兔，賦形雖同，而毛色小異，山林原野，所處不一，如山林間者，往往無毫，而腹下不白；平原淺草，則毫多而腹白，大率如此相異也。白居易曾作宣州筆詩，謂「江南石上有老兔，食竹飲泉生紫毫」，此大不知物之理，聞江南之兔，未嘗有毫，宣州筆工，復取靑齊中山兔毫作筆耳。畫家雖游藝，至於窮理處，當須知此，因愨畫兔，故及之云。至如翰林圖畫院中較藝優劣，必以黃筌父子之筆法爲程式，自愨及其兄白之出，而畫格乃變。今御府所藏六十有七：

桃竹鷺鷥圖二　杏竹山鷓圖二
杏竹野雉圖一　榴花黃鶯圖四
梨花錦雞圖三　夾竹海棠圖二
梔子野雞圖二　秀竹黃鸝圖二
榴花白鷳圖三　黃榴雙兔圖一
花竹百勞圖二　渚蓮圖一

夏溪圖四　葵花雙兔圖一
葵花鼠猥圖一　槿花圖一
秋鷹搏兔圖二　蘆雁圖三
秋荷野鴨圖三　秋荷家鵝圖一
雙禽秋兔圖二　拒霜野鴨圖四
槲竹雙兔圖四　梅竹雙禽圖三
雪竹寒雁圖一　雪鴨山鷓圖二
寒蘆雪鷺圖二　山茶圖一
雪竹山鷓圖二　寫生雙鶉圖二
翠鳩圖二　蒼兔圖一
戲猿山鷓圖二

戈宣，金陵人。善畫花竹禽鳥，能傅色，暈淡有生意，捫之不襯人指，其孤標雅致，非近時之俗工所能到。尤喜作敗草荒榛，野色凄凉之趣，以畫鵪鶉著名于時，雖居徐熙、趙昌輩之亞。神考嘗令崔白、葛守昌、丁貺與宣等四人同畫垂拱御扆圖，雖非入譜之格，緣熙寧所取，故特入譜。今御府所藏一：

垂拱御扆夾竹海棠鶴圖

丁貺，濠梁人。善畫花竹翎毛。然雖未足與黃筌、徐熙、易元吉輩並驅爭先，然熙寧被遇，神考命與崔白、艾宣、葛守昌及貺等四人共畫垂拱御扆圖，爲一時之榮。今御府所藏一：

垂拱御扆夾竹海棠鶴圖

葛守昌，京師人。時爲圖畫院祗候。善畫花鳥，踯蹰枝榦，與夫飛鳴態度，率有生意。大抵畫人爲此者甚多，然形似少精，則失之整齊，筆畫太簡，則失之闊略。精而造疎，簡而意足，唯得於筆墨之外者知之，守昌加之學，亦殆駸駸以進乎此者也。又工於草蟲蔬茄等物，蓋其所兼耳。昔熙寧初，神考遂令崔白、艾宣、丁貺等與守昌同畫垂拱御扆圖，雖非入譜之格，以謂熙寧所收，因此故特入於譜云。今御府所藏一：

垂拱御扆夾竹海棠鶴圖

宣和畫譜卷第十八終

宣和畫譜卷第十九

花鳥五

宋

王曉　劉常　劉永年　吳元瑜　賈祥

樂士宣　李正臣　李仲宣

王曉，泗州人。善畫鳴禽叢棘俊鷹等，師郭乾暉，雖若未至，而就其擊搏飛揚之狀，至爲卑棲羣噪者之所讋，其亦雄俊已哉。蓋傳于世者絕少矣。今御府所藏一：

噪雀圖

劉常，金陵人。善畫花竹，極臻其妙，名重江左。家治園圃，手植花竹，日遊息其間，每得意處，輒索紙落筆，遂與造物者爲友。染色不以丹鉛襯傅，調勻深淺，一染而就。頃時米芾赴書學博士，過金陵，有以常所畫折枝桃花獻者，於是芾置之於屛間，坐臥其下，夜索燭與對，若相晤言，賞歎者累月，以謂常之所學，不減於趙昌之流。今御府所藏四：

寫生杏花圖一　桃花圖一

木瓜花圖一　　六花圖一

武臣劉永年，字公錫，章獻明肅皇后之姪孫，其先本彭城人，後徙於開封，因以家焉。永年生四歲，會仁宗初總萬機，錄外氏子孫之未仕者，於是以永年爲內殿崇班，出入兩宮。仁宗使賦小詩，有「一柱會擎天」之句，帝乃驚異之。又嘗誤投金盞於瑤津亭下，戲顧左右曰：「孰能爲我取之者？」永年一躍持之而出，帝撫其項曰：「劉氏千里駒也！」自爾待之甚異，置內從中，年十二，始聽出外。永年喜讀書，通曉兵法，勇力兼人。嘗使虜，會以職事致虜人怒，夜以巨石塞驛門，衆皆恐，獨永年如無，素以勇力聞，乃取其巨石而擲弃之，虜人以爲神使，遂還朝稱旨，擢知涇州，帝製詩以寵其行。疑其鐵心石腸，而雄豪邁往之氣，不復作婉媚事，乃能從事翰墨丹青之學，濡毫揮灑，蓋皆出於人意之表。作鳥獸蟲魚尤工，又至所畫道釋人物，得貫休之奇逸，而用筆非畫家纖毫細管，遇得意處，雖堊帚可用，此畫史所不能及也。嘗任侍衛、步軍、馬軍、親軍、殿前都虞候步軍、副都指揮使、邕州觀察使、崇信軍節度使，謚壯恪。今御府所藏三十有六：

花鴨圖四　　家鵝圖三

寫生家鵝圖一　　雙鵝圖五

鷹兔圖一　角鷹圖一

鷹圖一　蘆雁圖四

寫生龜圖一　水墨雙鴿圖一

羣雞圖一　臥烏圖二

松鶻圖一　水墨獾圖一

柳穿魚圖一　牧放驢圖一

秋兔圖二　墨竹圖二

寫木星像一　壽鹿圖一

水墨茄菜圖一

武臣吳元瑜，字公器，京師人。初爲吳王府直省官，換右班殿直。善畫，師崔白，能變世俗之氣所謂院體者，而素爲院體之人，亦因元瑜革去故態，稍稍放筆墨以出胸臆，畫手之盛，追蹤前輩，蓋元瑜之力也。故其畫特出衆工之上，自成一家，以此專門。傳於世者甚多，而求元瑜之筆者，踵相躡也。吳王遣元瑜親詣泰州傳徐神翁像，有進士李芬作詩送之曰：「吳將軍元瑜丹青妙當世，吳王命扁舟下海陵貌徐神翁像以歸，故爲詩敍其事以贈云：『秦皇痞寐毛盈語，銳意長生欲輕舉；徐福藥就仙骨成，雲海茫茫但延佇。東西日月秋復春，海變桑田更幾人？忽思重看舊寰宇，驂鸞直下江淮濱。布衣野叟不耕藝，自向琳宮操拔彗，秘語親書悟世人，一坐忽驚三十歲。淮南奉道聞眞蹟，命使扁舟訪消息，畫手從來獨擅場，一見仙風心自得。歸來目斷蒼煙垠，三尺生綃醉墨翻，軸上神翁不解語，彷彿白鶴乘孤雲。海陵相望一千里，嗟我塵勞未云已，授書圯上會有期，誠心願取黃公履。』其爲一時所重如此。後出爲光州兵馬都監，再調官輦轂下，而求畫者愈不已，元瑜漸老不事事，亦自重其能，因取他畫或弟子所模寫冒以印章，繆爲己筆，以塞其責，人自能辨之。未幾而卒，官至武功大夫、合州團練使。今御府所藏一百八十有九：

寫生牡丹圖一　桃花黃鸝圖一
緋桃臥鳥圖一　杏花野雞圖三
杏花錦鳩圖一　黃鶯餅桃圖一
柏梢餅桃圖一　杏花鸂鶒圖二
杏花會禽圖二　梨花鷺鷥圖二
梨花孔雀圖五　梨花鳩子圖三

梨花黃鶯圖一　松梢杏花圖一
林檎杜鵑圖二　金林檎碧雞圖一
金林檎山鷓圖二　海棠山鷓圖一
海棠鳩子圖一　海棠遊春鶯圖一
海棠黃鶯圖二　李花鸜鵒圖二
碧桃山青圖二　瑞香四勝兒圖一
柳塘鸂鶒圖二　春禽圖一
木瓜花孔雀圖一　木瓜雙禽圖一
春江圖一　葵花鷺鷥圖四
夏岸圖一　榴花碧雞圖二
葵花白鷴圖四　榮荷圖一
榴花金翅兒圖一　秋塘圖一
白蓮圖二　秋汀落雁圖二
秋汀圖一　秋汀野鴨圖二

鵝汀秋曉圖一
榠樝孔雀圖一
芙蓉鴛鴦圖二
風煙鷺鷥圖二
平沙落雁圖一
敗葉家鵝圖二
風竹山鷓圖四
雪竹鵪子圖一
冬林圖一
雪禽圖二
雪江行旅圖一
雪竹山靑圖二
雪蘆寒雁圖一
雪雁圖二
雪竹繡纓圖二
叢竹雪禽圖四
梅竹雪雀圖二
竹梢梅花圖一
雪竹雙禽圖三
梅花山鷓圖三
雪梅寒雁圖二
江梅落雁圖二
梅竹雙禽圖一
雪鴨圖二
梅花山靑圖一
山茶鵪子圖一
雪梅山鷓圖二
釵頭紅荔子圖一

四季角金眉圖一　孔雀圖二
鶉鴿圖二　落雁圖二
水竹鸂鶒圖二　紫芥戲貓圖一
子母戲貓圖一　水墨雪竹圖一
郿梨百勞圖一　虎皮紅荔子圖一
流英圖二　方紅荔子圖一
墨竹圖六　玳瑁紅荔子圖一
粉紅荔子圖一　寫生香桂圖一
朱柿荔子圖一　瓊花孔雀圖一
柘竹紫燕圖一　牛心荔子圖一
蚶殼荔子圖一　眞珠荔子圖一
丁香荔子圖一　十一曜像十四
天尊像一　眞武像一
四方七宿星像四　釋迦佛像一

觀音經相一　水月觀音像一
觀音菩薩像一　陶潛夏居圖一
寫徐神翁眞一　煙寺晚鐘圖一
瑤池圖三　駉牧圖一
水閣閒棋圖一　六馬圖一
考牧圖一　玩珠龍圖一
杏花鳩子圖一　番族圖二
林檎花遊春鶯圖一　梔子烏頭白頰圖一

內臣賈祥，字存中，開封人。少好工巧，至於丹青之習，頗極其妙，當時畫家者流，一遭品題，便爲名士。時寶和殿新成，其屏當繪，設色寫龍水於其上，顧畫史雖措手，皆不當祥意，上命祥筆之，而神閒意定，縱筆爲龍，初不經思，已而夭矯空碧，體制增新，望之使人毛髮竦立，人皆服其妙。作竹石草木鳥獸樓觀皆工，時人得之者，遂爲珍玩；至於雕鏤塑造，靡所不能。官至通侍大夫、保康軍節度觀察留後、知入內內侍省事，贈少師，謚忠良。今御府所藏十有七：

宣和玉芝圖一　寫生玉芝圖一

梵閣圖一　湖石紫竹圖三

寫生奇石圖七　寒林鵪鴿圖一

小筆一册　戲貓圖一

寫生水墨家蔬圖一

內臣樂士宣，字德臣，世爲祥符人。早年放浪，不束於繩檢；中年莅職東太乙宮，遂與鍊師方外之士往往從游，留心冲漠，遂覺行年所過爲非，以是一意於詩書之習。方其未知書，則喜玩丹青，獨愛金陵艾宣之畫；旣胸中厭書史，而丹青亦自造疎淡，乃悟宣之拘窘，於是捨其故步，而筆法遂將凌轢於前輩。畫花鳥尤得生意，視艾宣蓋奄奄九泉下人矣，故當時有出藍之譽。晚年尤工水墨，縑綃數幅，唯作水蓼三五枝，瀉鶒一雙，浮沉於滄浪之間，殆與杜甫詩意相參，士大夫見之，莫不賞詠。士宣未嘗輕以示人，凡所畫或以求之再三，而幸得者，皆藏之以爲好；屢以畫上進，實爲北省絕藝也。士宣天資明敏，晚以邊功超擢，熙寧中神考以謂夏童不恭，乃肆天討，嘗命李憲等以五路之兵進攻靈武，期於一舉成捷，嘗下詔曰：「如有敢議班師者，以軍法從事。」至於師老儲乏，主帥方議班師，無敢啓言者，獨士宣毅然白於帥府，請自邊乘驛，七晝夕達奏至於京師，神考欣然從之。其時士宣方爲小行人之職，而敢冒死犯顔以請者，臣子之奇節也，故知其胸中軒昂，挺然不凡，其見於丹青之習，特餘事耳。官至西京作坊使、持節虔州諸軍事、虔州刺史、虔州管內觀察使，致仕贈少保。今御府所藏四十有一：

柏梢黃鸝圖一　銀杏白頭翁圖一

羣凫戲水圖一　秋岸蘆鵝圖一

秋岸鸂鶒圖一　柘竹戴勝圖一

梅竹雪禽圖二　牡丹鵓鴿圖二

金林禽山鷓圖一　秋塘雙禽圖二

菊岸羣凫圖一　古木會禽圖一

蓼岸鸂鶒圖一　寫生鸂鶒圖三

寫生葵花圖一　秋塘圖三

鶺鴒圖一　練禽圖一

雀竹圖二　水墨秋塘圖二

水墨竹禽圖一　水墨松竹圖二

水墨野鵲圖一　水墨太平雀圖一

水墨鸂鶒圖四　水墨山青圖一

水墨雜禽圖一　墨竹圖一

內臣李正臣，字端彥。喜工丹青，寫花竹禽鳥，頗有生意，至於翔集羣啅，各盡其態。時作叢棘疎梅，有水邊籬落幽絕之趣。不作粗俗桃李，雕欄曲檻，以爲浮豔之勝，亦見其胸次所致思也。官至文思使。今御府所藏六：

柘竹雜禽圖一　梅竹山禽圖一

鵪鶉圖一　寫雜禽圖二

棘雀圖一

內臣李仲宣，字象賢。始專於窠木，後喜工畫鳥雀，頗造其妙。觀柘雀圖，其顧盼向背，一榦一禽，皆極形似，蓋當時畫工亦歎服之，其所缺者，風韻蕭散，蓋亦有所未至焉。然人間罕見其本者，以其寓意於燕雀之微，不求聞達以自娛爾。官至內侍省供奉官，今御府所藏三：

寒雀圖一　柘雀湖石圖一

柘條雀圖一

宣和畫譜卷第十九終

宣和畫譜卷第二十

墨竹敍論

繪事之求形似，捨丹青朱黃鉛粉則失之，是豈知畫之貴乎，有筆不在夫丹青朱黃鉛粉之工也。故有以淡墨揮掃，整整斜斜，不專於形似，而獨得於象外者，往往不出於畫史，而多出於詞人墨卿之所作，蓋胸中所得，固已呑雲夢之八九，而文章翰墨，形容所不逮，故一寄於毫楮，則拂雲而高寒，傲雪而玉立，與夫招月吟風之狀，雖執熱使人亟挾纊也。至於布景致思，不盈咫尺而萬里可論，則又豈俗工所能到哉。畫墨竹與夫小景，自五代至本朝，才得十二人，而五代獨得李頗，本朝魏端獻王頵、士人文同輩，故知不以著色而專求形似者，世罕其人。

墨竹 小景附

五代

李頗

宋

親王頵　令穰　令庛　王氏　李瑋

劉夢松　文同　李時敏　閻士安　梁師閔

僧夢休

李頗一作坡，南昌人。善畫竹，氣韻飄舉，不求小巧，而多於情，任率落筆，便有生意，然所傳於世者不多。蓋竹，昔人以謂不可一日無，而子猷見竹則造門，不問誰氏；袁粲遇竹輒留；七賢六逸，皆以竹隱。詞人墨卿，高世之士，所眷意焉。頗不習他技，獨有得於竹，知其胸中故自超絕。今御府所藏一：

叢竹圖

親王皇叔端獻王頵，英宗第四子也。幼而秀嶷，長而穎異，忠孝友愛，出於天性。方居東宮時，自熙寧至於元豐，凡十上章疏，乞居外第，於是神宗以其同氣之情，終不允許，至元祐初固請，期於必從而後已，於是太皇太后哲宗兩宮重違其意，乃允其請，蓋忠孝友愛，故非出於勉强也。平居之時，無所嗜好，獨左右圖書，與管城毛穎相周旋。作篆籀飛白之書，而大小字筆力雄俊。戲作小筆花竹蔬果，與夫難狀之景，粲然目前。以墨寫竹，其茂梢勁節，吟風瀉露，拂雲篩月之態，無不曲盡其妙。復善鍜魚蒲藻，古木江蘆，有滄洲水雲之趣，非畫工所得以窺其藩籬也。今御府所藏七十：

籜筍榮竹圖二
籜筍小景圖一
帶根筍竹圖一
勁節筍竹圖二
折枝嫩梢圖一
折枝秋梢圖一
折枝古竹圖一
榮竹圖一
蒲竹圖二
筇竹圖一
寫生鴨脚圖二
水墨叢竹圖四
水墨榮竹圖二
水墨蘆竹圖二
水墨宿竹圖二
水墨老竹圖一
水墨紫薑圖一
水墨筍竹圖二
墨竹黃鸝圖二
墨竹小景圖二
墨竹圖三十
墨竹春梢圖二
折枝墨竹圖一
四景墨竹圖一
墨竹春梢凝露圖一
墨竹孫枝蘸碧圖一
墨竹挺節凌霜圖一

宗室令穰，字大年，藝祖五世孫也。令穰生長宮邸，處富貴綺紈間而能游心經史，戲弄翰墨，尤得意於丹青之妙。喜藏晉宋以來法書名畫，每一過目，輒得其妙，然藝成而下，得不愈於博弈狗馬者乎。至於畫陂湖林樾煙雲鳧雁之趣，荒遠閒暇，亦自有得意處，雅爲流輩之所貴重。然所寫特於京城外坡坂汀渚之景耳，使周覽江浙荆湘重山峻嶺，江湖溪澗之勝麗，以爲筆端之助，則亦不減晉宋流輩。嘗因端午節進所畫扇，哲宗嘗書其背：「朕嘗觀之，其筆甚妙，因書『國泰』二字賜之。」一時以爲榮。官至崇信軍節度觀察留後，贈開府儀同三司，追封榮國公。今御府所藏二十有四：

墨竹雙鵲圖二　柘竹雙禽圖二

四景山水圖四　小景圖二

風竹圖一　溪山春色圖一

夏溪行旅圖一　秋塘羣鳧圖一

寒灘密雪圖一　江汀集雁圖一

水墨鵁鶄圖二　怪石筠柘圖二

雪江圖一　雪莊圖一

遠山圖一　訪戴圖一

宗室令庇，善畫墨竹，凡落筆瀟灑可愛。世之畫竹者甚多，難得疎秀不求形似，盡娟娟奇態者，故橫斜曲直，各分向背，淺深露白，以資奇特，或作蟠屈露根，風折雨壓，雖援毫弄巧，往往太拘，所以格俗氣弱，不到自然妙處。唯士人則不然，未必能工所謂形似，但命意布致洒落，疎枝秀葉，初不在多，下筆縱橫，更無凝滯，竹之佳思，筆簡而意已足矣。俗畫務爲奇巧，而意終不到，愈精愈繁；奇畫者務爲疎放，而意嘗有餘，愈略愈精，此正相背馳耳。令庇當以文同爲歸，庶不入於俗格。官現任衡州防禦使。今御府所藏一：

墨竹圖

親王端獻魏王頵婦魏越國夫人王氏，自高祖父中書令秦正懿王審琦以勳勞從藝祖定天下，爲功臣之家，而未聞閨房之秀，復能接武光輝者，端慧淑愼，有古曹大家之風，則魏越國夫人其後焉。蓋年十有六以令族淑德妻端獻王，其所以柔順閑靚，不復事珠玉文繡之好，而日以圖史自娛，至取古之賢婦烈女可以爲法者，資以自繩。作篆隷得漢晉以來用筆意，爲小詩有林下泉間風氣。以淡墨寫竹，整整斜斜，曲盡其態，見者疑其影落縑素之間也，非胸次不凡，何以臻此。今御府所藏一：

寫生墨竹圖一

駙馬都尉李瑋，字公炤，其先本錢塘人，後以章懿皇太后外家，得緣戚里，因以進至京師。仁宗召見於便殿，問其年，曰「十三」，質其學，則占對雍容，因賜坐與食，瑋下拜謝而上，舉止益可觀，於是仁宗奇之，顧左右引視中宮，繼宣諭尚兗國公主。瑋善作水墨畫，時時寓興則寫，興闌輒棄去，不欲人聞知，以是傳于世者絕少，士大夫亦不知瑋之能也。平生喜吟詩，才思敏妙，又能章草飛白散隸，皆爲仁祖所知。大抵作畫生于飛白，故不事丹青，而率意於水墨耳。官至平海軍節度使、檢校太師，贈開府儀同三司，謚修恪。今御府所藏二：

水墨蒹葭圖　湖石圖

劉夢松，江南人。善以水墨作花鳥，於淺深之間，分顏色輕重之態，互相映發，雖綵繪無以加也，自成一種氣格耳。又作紆竹圖甚精緻，蓋竹本以直爲上，修篁高勁，架雪凌霜，始有取焉，今夢松乃作紆曲之竹，不得其所矣。或造物賦形，不與之完，或有所拘閡，而不遂其性，又或以所託非其地而致此，皆物之不幸者，將以著戒焉。今御府所藏三：

雪鵲圖二　紆竹圖一

文臣文同，字與可，梓潼永泰人。善畫墨竹，知名于時，凡於翰墨之間，託物寓興，則見於水墨之戲。頃守洋州，於篔簹谷構亭其上，爲朝夕遊處之地，故於畫竹愈工。至於月落亭孤檀欒飄發之姿，疑風可動，不筍而成，蓋亦進於妙者也。或喜作古槎老枿，淡墨一掃，雖丹青家極毫楮之妙者，形容所不能及也。蓋與可工於墨竹之畫，非天資穎異，而胸中有渭川千畝，氣壓十萬丈夫，何以至於此哉。官至司封員外郎、充秘閣校理。今御府所藏十有一：

水墨竹雀圖二　墨竹圖四

折枝墨竹圖一　疏竹生靑壁圖一

著色竹圖一　古木修篁圖二

文臣李時敏，字致道，成都人。時雍之弟。作字與兄時雍相後先，大字尤工，每作丈餘字，初不費力。又善弧矢，凡箭發無不破的，雖百發未見其出侯者。而時敏有吏才，妙於丹靑，蓋書畫者本出一體，而科斗篆籀作，而書畫乃分，宜時敏兄弟皆以書畫名冠一時。官至朝請郎。今御府所藏一：

詩意圖

閻士安，陳國宛邱人。家世業醫。性喜作墨戲，荆檟枳棘，荒崖斷岸，皆極精妙。尤長于竹，或作風偃雨霽、煙薄景曛，霜枝雪榦，亭亭苒苒，曲盡其態。中書令謚武恭王德用好收花竹之畫，士安作墨竹圖獻之，德用一見，歎美不已，遂以爲篋中之冠，奏補國子四門助教，後之學者，往往取以爲模楷焉。今御府所藏二：

墨竹圖一　折枝墨竹圖一

武臣梁師閔（一作士閔），字循德，京師人，以資蔭補綴右曹。父和，嘗以詩書教師閔，略通大意，能詩什。其後和因其好工詩書，乃令學丹青，下筆遂如素習。長于花竹羽毛等物，取法江南人，精緻而不疏，謹嚴而不放，多就規矩繩墨，故少瑕纇，蓋出於所命，而未出于胸次之所得，出於規模，未出于規模之所拘者也。大抵拘者猶可以放，至其放則不可拘矣，蓋師閔之畫，於此方興而未艾，欲至於放焉。今任左武大夫、忠州刺史、提點西京崇福宮。今御府所藏二：

柳溪新霽圖一　蘆汀密雪圖一

僧夢休，江南人。喜延揖畫史之絕藝者，得一佳筆，必高價售之。學唐希雅作花竹禽鳥，煙雲風雪，盡物之態，蓋亦平生講評規模之有自。今御府所藏二十有九：

風竹圖十四　筍竹圖七

叢竹圖六　雪竹圖一

雪竹雙禽圖一

蔬果敍論

灌園學圃，昔人所請，而早韭晚菘，來禽青李，皆入翰林子墨之美談，是則蔬果宜有見於丹青也。然蔬果於寫生最爲難工，論者以謂「郊外之蔬，而易工於水濱之蔬，而水濱之蔬，又易工於園畦之蔬也」。蓋墜地之果而易工於折枝之果，而折枝之果又易工於林間之果也，今以是求畫者之工拙，信乎其知言也。況夫蘋蘩之可羞，含桃之可薦，然則丹青者豈徒事朱鉛而取玩哉。詩人多識草木蟲魚之性，而畫者其所以豪奪造化，思入妙微，亦詩人之作也。若草蟲者，凡見諸詩人之比興，故因附于此。且自陳以來至本朝，其名傳而畫存者，才得六人焉。陳有顧野王，五代有唐垓輩，本朝有郭元方、釋居寧之流；餘有畫之傳世者，詳具于譜。至於徐熙輩長于蟬蝶，鑒裁者謂爲熙善寫花，然熙別門兼有所長，故不復列于此。如侯文慶、僧守賢、譚宏等皆以草蟲果蔬名世，文慶者，亦以技進待詔，然前有顧野王，後有僧居寧，故文慶、守賢不得以季孟其間，故此譜所以不載云。

蔬果 藥品、草蟲附

陳

顧野王

五代

唐垓　丁謙

宋

郭元方　李延之　僧居寧

顧野王，字希馮，吳郡人。七歲讀五經，九歲善屬文，識天文地理，無所不通，尤長於畫。在梁朝爲中領軍，後宣城王爲揚州刺史，野王與瑯琊王褒並爲賓客。野王善圖畫，乃令野王畫古賢，命王褒書贊，時人稱爲二絕。畫草蟲尤工，多識草木蟲魚之性，詩人之事，畫亦野王無聲詩也。入陳，官至黃門侍郎。今御府所藏一：

草蟲圖

唐垓，不知何許人也？善畫禽魚生菜，世稱其工。然魚蟲草木，雖甚微也，自非妙於萬物而爲言，發而見於形容者，未易知此。至有野禽生菜，魚鰕海物等圖傳于世矣，且畫魚鰕者，不過汀渚池塘，與夫庖中几上之物，至海物則罕見其本焉。若其瑰怪雄傑，乘時射勢，鼓風霆破萬里浪，不至乎中流折角點額，則畫亦雄矣，垓之於海物者，其有得於此焉。今御府所藏一：

生菜圖

丁謙，晉陵人。初工畫竹，後兼善果實園蔬，傅粉淺深，率有生意，蟲蠹殘蝕之狀，具能模寫，至使人捫之若有跡也。嘗畫葱一本，爲江南李氏賞激，親書「丁謙」二字於其上，蓋欲別其非常畫耳。其後寇準藏之，以爲珍玩焉。今御府所藏三：

寫生蓮藕圖一　寫生葱圖二

武臣郭元方，字子正，京師人。善畫草蟲，信手寓興，俱有生態，盡得蠉飛鳴躍之狀，當時頗爲士大夫所喜。然率爾落筆，疏略簡當，乃爲精絕，或點綴求奇，則欲益反損，此正所謂「外重內拙黃金注」者也，論者亦以此少之。大抵造物之意，初無心於整齊，至于自形自色，則各有攸當，苟物物雕琢，使之妍好，則安得周而徧哉，故刻楮雖工，造一葉至於三年，君子不取也，豈非直欲漸近自然乎。元方官至內殿承制。今御府所藏三：

草蟲圖三

武臣李延之，善畫蟲魚草木，得詩人之風雅。寫生尤工，不墮近時畫史之習，狀於飛走，必取其儷，亦以賦物各遂其性之意。官至左班殿直。今御府所藏十有六：

寫生草蟲圖十　寫生折枝花圖一

金沙遊魚圖一　雙鵪圖一

雙獐圖一　雙蠏圖一

嘤嘤圖一

僧居寧，毗陵人。喜飲酒，酒酣則好爲戲墨作草蟲，筆力勁峻，不專于形似，每自題云「居寧醉筆」。梅堯臣一見賞詠其超絕，因贈以詩，其略云：「草根有纖意，醉墨得已熟。」於是居寧之名籍甚，好事者得之，遂爲珍玩耳。今御府所藏一：

草蟲圖一

古來帝王家好尙翰墨者，眞米顚所云「奇絕陛下」也，如唐太宗篤嗜字蹟，宋徽宗專心繪事，可稱同調。按貞觀初整理御府古今工書眞蹟，已得一千五百餘卷，命舍人崔融爲寶章集紀其事，而王方慶所進不與焉。裴孝源則撰公私畫史，一時珍玩大備，數百年來，惟宣和二譜足以當之，卽多寡未必侔，或時代損益之不同耳。徽宗一日幸秘書省，發篋出御書畫，凡公宰親王，使相從官，各賜御畫一軸，兼行書草書一紙，上顧蔡攸分之。是時旣恩許分賜，羣臣皆斷佩折巾以爭先，帝爲之笑，此與唐太宗宴三品已上于玄武門，親操筆作飛白書，衆臣乘醉競取，常侍劉洎登御床，引帝手，然後得之，千古同一嘉話也。海虞毛晉識。

宣和畫譜卷第二十終

書評

〔王猷書畫傳習錄〕宣和間畫譜，不著撰人姓名，前人或以爲宋徽宗所撰，非也。其書以十門分類，大都冠冕形似之詞，曆見叠出；卽品題標別之處，必係衆手之所雜作，或經後人之所竄易，吾無取焉。

〔汪琬堯峯文鈔〕宣和畫譜，前有徽宗御製序。徽宗善繪事，嘗置畫學所，所聚畫士甚夥，宜其工於鑒賞者也。及考御府所藏，有韓滉畫李德裕見客圖。按新唐書，滉事代德二宗，德裕事穆、敬、文、武四宗，相距甚遠，其爲贋筆無疑。又有李贊華畫女眞獵騎圖，贊華歸唐時，契丹方與渤海相攻擊，而女眞部落猶未盛，不應贊華有此畫，恐亦非是。然則徽宗之賞鑒，殆與吳中好事相類，其譜中所載，豈亦眞贋各半耶？

〔內閣藏書目錄〕宋宣和畫譜六册，全，宋徽宗編次，有御製序。自孫吳以至趙宋，共二百三十一人，人爲一傳。總十家：工道釋者四十九人，人物三十三人，宮室四人，番族五人，龍魚八人，山水四十一人，畜獸二十七人，花鳥四十六人，墨竹十二人，蔬果六人，凡二十卷。鈔本。

〔天一閣書目〕宣和畫譜二十卷，宋徽宗御撰。大德壬寅延陵吳文貴識云：「宣和書畫譜，乃當時秘錄，未嘗行世，近世好古之士，始出以資證，往往更相傳寫，訛舛滋甚，余竊病之，暇日，博求衆本，與雅士參校，十得八九，遂鋟諸梓，以廣其傳。」

〔四庫全書簡明目錄〕宣和畫譜二十卷，不著撰人名氏，王肯堂筆麈以爲徽宗撰者誤。前有徽宗御製序，而其文乃臣子之詞，亦後人妄改也。以十門分類收錄，所載凡二百三十一人，畫六千三百九十六軸。據鐵圍山叢談，書畫二譜大抵米芾所鑒別，故其書皆在博古圖上。

〔鐵琴銅劍樓藏書目錄〕宣和畫譜二十卷，舊鈔本，不著撰人姓名，蓋當時米襄陽、蔡京等奉勅纂定者。是本有無名氏原序，無宣和庚子御製等字，始知別本有之，乃後人妄加，王肯堂遂誤以爲此書出御纂耳。此鈔字蹟甚舊，卷中朱筆校改迺忠宣手蹟。第六七等卷末有「崇禎癸酉某月某日校」，及耕石齋主人題字。

〔鄭堂讀書記〕宣和畫譜二十卷，不著撰人名氏，四庫全書著錄，讀書志、書錄解題、通考、宋志俱不載。其書皆記宋宣和時御府所藏名畫，分道釋、人物、宮室、番族、龍魚、山水、花鳥、畜獸、墨竹、蔬果十門，每門各有敍論，其次序，俱詳見敍目。自孫吳以逮北宋，共二百三十一人，人各一傳，以敍述其繪事。又分繫以御府所藏諸畫，計六千三百九十六軸。凡人之次第，則不以品格分，特以世代爲後先與書譜同一體例。疑出於蔡條所撰，故其鐵圍山叢談四稱及御府，所秘古來丹青，因歷舉其高遠神絕奇特諸軸，皆與是譜吻合，此其一證。其書不題姓名，恐屬南宋時傳鈔者惡其人而去之。

〔余紹宋書畫書錄解題〕宣和畫譜十卷，不著撰人名氏。案宋鄧公壽畫繼卷二鄆王傳及士雷傳，俱引秘閣畫目，未知是否卽是書？明朱謀垔畫史會要云：「徽宗萬幾之暇，篤好書畫，秘府之藏，上自曹弗興，下及黃居寀，集爲一百秩，列十四門，總一千五百件，名曰『宣和睿覽。』」按其門類件數，與是編不符，或別爲一書，惜其未注所出，姑附此待考。此書與書譜同，當爲宣和時內臣奉勅編集者，故序有今天子云云，四庫謂其所據本標題有誤，是也，（元明刊本并無宣和御製序字樣，不知四庫所據者爲何本？）不得疑其爲僞託。書中文體與稱謂，如仁祖、神考之類，乃至不錄東坡諸人之作，全與書譜同，（詳見前編附錄拙作辨證文中。）蓋同時成書，故宗旨體例劃一耳。陸氏儀顧堂題跋因指書譜爲吳文貴所作之故，並疑此書非宣和所定，實係武斷之言，不可輕信。周中孚鄭堂讀書記疑其爲蔡條所撰，而舉其所著鐵圍山叢談所稱御府秘藏爲證，不知條當時參預密勿，自得窺禁中所藏，而所稱又不及譜中之百一，豈得爲據？況觀四庫提要所引此書之文，適足反證其非出於條手，蓋條明言宣和三年曾見其目，而其目出於崇寧時宋喬年米芾輩也。談叢中於元祐黨籍不加詆諆，且於三蘇尤致推重；而此譜則不錄元祐諸人之蹟，亦可爲非出於絛之一證。周氏又謂「傳本不題姓名，恐屬南宋時傳鈔者，惡其人而去之，卽諸家不載其書，亦猶此意」，則全屬臆斷之言，絕無佐證。果如所說，則傳鈔與著錄鐵圍山叢談者，奚又不去其名與其書耶？是不待辨而知其非矣。

至王毓賢繪事備考序稱爲胡煥作，卞永譽式古堂書畫考引書目題爲胡映撰，煥映是否一人？及其所據何書，尙待考辨。書分十門：曰道釋，曰人物，曰宮室，曰蕃族，曰龍魚，曰山水，曰鳥獸，曰花木，曰墨竹，曰蔬果，亦人系一傳；惟畫家不盡擅長一門，門類既多，又不用互見之例，終有顧此失彼之嫌，後來著錄諸家，無仿此例者，殆亦以此。書譜亦有此弊，但分類較少，尙易安頓。至兩譜所著錄之書畫，僅列品目而不略記其流傳與夫款識，致後人無由資以考訂，則憾事也。

宣和畫譜校勘記

張氏學津討原本用毛氏津逮秘書本校

目錄——卷五鄭虔、陳閎、周古言、次序顚倒，依卷內次序改正。

卷一　道釋敘論——毛本「前古無人」，從張本作「前無古人」。

卷二　吳道玄——後「陰騭陽受」，受毛作授，從張本作受。

陳若愚——「再索而得震」，張本漶漫欠淸晰，再似一，從毛本。

卷四　孫知微——「得畫則珍藏什襲」，什毛本作十，從張本作什。

李德柔——畫目毛本作大茅仙君像，二茅仙君、三茅仙君依次序，張本二茅仙君作三誤，從毛本。

卷五　張萱——「金井梧桐秋葉黃」，毛本梧誤作權，從張本作梧。「皆極姸巧」，張本姸誤作硏，從毛本。

卷六　周昉——「此兼得其精神姿致」，致毛本誤作制，從張本作致。「正元來已有新羅國人」，兩本同，按正應作貞，唐德宗年號。

邱文播——「臥與奔逸」，按與兩本同，疑爲輿之誤。

卷八　胡虔——「故知虔學之妙」，張本知誤作人，從毛本作知。

卷九　龍魚叙論——「庖中几上」，毛本几誤作凡，從張本作几。

卷十　李思訓——畫目「五柞宮女圖」，柞毛本誤作祚，從張本作柞。

王維——「人卒不以畫師歸之也」，卒毛本誤作李，從張本作卒，畫目「淨名居士像」，淨張本作浮。

卷十二　日本國——「其後再遣弟子奉表稱賀」，遣張本作以，從毛本作遣。

卷十三　「畜獸叙論」，毛張兩本皆脫論字，參照以上各門補論字。

卷十四　宗室令松後畫目「秋菊相屬圖二」符合總數，張本二作三誤。

卷十五　薜稷——「尤長於鶴」，尤毛本作猶，從張本作尤。

刁光胤——畫目「子母貓圖二」，張本二作三誤，與數不符。

卷十六　黃居寶——兩本居皆誤作君，卷中不誤，改正。

宗室士雷——末「幽情雅趣」，毛本情作尋，從張本作情。

卷十七　徐熙——畫目「雪梅會禽圖」，下無數字，依張本補二字。

卷十八　崔愨——畫目「棡竹雙兔圖」，下數字四，毛本無，依張本補。

卷十九　吳元瑜——「故其畫特出衆工之上」，特毛本誤作持，從張本改正。

卷二十　宗室令穰——「素藏晉宋以來法書名畫」，宋毛本誤作未，依張本改宋。

蔬果敘論——末「季孟其間」，毛本季誤作李，依張本改正。